중동의 미래,
이스라엘과 팔레스타인

중동의 미래,
이스라엘과 팔레스타인

인쇄 · 2015년 7월 10일 | 발행 · 2015년 7월 15일

지은이 · 최창모
펴낸이 · 한봉숙
펴낸곳 · 푸른사상
주간 · 맹문재 | 편집 · 지순이, 김선도 | 교정 · 김수란

등록 · 1999년 7월 8일 제2-2876호
주소 · 서울시 중구 충무로 29(초동) 아시아미디어타워 502호
대표전화 · 02) 2268-8706(7) | 팩시밀리 · 02) 2268-8708
이메일 · prun21c@hanmail.net / prunsasang@naver.com
홈페이지 · http://www.prun21c.com

ISBN 979-11-308-0406-4 93340

값 28,000원

　이 도서의 국립중앙도서관 출판시도서목록(CIP)은 서지정보유통지원시스템 홈페이지(http://seoji.nl.go.
　kr)와 국가자료공동목록시스템(http://www.nl.go.kr/kolisnet)에서 이용하실 수 있습니다. (CIP제어번호 :
　CIP2015012422)

세계
문화 총서
2

최창모

중동의 미래,

이스라엘과 팔레스타인

Tomorrow of Middle East

Israle and Palestine

푸른사상
PRUNSASANG

서문

—

　중동 지역에는 분쟁뿐 아니라 오래된 문명도 있다. 문명사적 관점에서 중동의 역사가 1시간이라면 55분은 문명의 시기였고 5분만이 분쟁의 시간이었다. 중동의 문명과 문화는 깊고 넓으나, 그곳의 분쟁과 갈등은 짧고 얕다. 중동 지역에는 인류 최초 · 최고의 문명인 메소포타미아와 이집트 문명이 꽃을 피웠고, 서구의 본류인 그리스 문명과 로마 제국이 머물렀으며, 찬란한 페르시아와 오스만 문명도 걸쳐 있다. '이성'의 헬레니즘과 쌍벽을 이루는 '신앙'의 헤브라이즘(히브리 문명)과 이슬람 문명도 빼놓을 수 없다. 이처럼 중동 지역은 문명의 발상지이자 동서 문명의 교차로였다. 바다와 육지의 '길'은 인류 문명이 소통하는 대동맥이었다.

　그러나 건설자가 있으면 언제나 파괴자가 있게 마련이던가. 이스라엘과 아랍국들 간의 갈등과 분쟁, 미국의 이라크 침공, 숱한 내전과 전쟁은 중동의 비극이자 현실이다. 분쟁의 연원(淵源)이 무엇이든 간에 중동 지역에는 뿌리는 같으나 서로 다른 역사의 길을 걷는 동안 합일될 수 없는 평행선을 달리는 두 민족, 두 종교가 하나의 땅을 두고 겹쳐 있다. 세계의 화약고라 불리는 중동, 그중 뇌관이라 할 수 있는 이스라엘과 팔레스타인이 바로 그 지점이다.

　이 둘 사이에는 맥락적 함의에서 또는 문화접변의 측면에서 교리의 핵을 구

서문

성하고 있는 신조에서 상당한 차이가 있기 때문에 결코 평화롭지 못한 관계가 이어지고 있다. 분쟁 해결을 위한 대안의 모색은 여전히 지난한 과제이다. 무엇이 문제이며, 도대체 어디에서부터 잘못된 것인지, 어디에서부터 해결의 실마리를 풀어야 할지조차 구분하기 어려운, 엉킨 실타래처럼 복잡하기만 '하나의 땅, 두 민족'의 이야기를 지금부터 시작하려고 한다.

그동안 국내외 수많은 학자들에 의해 다양한 방식—정치학(식민주의론, 근대화론), 정치사회학(헤게모니 이데올로기론), 지리학(인구분포론), 민족사회학(민족주의론, 민족사회론), 문화학(문화인류학, 사회인류학), 비교종교학(유대교 · 기독교 · 이슬람) 등등—으로 두 민족, 두 종교, 두 정치 사이의 비교연구는 지속되어왔다. 그러나 하나의 땅에서 등을 돌리고 서로에게 총을 겨누며 사는 숙명의 두 이웃의 역사, 정치, 사회, 문화, 종교, 국제관계, 경제, 문학과 예술, 그리고 대한민국과의 관계 등을 망라하여 한 권의 책으로 묶어지기는 이번이 처음이 아닌가 한다.

물론 이 책은 나 혼자만의 결과물이 결코 아니다. 기존의 연구 결과물들의 종합이다(각 단원마다 국내에 소개된 관련된 읽어볼 만한 책이나 논문들을 소개했다. 그것들이 동시에 내가 참고하고 요약한 자료들이기도 하다). 연구 환경이 척박한 한국에서 함께 중동학을 이끌어오고 있는 여러 선배 · 동료 · 후학들이 땀 흘려 얻은 노력의 산물들이 지난 20여 년간 이스라엘(역사, 문화, 종교, 문학 등)을 탐구(探究)해온 나의 보잘것없이 적고 작은 연구물들과 함께 이 책 곳곳에 들어 있다.

문제는 개별 연구 논문과 한 권의 책이 갖는 성격은 매우 다르다는 것이다. 각각의 소주제에 관한 논문들이 목차에 따라 배치, 정돈된다 해서 한 권의 책이 되는 것은 아니기 때문이다. 서로의 입장과 주장이 확연히 다른 두 민족의 이야기를 하나의 줄거리로 엮어낸다는 것은 학문적 역량이 부족한 나에게는 터무니없이 어려운 일일 뿐만 아니라, '맥락적'으로 어느 쪽으로도 기울지 않은 채 가치중립적으로 서술한다는 것 역시 쉬운 일은 아니었다.

더구나 한쪽에 좋은 것이 필연적으로 다른 쪽에는 나쁜 것이 되는 것이라면, 애당초 양쪽 모두를 만족시킬 수 있는 아슬아슬하게 균형 잡힌 기술(記述)은 불가능한 것이리라. 한쪽의 건국일이 다른 한쪽에서는 '나크바(재앙)'의 날이 되고, 한쪽이 오랜 세월 타지를 헤매다가 고토(古土)로 돌아온 '귀향'에 의해 다른 한쪽은 터전을 이루고 살던 고향에서 쫓겨난 '난민'이 되고, 한쪽은 다른 한쪽을 '테러리스트'라 하고, 다른 한쪽은 이를 '독립투쟁'으로 믿는다. 똑같은 높이의 담장을 두고 한쪽은 '보안장벽'이라 일컫고, 다른 쪽은 '분리장벽'이라 부른다. 이는 단순히 '관점과 입장의 차이'라기보다는 차라리 '숙명(宿命)의 차이'라 부르는 편이 나을지도 모를 일이다. 한쪽의 지배가 다른 쪽은 종속이 되는 곳, 애당초 거기에서는 공존이란 가능하지 않은 것이었을지 모를 일이다.

서문

제1장은 두 민족이 각각 살아온 길을 되돌아가 이들의 역사를 가장 잘 말해 줄 수 있는 세 개의 키워드를 중심으로 서술했다. 우선, 유대인과 이스라엘을 이해하려면 그들 혈관에 흐르는 유대교, 몸과 가슴속에 난 아물지 않은 깊은 상처인 반유대주의와 홀로코스트, 그리고 2천 년간의 방랑 생활을 청산하고 마침내 국가 수립을 이끌어낸 시온주의 운동의 실체와 그림자를 살펴보는 것이 필요하다고 보았다. 다음, 팔레스타인의 역사에서는 최초로 자신들의 존재를 만방에 알린 PLO와 민족 해방을 위해 일어선 민중들의 인티파다(Intifada, 봉기)와 이슬람 정신으로 조직적인 무장투쟁을 이끌며 동시에 제도권 정치에 도전한 하마스를 꼽아보았다. 여기서는 어떻게 반유대주의가 시온주의를 낳게 되었고, 또 어떤 과정을 거쳐 시온주의 운동이 이스라엘의 독립을 가져다주었는가, 그리고 어떻게 그것이 곧 팔레스타인에게는 재앙이 되어 저항과 투쟁의 길로 이어지게 되었는가를 도미노 현상처럼 보여주게 될 것이다.

제2장에서는 국가 및 민족의 정체성을 규명하고자 했다. 이스라엘의 경우 아직까지도 '누가 유대인인가'를 놓고 해묵은 논쟁을 벌이고 있는 가운데 국가와 종교의 관계, 서로 다른 문화적 배경에서 살아온 유대인 이민자들의 집합체로서, 나아가 이스라엘 시민권을 소유한 아랍-팔레스타인과 공존하고 있는 사회 내부의 모순과 특징 등을 통해서 국가와 민족의 정체성을 엿보려 했으며, 팔레스타인의 경우 1948년-1967년-1987년으로 이어지는 일련의 정치적 큰

변화의 틀―토지 몰수, 난민, 시민권, 귀향권, 동등한 권리 주장 등―속에서 자신들의 정체성을 찾아가고 형성해가는 과정을 간추려 기술하고자 했다. 여기서는 자신의 고향에서 평화롭게 살던 팔레스타인인들이 이민자들로 낯선 땅에 들어와 살게 된 유대인들로부터 쫓겨나 어처구니없게도 이제는 새 주인으로부터 원하지도 환영받지 못하는 낯선 이국인(異國人, alien)으로 고향에서 취급당하며 살아가게 된 과정과 실상을 보게 될 것이다.

제3장은 두 민족이 각각 국가와 자치정부를 이루고, '관리'하고 '지배'하는 체제를 다루고 있다. 불행하게도 팔레스타인의 경우 아직 독립국가로서의 면모를 갖추고 있지는 못하여 행정적으로는 자치정부를 중심으로 일정한 지배, 통치, 통할(統轄), 관리, 통제를 통한 거버넌스를 이루고 있으나, 여전히 이스라엘의 지배권, 지배력, 권력 행위 등 일정한 영향력 속에 들어 있기 때문에 점령지를 둘러싼 여러 평화협정들을 중심으로 내부조직의 구조, 프로세스, 리더십 등 사정을 들여다볼 수밖에 없는 실정임을 밝히는 바이다.

제4장은 두 민족의 종교문화를 다루고 있다. 유대교가 다수인 이스라엘과 이슬람이 다수인 팔레스타인인들의 종교생활, 전통, 습관 등을 중심으로 기술했으나 동시에 두 지역에 살고 있는 소수파 종교인들의 역사와 삶도 간과하지 않았다. 특히 유대 사회 내의 '메시아닉 유대인'과 팔레스타인 내의 '아랍―기독교인'은 다수자 속에 묻혀 우리에게 잘 알려지지 않는 그룹들이다.

서문

　제5장은 나의 전공 영역이 아니다. 해서 기존의 연구 결과물들을 종합적으로 정리했다고 보면 될 것이다. 중동의 국제관계야말로 엉킨 실타래처럼 복잡한 것이어서 미시적인 안목에서는 도무지 전체가 잘 보이지가 않는다. 미국, 유럽연합(EU), 러시아 등 강대국의 이해관계가 첨예하게 대립한 가운데 '안보'를 최우선으로 하는 이스라엘과 '생존'을 최우선으로 삼는 팔레스타인 사이를 중재하고 조정하고 타협하고 협상한다는 것이 얼마나 어려운 일일지 상상하는 것만으로도 골치가 아프다. 서로의 입장에서 상대를 어찌 바라보고, 헤게모니를 쥐려고 하는지를 살펴보았다.

　제6장은 두 대상의 경제구조와 특징, 현실과 상황을 통계를 중심으로 살펴보았다. 여기서는 다 아는 것이긴 하지만, 둘 사이에서 극복할 수 없을 만큼의 격차를 발견하게 될 것이다. 둘 사이에서 벌어진 경제적 격차의 원인들을 고려하면서 읽기를 바란다.

　제7장에서는 히브리어와 아랍어를 사용하는 두 민족이 각기 살아온 과정에서 이룩한 문학적 과거와 교육적 현재와 예술적 미래를 각각 그리려 했다. 떠돌이 생활과 박해, 갈등과 저항이 두 민족의 문학적 과거를 구성하고 있는 밑거름이었다면, 양측 모두 매우 높은 교육열을 바탕으로 한 교육 현황은 과거를 딛고 미래를 설계하는 현재의 터전이라 할 것이며, 그런 속에서도 화해와 상생을 도모하는 예술가들의 활동은 미래를 여는 '새로운 지평(New Horizon)'이 되

고 있다. 미디어는 그러한 노력을 뒷받침하고 있는 매우 중요한 수단이 된다.

마지막 제8장은 이 지역에 대한 우리 대한민국의 자화상이다. 아직도 무지로 인한 오해와 미숙함으로 인한 편견과 국익 우선주의로 인한 이해관계의 틀 속에서 이 지역에 대하여 제대로 보지 못하는 것이 우리의 실정이고 보면, '우리'가 이 지역을 어떻게 대하고 상대해야 할지를 행간 속에 담으려 최대한 노력했다.

내가 행간 속에 담아내려 했던 것이란 바로 서로의 차이를 차분히 찾고, 올바로 인식하고, 정중하게 인정하는 것—그것이 이 책의 출발점이다. 무엇이 서로 다른가 하는 것을 냉정하게 살펴본 연후에야 비로소 상대를 제대로 보게 되고, 올바로 볼 수 있어야만 상대를 인정하게 될 테니까. 두 민족이 한 집에서 같이 혹은 최소한 이웃으로 따로 살아가려면 동시대를 살아가는 상대 녀석들(fellow citizens)도 있음을 인정해야 한다. 조상의 땅에서 온전히 나 홀로 살기를 원해왔지만 그런 일은 절대로 일어나지 않을 것이라고, 어떤 경우에도 아랍-팔레스타인은 존재했듯이 역시 유대인들은 지구상에서 없어지지 않을 것이라고, 과거 유대인들이 그러했듯이 이 땅에 사는 아랍-팔레스타인인들에게도 꿈이 있고 욕구가 있다고, 요르단강과 지중해 사이 거기에는 더 이상 다수의 유대인만이 아니라 숨 쉴 권리가 있는 또 다른 소수의 아랍-팔레스타인인들도 있다고, 테러리즘에 의한 단번의 기적적인 해결책은 결코 없다고, 계속해

서문

서 싸우되 도덕성이 결여된 방법으로는 안 되는 법이라고, 과거 나치하의 유대인과 같은 처지에 놓여 있는 팔레스타인을 지금 당장 돌보지 않는다면 거기서 살아남은 자들이 건설한 이스라엘은 중동의 유일한 민주국가임을 포기하는 것이라고, 이 땅에 살고 있는 모든 인간의 동등한 권리 없이는 시온주의도, 민주주의도 존재하지 않는 것이라고, 이를 알지 못하면 결국 모두가 피해자일 뿐이라고, 마지막으로 평화롭게 살기 원한다면 반드시 일정한 '선한' 희생과 대가를 지불하지 않고서는 절대로 공짜는 없을 거라고—이것이 이 책이 요구하는 숨은 길이다.

이 책은 반평생 '운명처럼' 이 지역을 드나들며 공부해온 내가 그들에게 진 큰 빚을 갚는 마음으로 집필했다. 평소 '교육과 연구, 그리고 학문의 보상은 궁극적으로 이익과 특권이 아니라 봉사와 참여'라는 생각을 갖고 살아온 내가 여름 내내 머물며 이 책을 정리한 곳은 예루살렘의 에콜 비블리크(Ecole Biblique)이다. 구도시 옆 오래된 학교가 있는 이곳 가톨릭 수도원은 무슬림들이 주로 거주하는 동(東)예루살렘과 유대인들이 사는 서(西)예루살렘의 경계에 위치한다. 아침 저녁으로 이슬람 사원에서 들려오는 아잔 소리와 교회 종탑에서 울리는 종소리를 동시에 듣곤 한다. 검은 외투에 수염을 길게 늘어뜨린 정통파 유대인과 히잡을 쓴 팔레스타인 여성들이 교차로에서 같은 길을 오가며 수시로 조우(遭遇)한다. 그러나 이들은 여전히 결코 눈을 마주치지 않는다.

　이 책이 나오도록 지원을 아끼지 않은 푸른사상사에 진심으로 감사를 드린다. 아울러 독자들의 아낌없는 성원과 관심을 당부 드린다.

2014년 10월

저자 씀

차례

—

차례

차례

차례

제 1 장

키워드로 읽는
역사적 배경

/ 지정학적 환경과 문명의 교차로

    지정학(Geo-Politics)은 우리를 둘러싼 세계를 인식하는 창, 세계를 보는 하나의 방식으로서 본래 20세기까지만 해도 식민지 경영의 관리 기법이었다. 지정학이란 지정학 행위자와 구조 사이의 상호작용, 즉 '정치(政治)'와 '공간(空間)'이 밀접하게 연계된 학문이라 할 수 있다. 다시 말해서 지정학은 다양한 국제관계—정치, 경제, 사회, 문화 등—를 지리적 권력 관계, 즉 공간적 관점으로 설명하려는 학문이며, 지정학적인 사고를 한다는 것은 복잡한 세계 공간의 문제에 대해서 보다 정치적 시각에서 살핀다는 것을 의미한다.

    19~20세기 지정학이 국력을 극대화하고 최적의 조건 속에서 영토를 넓히고 관리하는 국가주의 학문, 말하자면 제국주의가 확장 일로에 있었던 식민지 경영학이라고 볼 수 있다면, 21세기 지정학은 국가뿐만 아니라 세계화의 공간 속에서 다양화된 행위자들의 다양한 입장을 아우르고 비교하여, 권력 비판 나아가 지정학 비판(anti-geopolitics)까지도 포괄한다. 환경 및 기후의 대규모 변화, 신자유주의 이후의 대대적인 인구 이동, 끊임없는 문명 간의 갈등과 충돌, 지정학적·경제적 초강대국의 출현, 극단주의-이슬람 테러리스트 운동의 강화, 그리고 지역 연합이 국제 무대에서 주요 세력으로 변신하는 모습 등을 목도하고 있는 이 시점에서 복잡한 세계를 이해하는 한 방법으로서 지리학의 생명력과 유용성을 확인할 수 있다. 이러한 차원의 문제들은 지역 간, 이문화(異文化) 간의 갈등 해소를 위해 국제적인 차원의 협력과 대비를 요구하고 있다.

지리는 정치다

    이런 맥락에서 '중동의 지정학'이란 중동의 실재세계(real-world)를 '분쟁의 지리학'으로 설명하려는 시도이다. 테러리즘 역시 권력의 공간적 표현을 동기로 하며 상징적 무대를 확보하고 분쟁 영역을 확대시킨다는 의미에서 전술적으로 지리를 이용하는 지정학 행위다. 좁은 의미에서 이스라엘-팔레스타인 지역의 지정학은 '분쟁의 지리학'으로서의 지위를 극명하게 드러내고 있다.

역사란 한마디로 정한 터에서 살아온 사람들의 이야기이다. 다시 말해서 역사(역사지리)란 땅의 성격(자연지리)과 사람들의 삶의 내용(인문지리)이 합쳐 만든 여과된 경험의 퇴적물인 셈이다.

땅 [자연지리] + 사람 [인문지리] = 역사 [역사지리]

그런 점에서 한 지역의 흥망성쇠는 필연적으로 주변의 여러 조건과 밀접한 관계를 맺게 마련이다. 특히 이스라엘―팔레스타인 지역의 경우, 주변 강대국으로부터의 영향은 불가피한 것이었다. 이 땅에서 처음으로 살던 사람들은 누구이며, 그들은 어디로부터 왔는가? 어떤 과정을 거쳐 '하나의 민족'으로 탄생하게 되었는가? 그들의 민족적 동일성, 즉 종교적 뿌리는 무엇인가? 그들의 신은 누구이며 어떻게 이들과 관계를 맺기 시작했는가? 이러한 질문들에 대답하기 위해서 우리는 고대 근동의 지리와 자연, 풍토와 환경, 역사와 문명을 살펴보아야 할 것이다.

지정학적으로 팔레스타인 지역이 아시아, 아프리카, 유럽 대륙을 연결하는 교량적 위치에 놓여 있음을 주목할 필요가 있다. 이 지역의 역사는 이러한 지정학적 위치로 인하여 불가피하게 고대 근동의 여러 제국들—이집트, 소아시아와 히타이트, 아시리아, 바빌로니아, 페르시아 등—과 주변의 여러 강대국들—그리스, 로마, 비잔틴, 아랍, 십자군, 맘루크, 터키, 영국 등—과 정치적·종교적·경제적 관계를 맺어왔다. 고대로부터 이 지역은 메소포타미아 문명과 시리아, 그리고 이집트(나일) 문명을 연결하는 문명의 교차로로서, 대륙 진출의 교두보로서, 교통의 요충지로서, 상업의 교역로로서, 세력 간의 각축장으로서, 권력 간의 완충지로서, 철새의 도래지로서, 또한 종교의 발상지로서의 역할을 충실히 담당해왔다. 이와 같은 팔레스타인 지역의 중요성은 결정적으로 이 지역의 지정학적 위치와 국제관계의 다양성 때문임을 지적할 필요가 있다.

문명의 교차로, 팔레스타인 지역

고대 근동 지역의 여러 왕국들은 각 시대의 강력한 제국으로 발전했는데, 그들은 관개농업을 발전시키고, 국가 간의 무역, 외교, 동맹 체결, 패권 획득을 위한 전쟁 등을 통해 교류해나갔다. 고대 근동의 종교는 기존의 사회적·정치적 질서를 정당화하는 이데올로기의 기능을 담당했으며, 넓은 영토를 효과적으로 통치하기 위해 관리들을 수반으로 하는 행정조직, 법률, 과세제도 등의 발달된 제도를 고안해냈다.

팔레스타인은 '기름진 초승달(Fertile Crescent)'의 서남쪽 가장자리에 위치하고 있으며, 평야와 사막의 경계가 된다. 다시 말해서 이 지역은 동쪽 메소포타미아의 유프라테스강과 티그리스강 줄기를 타고 이집트로부터 북쪽으로 이어지는 사막과 만나는 지점에 위치한다. 팔레스타인 지역의 서쪽 경계는 바다(지중해)이며, 동쪽(요르단)과 북쪽(레바논과 시리아)은 높은 산지이고, 남쪽(이집트)은 사막에 이른다.

고대 근동 지역에서는 인류 최초로 야생식물의 작물화와 야생동물의 가축화에 성공했다. 다양한 야생 먹거리 종, 다양한 기후대, 수렵 채집의 비효율성과 비경제성, 조밀한 인구, 잉여 식량 등의 조건이 갖춰져 있었으므로, 우선 대규모 수확이 가능하고 기본적인 영양분을 제공해주는 밀과 보리 같은 곡물류가 연중 강수량이 500mm 이상인 지중해변의 산악지대와 자그로스 산맥의 산기슭 지역에서 BC 10000년경부터 계획적으로 재배되기 시작했다. 이러한 소위 '농업혁명'의 결과 이곳의 거주민들은 오랜 구석기 기간의 유랑 생활을 청산하고 농사를 근거로 하는 정착 생활을 시작했다. 이들이 재배한 작물들을 보면 밀, 보리, 옥수수, 대추야자, 무화과, 석류 등이 주종을 이룬다.

가축화의 경우, 고대 근동 지방에서 역사상 최초로 길들여진 가축으로는 개(BC 11000년경), 염소(BC 8500년경) 양(BC 8000년경), 돼지(BC 7500년경), 소(BC 7000년경), 고양이(BC 7000년경), 당나귀(BC 4000년경), 말(BC 4000년경, 러시아 남부지역), 낙타(BC 3000년경, 아라비아 광야) 등을 꼽을 수 있다. 야생동물을 가축화하려면 몇 가지 필요충분조건이 있다. 식성(체중 450kg의 육식동

메소포타미아 문명

유프라테스강과 티그리스강이 흐르고 있는 메소포타미아에는 BC 약 3000년경에 이미 청동기 문명을 가진 수메르인들이 도시국가를 형성하여, 인류 최초의 언어와 법률, 군주와 종교를 가진 인류 최고의 고등 문명을 이루고 있었다. 이들은 나스르 시대(BC 2800~2700), 메질림 시대(BC 2600), 우르 왕조(BC 2500~2350)를 거치면서 세력을 확장해왔다. 이들이 서북쪽에서 발흥한 셈족의 아카드인들에 의해 멸망하면서, 메소포타미아를 넘어 소아시아, 이란의 고원 지대를 포함한 거대한 아카드 제국(BC 2350~2050)이 형성된다. 아카드인들은 중앙집권적인 관료국가를 만들었으며, 왕이 곧 신이었다. 국가 건설의 주역인 사르곤 대제는 그야말로 '위대한 왕(lugal)'이요, '신의 대리자(ensi)'였다. BC 2150년경 아카드 왕조는 비셈족계 산악인들의 침입으로 세력이 약화되기 시작했다. 1976년 에블라에서 발견된 토판 문서는 이 시대의 법률, 종교, 교역 등의 생활상을 보여주는 주요한 자료이다. 수메르 복고 시대(BC 2050~1950)를 거쳐 바빌로니아 왕조로 이어지며 메소포타미아에서는 함무라비 왕의 법전이 완성되기도 했다. 바빌로니아의 발흥과 함께 마르두크 신은 만신전의 최고 신으로 숭배되었고, 당시 에테메난키 신전은 불가사의한 건축물 가운데 하나로 여겨진다. 바빌로니아의 창조신화와 홍수신화, 점성술과 제의 신탁 등 풍부한 문헌들은 고대 사회의 성왕(盛旺)한 문화를 알 수 있게 해준다.

물을 키우려면 옥수수 45,000kg을 먹고 자란 초식동물 4,500kg을 먹여야 한다), 성장 속도(코끼리는 15년을 키워야 한다), 짝짓기 습성(감금 상태에서 번식시키는 문제, 치타는 복잡한 구애 과정을 거쳐 교미하며, 수줍음이 많아 사람들 눈앞에서는 교미하지 않는다), 골치 아픈 성격(회색곰과 하마, 아프리카 들소와 얼룩말은 감금 상태에서 얌전하게 굴기만 하면 최고의 비육동물이 될 것이다), 겁먹는 버릇(가젤은 너무 예민하다), 사회적 구조(무리와 서열 문제, 예를 들면 고양이) 같은 것들이다.

한편, '기름진 초승달' 지역에서는 풍부한 수자원을 바탕으로 운하와 관개수로가 잘 발달되어 민족의 항구적인 번영을 꾀할 수 있었다. 통치자들의 치수(治水) 사업은 막대한 노동력을 필요로 하는 노동집약적 사업이다. 인구가 몰리고 그로 인해 숙박 및 거주시설이 들어섰으며, 이들을 효과적으로 관리하고 다스리기 위한 권위 있는 권력과 통치 시스템이 필요해졌다. 행정조직(왕과 관료)이 갖추어지고, 문자(설형문자)와 기술이 발명되고, 측량(수학)과 천문학, 시간 계산과 달력 등 필요한 학문이 체계화되었다. 각종 기록을 보관해두는 도서관이 건설되었다. 도시국가("도시는 의미를 생산하고 저장한다")의 탄생으로 도시 간의 협정과 조약이 발달하였고, 상거래와 무역에 필요한 법률이 제정되고, 통신과 교통수단이 등장했다. 수많은 신화와 문학, 종교와 사상 등이 생겨났다.

팔레스타인 지역은 지리적 경계에 의해 잘 구분된다. 페니키아 해안을 따라 이집트의 시나이 북부에 이르는 굴곡이 거의 없는 긴 해안평야 지역, 레바논 베카 계곡을 따라 갈릴리 호수와 요르단강, 사해, 그리고 아라바(Araba)로 이어지는 요르단 협곡 지대, 해안평야와 요르단 협곡 사이의 중앙 산악 지대, 그리고 갈릴리 북부 산악 지방과 남쪽 네게브 사막 등으로 또렷이 구분된다.

이 지역을 지나가는 도로는 대륙 간의 문명을 연결해주는 중요한 통로 역할을 한다. 도로는 정복자의 혈관과 같아서 역대 왕들의 주요 사업 중에서도 필수적인 과정으로 취급되었다. 도로를 중심으로 발달한 도시들, 인구의 밀집 상태, 군사적 행동 등은 여러 역사적 사건과 국제관계를 이해하는 데 열쇠가 된다. 동시에 도로는 소리 없는 언어와 같아서 서로 다른 사상과 문화를 소통시켜줌으로써 국제교류에 크게 이바지하기도 한다. 팔레스타인을 통과하는 주요 도로는 '해변의 길(Via Maris, 이사야서 9장 1절)'과 '왕의 대로(The King's Highway, 민수기 20장 17절, 21장 22절)'로 크게 구별된다. 남북으로 이어진 이 두 도로와 동서로 연결된 여러 간선도로는 정복과 권력을 꿈꾸던 군인들, 비밀을 실어 나르던 사신들, 돈을 위해 목숨을 건 상인들, 모험을 찾아 길을 떠난 여행자들, 그리고 신을 만나러 떠난 영적 구도자들이 지나다니던 길로서 역사적 · 정치적 · 정치적 · 경제적 · 문화적으로 팔레스타인의 역사에 직접적으로 커다란 영향을

이집트 문명

팔레스타인을 사이에 두고 발생한 또 하나의 문명은, BC 6세기 그리스의 역사가 헤로도토스가 '나일강의 선물'(Histories II.5)이라고 한 이집트 문명이었다. 6천 킬로미터가 넘는 나일강을 중심으로 형성된 이집트 문명은 오랫동안 안정된 국가로서 정치, 경제, 문화적 연속성을 갖고 발전해왔는데, 이는 아마도 사막과 바다에 의해 고립된 곳이라는 사실에 기인한 것으로 보인다. 이집트는 주기적으로 범람하는 나일 강이 가져다주는 천연의 혜택으로 농업이 크게 발달했으며, 천문학, 수학, 의학 등의 학문은 최고 수준이었다. 이러한 자연환경은 이집트인들에게 신화와 역사에 대한 독특한 사고의 틀을 제공해주었다. 그들은 삶과 죽음이 순환한다는 가치관에 근거하여 왕이 죽으면 신이 되어 영생한다는 신앙을 갖게 되었고, 피라미드는 그것의 한 표현 방식이었다. 고왕조(제1~6왕조, BC 2850~2200)는 메네스의 남북통일로부터 시작된다. 고전적 개화기를 맞은 제3왕조에 들어서면서, 불가사의라 일컬어지는 피라미드의 건설은 이 문명의 대표적 표상이 되었다. 중왕조 제1기(제7~10왕조, BC 2200~2052)는 지방 군주들의 반란과 폭동으로 인한 혼란기였으나, 제2기(제11~13왕조, BC 2052~1790)에는 다시 국가의 통일을 이루었고 문명의 중심지는 테베로 바뀌었다. 제3기(제14~17왕조, BC 1710~1570)에 들어서서는 아시아로부터 침략해온 힉소스에게 통치권이 넘어가면서 이집트 내부는 많은 구조적 변화를 맞게 된다. 이집트 왕조의 꽃이라 일컬어지는 신왕조(제18~24왕조, BC 1570~1085)는 아흐모스, 투트모스, 아메노피스, 투탕카멘, 람세스, 세티, 메르넵타 왕으로 이어져 내려오면서 화려하게 개화했다.

끼쳐왔다.

이러한 상황에서 두 문명의 교차로에 놓인 팔레스타인 지역은 여러 민족의 이동과 이주의 통로였으며, 그 결과 인구가 증가했다. 상당수의 셈어 계통에 속하는 언어를 사용하는 셈족 가운데 아람족, 모압족, 가나안족, 아모리족 등이 있었으며, 그 외 인도유럽어를 사용하는 아나톨리아의 하티족, 후리족, 블레셋족 등이 동거했다. 곳곳에 도시국가들이 세워졌으며, 여리고, 므깃도, 하솔, 게셀 등은 견고하게 요새화되었다. 이 시기 페니키아(오늘날 레바논 해안 지역)에서는 초기 가나안 언어인 알파벳 문자가 사용되기 시작했으며, 가나안 사람들의 이 언어는 고대 히브리어의 모체가 된다. 이처럼 고대 팔레스타인 지역은 매우 복잡하고 다양한 문화적·사회적 특징과 만나게 된다. 처음부터 단일한 집단의 단일 공동체가 살던 곳이 결코 아니었다.

2 이스라엘

누가 유대인인가? 이는 토마토가 과일인가 채소인가 하는 논쟁보다 더 어려운 질문이다. 유대인을 종족, 인종 집단, 종교로 정의할 수 있을까? 중세에는 누가 유대인인지 알기가 쉬웠다. 유대인은 단지 성서에서 말하는바 하나님이 자기의 계시를 위해 '선택받은 민족'이었다. 그러나 오랜 세월 그들은 배교자, 뿔 달린 자, 매부리코, 수전노, 고리대금업자로 인식되어 '비정상적'으로 격리되어 차별받았다.

정체성이란 '개개인이 자신의 자아를 구성한다고 믿는 특성들의 집합체'이다. 이는 '자신이 속한 사회의 가치나 행동양식을 자신과 동일시하고, 나아가 한 개인의 역할이 행사하는 사회규범과의 통합'을 의미한다. 그러나 유대인들은 디아스포라 역사 속에서 자신이 속한 사회의 일원이라는 느낌을 제한받으며 생활해왔다. 유대 사회의 규범과 가치는 가족과 회당(시나고그)의 한도를 벗어나서는 늘 따돌림을 받았기 때문이다.

그러나 새로운 시대의 도래, 즉 **계몽주의**의 시작과 더불어 유럽이나 미국 등지에서 시민권을 얻고 새로운 국가 혹은 세계의 시민으로서 살게 되면서 다른 규범과 가치에 노출되게 되자 정체성은 점차 흐려지고 불확실해지게 되었다. 다시 말해서 게토 생활의 제한으로부터 벗어난 유대인들에게 새로운 시민권이 부여되자 '특별한 민족'이라는 자기 이해를 버려야 할 때가 온 것이다. 일부 전통주의자들은 이러한 변화가 기존의 유대 공동체의 권위와 전통적인 믿음과 관습에 대한 위협이라며 맹렬하게 거부했으나, 변화의 물결은 거세어 당연시하던 기존의 가치와 전통에 의문을 제기하고, 유대인들은 새로운 세계에 알맞은 옷으로 갈아입을 준비를 했다.

한편, 유대인의 정체성에 이중적인 영향을 끼친 것은 **반유대주의**였다. 외부 세계로부터의 거부와 차별이 유대인의 정체성 형성을 이끌었고, 동시에 보편적 이성을 가진 인간으로 규정함으로써 자신들을 유대 공동체와 동일시하는 것을 외면하도록 만들었다. 반유대주의는 유대인의 자의식과 정체성을 고양시키기기도 하고 또 허물기도 했다. 칼 마르크스는 유대교란 종교도 민족도 아니라고 보았다. 그러나 유럽에서 전쟁이 발발하고 600만 명의 유대인들이 사라졌다. 전 세계에 흩어져 살던 유대인들에게는 보다 안전한 곳이 간절히 필요해졌다.

반유대주의의 토양 속에서 태어난 **시온주의**는 유대인의 정체성을 나타내는데 결정적인 계기가 되었다. '시온(고향)으로 돌아가자'는 이 운동은 종교적이자 세속적인 쌍둥이로 태어났다. 시온주의 운동의 아버지 테오도르 헤르츨(Theodor Herzl, 1860~1904)은 계몽주의와 보편주의가 유대인의 정체성을 희석시켰지만 반유대주의를 없애는 데는 별로 기여하지 못했음을 직시하고, 또 유대인됨을 포기하지 않고서는 유럽의 민족주의에 동참하는 것이 불가능함을 깨닫고 새로운 형태의 귀향 운동을 전개했다. 그러나 그가 꿈꾸는 시온은 종교적 메시아 운동이 도달하고자 하는 시온이 결코 아니었다. 그렇게 해서 유대국가 이스라엘이 탄생했다.

요약하면, 이스라엘을 이해하는 데 있어서 빼놓을 수 없는 세 가지 키워드로는 계몽주의와 유대교, 반유대주의와 홀로코스트, 그리고 시온주의와 국가 건립을 꼽을 수 있다. 유대교가 민족-국가 이데올로기의 뿌리라면, 반유대주의로부터 시작된 홀로코스트는 그들이 살아온 역사의 가지이며, 시온주의와 국가 건립은 그 가지 끝에 맺은 열매라 할 수 있을 것이다. 다시 말해서 유일신 신앙과 선민사상으로 대표되는 유대교로 인해 외부 세계에서는 유대인들을 시기와 미움,

편견과 차별의 눈으로 보게 되었고, 이는 곧 반유대주의와 홀로코스트로 이어 졌다. "반유대주의가 홀로코스트를 낳았다"는 명제는 이를 두고 일컫는 말이다. 아울러 반유대주의로 인해 유대인들은 인간의 존엄성을 지키고자 하는 운동을 일으켰는데, 이것이 시온주의 운동이었다. 즉, "반유대주의가 시온주의를 낳았 다." 시온주의는 현대 이스라엘의 건국으로 이어져 오늘에 이르고 있다.

1) 계몽주의와 유대교

이스라엘 사회가 단일하지 않듯이 유대교 역시 단일한 종교가 아니다. 이스 라엘 사회가 가지고 있는 다양성의 기저에는 근대에 확립된 여러 유대교의 종파 들(sects) 혹은 유대교들(Judaisms)이 존재한다. 크게 정통파, 보수파 그리고 개 혁파 유대교로 나뉜다. 프랑스혁명 이후 등장한 계몽주의는 유대교에 개혁의 바 람을 불어넣었다. 개혁파에 대한 반작용으로 정통파가 나타났고, 후에 두 사조 를 결합한 보수파가 생겨났다.

18세기 말 이전까지 유럽 유대 사회의 기초가 되어온 유대교의 전통적 가치 와 이념은 계몽주의 운동과 함께 다양한 형태로 변화했다. 게토의 문이 열리고 새로운 지적, 사회적 역할을 수행하게 되면서 유대 사회도 유럽의 변화에 발맞 추어 변모하기 시작했다. 많은 유대인들이 기독교로 개종하기도 하였고, 세속 주의적인 유럽 환경에 동화되어갔다. 많은 이들이 전통적인 유대 사회와 제도를 반계몽적, 즉 구식(舊式)이나 미신적인 것으로 인식하기 시작했다. 모제스 멘델 스존(Moses Mendelssohn)은 계몽주의에 순응하기 위하여 유대교를 급진적으로 재해석했다. 그것은 '문명'과 세련된 사회로 나가는 티켓이었다.

18세기 말까지 서유럽, 특히 영국과 프랑스에 사는 유대인들에게는 세 가지 선택권이 있었다. 첫째, 그들은 동화될 수 있었다. 이것은 실질적으로 (기독교) 세례를 받고, 유대인의 정체성을 상실하는 것을 의미한다. 둘째, 그들은 축소할 수 있었다. 이것은 전통을 변화시키지 않은 채 유지하며, 비록 사회적 격리와 조소, 그리고 아주 어렵게 얻은 시민권을 상실하는 비용을 지불하고서라도 계몽

모제스 멘델스존(Moses Mendelssohn, 1729~1786), 계몽주의 사상가

데사(Dessau)에서 태어나 베를린으로 이주한 후 그곳에서 수학, 철학, 언어를 스스로 공부했다. 유대인은 대학 입학이 허가되지 않았을 때였다. 부유한 유대 상인의 집에서 가정교사로 일하며 생계를 이어갔다. 그는 독일의 유대계 극작가 에프라임 레싱(Gottold Ephraim Lessing)과 친분을 쌓았다. 레싱의 유명한 희곡 『현자 나탄 Nathan der Weise』은 멘델스존을 모델로 한 것이라 알려져 있다. 1764년 멘델스존이 제출한 「형이상학적 방법론과 과학적 방법론 사이의 관계」에 관한 에세이가 임마누엘 칸트를 물리치고 베를린 아카데미에서 최우수상을 받게 되었다. 그는 '독일의 소크라테스'라는 별명을 얻게 된다.

1769년 스위스의 요한 카스퍼 라바테르(Johann Kasper Lavater)는 멘델스존에게 기독교를 반박하든지 아니면 '이성과 고결함이 인도하는 대로 행동'하여 개종하든지 결정하라고 윽박질렀다. 멘델스존은 용감하고 품위 있게 응수하면서, 유대교에 대한 그의 신앙을 강하게 확인시켜주었고, 기독교보다 유대교가 근본적으로 더 관대한 종교임을 근거로 자신의 신앙의 우월성을 주장했다. 그는 다음과 같이 썼다.

나의 종교의 기본 원칙에 따라, 나는 우리의 율법 안에서 태어나지 않은 어떤 이를 개종시키려 애쓰지 않을 것이다. …(중략)… 우리 랍비들은 우리의 계시 종교를 포함하는 성문법과 구전법이 오직 우리 민족에게만 부과된 것임을 만장일치로 합의하고 가르쳐왔다. …(중략)… 우리는 지구상의 다른 민족들이 (오로지) 자연의 법칙과 족장들의 종교를 지키도록 하나님에 의해 명령되었다고 믿는다. 이 본성과 이성의 종교를 따라 자신들의 삶을 영위하는 자들은 '의로운 이방인'이요 '영원한 구원의 자녀들'인 것이다. 지금까지 우리 랍비들은 단순한 바람에서 실질적인 개종으로 나아가는 것을 고려하기까지 자발적으로 접근해오는 누구라도 그것을 포기하도록 만들 것을 우리에게 지시해왔다.

만약 나와 동시대인 가운데 공자(孔子)나 솔론(Solon)이 있었다 하더라도, 나는 나의 종교적 원리들, 성인들을 사랑하고 존경하라는 가르침을 변함없이 따랐을 것이다. 공자나 솔론을 개종시키겠다는 어리석은 발상 따위는 하지 않았을 것이다. 그를 개종시키다니! 왜? 그는 야곱의 회중에 들지 않으며, 따라서 내 종교의 법을 필요로 하지 않는다. 교리에 대한 관심에 따라 우리는 일반적 이해에 도달할 수 있다. 나는 그가

'구원받게' 되리라고 생각하는가? 누구든지 사람을 선행으로 인도하면 다음에 저주받지 않을 수 있다고 상상한다—나는 소르본의 명예로운 마몽텔 같은 어떤 유명한 대학에 의해 이 견해를 설명하도록 부름받게 되는 것을 두려워하지 않는다.

멘델스존은 유대인의 자기정체성을 지키면서도 유대교가 허락하는 데까지 게르만 문화와 사회에 동화할 것과, 이디시어보다는 고상한 독일어를 사용할 것을 권고했다. 그가 번역한 히브리어 성서의 독일어 번역본은 유명했으며, 1781년에 그는 탈무드와 히브리 성서뿐 아니라 프랑스어

와 독일어를 가르치는 유대인 자유학교를 베를린에 설립했다. 세속과 종교가 함께 어울리는 세계를 창안한 것이다.

그는 『예루살렘』에서 교회와 정치의 완전한 분리를 주장했으며, 교회나 회당의 재산권과 파면권을 반대했다. 그가 적극적으로 범신론(汎神論)에 반대했으나, '본성과 이성의 종교'인 이신론(理神論)에 근접해 있다. 그는 성서 그 자체의 신성함에는 의심을 갖지 않았으나, 성서를 교리로부터 자유로운 '계시된 법률'로 보았다. 그는 '유대교의 정신은 교리에 있어서의 자유로움과 행위에 있어서의 일치됨'이라는 점을 강조했다.

주의에서 돌아서는 것을 의미한다. 셋째, 남은 가능성은 '현대화하는' 유대교로 변화하는 것이다. 그것은 미신적이고 구시대적인 요소들을 버리는 것이며, 그래서 유대 정체성을 버리지 않고서도 사회적 승인을 얻어내는 것이다. 개혁은 세번째 길로부터 시작되었다. 처음부터 그것은 분리운동이 되고자 의도한 것은 아니었다. 단지 제기된 변화들이 전통주의자들에 의해 거부되자 분리운동으로서의 개혁파가 탄생한 것이다.

이 과정에서 전통적인 종교지도자들은 변화에 저항하며 핵심적인 유대인의 이념과 의식에 대한 보호장벽을 세워나갔다. 급진적인 변화를 거부하는 이들에게 '정통파'라는 이름이 붙게 되었다. 개혁파와 정통파가 충돌하면서 가이거-틱틴(Geiger-Tiktin) 사건으로 알려진 내분도 발생했다. 이러한 종파 발생의 배경에는 유대교가 가진 역동성이 있다는, 즉 사상적 반응(ideological reaction)이라는 측면도 있으나, 대체로 정치적 환경에 기인하고 있음 또한 간과할 수 없다.

특히 유대 민족국가 형성이라는 새로운 정치적 환경이 전통적인 유대 사회의 종교생활과 사상 기저를 흔들어놓았으며, 그런 과정에서 적응해가기 위한 새로운 해석 과정으로 새로운 형태의 유대교 종파들이 생겨나게 된 것으로 볼 수 있다.

개혁파 유대교

19세기 초 독일의 개혁자들은 예배의 멋과 적절성을 강화하고, 쓸모없는 물건들을 제거하고, (히브리어가 아닌) 지방어를 사용하는 기도문을 도입하고, 일주일에 한 번씩 지방어로 설교하고, 성가와 오르간 음악 및 견신례(堅信禮) 같은 새로운 의식들에 의한 공중 예배를 혁신하기 위해 노력했다. 프랑스의 베스트팔렌 점령은 이스라엘 야콥슨이 1810년 제젠(Seesen)에 최초의 개혁파 회당을 세울 기회를 제공했다. 그러나 프랑스 군대가 철수하자 정통파는 개혁파로 하여금 일주일에 한 번만 예배드리도록 제한했다. 실질적인 개혁파 회당은 1818년 독일 함부르크에 세워졌다.

함부르크에서 발생한 개혁파에 대한 정통파의 소란은 예배의 개혁에 대한 입장의 차이를 바탕으로 신학적 논쟁으로 확산되었다. 논쟁의 중심은 탈무드의 권위와 랍비들의 해석에 관한 것이었다. 개혁파는 유대교의 전통적 규범과 형식에 얽매이기보다는 텍스트들을 비평적 · 역사적 방법으로 읽고자 했다. 즉, '낡은 성서의 계율'은 고대 히브리 정치집단의 법에 불과하며, 새로운 윤리적 · 도덕적 · 정신적 가치들이 '계시된' 현대사회에서는 더 이상 적용될 수 없는 것임을 분명히 했다. 또, 기독교는 결코 유대교의 지위를 빼앗을 수 없으며, 유대교 자체는 항상 영성의 종교였고 지금도 계시의 진보를 논증할 수 있다고 믿었다. 이러한 개혁파의 주장들은 19세기가 진보와 혁명을 표어로 받아들임으로써 더욱 강화되었다.

개혁은 독일을 통해 영국, 오스트리아, 헝가리, 프랑스, 덴마크 등지로 급속도로 퍼져나갔다. 영국에서는 오늘날까지 번창하는 웨스트런던 회당이 1842년에 봉헌되었다. 미국에서는 이스라엘 개혁자 협의회가 사우스캐롤라이나의 찰스턴에 1824년에 창설되어 예배를 드리기 시작했고 뿐만 아니라 마이모니데스

필라델피아 강령(필라델피아 회의, 1869년 11월 3~6일) 성명서

1. 이스라엘의 메시아적 목표는, 이 땅의 이방 민족으로부터 두 번째 쫓겨난 것과 관련해서, 다윗의 자손이 통치하는 옛 유대국가의 회복이 아니라, 하나님의 모든 자녀들이 하나님의 단일성을 고백함으로써 연합하는 것이다. 그렇게 함으로써 모든 피조물이 연합하고 도덕적 성화를 구현하도록 한다.

2. 유대 공동체의 제2차 멸망은 이스라엘의 죄 때문에 받은 징벌이 아니라, 아브라함에게 약속하신 하나님의 의도의 한 결과이다. 즉, 세계사 과정에서 보다 분명히 드러난 것처럼, 유대인을 지구 구석구석까지 흩으시고, 그들에게 높은 제사장적인 사명을 주셔서 세상의 모든 민족들로 하여금 참 하나님을 알고 섬기도록 하기 위한 것이었다.

3. 아론의 제사장직과 모세의 희생 제의는 전 민족이 제사장이 되는 예비 단계였다. 즉, 유대인을 흩으셔서 진실한 열의와 도덕적 성화로써 자기를 희생 제물로 드리게 하심으로 가장 거룩하신 하나님을 기쁘고 즐겁게 하도록 하셨다. 보다 깊은 신앙심을 준비하도록 해주는 기구들은 제2차 성전이 단번에 멸망함으로써 그들이 과거에 가르침을 받은 대로 기도에서나 빌 수 있었던 과거에 대한 위탁(委託)이었다.

의 신앙고백 13조를 원칙으로 채택했다. 개혁파는 아이작 와이즈(Issac M. Wise)의 지도 아래 미국 유대 사회에서 강한 힘을 갖게 되었다. 1875년 히브리유니온 칼리지가 신시내티에 세워졌으며, 개혁의 전당으로 오늘날까지 남아 있다. '필라델피아 강령'(1869)과 '피츠버그 강령'(1885)은 미국계 개혁파 유대인들의 신앙고백이 되었다.

개혁파는 유대교를 '윤리적 일신교'로 보고, 메시아 사상을 신에 대한 부단한 윤리적 응답으로 발전시켜나갔다. 즉, 메시아주의는 진보하는 사회를 이루고자 노력하는 사람들의 윤리적 책임의식과 동일한 것이었다. 19세기 말 발흥되기 시작한 시온주의 운동에 대해 개혁파 유대인들은 냉담하거나 오히려 적대적이었다. '주인' 사회에서 보편적인 인간의 진보를 강조했기 때문이다. 그러나 이들의

4. 제사장 집단과 비제사장 집단의 모든 구별은, 종교 제의와 의무와 관련 있는 한에서, 종교 제의와 사회생활 모두에서 결과적으로 받아들일 수 있는 것이다.

5. 이스라엘이 종교적인 백성으로 선택된 것은 인간의 가장 높은 이상을 전파하는 자로서 언제나 온 세계를 끌어안아야 할 이스라엘의 사명과 모든 자기 백성을 사랑하시는 하나님의 사랑을 강하게 강조해야 할 사명이 있음을 의미한다.

6. 몸의 부활 신앙은 유대 신앙의 종교적 출발점이 아니며, 죽음 후 영혼만이 존재한다는 영혼 불멸의 교리를 믿는 것을 의미하지 않는다.

7. 하나님께서 주신 계시의 보화이며, 모든 문명 세계에 지대한 영향을 끼친 영원한 성서의 언어인 히브리어는 아직까지 다수가 사용하는 쉬운 언어는 아니지만, 우리가 거룩한 의무를 완성하기 위해 항상 사용해야 할 절박한 습관이어야 한다. 그렇게 함으로써 히브리어를 이해하지 못함으로 말미암아 기도할 때 영혼이 없는 것처럼 기도하지 않도록 쉬운 언어로 기도하는 길을 열어놓아야 한다.

이 회의에서는 결혼과 이혼에 대한 결의안을 통과시킴과 동시에, 할례받지 않은 남자에게서 태어난 유대인 어머니의 자식은 유대인이라는 점을 강조하는 모계 혈통주의 원칙을 수용했다.

진보적 낙관주의는 민족주의의 발흥, 반유대주의의 증폭, 파시즘과 나치즘의 등장 등으로 퇴색하기에 이르렀다.

1976년 '샌프란시스코 강령'은 홀로코스트와 이스라엘 국가 건설의 영향을 반영하고 있는데, 여기서는 인간 진보에 대한 확신과 하나님에 대한 믿음이 적어진 반면, 가정생활과 예배와 이스라엘을 세우신 것에 대한 감사와 개혁파 안에서 세운 계약신학에 대한 인식은 높여나갔다.

1818년 함부르크 회당에서는 여성들 앞에 가로막혀 있던 칸막이가 제거되었으나 여전히 여성들은 분리된 채 회당의 발코니에서 예배했다. 그러나 20세기에 들어서서 여성의 지위 향상에 괄목할 만한 진전이 이루어졌는데 최초의 여성 랍비가 탄생한 것이다. 1935년 12월 27일, 독일의 진보랍비연합(Union of Liberal

Rabbis)을 대표하여 랍비 막스 디에네만으로부터 레기나 요나(Regina Jonas)가 랍비 임명을 받았다. 미국랍비중앙회는 1950년대 후반에 여성 랍비 임명을 인준했으나 1972년이 되어서야 여성 랍비 샐리 프리샌드(Sally Priesand)가 신시내티의 히브리유니온칼리지에서 안수를 받았다.

미국의 개혁파 유대교는 개인의 지위에 관한 전통적인 유대법에 많은 변화를 가져다주었는데, 국제결혼, 즉 배우자 중 한쪽만이 유대인인 결혼을 공식화할 것을 준비했다. 1983년 미국랍비중앙회(개혁파)는 부모 중에서 한쪽이 유대인이면 아이는 유대인으로 간주된다고 선언했다. 전통주의 유대교에서는 어머니가 유대인일 경우에만 아이를 유대인으로 간주했다. 1990년대에 개혁파는 '대체적인 생활양식'에 대한 태도에 관한 논의 끝에 동성간의 결혼을 허용하기도 했다.

개혁파 유대교는 미국에서 약 35%를 차지하며, 영국에서는 회당 인구의 약 15%가량 된다. 그러나 이스라엘 내에서는 공인도가 낮은 편이다. 결혼과 개종에 대한 개혁파의 입장은 이스라엘 국가로부터 전적으로 승인받지 못하고 있는 실정이다. 종종 1909년 릴리 몬터규(Lily Montagu)와 클로드 몬테피오르(Claude Montefiore)가 제창한 '자유주의자'가 '개혁파'와 상호 교환적으로 사용되기도 하나, 정통과 제의에 대한 해석상 둘은 구별된다.

정통파 유대교

1807년에 처음 사용된 '정통파'라는 용어는 독일 개혁파들이 그들의 반대파인 전통주의자들에게 붙이는 꼬리표였다. 그러나 이 용어는 흔히 해석되는 것처럼 정의할 수 없다. 왜냐하면 처음 개혁파—당시에는 보수파 유대교—가 전통적인 유대교를 비판하는 방식으로 특별한 프로그램에 몰두하여 하나의 조직으로 세워질 때 자기들을 제외한 나머지 모든 형태의 전통적인 유대교를 지칭하는 포괄적인 용어로 사용되었기 때문이다.

오늘날 정통파 유대교는 여러 경향의 유대 사상을 흡수했다. 예를 들어 처음에는 이탈적이며 개혁적으로 간주되었던 하시디즘(Hasidism)을 수용했다. 그들은 예배에서 신비주의적인 명상과 기쁨의 체험을 인정한다. 또한 탈무드의 할라카(Halakha)와 여러 랍비 문학의 가치를 강조하는 리투아니아의 미트나그딤(Mitnagdim)도 포함하고 있다.

정통파 유대교는 '지상의 방법과 함께하는 토라'의 개념을 창안하여 전통과 일반문화 사이의 종합을 시도한 독일 랍비 삼손 라파엘 히르슈(Samson Raphael Hirsch, 1808~1888)의 가르침을 따라 시작되었다. 이어 이스라엘 살란터(Israel Salanter, 1810~1883)의 무잘(Musal) 운동과 마슈기아 루하니(Mashgiah Ruhani) 운동, 즉 자기비판과 영적 고양을 통한 개인적인 윤리와 영적 훈련을 강조하는 운동으로 발전했다. 나아가 정통파 유대교는 자신들이 오랫동안 살아온 여러 지방의 문화들—특히 아슈케나짐과 스파라딤—에 뿌리를 둔 채 발전해온 유대교의 관습들을 유지하고 있다.

이런 다양한 사상과 전통에도 불구하고 정통파 지도자들은 자신들을 '정통'이라고 정의하려 애써왔으며, 여기에는 '진짜' '참'이라는 의미가 내포되어 있음을 은연중에 강조한다. 정통파는 할라카를 자신들을 하나로 묶어주는 법으로 간주하며, '토라민하샤마임,' 즉 토라의 신적 계시 신앙을 강조한다. 토라의 교리적 선언을 강조함으로써 어떤 타협도 거부하기 때문에 현대사회의 가치와 사고의 변화 속에서 동떨어진 삶의 방식을 유지하고 있다는 비판을 받고 있다. 정통파는 이스라엘 내에서 결혼 규정을 독점하고, 유대인의 신분을 결정하는 랍비들을 허가하는, 공식적으로 승인된 유일한 유대교이다. 이스라엘 밖에서는 보다 유연한 개혁파들의 활동이 두드러진 반면, 이스라엘 내에서는 정통파가 광범위하게 유대인의 삶에 영향을 미치고 있다.

이스라엘최고랍비회의(아슈케나짐과 스파라딤으로 각각 나뉘어 있음), 유럽 랍비회의, 미국랍비협의회 등의 막강한 영향력에도 불구하고, 정통파 유대교에는 전체의 통일된 방향이 없다. 할라카의 판결은 학식과 경건함이 인정된 '토라의 현인들'에게 영향을 받으며, 이들의 판결은 제의, 전쟁, 의학 윤리, 시민, 여성 등 다양한 분야에 걸쳐 영향을 끼친다. 이들의 판단의 근거는 토라의 규범이 신성하며 영원토록 유효하다는 것이다.

보수파 유대교

독일의 자카리아스 프랑켈(Zacharias Frankel, 1801~1875)이 보수파 유대교의 아버지라면, 미국유대신학교(Jewish Theological Seminary of America, JTS)의 솔로몬 셱터(Solomon Shechter, 1850~1915)는 그 운동을 점진(漸進)시킨 사람이다. 보수파 유대인들은 중심에 할라카를 두는 것에는 동의하지만, 정통파보다는 변화하는 사회적·경제적 환경의 빛 아래에서 보다 과감하게 대비책을 마련함으로써 주변 문화와의 긍정적인 상호작용을 통해 활기찬 에토스(ethos)의 유대교를 만들어나가고자 했다.

1983년 여성들도 랍비가 될 수 있는가에 관해 토론과 투표가 진행되는 가운데, 몇몇 지도급 랍비들은 그것이 할라카의 제한을 벗어나는 일이라고 여겨 결국 이탈하기도 했다. 히브리어로 '마소레티'라 불리는 보수파 유대교는 미국 내에서 최대 종파로서 세력이 크며, 북미 회당 인구의 1/3가량이 보수파에 속한다.

이 밖에도 유대교 내에는 **재건파**가 있다. 모데카이 카플란(Mordecai M. Kaplan, 1881~1983)이 기초하고 재건파랍비학교(Reconstructionist Rabbinical College, 1968)가 그 중심에 있다. 이들은 신, 이스라엘, 토라와 같은 근본적인 개념을 포함하여 회당과 같은 기구들이 현대사상과 사회 변화의 빛 아래에서 재검토되어야 한다고 본다. 재건파는 참여자들의 '하부라', 즉 집단의 여론을 중요하게 여기며, 그 속에서 랍비는 의견 수렴 과정을 민주적인 절차에 따라 처리하는 자가 된다.

2) 반유대주의와 홀로코스트

지구상에서 유대인만큼 오래도록 끈질기게 고통을 당한 민족이 또 있을까? 고통을 당하는 민족에게 필연적으로 제기되는 질문이 '왜 우리가 고통을 당해야만 하는가?'인 까닭은 되물을 필요가 없다. 그러나 그 질문에 대한 대답이 복잡한 이유는 그것이 보편적으로 타 문화의 환경 속에서 사는 모든 '소수자'의 문제이든, 유독 유대인에게만 주어진 특별한 십자가이든 간에 미워하는 주체—누가, 왜, 어떻게 고통을 가했는가?—와 미움을 받는 객체—누가, 왜, 어떻게 고난을 받았는가?—사이의 정치적 관계, 즉 양면적(兩面的)이라는 데 있다. 미워하기 없는 미움받기가 어디 있으며, 미워하는 이 없이 미움받는 이가 또한 어디 있겠는가? 비록 미워하는 모든 이유가 타당할 필요도 없고, 또 타당하지도 않다 하더라도, 결국 미움받기와 미워하기는 등이 서로 붙은 샴쌍둥이처럼 결합되어 있다. 결국 미움받기와 미워하기는 서로 별개의 것이 아니며, 여기에 문제의, 그리고 관점의 복잡성이 자리한다.[1]

히브리 성서에서 '고난'이라는 단어는 언제나 '의로운 자의 고난'을 의미하며 (시편 34편 19절 등), 그 고난은 항상 이집트에서 노예로 살던 시절 조상들이 당한 압제와 그 맥을 같이한다(출애굽기 3장 17절). 이러한 고난의 신학은 무고하게 '고난받는 종'의 이미지로 메시아 사상의 정점에 서게 된다(이사야 53장 4절). 고난의 신학은 바빌로니아 포로 이후 떠돌이 생활을 하던 이스라엘 민족이 당한 역사적 수난과 사회적 고통의 현실을 설명하고 극복하기에 더없이 좋은 명제였다. 그런 의미에서 히브리 성서에서 말하려는 고난의 신학은 곧 해방(희망)의 신학이었다.

구약성서의 이러한 사상은 신약성서에서 메시아(그리스도)의 고난에 대한 예언으로 받아들여지면서 의로운 예수 그리스도의 고난(죽음)과 영광(부활)을 이해하는 근거로 받아들여지게 된다(누가복음 24장 26절). 그리스도의 십자가 고

---

1) 근대의 발명품 가운데 으뜸은 원근법(perspective)이다. 회화적 평면 위에 실재(reality)와 매우 유사한 공간을 만들어내기 위해서는 회화의 2차원성을 극복해야만 했는데, 이러한 요구를 충족시키기 위해 개발된 것이 원근법이라는 회화적 공간의 재현이었다. 여기서 원근법이란 '내'가 사물을 바라보는 방법, 즉 '나의 시각' 경험과 필연적으로 관련된다. 우리는 일상적인 시각 경험 속에서 멀리 있는 물체는 작게 보이고 가까이에 있는 물체는 크게 보인다는 사실을 알고 있다. 그러나 그 것은 사물의 실재와 무관하다. 그것은 보는 이의 시각에 따라서 그렇다는 뜻이 된다. 그런 의미에서 소위 원근법은 근대적 '주체'의 발견을 알리는 신호탄이었다. 그런데 원근법의 결정적인 한계는 '하나'의 고정된 시점에 따라 현실 공간의 '한' 측면, 즉 '한' 절편만을 본다는 것이다. 그런 의미에서 원근법은 근대 서구 세계의 한계이기도 하다. 근대적 '주체'의 발견은 '내'가 사물을 쳐다봄으로써 사물을 '대상화'하고, 대상화한 사물의 '이미지'를 창조해냄으로써 사물의 실제와 사물의 이미지 사이를 분리시키고, 그 결과로 사물을 소외시키고 학대했는데, 그 대표적인 사례가 바로 근대 유럽의 발명품인 반유대주의라 말할 수 있을 것이다.

난과 부활의 영광은 로마 제국의 박해로 고난당하던 초대 교회의 그리스도인들에게 현실을 이겨낼 힘과 위로의 메시지가 되었다(베드로전서 5장 10절, 요한계시록 2장 10절). 그런 의미에서 고난받는 그리스도의 신학은 곧 해방하시는 하나님의 신학이었는지도 모른다.

그런 점에서 신·구약 성서를 꿰뚫고 지나가는 하나의 큰 신학 사상 가운데 하나는 의로운 자가 당하는 고난과 희생이다. 이스라엘 백성들에게 길고 긴 고난의 시간은 스스로의 투쟁과 스스로의 노력과 스스로의 위로만으로는 견뎌낼 수 있는 것이 아니었으며, 초기 그리스도인들이 겪던 고난 역시 그러했을 것이다. 그들에게 역사의 고난과 인간의 고통은 삶의 보편적인 주제라기보다는 자신들에게 주어진 특수한 질문이었다. 다시 말해서 고난을 생로병사(生老病死)하는 인간의 보편적 현실로 이해하기보다는 신앙을 따라 살아가려는 이들에게 주어지는 특별한 십자가라고 인식하고 있었다. 그래서 고난이란 객관화/일반화하기[2]에는 참을 수 없이 가볍고, 주관화/특수화하기[3]에는 견딜 수 없이 무거운 문제였다.

인류 역사상 가장 비극적인 폭력이라고 일컬어지는 나치의 유대인 대학살, 즉 홀로코스트(Holocaust)는 아주 작은 미움으로부터 시작된 것이었다. 미워하기라는 날줄과 미움받기라는 씨줄로 얽힌 채, 아주 오랜 기간 동안 발전하고 변형돼온 반유대주의의 변이(變異) 과정을 설명하는 것은, 오랜 진화론적 과정을 통해 비로소 인류가 탄생했다는 가설보다 더 복잡하다. 최근 자연과학이 발견한 복잡계(complex system) 이론에 따르면, "북대서양의 나비 한 마리의 날갯짓이 태평양에서 거대한 태풍을 만들 수 있다." 소위 반유대주의(Antisemitism)라는 이름이 낳은 인류 최대의 비극도 따지고 보면 유대인에 대한 보잘것없는 기억과 대수롭지 않던 편견이 낳은 역사상 가장 '오래된 증오(the Longest Hatred)'로부터 시작된 것이었다. 편견이란 하나의 고정관념이며, 이미지이다.

---

2) "인생은 고난을 위하여 났나니 불티가 위로 날음 같으니라."(욥기 5장 7절)

3) "나의 하나님, 나의 하나님, 어찌하여 나를 버리셨습니까?"(마태복음 27장 45절)

가장 오래된 증오

반유대주의가 태어난 곳은 신화가 지배하던 그리스-로마의 땅이었고, 그것이 젖을 먹고 자란 곳은 절대 신앙을 자랑하던 기독교 천년왕국이었으며, 마침내 그것은 '위대하고 순수한 피'를 가진 아리안의 독일에서 '악의 꽃'을 피웠다.

> 그리스-로마인이 유대인에게 이렇게 말했다. "너는 **유대인으로서** 우리와 함께 살 권리가 없다." 이번에는 기독교도가 말했다. "너는 **우리와 함께** 살 권리가 없다." 마지막으로 히틀러가 말했다. "너는 **살 권리**가 없다."

유대인에 대한 미움은 어떻게 시작된 것일까? 아주 먼 옛날 어떤 사람이 일종의 그릇된 생각, 즉 '유대인은 나쁜 놈'이라는 생각을 갖기 시작했다. 그 편견은 오랫동안 여러 사람들에게 전염되어 집단적 기억(collective memory), 즉 '유대인은 다 나쁜 놈'이라는 고정관념을 만들었다. 그 고정관념은 '유대인 없는 세상에서 살면 좋겠다'는 하나의 이미지와 신앙이 되어버렸다. 이러한 신앙은 객관성을 띤 하나의 이론으로 발전하며 기구화되었다. 그런 의미에서 반유대주의는 하나의 사실(a fact)과 하나의 이미지(an image) 사이에서 작용한다.[4] 그래서 반유대주의는 실체로 이해하기에는 너무 추상적이고, 허상으로 보기에는 너무 구체적이다. 예를 들어 셰익스피어의 『베니스의 상인』에 등장하는 샤일록이라는 생생한 인물을 통해 구현된 유대인의 이미지는 모든 유대인을 샤일록처럼 이해하고 해석하게 만듦으로써 유대인을 악마화한 사회의 기억을 영속화했다.

이러한 신앙은 오랜 세월 동안 세대에서 세대로 이어지며 인간의 기억이라는 유전자 속에 흡수·저장되어 있다가 적절한 사회적 온도와 문화적 습도를 갖춘

---

4) "관념보다 이미지에 더 많은 실재성이 존재한다"는 베르그송의 이미지 존재론을 언급하지 않더라도, 우리는 세계를 구성하는 이미지의 존재를 부정하기 어렵다. 나아가 "모사(模寫)물은 그것이 사물의 이데아를 닮음에 따라서만 진정으로 어떤 사물을 닮는다"는 들뢰즈의 주장대로, 이미지가 세상을 지배한다는 사실 또한 잘 알고 있다. 인간이 신의 형상(이미지)에 따라 창조되었다는 성서의 가르침은 실상은 인간이 신의 형상(이미지)을 보존하고 있다(곧 닮았다)는 뜻일 뿐만 아니라, 인간은 신의 지배를 받는다는 사실을 의미하기도 한다.

정치적 토양과 만나면서 가공할 만한 힘을 가진 괴물—이 괴물은 시대마다 모양을 달리하지만 그 본질은 하나다—로 탄생하여 역사를 뒤흔들어놓았다. 어느 날 그 같은 신앙을 가진 콧수염 달린 이가 나타나, 자기와 같은 생각을 가진 사람들과 힘을 합쳐, 살기 좋은 세상을 만든다는 미명하에 유대인을 모두 멸절(滅絕)시켰다. 해충(害蟲)에 약을 치듯이.

반유대주의는 1879년 독일의 빌헬름 마르가 유대인과 유대교에 대한 증오를 기술하기 위해서 처음으로 고안해낸 용어로서 유대인에 대해 "천성적으로 또는 역사적으로 악하며 열등하다고 여기는 일체의 태도와 행동"이라 정의한다. 이러한 반유대주의는 하루아침에 탄생하지 않았다. 그것은 2천 살도 넘은 늙은 망령이다. 어느 날 갑자기 괴물처럼 출현한 돌연변이가 아니다. 반유대주의는 끈질긴 생명력과 놀랄 만한 유연성과 뛰어난 융통성을 갖고, 고대에서부터 중세를 거쳐 현대에 이르는 긴 역사를 관통해 오늘날까지 살아 활동하고 있다.

반유대주의의 다양한 얼굴들

반유대주의의 출발은 디아스포라 세계에서 소수자로 살아가던 유대인들의 독특한 신앙—유일신 신앙으로 대표된다—과 삶의 방식—안식일 준수나 까다로운 음식법, 타 민족과의 결혼 금지 등—때문이었다. 유대인의 남다른 생활방식과 외양(外樣)은 다수의 비유대인들의 눈에 거슬릴 만큼 독특한 것이었으며, 비유대인들은 다수의 외집단에 협력하지 않는 소수의 내집단의 배타적 태도라고 여기며 눈을 흘겼다.[5] BC 3세기 이집트의 사제 마네토(Manetho)와 아피온(Apion), 그리스의 몰론(Apollonius Molon)과 로마의 타키투스(Tacitus) 등은 바

---

[5] 여기에 반유대주의의 '보편성'이 자리한다. 즉, 사회·심리학적으로 말해서 반유대주의란 소수자에 대한 부정적인 태도에서 비롯된 것이라는 설명으로, 여기서 미움은 타 문화의 환경 속에서 자기 동일성을 지키며 살아가려는 소수자(minority)의 문제로 일반화된다. 그러나 여기에도 타 문화 속에서 살아온 여러 민족 중에서 왜 유독 유대인에 대한 증오는 항구적(恒久的)이며, 심지어 유대인이 살지 않는 지역에서조차 극단적인 형태를 띠고 있는가 하는 문제의 '특수성'이 자리하게 된다. 또한, 유대인에 대한 반감의 정도가 모든 나라와 문화에서 동일한 것이 아니기 때문에 사회·심리학적 이론은 설득력을 잃게 된다.

로 '유대인들의 반사회적 경향'을 지적한 이들이었다. 역사가 타키투스는 자신의 책 『역사 *Historiae*』(5.5)에서 이렇게 말했다.

> 그들(유대인)은 다른 모든 사람들에 대해 오직 증오심과 불화만을 드러내고, 따로 앉아 식사하고, 따로 잠을 자고, 색욕이 강한 종족이면서도 외국 여인들과는 성교를 금하며, 그들 사이에는 법이 아닌 것이 없을 정도다.

기독교 세계는 그리스-로마 시대가 만들어놓은 유대인에 대한 배타적 분리주의와 사회적 반감을 거의 고스란히 이어받아 그 토대 위에 새로운 신학적 편견과 차별을 쌓아 올렸다. 그것은 1세기 후반 예루살렘 성전 멸망 이후 기독교와 유대교가 분리되는 과정에서 '누가 하나님의 합법적인 상속자인가' 하는 피할 수 없는 질문으로부터 시작된 것이었다. 논쟁 과정에서 유대인은 '하나님의 아들(그리스도)을 살해한 자'라는 교회의 고정관념이 자리하기 시작했다.[6]

이러한 신학은 기독교 교부(敎父)들에 의해 일차적으로 복음서에서, 그리고 사도 바울의 서신에서 그 근거를 찾아 발전되어나갔다. 교부들은 '육을 따르는 이스라엘'은 버림받았으며, 젊은 기독교 교회야말로 하나님의 언약의 진정한 상속자인 '참 이스라엘(verus Israel)'이라고 주장했다. 다시 말해서 유대인에 대한 하나님의 낡은 선택과 옛 약속은 파기(破棄)되었으며, 이제 교회가 하나님의 '새 언약'을 상속받아 '참 이스라엘'로 탄생하게 되었다는 교리가 그것이다. 교부들의 주장은 여기서 멈추지 않고 유대인에 대한 차별을 정당화하는 제도들이 만들어지기 시작하면서 유대인에 대한 교회의 박해가 가시화되었다.

388년 메소포타미아에서 일어난 유대교도와 기독교도 사이의 폭력 사태는 유대교 회당 방화와 유대인에 대한 학살로 이어졌다. 그때까지만 해도 유대인에

---

6) 사실 여기서 필자가 강조하는 것은, 실제로는 몇몇 유대인만이 예수를 죽이는 데 가담했을 뿐임에도 모든 세대의 모든 유대인들에게 '예수를 죽인 자'라는 딱지를 붙임으로써 그들을 어떤 정치적·종교적 목적으로 이용하거나 공격하려 했다는 점이다. 어떤 사실을 지나치게 일반화하거나 단순화시킬 때 발생할 수 있는 오류이며, 더욱 심각한 것은 여기에 개입된 정치적 의도이다.

대한 이미지와 박해의 정도는 그다지 '야만적'이지는 않았다. 결정적인 변화는 유대인 대량학살을 몰고 온 제1차 십자군 원정(1096)을 통해서였다. 제1차 십자군의 지도자 고드프루아 드 부이용(Godefroi de Bouillon)은 그리스도의 핏값을 이스라엘에 갚자며 "단 한 사람의 유대인도 살려두지 말 것"을 명령하였고, 유대인을 그리스도의 적으로 간주한 십자군들은 사명감을 갖고 그 일을 감행했다. 십자군의 잔인한 대량학살은 유대인의 영혼에 깊은 상처를 남겼다.[7]

십자군 운동은 유대인의 불신앙과 낮은 사회적 지위를 일깨움으로써 사회적 이탈과 지적 회의에 빠진 중세 기독교인으로 하여금 스스로 우월한 지위와 신앙을 입증함으로써 기독교 세계의 통합을 꾀하려 했다. 이로써 "유대인은 기독교인의 종이다"라는 유명한 명제가 탄생한 것이다. 본래 아우구스티누스의 교리였던 이 명제는 1179년 제3차 라테란 공의회에서 교회법으로 확정되었다. 중세 대철학자 토마스 아퀴나스조차 유대인은 죄로 말미암아 '영구적인 노예 상태'에 이르게 되었음을 확증했으며, 교황 인노켄티우스 3세는 '기독교인의 이름을 모독하는 자'는 곧 "그 피를 우리와 우리 자손에게 돌릴지어다"(마태복음 27장 25절)라고 말한 자들이라며, 그리스도를 처형자의 손에 내줌으로써 벌 받을 짓을 한 유대인들이야말로 기독교인의 노예일 뿐이라 강조했다. 1215년 제4차 라테란 공의회(1215)에서 유대인은 특별히 정해진 복장─둥근 모자를 쓰거나 옷에 노란색 유대 배지를 달게 했다─을 하고 다닐 것을 성문화했으며, 유대인의 교회 출입을 금지하고 기독교 명절에는 거리에 나와 걸어다니는 것조차 금했다.

이러한 때에 영국 노리치에서 일어난 한 기독교 소년의 살해 사건(1144)은, 유대인들이 자신들의 축제인 유월절에 누룩을 넣지 않고 구운 빵인 무교병을 기독교인의 피에 찍어 먹기 위해 저지른 짓이라는 소문이 퍼지면서 '성체(聖體)를 모독한 유대인'에 대한 파문으로 이어져 핍박과 추방을 불러일으켰다. 사실상 이러한 판타지는 당시 중세 유럽의 흡혈귀 전설 및 민담과 연결되어 중세의 미

---

7) 그런 의미에서 오늘날까지 유대인들이 기독교를 배척하고 예수를 메시아로 인정하지 않으려 하는 것은 신학적인 데 이유가 있어서라기보다 홀로코스트를 포함한 역사적인 경험 때문이라는 주장은 설득력이 있어 보인다.

술, 음악, 문학, 성극, 설교 등을 통해 정형화되어나갔으며, 아울러 제4차 라테란 공의회에서 결정된 화체설(化體說)—성례에서 사용되는 빵과 포도주는 입에 들어가는 순간 예수의 진짜 살과 피로 변한다는 중세 기독교의 교리—등과 결합하여 상당한 설득력을 갖게 되었던 것이다. 1347~1360년 흑사병이 유럽을 휩쓸고 지나가면서 '유대인이 우물에 독을 탔다'는 소문을 낳아, 성난 군중에 의해 수천 명의 유대인이 살해되었다. 이제는 '신을 살해한' 유대인의 이미지에 악마의 뿔과 꼬리를 단 셈이다.

이러한 시기에 기독교인의 머릿속에 유대인과 유대교에 대한 확고한 고정관념으로 자리 잡은 것은 바로 고리대금업자의 이미지였다.[8] 당시 유대인은 토지를 소유할 수 없었고, 또 주로 무역업에 종사하면서도 길드에서 배척받았다. 상황이 이러했으므로 원활한 경제활동을 위해 유대인이 고리대금업으로 손을 뻗는 경우가 많아졌는데, 당시 교회는 이자를 받고 돈을 빌려주는 행위를 금지하고 있었으므로, 왕실을 비롯한 일부 기독교 부자들은 유대인 고리대금업자들과 거래하면서 상호 이익을 주고받았던 것이다.

이미 신을 살해한 무신론자로 낙인 찍혀 있던 유대인들은 이제 가난한 이들의 돈을 빼앗는 흡혈귀로 묘사되기 시작했으며, 이는 유럽 봉건 사회에서 반유대주의가 보다 사회·경제적인 성격으로 변해가기 시작했다는 증거가 된다. 대중들의 마음속에 유대인은 점차 은행가, 환전가, 기독교의 땅에 침투해 기생하는 착취자 등 돈과 경제의 기수라는 이미지로 자리매김해갔다. 이것이 유대인에 대한 중세의 고정관념이었으며, 이것은 근대 자본주의 시대의 도래와 함께 유럽의 반유대주의 역사사에서 운명적인 역할을 담당하게 된다.

종교개혁자 루터 역시 유대인에 대한 중세적 신화와 생각을 고스란히 받아들였다. 1543년에 쓴 「유대인과 그들의 거짓말에 관하여」에서 루터는 유대인을 우

---

8) 유대인이 고리대금업자라는 주장 역시, 실제로는 몇몇 유대인만이 고리대금업을 하고 있을 뿐임에도 모든 유대인에게 '고리대금업자'라는 꼬리표를 붙임으로써 그들을 사회·경제적으로 공격하려 했다. 이런 이데올로기적 망상과 정치적 음모는 종종 정당한 것으로 받아들여지며, 그것은 실제로 사회적 동력으로 작동하기도 한다.

물에 독을 탄 자, 제의적 살해자, 고리대금업자, 악마로 변신한 기독교 사회의 기생충 등으로 부르며, 유대인에 대한 차별과 박해를 정당화했다.

첫째, 그들의 회당이나 교회는 불태워져야 하며, 불태워지지 않은 것들은 먼지로 뒤덮어 타다 남은 찌꺼기나 돌멩이조차 아무도 볼 수 없게 해야한다. 이런 일은 하나님께 우리가 그리스도인임을 보여드리기 위해서 하나님과 기독교의 명예를 걸고 행해져야 한다. 나아가 그리스도와 그리스도인을 저주하고 모독하고 거짓말하는 것을 알면서도 그들에게 관용을 베풀거나 묵과하지 말아야 한다. …(중략)… 둘째, 그들의 집을 부수고 파괴해야 한다. 회당에서 하는 짓을 거기서도 행하기 때문이다. 그들이 큰소리치듯이 그들이 우리 땅의 주인이 아니라 가여운 포로임을 깨닫게 하기 위해서, 그들을 한 지붕 밑이나 한 마구간에 집시처럼 집어넣어야 한다. 셋째, 그들에게서 기도서나 탈무드 같은 우상 숭배와 거짓말과 불평을 가르치는 책들을 빼앗아버려야 한다. 넷째, 랍비들에게 더 이상 가르치지 못하도록 해야 한다. …(중략)… 다섯째, 유대인은 귀족도 공무원도 상인도 아니기 때문에 도시지역에서 비즈니스를 하지 못하도록 유대인에게 여권 발급이나 여행 권한을 엄격하게 금지해야 한다. 그들을 집에 머물도록 하라. 여섯째, 고리대금업을 중단하도록 해야 한다. 모든 현금이나 은금 같은 값어치 나가는 것들을 빼앗아 보관소에 넣어두어야 한다. 그들의 재산은 고리대금업을 통해 우리에게서 훔치거나 빼앗아간 것들이기 때문이다. 그러한 사악한 돈은 하나님의 축복과는 반대로 저주받은 것이어서, 다시 선한 용도로 사용되어야 한다. …(중략)… 일곱째, 젊고 강한 유대인은 도리깨질, 도끼질, 괭이질, 삽질, 실톳대질, 물레질을 시켜, 아담의 자손에게 요구하였던 것처럼 콧등의 땀으로 빵을 벌어 먹도록 해야 한다. 그들이 우리를 이방인(goyyim) 취급하여 우리의 이마에 땀을 흘리게 하고, 자신들은 게으름 피우며 화롯불 곁에 앉아 능청을 떨고 있던 것이 타당하지 않았음을 보여줘야 한다. …(중략)… 우리는 교활하며 게으른 뼈들을 우리 제도 밖으로 추방해야 한다. 그들이 우리에게 봉사하고 우리를 위해 일할 때, 우리의 아내와 자식과 종과 가축이 해를 입을까 염려하기 때문이다. …(중략)… 관대한 자비가 그들을 착하게 만들기는커녕 자꾸만 나쁘게 만들었다. 그래서 그들을 없애버려야 한다. …(중략)… 요약하면 당신의 영토 안에 유대인을 가진 군주와 귀족들이여, 만약 내 충고가 당신에게 적합하지 않은 것이라면, 당신과 우리가 견딜 수 없는 이 무거운 짐, 즉 유대인으로부터 자유롭게 되는 보다 나은 방법을 찾을지어다.

유대인의 피가 세례를 통해서도 깨끗해질 수 없는 유전적 결함을 안고 있다는 최초의 주장은 15세기 스페인에서 처음으로 시작되었다. 평생을 유대인 개종을 위해 살아온 도미니크회 소속의 수도사 페레르(Vincente Ferrer)가 처음으로 제기한 소위 '나쁜 피(mala sangre)' 이론은, 비록 그것이 나치의 인종주의와는 성격이 달랐지만, 그동안 지속돼온 종교적 반유대주의를 축소시키는 대신 새로운 형태의 '인종적' 반유대주의를 탄생시키는 결정적 계기가 되었다. 고상한 혈통을 가진 '순수한' 기독교인과는 달리 '더러운 피'를 가진 유대인들은 설령 기독교로 개종했다손 치더라도 대학, 성직 및 공직의 자리에 앉을 수 없었으며, 결국 1492년 페르디난도 왕과 이사벨라 여왕의 칙령에 따라 모든 유대인이 스페인 왕국에서 추방되고 말았다.

　　르네상스와 종교개혁이 중세 기독교의 가치관을 붕괴시키고 세속주의와 개인주의를 새로운 사회 가치로 환원시키면서 '종교와 정치의 분리'라는 원칙이 세워짐과 동시에 유대인과 기독교인 사이의 종교적 차별이 수그러드는 듯했다. 소위 계몽주의자들의 종교적 관용 이론이 "모든 인간은 종교에 의해 판단되지 않으며 국가에 대한 유용성에 의해 판단된다"는 중상(重商) 이론으로 발전하고, 유대인이 사는 곳마다 상업과 무역이 활발하게 이루어지며 유대인이 유럽의 경제 발전에 긍정적인 역할을 하고 있음이 인정되면서 '신을 살해한 백성'이라는 전통적인 증오심도 점차 누그러져갔다. 여기에 모제스 멘델스존이나 에프라임 레싱 같은 유대인 계몽주의자들이 긍정적인 유대인의 이미지를 불어넣어주었다.

　　그러나 17~18세기 계몽주의 시대에 나타난 합리주의자들과 자연종교에 기초를 둔 급진적인 이신론(理神論, Deism)자에게 유대교는 여전히 인간의 이성을 무시하는 원시적인 종교이며, 초자연적인 유일신을 신봉하는 유대인은 미신에 가까운 오류투성이의 구약성서를 믿는 어리석고 혐오스러운 존재였다. 근대 철학의 대가들——볼테르(Voltaire), 바우어(Bruno Bauer), 바그너(Richard Wagner), 뒤링(Eugen Dühring), 돌바흐(Baron d'Holbach), 피히테(Fichte), 칸트(I. Kant), 루소(Jean-Jacques Rousseau) 등——조차 사상의 진보와 갱신과 자유의 이름으로 유대교에 대한 부정적인 이미지를 존속시켰다.

영향력 있는 프랑스 학자 에르네스트 르낭(Ernest Renan)은 인류의 거대한 진보를 가로막고 서 있는 유대 지식인의 배타적인 경향과 광신주의를 지적하면서, 인류 문명의 사다리의 맨 꼭대기에 자리 잡은 인도-유럽인 혹은 '아리안'과 대조되는 인종적인 개념인 '셈족'이라는 말을 대중화시킨 최초의 사상가였다. 르낭은 셈족에게는 창의성이 떨어지고, 규율 감각이나 독립적인 정치조직을 수용할 능력이 모자란다고 보았다. 그래서 셈족에게는 신화, 서사시, 과학, 철학, 소설, 예술, 시민 생활이 없다고 보았다. 결론적으로 그는 셈족은 '인간 본성의 열등한 집합체'라 단정했다. 르낭은 이러한 셈족의 결점이 창의성이 결여되고 편협하고 원시적인 고대 히브리인에게서 기인한다고 추정했다.

한마디로 17~18세기 유대인에 대한 계몽주의자들의 태도는 이중적이었다. 그들은 한편으로는 종교적 관용 이론이나 중상 이론을 바탕으로 유대인을 한 인간으로 또는 경제적 가치를 지닌 존재로 평가함으로써 유대인의 권리를 인정했다. 그러나 동시에 유대인을 종교집단으로는 인정할지언정 정치적으로 '국가 안의 국가'로 인정할 수 없다는 태도를 취했으며, 유대인은 선천적으로 열등해 개량이 요구되는 존재로 보았다. 중세 기독교가 유대인을 강제로 개종(改宗)시키려 했다면, 근대의 계몽된 유럽 사회는 유대인을 개량(改良)시키려 했다. 이로써 중세 기독교가 만들어낸 유대인에 대한 이미지는 세속화되기 시작했다.

역설적으로 유대인에 대한 비판은 오랫동안 유대교를 비판해온 기독교의 힘이 약해진 세속화와 근대화의 시대에 소생하여 새롭게 성장했다. 새로운 반유대주의의 이념이 새 시대에 적합한 세속화된 옷을 입고 피어났다. 진보-자유 사상가들은 유대교의 불관용과 비역사적 아집 혹은 유대인의 고립주의적 배타주의를 공격하였고, 사회주의자들은 유대인을 '자본주의 정신'의 화신(化身)이라고 비난했으며, 민족주의자와 인종주의자들은 인류에게 퇴보를 가져다주는 '외부인'과 셈족 혈통의 특성을 유감스러워하였고, 보수주의자들은 유대인이 유럽 사회에서 영구적인 사회 불안과 혁명적인 전복을 꾀하고 있다고 보았다.

히틀러의 망령

근대 철학자들로부터 합동 세례를 받고, 심각한 경제불황과 정치적 불안정 속에서 자라난 히틀러와 나치는 유대인의 영적 구원을 불가능한 것으로 보았다. 해로운 영장류에 가까운 유대인의 생물학적 결함과 인종적 특성은 이들에게 영원하고 불변하는 것이었다. 유대인의 영향은 자연에 대한 반자연의 승리, 건강에 대한 질병의 승리, 지성에 대한 본능의 승리를 의미했다. 생물학적·자연적 인종주의는, 유대인 개개인의 사회적 배경이나 신앙, 정치적 신념이 무엇이든지 간에, **모든(all)** 유대인을 측정하는 마지막 제재 규약이 되었다. 히틀러는 단정적으로 이렇게 선언했다.

> 유대인은 결코 독일인이 될 수 없다. 그러나 아주 드물게는 될 수 있다. 만약 유대인이 독일인이 되기를 원한다면 자기 속에 있는 유대인 됨을 포기해야 한다. 불가능하겠지만 최대한 노력해야 한다. 그러나 여러 가지 이유 때문에 진정으로 독일인이 된다는 것은 불가능하다. 첫째는 혈통 때문이요, 둘째는 성격 때문이요, 셋째는 자신의 의지 때문이요, 넷째는 그의 행동 때문이다.

나치는 반유대주의적 프로그램을 단계적으로 이행해나갔다. 유대인에 대해 법적 식별, 토지 몰수, 강제 이주, 그리고 대량 멸절을 위한 강제적 게토화(ghettoisation) 등의 조처를 취해나갔다. 1938년 11월 '수정의 밤(Kristallnacht)'[9] 프로그램 이전에 나치는 유대인을 공공기관과 독일 문화생활로부터 끌어내 한 곳에 집결시켰다. 1935년에 제정된 뉘른베르크 법[10] 같은 유대인 발본 방책은 독일인

---

9) 수정의 밤이란 1938년 11월 11월 9~10일, 유대인에 대한 독일의 대학살이 사실상 시작된 날이다. 깨진 유리의 무수한 파편들이 아침 햇살에 수정처럼 빛났다고 해서 '수정의 밤'이라는 이름이 나왔다. 수정의 밤은 현대 독일사에서 반유대주의가 가장 폭력적인 방법으로 작동한 날이며, 어둠 속에서 저질러진 만행을 역설적으로 전해준다.

10) 1935년 9월 15일에 제정된 나치 독일의 법으로, 모든 유대인의 정치적 권리를 박탈했다. 독일 국민의 순수한 혈통을 지키기 위해 유대인은 비유대인과 결혼할 수 없다는 조항이 포함되었다.

과 유대인 사이의 격리를 효과적으로 수행해냈다. 율리우스 슈트라이허의 『데어 슈튀르머 *Der Stürmer*』 같은 신문은 독일인에게 국제적인 유대인의 음모와 유대인과의 성적 접촉을 통한 인종적 오염을 경고했으며, 유대인의 사업 활동을 보이콧할 것을 적극적으로 장려했다.

1938년 11월의 '수정의 밤'은 '유대인 문제'를 해결하기 위해 거리낌 없이 자행된 폭력이었다. 수백 명의 유대인이 살해되거나 부상당했으며, 독일에 있는 모든 회당과 많은 유대인 가게가 불타거나 파괴되었고, 3만 명 이상의 유대 남자가 체포되어 수용소에 보내졌다. 독일 내에서 유대인에 대한 테러와 조롱은 미쳐 날뛰고 있었다.

히틀러의 '마지막 해결'은 반유대주의의 자생적인 폭력이 아니었다. 그것은 제3제국에 의해서 고도로 조직화된 프로그램이었다. '냉혹한' 조력자들과 빳빳한 제복을 입고 철십자 완장을 찬 수천 명의 고급 관료들, 기업가, 법률가, 의사, 엔지니어, 회계사, 은행가, 사무원, 철도 공무원, 그리고 일반 노동자들의 협조와 조력으로 이룩해낸 업적이었다. 역사가 힐베르크(Paul Hilberg)가 지적한 대로, 이 파괴의 기계장치는 나치 독일같이 잘 조직화되고 고도로 발달된 기술을 가진 나라, 그리고 나치 친위대(SS) 같은 완전한 지배와 통제가 가능한 전체주의적 수단을 가진 나라에서만 가능한 것이었다. 나치의 반유대주의야말로 유대인을 서서히, 그러나 완전하게 **비인격화**(depersonalisation)하고 **비인간화**(dehumanisation)하는 데 가장 성공적인 도구였다.

그런데 문제는 여기서 끝나지 않았다. 나치의 지독한 살충제와 독가스 속에서도 멸절되지 않고 살아남은 유대인들은 시온주의라는 이름의 강력한 새로운 유전자를 배양하여 반유대주의라는 공격으로부터 자신들을 방어했다. "반유대주의가 시온주의를 낳았다." 다시 말해서 시온주의는 반유대주의가 낳은 역사의 산물이다. 시온주의는 각 시대의 환경마다 자신의 모양을 달리하고 나타난 반유대주의의 악질적인 변종 세균의 공격에도 꺾이지 않고 급기야 유대국가, 즉 이스라엘을 탄생시켰다.

3) 시온주의와 국가 건립

고전적인 신앙에 의하면 이스라엘 백성들에게 있어서 '흩어짐(exile)'은 하나님의 심판이요, 흩어진 유대인들이 다시 '모임(ingathering)'은 하나님의 은총이라는 신학 사상이 구약시대부터 자리하고 있었다(이사야 66장 18절 이하). 이러한 신학 사상은 BC 6세기 바빌로니아에 포로로 잡혀간 이스라엘 백성들의 역사에 대한 깊은 반성과 더불어 새롭게 싹튼 희망의 산물이었으며, 역사적으로 일어난 수차례의 귀향 운동이 실패로 돌아가면서 본토(本土)로 돌아가려는 사상은 가지를 모두 잘린 채 하나의 '희망의 그루터기'로만 남게 되었다. 2,600여 년에 걸친 디아스포라의 삶 속에서도 끊임없이 이어지던 귀향에 대한 희망의 싹은 역설적이게도 히틀러의 유대인 대량학살(Holocaust)로 멸절의 위기 속에서 움트기 시작했다.

'본토로의 귀향'에 대한 꿈은 19세기 말 시온주의(Zionism)라는 이름으로 구체화·정치화되기 시작했는데, 시온주의자들의 귀향에 대한 이념적 기초는 두말할 것도 없이 고대 이스라엘의 예언자들의 사상에 뿌리를 박고 있다. 그러나 그들의 국가 건설이라는 목표 구현 방식은 철저히 정치적인 것이었다. 그 과정은 후에 논의하겠으나 이스라엘의 국가 건설, 즉 '시온으로의 귀향' 운동을 하나의 종교적 메시아 운동(a religious Messianic movement)의 핵심으로 이해하고 있는 전통주의자들의 입장과 정치적 시온주의자들의 견해는 근본적으로 다르다. 간단히 말해서 전통주의자들(우파)은 시온주의자들(좌파)이 전통적이고 종교적인 메시아 사상의 유산을 의도적으로 세속화시켰다고 비판하면서 정치적 시온주의 운동을 위험한 세속주의라고 비난했음에 반해, 시온주의자들 역시 전통주의를 형편없는 종교적 환상주의라 비판해왔다. 소위 '종교적' 이스라엘과 '정치적' 이스라엘 사이의 갈등은 오늘날 이스라엘이 늘 안고 있는 딜레마이다. 두 집단 간의 역사적 연속성과 이념적 불연속성 사이의 갈등은 '새로운' 이스라엘 건설이라는 과정 속에서 끊임없이 대립과 갈등의 요인이 되고 있는데, 1995년 11월 4일, 정통파 청년에 의한 이츠하크 라빈 수상 암살 사건으로 표출되기도 했다.

오늘날 이스라엘을 이해하기 위해서 필수적으로 요구되는 시온주의에 대한 오해와 진실을 밝혀내기 위해서는 우선, 흩어진 유대인을 하나로 묶는 힘을 가진 시온주의 운동의 이념은 무엇이며, 시온주의자들이 꿈꾸던 이상과 목표는 무엇이었는가를 물으면서, 동시에 종교-전통주의자들의 뿌리 깊은 귀향에 대한 신앙과 희망이 왜 시온주의자들의 이념 및 실천방안과 조화를 이룰 수 없는가에 관하여 묻지 않을 수 없을 것이다. 이 둘 사이의 연속성(같음)과 불연속성(차이)을 구별하지 않고서는 종교적 이념과 정치적 방안 사이에서 제기된 문제의 본질이 무엇인가를 설명할 수 없기 때문이다. 이와 더불어 이스라엘의 독립은 시온주의의 완성인가 하는 물음을 제기하지 않을 수 없다. 즉, 시온주의 운동의 목표가 분명 '유대국가 건설'이라면 1948년 이스라엘이 탄생하면서 이들의 목표는 완성된 것인가, 시온주의 운동은 과연 끝이 났는가 하는 점이다. 민족 통합(national integration)을 위한 시온주의자들의 새로운 목표와 전략은 무엇인가, 그것은 오늘날 이스라엘-팔레스타인의 정치적 갈등에 어떤 결과를 가져다주었는가, 하는 물음과 직접 맞닿아 있기 때문에 이는 매우 중요한 물음이 아닐 수 없다.

> 박해와 압제는 우리 유대인들을 멸종시키지 못했다. 지구상의 어느 민족도 우리가 겪은 것 같은 투쟁과 고통을 경험하지 못했다. 강한 유대인들은 박해가 멈출 때 우리의 줄기를 다시 회복하게 될 것이다. 이는 단순히 우리의 복장, 관습, 전통, 그리고 언어를 되찾는 외적인 비슷함(external conformity)뿐 아니라, 느낌이나 태도까지도 동일성을 회복하는 것을 의미한다.

현대 시온주의의 이념을 선명하게 밝혀주는 이 선언은 시온주의 운동의 아버지 헤르츨이 『유대국가 Der Judenstaat』(1896)에서 한 말이다. 헤르츨은 1860년 부다페스트에서 태어났다. 그의 아버지 야콥은 의류상이었으며, 전통적인 유대교 가문 출신이었다. 그곳에서 고등학교를 졸업한 헤르츨은 문학에 관심을 갖고 오스트리아 빈으로 옮겼으나, 1878년 로마법 공부를 위해 법학부에 등록한다.

1884년 빈에서 박사 과정을 마친 그는 저널리스트로 활동하기 시작했다. 그는 종종 빈에서 일어나고 있는 반유대주의자들의 유대인에 대한 폭력 사건을 경험하면서 "반유대주의는 개인적인 문제가 아니다"라고 생각하면서 '유대인 문제'에 대해 관심을 갖기 시작한다. 1887년 베를린의 한 신문에 이 문제에 관해 기고하면서 자신의 입장을 발표하기 시작했다.

반유대주의가 시온주의를 낳았다

1891년 10월 파리에 있는 『Neue Freie Presse』에 채용이 허락된 그는 정치·문화 운동의 센터인 그곳에서 수년간 근무하면서 당대의 여러 선도적인 정신들을 배우고, 유럽의 급진 사상으로부터 영향을 받게 된다. 1893년에 헤르츨은 교황의 알현을 신청하면서 만약 교황이 반유대주의 추방을 위해 힘을 써준다면 많은 유대인들을 기독교로 개종시키겠다는 제안을 준비했으나, 교황은 그를 만나주지 않았다.

프랑스 신문사에서 나온 그는 큰 꿈을 꾸며 유토피아 사상에 젖는다. 그는 당시 유대인 박애주의자였던 바론 폰 히르슈(Baron von Hirsch)를 만나 "당신은 많은 돈을 가진 유대인이요, 나는 정신을 가진 유대인입니다"라며 제휴를 건의했으며, 당대 유대인 부호인 로스차일드(Rothchild)를 만나 500프랑을 기부받기도 했다.

1894년 7월에 발생하여 유럽 전체를 떠들썩하게 했던 드레퓌스 사건은 그가 반유대주의 문제와 씨름하는 결정적인 계기가 되었다. 헤르츨은 36세가 되던 1896년 2월에 『유대국가 Der Judenstaat』를 출판했다. 그는 이 책에서 하나의 이상적인 유대국가 건설을 꿈꾸며 실질적인 기본 구상을 내놓았고, 이로써 시온주의 운동이 전개되었다. 시온주의 운동의 궁극적인 목표는 '유대국가 건설'이었다. 즉, '지구 한 모퉁이에 영토를 차지하여, 국제법의 보호를 받으며 독립국가로서의 주권을 획득하는 것'이며, '이러한 목표는 도덕적이고 합법적이고 인본주의적 운동이며, 우리 국민이 오랫동안 열망해오던' 것으로 지향되었다. 이 운동의 이념적 기초는 비록 토마스 모어의 유토피아 사상의 영향에서 출발한 것이었다 하더라도 구체적인 역사적 경험, 즉 반유대주의의 경험 그 자체로부터 비롯된 것이었다.

그가 꿈꾸고 펼치기 시작한 시온주의 운동은 유토피아 사상이나 메시아 운동에서 비롯된 것이 아니라 유대인의 역사적 경험, 즉 반유대주의에서 출발한 것이었다. 헤르츨은 "유대인들이 가진 힘이란 곧 유대인들이 경험한 비참함 그 자체이다"라고 말했다. 그런 의미에서 반유대주의라 불리는 박해의 총체적 경험은 유대인들에게 유토피아의 꿈보다는 현실의 고통으로부터의 해방이 더 크고 중요한 주제였음을 보여주고 있다. 한마디로 말해서 "반유대주의가 시온주의를 낳았다." 반유대주의의 원인과 그의 영향에 대한 헤르츨의 주장은 이렇다.

> 현대의 반유대주의를 과거의 유대인들에 대한 종교적 증오와 혼동해서는 안 된다. 우리는 우리의 결점을 두고 지탄받는 만큼이나 우리의 재능에 대해서도 많은 시기를 받고 있다. 우리가 당한 박해는 경제적인 것과 사회적인 것이다. 우리들에 대한 오랜 편견은 아직까지도 사람들의 마음속에 깊게 박혀 있다. 유대 민족에 대한 나의 마지막 당부는 이방인으로 하여금 '우리의 마음속에도 고향이 있다'는 사실을 느끼도록 하는 것이다. 법 앞에서의 평등은 취소되어서는 안 된다.
>
> 억압은 적개심을 가중시키며, 적개심은 억압을 가중시키는 악순환이 계속된다. 우리는 우리의 적들이 우리들의 아무런 승낙도 없이 역사 안에서 반복적으로 자행해온 일들을 경험한 민족으로서 고통에 묶여 있다. 우리는 갑자기 우리 자신이 매우 어색한 자들임을 발견했다. 동시에 우리는 우리가 하나의 모델 국가를 건설할 수 있는 충분한 힘을 가지고 있음을 안다. 유대 민족이 생존할 수 있었던 것은 주로 외부의 압력으로 인한 고통 덕분이라고 믿는다.

1897년 26개국 대표가 참석한 제1차 시온주의 총회(Zionist Congress)에서 그는 "여기 나는 유대국가를 창조했다"라고 선언하면서 "빠르면 5년, 늦어도 50년 안에는 모든 사람들이 그것을 인식하게 될 것이다"라고 예언했다. 이 희망의 근거로서 그는 "강한 유대인들은 박해가 멈출 때 우리의 줄기를 다시 회복하게 될 것이다"라는 말을 남겼다. 그는 이 운동을 세속적 히브리 재생(secular Hebrew revival)과 연관시키거나 민족적·종교적 정통파(national religious orthodoxy)와 연계하려는 것을 강하게 배격했다. 그는 개인적으로 인본주의와 정교분리를 주창했다. 헤르츨은 시온주의 운동을 오직 "영토 없는 백성, 백성 없는 영토(a people without a land, a land without a people)"의 논리로 해석해나갔다.

> 18세기 산업혁명 이후, 노동자는 생산의 도구로 전락해 기계에 종속되어 버리고 말았다. 그러나 인간은 문명보다 우위의 존재이다. 이러한 문명을 초월하는 우리와 우리의 후손들이 되기 위한 노력이 계속되어야 한다. 전기의 발명으로 우리는 새로운 빛을 얻은 것같이 빛으로 인간성의 문제를 해결해야 한다. 한 가지 문제는 바로 유대인 문제(Jewish Wuestion)이다. 이 문제는 우리들 자신만의 문제라기보다는 억압받는 다른 존재들을 위한 것이기도 한 문제이다. 내가 생각하기에 이 문제는 사회적·종교적 문제라가보다는 문명 국가들과 더불어 정치적으로 풀어나가야 할 민족적 문제이다. 우리는 하나의 민족이다.

헤르츨이 제시한 시온주의 운동은 내적으로는 종교적인 메시아 운동가들과 동화주의자들과 좌파 혁명주의자들의 공격을 받으면서도 자신들의 이념과 노선을 충실히 지켜나갔으며, 외적으로는 제1차 세계대전을 겪으면서 변화하는 국제 정세의 판세를 정확히 읽어내어 터키와 영국을 무대로 한 외교적 노력을 통해 독립을 위한 지속적인 노력을 계속했다.

시온주의 운동을 거부한 유대인들

시온주의자들의 정치적 이념은 종교주의자들의 메시아 사상과 가장 크게 부딪혔다. 19세기 독일 정통종교주의자들(Orthodox Religionists)의 정신적 지도자였던 삼손 라파엘 히르슈는 시온주의 운동이 일어나기 이전부터 시온으로 돌아가려는 희망과 기도를 하던 인물이었으나, 그는 구원을 촉진시키는 어떠한 인위적인 노력(기도하는 일을 제외한)도 죄로 규정하여 엄격히 금지시킨 바 있었다. 이들이 꿈꾸는 이스라엘의 구원과 회복은 전적으로 메시아의 임재를 통한 토라(모세 법)의 완성이었다. 그런 의미에서 전통적인 유대교 신학을 따르던 메시아 운동가들의 관점에서 시온주의자들의 유대국가 건설 운동은 매우 위험하고 사탄적인 거짓 메시아 운동이자 세속화 운동이었다. 헤르츨은 처음부터 시온주의를 메시아주의와 연결시켜 보려는 시도를 경계했다. 그는 시온주의를 '순수한 민족운동(purely national movement)'으로 여겼으며, 역사적 민족 재건(historic national rebirth)의 차원에서 규정하고자 했다.

시온주의 운동에 반대하는 또 다른 유대인들 중 가장 대표격인 동화주의자들은 기본적으로 시온주의 운동의 유토피아적인 성격을 거부했다. 이들은 인간을 삶의 현실에 동화(assimilation)되어가는 존재로 보고, 수 세기 동안 각각 속해 있는 문화에 동화되어 살아온 유대인들이 '하나의 문화세계(one-world of culture)'를 만들어가고 있는 현실에서 이미 흩어진 수백만의 유대인들을 재결합시킨다는 것은 불가능한 망상이라 여겼다. 특히 이들은 세계를 각기 다른 문화활동의 영역으로 보지 않고 사해동포주의(cosmopolitanism), 즉 '하나의 문화세계'로 보려는 전제가 그 기저에 자리 잡고 있는 자들로서 경제·사회의 발달로 민족적 구별이 점차 감소되고 있는 마당에 이미 수천 년 동안 각각의 문화에 동화되어 살아온 유대 민족이 새로운 한 지역에 모여 한 나라를 건설한다는 것은 의미 없는 일이며, 유대 민족주의로 복귀한다는 것이야말로 무가치한 일이라 여겼던 것이다. 이들에게 있어서 시온주의 운동은 곧 정치적 민족주의 운동이었다.

모리츠 골트슈타인(Moritz Goldstein) 같은 이는 유럽의 유대인들이 독일의 음악, 문학, 극장을 장악하고 있음을 강조하면서 유대인들이 그들의 권리를 부정하는 유럽인들을 문화적으로 지배하고 있다고 주장했다. 그는 진보주의적 유대 지성인들은 좋은 유럽인으로서 살아가고 있으며, 이러한 상황에서 우리가 무엇 때문에 팔레스타인에 새로운 국가를 건설할 필요가 있겠느냐고 시온주의자들을 비판했다. 포겔슈타인(H. Vogelstein)은 "독일이 우리의 조국이며, 우리는 더 이상 다른 조국을 필요치 않는다"고 선언하기도 했다.

한편, 좌파 혁명주의자들은 민족이나 국가를 계급투쟁과 혁명을 통해 극복되어야 할 대상으로 보았기 때문에 시온주의 운동이 목표로 삼고 있는 유대국가 건설이야말로 그들의 국가 이론에 정면으로 배치되는 것이었다. 계급투쟁을 통한 사회주의 혁명을 목표로 삼고 있던 마르크스나 엥겔스는 문화·경제·사회적 진보를 통해 민족적 배타성을 극복할 수 있다고 보았으며, 그들에게 인간의 민족적 뿌리는 그렇게 중요한 개념이 아니었다. 적어도 민족은 계급투쟁을 통한 혁명보다 하위의 개념이었던 것이다. 그런 의미에서 유대교는 전적으로 부정적인 현상이었으며, 시온주의 운동은 하나의 낭만적 유토피아를 꿈꾸는 복고적 병리현상(reactionary aberration)으로 보였다. 좌파 사회주의자들의 반시온주의 이념은 카를 카우츠키(Karl Kautsky)에 의해 정립되었는데, 그는 유대 민족은 혼합되어 더 이상 유대인은 존재하지 않는다고 보았다. 레닌(Lenin)이나 스탈린(Stalin) 역시 유대인들에게는 영토나 정치조직 및 경제시장이 없으며 언어도 통일되어 있지 않다는 점에서 하나의 민족으로 볼 수 없으며, 유대인들이 자신들의 종교적 특성을 말하고 있으나 그것 역시 사회적·문화적 동화현상으로 인하여 그 특성을 찾아볼 수 없기 때문에 설득력이 없다고 보았다. 오토 헬러(Otto Heller) 같은 이는 시온주의를 유럽의 중산층 유대인들의 산물이자 반혁명운동(counter-revolutionary movement)으로 규정했다.

이러한 맥락에서 볼 때, 좌파 혁명주의자들에게 유대인이란 국가를 세울 권리조차 없는 자들이었다. 카우츠키는 유대인의 팔레스타인을 향한 모험은 비극으로 끝날 것이며, 아랍인들의 무서운 공격을 견뎌내지 못할 것이라고 내다보았다. 결국 팔레스타인은 프롤레타리아 혁명을 통해 완전한 해방을 맞게 될 것이라고 주장했다. 그의 추종자들 가운데는 레옹 블룸(Leon Blum), 에드워드 번스타인(Eduard Bernstein), 로사 룩셈부르크(Rosa Luxemburg), 레온 트로츠키(Leon Trotsky) 등이 있었다. 이들은 대체로 시온주의가 인류의 혁명과 진보를 방해하고 있다고 보았다.

이처럼 시온주의를 반대하는 이들의 입장을 요약하면, 첫째로 시온주의는 세속주의자들의 정치운동으로서 전통적인 유대교의 종교적 신앙과 모순된다는 점, 둘째로 시온주의는 민족주의자들의 민족운동으로서 유대교의 보편적 구제론(救濟論)과 성격상 배치된다는 점, 셋째로 시온주의는 반혁명운동으로서 인류의 혁명을 통한 진보를 방해하고 있다는 점 등을 꼽을 수 있을 것이다. 반시온주의자들의 이러한 주장들은 제1차 세계대전과 홀로코스트를 경험하면서 다소 주춤했으나, 이들의 비판은 오히려 시온주의의 이념과 운동의 성격을 보다 명확히 해나가는 데 작용한 것으로 볼 수 있을 것이다.

결론적으로 헤르츨의 시온주의 운동이 지향하는 일관성 있는 주장의 일단은 이렇다. 즉, 시온주의 운동의 목표는 '유대국가 건설'이며, 운동의 이념적 기초는 '반유대주의의 경험'이라는 점이다. 그가 꿈꾸는 국가 건설은 결코 메시아 운동가들이 주장하는 과거의 다윗 왕국으로의 복귀를 의미하지 않으며, 동시에 어느 곳에서나 유대인의 동질성을 가지고 살아가면 된다는 동화주의자들의 주장 역시 거부하고 있고, 좌파 혁명주의자들의 주장처럼 프롤레타리아의 계급혁명에 의한 것도 아니었다. 왜냐하면 유대인들이 처한 현실은 반유대주의가 극성을 부리고 있는 세계였기 때문이었으며, 따라서 유대국가 건설은 철저히 정치적이며 현실적인 문제로부터 출발해야 한다는 점을 분명히 하고 있다.

이 문제에 대하여 헤르츨이 그토록 강조한 까닭은 무엇일까? 두 가지 측면에서 해석이 가능할 것이다. 첫째는 헤르츨 자신의 시대 혹은 그 이전부터 종종 경험해온 여러 종교적 메시아 운동의 실패가 가져온 폐해 때문이었을 것이다. 종교적 신념에 기초한 이스라엘의 구원과 회복 운동은 현실적이지도 바람직하지도 않다는 이유 때문이며, 나아가 미래 이스라엘 사회 내부가 떠안게 될 종교와 정치 간의 갈등의 심각성을 예견하고 있었다는 점을 들 수 있을 것이다. 헤르츨을 비롯한 초기 시온주의 운동가들은 이상적인 종교사상이 빠지기 쉬운 감상적이고 맹목적인 이념을 철저하게 현실 정치이념에 붙잡아 매어둠으로써 하나의 정치적 대안운동으로 활성화하려 했던 것이다.

시온주의는 끝났는가?

이처럼 시온주의 운동은 처음부터 수많은 이념논쟁을 거쳐서 전개된 운동이었다. 1897년 제1차 시온주의 총회가 바젤에서 열린 이래, 유대인이 살고 있는 지역에서는 시온주의 운동의 지역 연맹의 조직과 활동이 활발하게 전개되었다. 시온주의 운동의 활동무대가 된 영국에서는 물론 러시아, 독일, 프랑스, 오스트리아, 미국, 이탈리아, 네덜란드, 남아프리카 공화국 등 강대국에 거주하던 유대인의 연맹을 비롯하여, 캐나다, 스위스, 호주, 뉴질랜드, 튀니지, 이집트, 불가리아, 체코, 폴란드, 유고, 라틴아메리카, 로도스 섬과 피지 섬 등지에서도 연맹이 조직되고 활발한 활동을 전개했다.

비록 1904년 헤르츨이 44세의 일기로 세상을 떠나고 말지만, 그의 뒤를 이어 등장한 다비드 울프슨이나 하임 바이츠만 같은 새로운 지도자들의 노력에 힘입어 급기야 1917년 11월 2일 밸푸어 선언(Balfour Declaration)을 이끌어냄으로써 팔레스타인에 유대인을 위한 국가를 건설하는 데 관한 최초의 지지를 얻어냈으며, 그 후 제2차 세계대전과 홀로코스트로 이어지는 비극적인 상황에서 1947년 11월 29일 UN 안전보장이사회는 유대국가 건설에 관한 역사적인 결정을 내렸다. 그리하여 헤르츨의 예언대로 시온주의가 제창된 지 꼭 50년 만인 1948년 5월 14일 이스라엘의 국가 독립을 선언하기에 이르렀다.

그렇다면 이스라엘의 독립은 시온주의의 완성인가? 이스라엘 독립 이후의 시온주의의 의미는 무엇인가? 시온주의 운동은 끝났는가? 분명 국가 건설 이후 시온주의 운동이 새로운 전환기를 맞이하게 된 것은 사실이다. 그러나 시온주의는, 그것이 포스트시온주의(Post-Zionism)이든 네오시온주의(Neo-Zionism)이든 간에, 아직 진행형이다. 1968년 예루살렘에서 열린 제27차 시온주의 총회에서는 다음과 같은 5개 항을 결의했다. (1) 유대 민족을 통합하고, 이스라엘을 유대인의 삶의 중심으로 삼는다. (2) 흩어져 사는 모든 나라의 유대인을 이민을 통해 역사적인 조국으로 불러 모은다. (3) 유대국가(Jewish State)를 예언자들의 최고의 가치였던 정의와 평화 위에 굳게 세워나간다. (4) 모든 유대인에게 히브리어, 유대 문화, 유대 정신 및 유대 가치를 교육시킴으로써, 유대 민족의 자기동일성과 특성을 보존해나간다. (5) 유대인의 권리를 보호한다.

이와 같은 새로운 결의는 시온주의 운동의 미래를 짐작하게 한다. 즉, 시온주의의 목표는 분명 이스라엘의 건립이었으나, 유대국가의 건립 자체는 또 다

포스트시온주의(Post-Zionism)인가?
네오시온주의(Neo-Zionism)인가?

이 논쟁은 1980년대 후반 시온주의자들의 정책을 놓고 시작되면서 2000년에 들어서 구체화된 쟁점 중 하나이다. 초기 시온주의 운동이 목표로 한 국가 건설이 완성된 이후 비유대인의 지위 문제가 표면화되면서 시온주의의 새로운 목표를 두고 발생한 개념이다.

우선, 네오시온주의는 6일전쟁 이후 민족주의 우파 및 종교주의자들이 확대 이스라엘을 주장하면서 시온주의의 초기 목표가 아직 완성되지 않았다고 보는 입장을 대변한다. 성서 시대의 영토뿐만 아니라, 민족적 기풍(ethos)나 품위를 확보하고 확립하려면 보다 강력한 민족주의적·종교적 시온주의를 강화해나가야 한다고 본다. 아랍인들이 유대인과 평화롭게 사는 것이 불가능하다고 보기 때문에 아랍-이스라엘인을 '제5열' 혹은 인구학적 취급 대상으로 보며, 유대인 정착촌 확장 등을 강력히 요구하고 실행에 옮기는 이들이 여기에 속한다. 이들에게 평화적 해결이란 곧 '억제력과 앙갚음'뿐이다. 또한, 이들은 유대국가의 세속화는 이스라엘 민족주의의 약화로 이어져 유대 문화와 전통을 훼손시키기 때문에 배격해야 할 요소로 보고 있다.

른 목적을 달성하기 위한 필요조건에 지나지 않는 것으로 보는 것이다. 궁극적 목적은 아직도 흩어진 유대인들이 자유롭게 다시 모여 평화롭고 행복한 삶을 영위하는 것이고, 이는 유대인의 고유한 인도적 권리에 속한다는 것이다. 유대 국가가 창설되었으나 흩어진 백성들이 다 같이 모여 행복하게 살 때까지 시온주의 운동은 지속되어야 한다는 것이다. 그런 의미에서 이스라엘의 건립은 시온주의의 끝이 아니며, 오히려 이 운동이야말로 새로운 이상을 제시함으로써 영속적인 운동으로 변형(transformation) 또는 재정립(re-define)되어가고 있음을 알 수 있다.

시온주의의 운동의 새로운 방향은 (1) 이스라엘의 구심성(求心性, the centrality of Israel), (2) 흩어진 유대인의 모음(the Ingathering of the Exiles)으로 요약된다.

이에 비해 포스트시온주의는 기본적으로 시온주의의 운동과 이념은 본래 목표였던 이스라엘 국가 설립으로 완성된 것으로 본다. 그러므로 시온주의자 이념은 그것으로 종결되었다고 본다. 이 용어는 오슬로 협정에 대한 좌파들의 입장을 비판한 우파들이 사용한 용어이다. 많은 역사가들은 가나안이즘(Canaanism) 혹은 범셈족주의(pan-Semitism)는 시온주의의 범위를 벗어난 것으로 본다. 따라서 이들은 반(反)시온주의나 포스트모더니즘과 연계하여 유대인 '귀향법' 등을 비판적으로 본다. 포스트시온주의자들은 과연 이스라엘이 유대민족의 안전한 피난처인가, 세상의 다른 어떤 곳에는 보다 나은 조건의 유대인들의 거처는 없는 것인가, 유대국가와 민주주의는 양립할 수 있는 것인가, 이스라엘은 시민권을 소유한 모든 이들의 국가인가, 이스라엘-팔레스타인 갈등은 전적으로 흑백 문제인가, 이스라엘은 진정 평화를 얻기 위해 최대한 노력을 다하고 있는가, 계속되고 있는 갈등의 책임과 원인이 아랍 쪽에게만 있는가 등을 물으면서, 시온주의 운동사에서 그 대답을 구하고 있다. 주로 이스라엘 지식인들이나 양식 있는 시민들이 이에 참여하면서 이들의 견해와 주장은 이스라엘 사회의 정치뿐 아니라, 경제·사회·문화 등 여러 분야에 많은 변화를 가져오고 있다. 이들은 우파들로부터 '자기기만적인 반시온주의자들' 또는 '자기증오적 유대인들'이라는 비판을 받고 있다.

첫 번째 요소는 이스라엘이 지구상의 모든 유대인의 구심점이라는 선언이다. 유대인의 운명을 이스라엘의 운명과 일치시키려는 의도가 엿보인다. 다시 말해서 더 이상 이스라엘 없는 유대인은 없다는 주장이다. 따라서 모든 유대인들은 이스라엘을 가장 중요한 관심사로 여겨야 하며, 이스라엘 또한 유대인의 문화, 종교, 교육, 학문 등 모든 분야에 걸쳐 중심적 위치를 갖는다. 이러한 시도는 시온주의를 유대인의 생활 속에서 재통합하려는 의도로 해석된다.

두 번째 요소인 '모음'은 시온주의 운동이 지속적으로 견지해온 이념으로서 세계 곳곳에 흩어져 있는 유대인들이 이스라엘로 모여야 한다는 주장이다. 여전히 디아스포라의 삶 속에서 살고 있는 유대인들은 단지 '시온을 사랑하는 자(Lover of Zion)'일 뿐 시온주의자는 아니라는 논리가 숨어 있다. 그러나 이러한 생각을 거부하는 이산공동체(shelilat hagolah)는 유대인들이 세계 도처에 흩어져 살면서 자신들의 지위를 확대해나가는 것이야말로 이스라엘에 이익이 된다고 주장한다. 특히 디아스포라 유대인 공동체가 역사적으로 이스라엘의 안보(security)와 창조적인 활동력(creative vitality)을 보장하고 지탱하는 데 기여해왔다고 본다. 이들은 디아스포라의 삶이 이스라엘에서의 그것과 마찬가지로 동등한 가치와 지위를 가지고 있음을 강조하면서, 이스라엘과 디아스포라의 균형과 상호 보완적 관계를 중요하게 여기고 있다. 그것이 오히려 다원문화 환경(multi-cultural environment)에 알맞은 삶의 방식이라고 설득한다.

결론적으로 시온주의는 유대 민족의 과거와 미래의 현존을 믿는 믿음이다. 첫째, 시온주의는 반유대주의에 대한 응전이다. 대부분의 민족운동은 자신들이 처한 독특한 역사적 상황에 대한 반응으로부터 시작되며, 외부의 힘에 대한 응전으로 전개되기 마련이다. 시온주의 역시 그러한 시대적 요청의 산물이다. 정치적 운동이란 결코 진공 상태에서 시작될 수는 없기 때문이다. 그런 의미에서 흩어진 유대인들이 처한 반유대주의라는 '가장 오래된 증오'가 없었다면 시온주의는 태어나지 않았을지도 모를 일이다. 민족주의가 역사적 필연성으로 받아들여질 수 없는 상황이었다면 시온주의의 꽃은 개화되지 못했을 것이다. 그럼에도 불구하고 시온주의 운동의 결과가 반유대주의라는 오래된 문제를 해결했는가 하는 의문은 여전히 남는다. 그런 의미에서 시온주의의 성공과 실패를 판단하기에는 아직 이른지도 모를 일이다.

둘째, 시온주의 운동에는 항상 안팎으로 주요 적들이 있었다. '포로로부터의 모음'을 구호로 삼고 있던 시온주의는 당시 중서부 유럽의 동화주의자들에게서 웃음거리로 여겨졌을 뿐만 아니라, 시대의 정신과 요청을 왜곡하는 자들이라는 비난을 받아야만 했다. 또, 전통적인 종교주의자들로부터는 오래된 유대교의 가치를 무시하는 세속적인 운동으로 여겨져 강력한 비판의 화살을 맞았다. 나아가 좌파 혁명주의자들로부터는 민족국가 건설이 계급혁명보다 하위의 개념이라 하여 비판받았다. 그러나 시온주의자들은 동화주의를 도덕적으로 비난받아 마땅한 자들로 규정하고 거부했으며, 종교적 전통주의를 역사의 수레바퀴를 과거로 끌고 가려 한다고 여겨 비록 '시온으로의 귀향'이라는 목표가 같다손 치더라도 그들과의 제휴를 거부하였고, 혁명주의를 민족도 없는 냉혈동물로 규정했다.

셋째, 시온주의 운동은 '박해받던 유대인의 자존심과 존엄성을 회복'하고, '자신의 땅에서 자유로운 인간으로 살다가 자신의 고향에서 평화롭게 죽을 수 있는' 유대인을 위한 국가 건설을 목표로 삼고 출발했다. 일단 시온주의 운동은 자신들의 목표를 성공적으로 달성했다. 유대국가 건설은 2천 년 유대 역사의 대전기를 마련한 것이었으며, 유대인의 삶에 혁신적인 변화를 가져다주었다. 하지만 그것으로 '완성'된 것은 아니었다. 신생 유대국가가 단일한 이념과 하나의 체계보다는 다양한 유대 문화의 층위들을 차등 없이 연결함으로써 국가와 민족의 진보를 꾀할 것인가 하는 점이 시급한 과제가 되었다.

특히, 전통에 뿌리를 두고 있는 유대 문화와 세속화된 국가가 갈등 없는 조화로움으로 통합할 수 있느냐 하는 것은 이스라엘의 미래를 가늠하는 시금석(試金石)이었다. 다시 말해서 신생 유대국가 안에서 종교적 의무로서 할라카를 따르지 않고서도 유대 정체성을 나타낼 수 있는 완전한 세속적 유대 문화를 발전시키는 것이 가능한가 하는 물음에 직면한 것이다. 그래서 제시한 새로운 시온주의의 방향이 아직까지도 유효하게 적용되는 '전 세계 흩어진 유대인들의 정치적·문화적 구심점으로서의 유대국가' '유대 공동체의 생존과 통합(surviving and integration of the Jewish Community)'을 표방하기에 이른 것이다. 그럼에도 불구하고 '시온(Zion)'이 모든 유대인들의 새로운 북극성(lodestar)으로서뿐만 아니라, 고통받는 전 인류 구원의 모델로서, 보편적인 인간성 회복의 중심으로서 자리하기에는 그 이념의 폭이 너무 좁다는 비판을 면키 어려운 실정이다.

넷째, 이스라엘 국가 독립은 팔레스타인 지역에 급진적인 새로운 문제를 야기했다. 오늘날까지 계속되고 있는 소위 '팔레스타인 문제'는 시온주의가 낳은 사생아인 셈이다. 최소한 시온주의 운동이 처음부터 의도한 결과는 아니었다하더라도, 적어도 예측/예견 가능한 문제[11]였다는 점에서 시온주의자들의 책임이

---

11) 헤르츨조차도 팔레스타인 땅이 결코 주인 없는 빈 땅이 아니었음을 잘 알고 있었으나 원주민들이

전혀 없다 할 수는 없을 것이다.

매년 수천 명의 유대인 이민자들이 팔레스타인 땅에 들어와 정착하면 할수록 그곳에 터전을 두고 살아온 아랍-팔레스타인인들의 고통은 가중되는 셈이다. 자신의 고향에서 평화롭게 살던 팔레스타인인들이 낯선 땅에 들어와 살게 된 유대인들로부터 쫓겨나 어처구니없게도 이제는 고향에서 낯선 이국인(alien)으로 취급당하며 살아가게 된 것이다. 더구나 유럽에서 유대인을 박해한 이들이 아랍-팔레스타인인들이 아니었기 때문에, 유대인의 권리 회복 과정에서 아랍-팔레스타인인이 고통을 당하는 것은 정당하지 못한 것이었다. 이런 상황에서 아랍-팔레스타인의 관점에서 시온주의 운동은 곧 과격한 식민주의 운동이었고, 유대인의 팔레스타인 이주는 하나의 침입이었으며, 이스라엘은 영국 등 열강들이 배후에서 조종하는 제국주의의 산물이었고, 유대인은 인종차별주의자들이었던 것이다. 불행하게도 아랍-팔레스타인에게 국제협약에 의한 유대국가 건설은 곧 불의한 행위의 영속화(perpetration)이자 재앙(hudna)이었다.

자신들에게 방을 내어줄 것으로 믿었다. 유대 철학자 마르틴 부버는 1946년에 시온주의자들의 정책이 팔레스타인 지역의 아랍인들과의 협정에 기초를 두지 않고 국제협정에 두고자 한 것을 비판하면서, "밸푸어 선언이 팔레스타인을 국제적 책략에 의해 '정복'하는 것을 목표로 하고 있는 것으로 해석된다면, 시온주의에 대한 아랍인들의 분노를 일으키게 할 뿐 아니라, 아랍인들은 우리의 노력이 의도를 은폐하기 위한 것에 불과하지 않느냐고 상상하게 될 것이다"라고 보았다. 또 히브리대학 총장 유다 마그네스도 "만약 유대국가의 실현이 가능하다면 그것은 무력에 의한 것 외에는 불가능하다. …(중략)… 아랍인들에게 유대국가 소리를 하는 것은 금물이다. 왜냐하면 유대국가란 그 정의에 있어서 유대인이 국가 내에 거주하는 타 민족을 통치하는 것을 의미하기 때문이다"라고 단언했다. 이들보다 앞서 블라디미르 제브 야보틴스키는 이런 가능성을 예견했다. "자국을 스스로 내놓을 국민이 어디에 있단 말인가? 팔레스타인의 아랍인들도 그렇지, 힘으로 강점당하지 않는 한 주권을 포기할 리가 없지 않은가?" 그는 결국 시온주의자들로부터 파문당하여 시온주의 기구로부터 추방당하고 말았다.

3 팔레스타인

복잡하지 않은 국제문제는 없겠으나, 으뜸가는 것이 있다면 단연코 중동 문제일 것이다. 중동은 '세계의 화약고'라고도 불릴 만큼 그 분쟁의 역사도 오래되었고 정도도 심하다. 중동 지역에서도 이스라엘−팔레스타인의 갈등은 '문제 중의 문제'로서 엉킨 실타래처럼 복잡하기만 하다. 20세기 후반에만도 이 지역에서는 여섯 차례 이상의 큰 전쟁이 일어났으며, 이라크 전쟁(2003)과 레바논 전쟁(2006), 그리고 두 차례의 가자 전쟁(2008, 2014)은 21세기 들어 일어났다.

팔레스타인 지역에서의 분쟁은 성격상 영토 분쟁에 속한다. 19세기 말 시온주의 운동의 전개로부터 1948년 이스라엘의 국가 건립과 함께 시작된 이 지역의 영토 분쟁은 국제사회의 이해관계와 종교적 배경까지 겹치면서 끝이 보이지 않는 피의 보복의 나날을 거의 한 세기 동안이나 끌어왔다. 오늘날 세계는 생태 고리처럼 상호 연결되어 있기 때문에 서로 밀접한 영향을 주고받는다는 점에서 이 지역의 갈등 내막을 살피고 전망하는 것은 필수 사항이다. 오늘날 팔레스타인을 이해하기 위한 조건으로는 PLO, 인티파다, 하마스를 꼽을 수 있으며, 이는 필연적으로 이스라엘과 연관되어 있음은 두말할 필요가 없다.

1) PLO

PLO(Palestine Liberation Organization, 팔레스타인해방기구)는 1964년 6월 2일 카이로 아랍연맹 정상회의에서 정치 및 준군사(paramilitary) 조직으로 창설되었다. 목표는 '무장투쟁을 통한 팔레스타인의 해방'이었다. 1974년 이래 UN에서 전 세계 100여 개 국가들로부터 '팔레스타인 민족의 유일한 합법적인 대표기구'로 인정받았으나, 이스라엘로부터는 1991년 마드리드 회담 이전까지 테러단체로 지목되어왔다(1987년 UN은 PLO를 테러단체로 지목한 바 있으며, PLO와의 접촉을 허가한 것은 1988년이었다). 1993년 PLO는 UN 안보리 결의안 242

와 338호에 따라 이스라엘의 평화적인 존재의 권리를 인정했으며, '폭력과 테러리즘'을 거부했다. 이로써 이스라엘도 공식적으로 PLO를 팔레스타인 민족의 대표로 인정하게 되었다.

PLO 민족헌장은 팔레스타인에 대해 '영국 위임통치 기간에 존재해온 경계를 하나의 통합 지역 단위'로 하고, '시온주의의 실재와 행동을 금'하며, '팔레스타인인들의 귀향권과 자기결정권을 요구'한다고 천명했다. 팔레스타인 국가 창설에 관해서는 언급이 없으나 1974년 영국 위임통치 지역을 영토로 하는 팔레스타인 국가 독립을 요구했다. 가자지구와 웨스트뱅크는 물론 요르단, 레바논, 시리아에 거점을 두고 이스라엘을 게릴라 방식으로 공격하는 다양한 전술을 택했다. '시온주의자 제국주의'에 맞서는 '무장투쟁'은 변함없는 PLO의 전술이었다.

PLO는 입법권을 가진 18명으로 구성된 최고의결기관인 PNC(Palestinian National Council, 팔레스타인민족평의회)와 124명으로 구성되어 실제 정치력을 행사하고 정책을 집행하는 집행위원회(PLO Executive Committee)로 조직되어 있다. 아흐마드 슈케이리(Ahmad Shukeiri, 1964~1967)와 야흐야 함무다(Yahya Hammuda, 1967~1969)에 이어 야세르 아라파트(Yaser Arafat, 1929~2004)가 집행위원회 제3대 의장(1969~2004년까지)에 취임했다. 그는 PLO가 창설되기 이전부터 비밀 저항운동을 전개하는 다양한 팔레스타인 조직의 지도부를 이끌던 인물이며, 그가 외부로 부각된 것은 1967년 6월에 발발한 중동전쟁 직후였다.

1948년 팔레스타인 전쟁과 계속된 이스라엘과의 전투에서 아랍국들은 선도적으로 투쟁을 이끌었으나 팔레스타인계 아랍인은 다소 소극적이었다. 1967년 6일전쟁에서 아랍국들이 이스라엘에 패배한 후 PLO는 팔레스타인의 대변자 겸 팔레스타인 이데올로기의 주창자로서 재조직되었다. PLO 내에서 활동하거나 관련을 맺고 있는 단체로는 파타(Fatah), 팔레스타인해방인민전선(PFLP), 팔레스타인해방인민민주전선(PDFLP), 팔레스타인인민당(PPP), 팔레스타인해방전선(PLP), 아랍해방전선(ALF) 등이 있다.

야세르 아라파트(Yaser Arafat, 1929~2004)

이집트 카이로에서 출생한 그는 카이로 대학교를 졸업하고 토목기사가 된 후, 이집트에서 '팔레스타인학생연합'에 가입, 1952~1956년 회장을 역임하고, 쿠웨이트로 건너가 파타(팔레스타인민족해방운동)를 결성했다. 1969년 PLO 의장이 되었으며, 1971년 '팔레스타인혁명군'의 최고사령관이 되었다. 1974년 라바트의 아랍정상회의에서는 PLO가 '팔레스타인의 유일한 대표'로 인정받도록 하는 데 성공했으며, 그해 11월 UN 정기총회에서는 처음으로 비정부조직인 PLO의 대표로 연설했다.

그러나 1982년 이후에는 이스라엘의 레바논 침공과 PLO 내의 시리아파 반란군의 공격 등으로 팔레스타인의 민족주의 지도자로서의 입지가 한때 약화되었다. 그러나 PLO 지도부 내의 갈등이 점차 해소되면서 지도력을 회복하여 1988년 11월 팔레스타인민족평의회(PNC)를 통하여 가자지구와 웨스트뱅크를 영토로 하는 팔레스타인 독립국을 선포했다. 그리고 대(對)서방 외교를 강화하여 서방 국가 60여 개국으로부터 독립을 승인받았다. 또한 1993년 9월에는 이스라엘 수상 이츠하크 라빈과 팔레스타인 자치원칙 선언을 주요 내용으로 하는 오슬로 평화협정을 이끌어냈다. 이러한 공로로 1994년 라빈과 이스라엘 외무장관 시몬 페레스와 함께 노벨평화상을 공동 수상했다. 팔레스타인 첫 총선이 실시된 1996년 1월 20일 대통령 선거에서 팔레스타인 자치정부(Palestine Authority, PA) 수반으로 선출되었다. 2004년 11월 11일 사망했다.

PLO는 테러리스트 집단인가

또한, PLO와 연관된 테러조직으로는 파타의 검은 구월단(Black September)과 PFLP의 총사령부가 있다. 1969년에 팔레스타인 조직 가운데 가장 큰 집단인 파타의 지도자 야세르 아라파트가 PLO 의장으로 임명되었다. 1960년대 후반 PLO는 요르단에 본거지를 두고 이스라엘에 대항하기 위한 군사조직을 창설했다. 그러나 1970년 요르단 정부와 PLO의 갈등이 심화되었고, 결국 1971년에 PLO는 요르단 군대에 의해 강제 추방되어 레바논으로 본거지를 옮겼다. 1974

년부터 아라파트는 PLO가 이스라엘과 관련 없는 국제 테러리즘에는 더 이상 개입하지 말 것과 국제사회가 PLO를 팔레스타인 국민의 정당한 대표체로 인정해줄 것을 요청했다. 1974년 아라파트의 요청은 아랍국들의 지도자들에 의해 수용되었고, 1976년 PLO는 아랍연맹에 정식으로 가입했다.

1974년 6월 개최된 제12차 팔레스타인민족평의회는 '10항 정치 프로그램'을 의결·발표했다. 이것은 팔레스타인 민족의 권리 회복을 최우선으로 하고, 자신들의 고향 땅으로 돌아갈 권리와 자기결정권 보장에 반하는 그 어떤 제안과 협의를 거부하며, 민족의 연합과 아랍의 단합을 강화하기 위해 투쟁할 것 등을 주요 골자로 하고 있다. 아라파트는 1976년 UN 안전보장이사회에 1967년을 경계로 한 '두 국가 방안'을 제안하고 국제사회의 외교무대로 진출했다. 이스라엘은 이 프로그램을 위험한 것으로 간주하고, 단계적으로 팔레스타인을 협상의 상대로 끌어들이기 위해 이집트와 협상을 시작하면서 1978년 캠프데이비드 협정을 마련하는 계기로 삼았다. 그러나 이때까지는 PLO가 평화를 위한 이스라엘의 파트너가 아니었다. 다만 PLO가 군사조직이라기보다는 평화를 만들어가는 기구로서 보다 큰 도전 앞에 서게 되었다는 점에 의의가 있다.

1982년 PLO는 레바논으로부터 튀니지로 쫓겨났다(1982~1991). 레바논이 정파 간의 분쟁으로 어수선한 틈을 타서 이스라엘이 대대적으로 남부 레바논을 침공한 결과였다. 사브라와 샤틸라의 팔레스타인 난민촌에서 대량학살이 자행된 것도 이때였다. 8천 명의 PLO 전사들이 베이루트에서 철수하여 흩어졌다. PLO의 긴 튀니지 망명 생활은 이들의 정치활동과 투쟁의 집중력과 영향력을 크게 떨어뜨려놓았다.

제1차 인티파다(1987)가 팔레스타인 곳곳에서 불길처럼 확산되자 이에 고무된 PLO의 지도부는 새로운 전기를 마련했다. 1988년 요르단의 후세인 국왕이 웨스트뱅크를 요르단으로부터 법적·행정적으로 분리한다고 선언하자, 그해 11월 팔레스타인민족평의회(PNC)는 알제리에서 팔레스타인 독립국가의 수립을 천명하고 아라파트를 대통령으로 선출했다. 여기에서 중요한 것은 이스라엘의 존재를 처음으로 인정했다는 점이다. PLO는 이스라엘을 제거한다는 목표를 포기하고 대신에 독립적인 이스라엘 국가를 인정하고 웨스트뱅크와 가자지구에 팔레스타인 국가를 건설하는 UN의 제안을 받아들이기로 했다.

전 세계의 100여 개 국가들이 '팔레스타인 국가'를 승인했음에도 불구하고 독립 선언이 곧 팔레스타인 국가를 가져다주지는 못했다. UN은 아라파트의 제안을 수용하고, 외교적인 접촉을 시작했다.

1990년 이라크의 사담 후세인이 쿠웨이트를 기습 점령하자 아라파트는 즉시 이를 지지하고 말았다. 쿠웨이트가 많은 팔레스타인인들을 추방한 경험 때문에 관계에 파열음을 내고 있는 터에, 또 "이스라엘이 팔레스타인에서 물러나면, 나도 쿠웨이트에서 물러나겠다"는 사담의 호언장담에 고무되어 나오게 된 신중하지 못한 처사였다. 결과적으로 커다란 외교적 타격을 입게 되었음에도 불구하고 PLO는 오슬로에서 이스라엘과 비밀리에 협상을 개시했다.

1993년 8월 20일, 오슬로에서 팔레스타인과 이스라엘 간에 평화협정이 체결되었다. 9월 9일, 아라파트는 언론을 통해 "PLO는 평화적이고 안전한 상태에서 이스라엘 국가의 존재를 인정한다"고 밝혔다(이츠하크 라빈이나 시몬 페레스는 평화협정 이전과 이후 모두 팔레스타인 국가 청설에는 반대하고 있었음에도 불구하고, 무르익을 정도로 충분하지는 않았으나 이스라엘 국민들이나 보수당 의원들조차 의미 있는 변화로 인정했으며, 대체로 팔레스타인 국가 창설을 현실적으로 인식하기 시작했던 것은 사실이다). 9월 13일, 워싱턴에서 대규모 축하 행사가 벌어졌다. 야세르 아라파트와 이츠하크 라빈 사이에 빌 클린턴 미국 대통령이 양손을 잡았다(그해 노벨평화상은 아라파트, 라빈, 그리고 페레스에게 공동 수여되었다). 협정에 따라 1994년 여름, 아라파트가 여리고를 통해 팔레스타인 땅에 발을 내딛고, 망명 생활 27년 만에 귀환했다. 그는 팔레스타인 자치정부(Palestinian Authority)의 의장에 취임했다. 1996년 1월 팔레스타인의 자치를 위한 총선거에서 아라파트 의장이 88%의 압도적 지지를 받고 자치정부(PA) 초대 행정수반이 되었다. 비록 PLO와 자치정부 간에 공적인 연결은 없었다 하더라도 PLO가 행정을 장악했으며, 자치정부의 본부는 웨스트뱅크의 라말라에 두었다.

그러나 2000년 제2차 인티파다가 발생하고, 미국의 대통령으로 조지 W. 부시가 당선되면서 PLO와 아라파트는 정치적으로 고립되었다. 인티파다 과정에서 2000~2004년 사이에만 3,223명의 팔레스타인인들과 960명의 이스라엘인이 희생되었다. 아라파트는 팔레스타인 독립국가의 꿈을 실현하지 못하고 2004년 11월에 사망했다. 현재는 아라파트의 뒤를 이어 온건파로 분류되는 압바스(아부 마젠)가 PLO와 자치정부를 이끌고 있다.

2) 인티파다(독립운동)

'돌들의 혁명'이라고 불리는 인티파다는 '봉기,' '반란,' '각성' 등을 뜻하는 아랍어이다. 중무장한 이스라엘 탱크 앞에서 돌팔매질하는 팔레스타인 아이들로 이미지화된 **제1차 인티파다(1987~1993)**는 1987년 12월 9일, 이스라엘군 지프차에 치여 팔레스타인인 네 명이 사망한 한 교통사고를 계기로 팔레스타인인들이 자발리아(가자지구에 있는 8개 난민촌 가운데 가장 큰 난민촌)의 한 검문소를 습격하면서 시작되었다.

그동안 이스라엘과 인접한 아랍국들(레바논, 시리아, 요르단 등)을 본거지로 하여 이루어지던 대(對)이스라엘 저항운동이 점령지 내부(가자지구, 웨스트뱅크, 동예루살렘 등)에서 대중운동 형태로 처음 나타난 사건이었다. 인티파다는 저(低)강도 무력충돌이나 게릴라 활동이 아니었다. 파업과 이스라엘 물품 보이콧, 납세 거부, 거리 낙서 및 바리케이드 등으로 맞선 비무장 시민 불복종 저항운동이었다. 돌멩이를 던지는 소년들을 이스라엘 군대는 총과 탱크로 진압했다. 12월 12일, 첫번째 팔레스타인 희생자가 발생했다. 모두 여섯 명이었다. 다음 날 팔레스타인 소년이 이스라엘군에 끌려가 텔아비브 군병원에서 '사라졌다'는 루머가 돌았다. UN 당국자가 이 루머는 사실이 아니라고 확인했으나, 이미 봉기는 걷잡을 수 없이 확산 일로를 걸었다. 점차 화염병이 등장하였고 폭약이 사용되었다. 이 투쟁과 봉기는 1993년까지 계속되었다. 이로 인해 팔레스타인 문제가 국제적인 쟁점으로 떠올랐고, 그 결과 1993년 이스라엘과 PLO는 오슬로에서 평화협정을 맺었으며, 1994년 팔레스타인 자치정부(Palestine Authority, PA)가 수립되면서 사태는 일단락되었다.

시온주의 운동의 태동으로 제2차 세계대전 후 이스라엘이 국가로 탄생함에 따라 팔레스타인 지역에 거주하던 팔레스타인인들은, 난민이 되어 쫓겨난 사람들을 제외하고, 웨스트뱅크와 가자지구, 그리고 동예루살렘 등 제한적인 지역에서 살게 되었다. 이들은 시온주의 운동이 서구 제국주의의 유산이며, 따라서 팔레스타인 문제가 단순한 인종적·종교적 갈등이 아니라는 점을 강조해왔다. 따라서 팔레스타인인들의 봉기, 즉 인티파다는 잃어버린 땅을 되찾고자 하는 팔레스타인 민중과 시온주의로 대표되는 제국주의와의 숙명적 대결이라는 성격을 지닌 것으로 본다.

팔레스타인에 들어와 '사막을 옥토로 바꾸었다'고 칭송받아온 유대인 이민자들의 정착촌들은 사실상 오랜 기간 동안 그 땅을 일구며 살아온 팔레스타인 민중들의 터전을 한꺼번에 빼앗아간 것이었으며, 팔레스타인인들의 피와 눈물을 빨아먹는 전략적 거점일 뿐이었다. 그 결과 유대인 정착촌 주변의 팔레스타인 노동자들은 이스라엘 경제를 떠받치는 시장구조에 편입되고 말았다.

오랫동안 팔레스타인은 국제사회는 물론이고 주변 아랍국들에게서도 무관심하게 버림받았으며, 민족 투쟁과 게릴라 활동을 통해 민족 해방을 제창해온 PLO조차 팔레스타인인들의 대중적인 투쟁을 이끌지는 못했다. '저항은 아랍국들의 지원 없이는 승리하기를 바랄 수 없고 …(중략)… 또 다른 한편으로 저항이 발전하면 이 나라들과 충돌하게 되는 모순'에 빠질 수밖에 없는 한계 속에서 팔레스타인인들의 자생적 봉기는 독립과 해방의 작은 싹을 틔운 것이라 할 수 있다. 이 봉기는 팔레스타인을 다시 일깨워 결집시켰고, 이로써 팔레스타인 문제는 국제적인 의제로 부각되었다.

팔레스타인인들과 지지자들은 인티파다를 본질적으로 이스라엘의 억압에 대한 저항으로 보았다. 무자비한 학살, 대규모 구금, 가옥 파괴, 추방 등 이스라엘 정부와 군대의 억압적인 통치에 대한 팔레스타인인들의 인내가 한계에 다다랐던 것이다. 여기에다가 경제적 종속과 실업 상태에 빠진 젊은이들의 절망감과 좌절감이 극에 달했다.

인티파다는 어떤 개인이나 단체가 조직적으로 계획해서 발생한 저항이 아니었다. 그러나 PLO는 즉각 전선에 배치되어 있는 지역 리더십과 협력하여 점령지 내에서 저항을 지휘했다. 파타와 민족전선, 민주전선 및 팔레스타인 공산당이 앞장섰다. 이 운동의 라이벌은 이슬람 기구인 하마스와 이슬람지하드였다. 그러나 이들은 하난 아스라위(Hanan Ashrawi), 파이잘 후세이니(Faisal Husseini), 하이다르 압둘-사피(Haidar Abdel-Shaft) 등의 리더십에 따라 상호 협력했다. UNLU(인티파다민족연합리더십, The Unified National Leadership of the Uprising)이 팔레스타인 사회를 한 이슈, 즉 저항에만 충실하도록 단결시키고 결집시켜나가기에 충분한 신뢰를 얻고 있었다.

인티파다로 희생당한 목숨이 무려 4천 명을 넘는다. 인티파다 기간 중 사명한 팔레스타인 희생자의 80%는 무장투쟁과 전혀 관계가 없는 민간인들이었다. 12만 명 이상의 팔레스타인 젊은이들이 체포·구금되었다. 2만 3천~3만 명의 어린이들이 부상으로 치료를 받았다. 이중 1/3은 10세 미만의 아이들이었다. 그러나 한편으로 인티파다 기간 중에 팔레스타인이 팔레스타인을 죽이는 일도 발생했다. 약 1,100명의 희생자가 생겼다. 이스라엘에 협력했다는 것이 그 이유였다. 이스라엘 정보부(Shin Bet)가 수백 명의 팔레스타인인들을 채용하여 하마스와 이슬람지하드 등의 단체에 침투시켜 정보를 제공받았다고 믿어졌다. 미국 국무부 분석에 따르면 팔레스타인에서는 이스라엘 정보부에 협력한 이들을 공개 처형함으로써 내부에 경고하기도 했다. PLO는 공식적으로 118명의 팔레스타인인들이 이스라엘에 협력했다고 발표하기도 했다. 여기에는 PLO 내부의 권력투쟁이 작용한 것이라는 분석도 있다. 벤구리온대학의 중동사학자 베니 모리스(Benny Morris) 교수는 1990년 당시 인티파다가 '방향을 잃고 있는 것' 같았다고 썼다.

1988년 4월, PLO의 지도자 아부 지하드가 튀니지에서 암살당했다. 같은 해 16명의 팔레스타인 지도자들이 암살되었다. UN 총회는 이스라엘을 비난하는 결의안을 채택했다. 아랍연맹은 인티파다를 지지하고, 아랍연맹 정상회담은 재정 지원을 의결했다.

첫 번째 자살 폭탄 공격이 1993년 4월 16일 메홀라(Mehola) 교차로에서 일어났다. 2003년 4월 팔레스타인 정부 구성 및 총리 임명 후 6월에는 휴전하여 이스라엘 측은 북쪽에 있는 군대를 철수하기 시작하였고, 팔레스타인 자치정부가 자치지구를 통제하기 시작했다. 그러나 2003년 8월 다시 팔레스타인인에 의한 자살 폭탄 공격이 발생한 데 대해 이스라엘이 자치지구의 봉쇄 및 탄압 강화, 공습, 가옥 파괴 등 형태로 가혹하게 보복함으로써 사태가 악화되었다.

인티파다는 점령지에 대한 이스라엘의 강압적인 군사통치(military rule, Iron Fist)가 결코 성공하지 못했으며, 팔레스타인은 물리적인 방법으로 제거될 수 없고, 국제사회로부터 이제는 팔레스타인을 엄연한 대화와 협상의 파트너로 받아들여야 한다는 깨달음을 가져다주었다. 오슬로 협정(1993)과 팔레스타인 자치정부 수립과 요르단과의 평화협정 체결(1994) 등은 본질적인 문제를 덮어둔 채 인티파다의 작은 결실을 맺은 것에 불과했다. 지루한 평화협상과 전쟁의 또 다른 이름에 불과한 '종이에 서명한' 평화는 팔레스타인인들에게 작은 희망 대신에 상실감과 좌절감만을 더해주었다.

제2차 인티파다(2000~2006)는 알-악사 인티파다(Al-Aqsa Intifada) 혹은 오슬로 전쟁(Oslo War)라고도 불린다. 2000년 9월 27일, 예루살렘에서 일어났다. 2000년 7월에는 미국 캠프데이비드에서 임기를 얼마 남겨두지 않은 빌 클린턴 대통령이 에후드 바라크 이스라엘 수상과 아라파트 팔레스타인 자치정부 수반을 불러들여 팔레스타인 자치정부를 국가로 인정하고 몇 개의 지역을 그 영토로 인정한다는 소위 오슬로 평화회담을 빠르게 진행하고 있었고, 9월 11일에는 9·11 뉴욕 공격으로 세계가 떠들썩한 가운데, 당시 이스라엘의 야당 당수였던 아리엘 샤론이 동예루살렘에 있는 하람 알-샤리프(Haram al-Sharif)[12]의 알 악사 사원[13]을 기습적으로 방문한 것이 계기가 되어 촉발되었다. 2000년 9월, 미

---

12) 유대인은 이를 성전산(Temple Mount), 즉 솔로몬의 성전이 서 있던 곳이라 부른다.

13) 8세기 이래 이슬람의 3대 성지 중 한 곳이다.

국시온주의자 운동이 주최한 이스라엘 희생자 추모집회가 대규모로 예루살렘에서 열리고, 이스라엘 군인이 가자지구에서 살해당하는 등 양측 사이에 긴장이 고조되던 시점이었다.

그렇지 않아도 오슬로 평화회담이 예루살렘의 지위 등 민감한 사안과 관련하여 충분한 논의 없이 지나치게 양보하는 쪽으로 진행된 것에 대한 팔레스타인인들의 불만이 매우 높아지고, 9 · 11 이후 아랍-이슬람 세계가 크게 고무된 가운데 터진 이 방문 사건은 팔레스타인인들에게 기름을 잔뜩 부은 격이 되고 말았다. 이 사건으로 평화협정은 깨졌고, 이스라엘은 팔레스타인 자치지구를 다시 점령했으며, 소요는 강압적으로 진압되었다. 팔레스타인 자치정부가 비폭력적인 인티파다를 호소하였지만 팔레스타인의 대이스라엘 무장공격이 거세게 확산되었으며, 이에 강도 높은 이스라엘의 보복이 감행되었다. 5,500명의 팔레스타인과 1,100명의 이스라엘인, 그리고 64명의 외국인이 희생되었다.

'땅과 평화의 교환'이라는 슬로건으로 오슬로 평화회담을 이끌어낸 이츠하크 라빈은 1995년 11월 극우파 유대인 청년 이갈 아미르가 쏜 총탄에 쓰러졌다. 이스라엘 사회 내부에서 서로 다른 목소리들 간에 갈등이 얼마나 심각한 온도차를 갖고 있는지를 확인한 '유대인이 유대인을 쏜' 최초의 사건이었다. 1998년 11월 와이리버 협정(Wye River Agreement)으로 다시 제자리를 찾는 듯했던 평화 노력은 제2차 인티파다에 의해 막다른 절벽으로 내달렸다. 제2차 인티파다는, 제1차 인티파다와는 달리, 어느 정도 예상한 봉기였다는 것이 역사가들의 평가이다.

샤론이 하람 알-샤리프를 기습 방문한 다음 날은 무슬림들이 정기적으로 모여 기도하는 금요일이었다. 군중들이 예루살렘 구시가로 모여들었다. 유대인들 역시 바로 아래 통곡의 벽에 모여 기도하고 있었다. 예배 후 팔레스타인인들이 통곡의 벽 아래로 돌을 던졌다. 결국 이스라엘 군인들이 성전산으로 진입하였고, 이스라엘 군인이 쏜 고무탄에 맞아 네 명의 팔레스타인 청년이 사망하고 200여 명이 부상당하는 불상사로 이어졌다. 또 다른 팔레스타인 청년 세 명이 올리브 산에서 죽었다. 그날 저녁 모두 일곱 명이 사망하고 300여 명이 부상했다. 이스라엘 경찰 70여 명도 충돌로 부상을 입었다.

다음 날 시위는 웨스트뱅크와 가자지구로 번졌다. 폭력은 가중되었고, 이스라엘 경찰의 대응 또한 더욱 거세졌다. 5일간 47명의 팔레스타인인들이 죽고, 1,885명이 부상했다. 9월 27일 한 이스라엘 병사가 죽고, 이틀 후 팔레스타인 경찰이 처음으로 정찰하던 이스라엘 국경경찰의 지프에 총을 쏘았다. 2000년 9월 30일, 쓰레기통에 의지하여 아버지 뒤에 숨어 있던 아이가 총격으로 사망하는 장면이 세계 주요 TV와 매체를 타고 보도되면서 제2차 인티파다는 다시 세계의 주목을 한꺼번에 받기 시작했다. 2000년 10월은 하루도 쉬지 않고 양측 간에 최악의 충돌로 이어졌다. 11월과 12월에도 결코 충돌은 줄어들지 않았다. 11월 한 달 동안에만 122명의 팔레스타인인들과 22명의 이스라엘인이 죽었다. 라마단이 시작된 11월 27일부터 라마단이 끝날 때까지 다시 51명의 팔레스타인과 8명의 이스라엘인이 죽었다.

2001년 1월 이스라엘의 에후드 바라크 수상과 팔레스타인의 아라파트 수반이 홍해의 타바(Taba)에서 만나 회담을 했다. 2001년 2월, 바뀐 선거법에 의해 아리엘 샤론이 이스라엘의 새 수상으로 직접 선출되었다. 샤론은 아라파트와의 회담을 거부했다. 2001년 5월, 이스라엘은 6일전쟁 이후 처음으로 점령지 내를 전투기로 폭격했다. 12명의 자치정부 보안요원이 숨졌다. 6월, 텔아비브에 이슬람지하드 자살 공격이 행해졌다. 21명의 이스라엘 시민이 죽었다. 2001년에 모두 469명의 팔레스타인과 199명의 이스라엘인이 희생되었다. 2002년에는 팔레스타인의 자살 공격은 날로 거세게 퍼져나갔다. 3월 오프라(Ofra) 검문소에서 10명의 이스라엘 군인과 정착민 주민이 공격으로 죽었다. 유월절에는 나타냐의 한 호텔에서 30명의 시민이 자살 공격으로 희생되었다. 2002년에만 130명의 이스라엘인이 자살 공격으로 숨졌다. 이스라엘의 대대적인 공격작전으로 3월에만 497명의 팔레스타인인들이 죽고 1,447명이 부상당했으며, 4,258명의 무장 팔레스타인인들이 체포되었다.

웨스트뱅크의 제닌(Jenin)은 가장 치열한 전쟁터였다. 이스라엘 군대가 난민촌을 공격하고 수백 명을 학살하자, 국제사면위원회(Amnesty International)와 국제인권감시기구(Human Rights Watch)는 이스라엘 방위군(IDF)을 전쟁범죄자로 기소했다. UN은 '2002년 5월, 52명의 팔레스타인인들이 제닌에서 희생되었음을 그곳 병원 측으로부터 확인'했다고 밝혔다. 팔레스타인 정부는 4월 중순에 약 500여 명이 학살되었다고 주장했다. 베들레헴 역시 또 다른 전쟁터였다. 팔레스타인 저항 세력이 신부와 시민들이 있는 예수탄생교회로 피신해 있던 중 (4월 2일~5월 10일) 이스라엘 군대가 교회 안으로 쳐들어갔다. 8명 사살, 40명, 13명 체포, 이로써 38일 간의 대치 상황은 종료되었다.

이스라엘 정보당국은 아라파트가 알-악사 순교여단에게 20만 달러를 지불했다고 밝혔다. 미국은 팔레스타인 자치정부의 민주적 개혁을 요구했다. 미국의 압박으로 2003년 3월 13일, 아라파트는 마흐무드 압바스(아부 마젠)에게 수반 자리를 이양했다. 온건파 압바스는 우선적으로 양측 간에 휴전을 선언하고, 다자간 협상을 통해 마련된 로드맵을 존중하고, 군사그룹을 해산하고, 평화롭고 민주적인 팔레스타인 국가 건설을 위해 협력해나가기로 했다. 2003년 6월, 압바스는 일방적으로 하마스와 이슬람지하드와 잠정 휴전을 선포하고, 45일간 이스라엘에 대한 공격을 멈추라고 명령했다. 무장공격은 감소했으나, 자살 공격은 멈출 줄 몰랐다. 8월 19일, 예루살렘에서 유대인 버스가 자살 공격으로 폭발하여 23명의 이스라엘 시민이 희생되었다.[14] 하마스는 즉각 전주에 희생된 다섯 명의 팔레스타인에 대한 보복이었다고 발표했다. 국방부는 하마스 지도자들에 대한 표적 살해를 지시하고 100일간 헤브론, 제닌, 나블루스, 툴카렘, 가자지구 등에서 활약하던 지도자들을 표적 살해했다.

2004년에 들어서면서 가자지구에서 발사한 카셈로켓(Qassam Rockets)이 남부 이스라엘 농촌에 떨어지기 시작했다. 주로 국경 지대의 땅굴을 통해 이집트로부터 들여온 재래식 무기로서 라파에서 발사되었다. 땅굴은 가자지구가 봉쇄된 2000년 9월부터 만들어지기 시작하여 90여 개의 크고 작은 터널이 만들어졌으며, 의약품 및 식료품 등 생필품과 함께 일부 무기를 들여온 것으로 알려져

---

14) 이때 예루살렘에서 1년간 안식년을 보내고 있던 저자는 불과 300미터 떨어진 곳에서 이 사건을 목격했다.

있다. 이스라엘 방위군은 수색과 군사작전에 필요하다는 명분으로 가자지구의 팔레스타인 가옥 약 1,500여 채를 불도저로 밀어 파괴했다. 1만 6천 명이 거주 공간을 잃고 이주했다.

2004년 2월, 아리엘 샤론 이스라엘 수상은 급기야 가자지구에 들어 있는 유대인 정착촌을 철수하기로 최종 결정했다. 노동당은 지지했으나, 샤론의 우파 연정 파트너들은 일제히 반대의 목소리를 높였다. 이스라엘 사회 내부가 찬반으로 들끓고 있는 동안, 3월 22일 이스라엘 방위군의 헬리콥터 저격수는 하마스 지도자 셰이크 아흐메드 야신(Sheikh Ahmed Yassin)을 표적 살해했다. 가자지구에서의 전투는 더욱 격렬해져갔다. 하마스는 카셈로켓을 이스라엘 지역을 향해 쏘고, 이스라엘 공군 전투기는 가자지구를 폭격하기를 반복했다. 10월 21일, 이스라엘 공군 전투기는 폭탄 제조 전문가 아드난 알-굴(Adnan al-Ghoul)을 살해했다. 2004년 11월 11일, 야세르 아라파트가 파리에서 숨졌다. 그의 죽음이 자연사인가 이스라엘의 계획된 독극물 타살인가를 놓고 설왕설래했다.

2005년 1월 압바스가 팔레스타인 자치정부의 수반으로 재선되었으나, 그의 이스라엘과의 평화협상과 팔레스타인 내의 비폭력주의의 플랫폼에는 진전이 없었다. 가자지구에 폭력은 계속 이어졌고, 샤론의 얼어붙은 외교적 조처는 압바스를 고립시켰다. 이스라엘 정부는 압바스가 테러를 종식시키기 전까지 그와의 접촉을 중지한다고 선언하고, '이스라엘은 팔레스타인에 새로운 리더십을 요구' 한다고 공개적으로 천명했다. 그러나 2월, 샤론과 압바스가 시나이 반도의 휴양도시 샤름 엘-셰이크에서 정상회담을 갖고 악수를 나누었다. 샤론 정부는 900명의 팔레스타인 수감자들을 풀어주었으나, 가자지구에서는 하마스와 이슬람지하드의 이스라엘 공격이 결코 수그러들지 않았다.

급기야 2006년 1월에 실시된 팔레스타인 총선거에서 이슬람 그룹의 하마스가 제도권 정치로 진입, 선거에 참여하여 누구도 예상치 못한 가운데 대승을 거두었다. 45석의 파타당보다 무려 29석이나 많은 74석을 차지한 것이다. 미국과 이스라엘로부터 테러단체로 지목된 하마스가 수권정당으로 변모한 것은 이 지역의 정치지형에 커다란 변화를 예고한 신호탄이었다. 그러나 미국과 이스라엘이

민주주의적 절차에 따라 합법적인 선거로 정당한 권력을 잡은 하마스를 인정할 턱이 없었다. 미국의 대중동 정책에 심각한 모순이 발생한 것이다. 이름하여 '자유라는 이름으로 자유를 제약하는 모순적 민주주의'를 낳은 것이다.

이스라엘과 가자지구의 갈등은 2008년 12월 27일에 발생한 가자 전쟁으로 비화되었다. 이스라엘 군대가 하마스의 기지들을 집중 공격하는 동안 하마스 역시 수많은 로켓포를 이스라엘 지역으로 발사했다. 처음부터 군사력의 비교는 가당치 않은 것으로서, 작전은 대규모 학살과 파괴로 이어졌다. 군사력에서 밀린 하마스는 이스라엘이 가자지구에서 떠난다는 조건으로 휴전을 제안했다. 2009년 1월 22일까지 계속된 군사작전은 이스라엘 군대가 가자에서 완전히 철수하면서 종결되었다.

제2차 인티파다는 정확히 그 끝을 규정할 수 없으나, 어떤 이는 2004년 말에, 어떤 이는 2004년 11월 아라파트가 사망함으로써, 어떤 이는 2009년 1월 가자 전쟁이 끝나면서 사실상 종결되었다고 본다. 결국 이스라엘에 맞서 시작된 인티파다는 파타와 하마스 간의 내부 갈등으로 번지면서 그 끝이 어디인가는 애매모호하게 된 것 또한 어느 정도는 사실이라 할 수 있을 것이다. 양측의 희생자 수는 집계조차 힘들 정도다.

제2차 인티파다의 희생자 및 실종자(2000. 9. 29 ~ 2008. 12. 26)

이스라엘 측	팔레스타인 측	외국인
시민 1,063명	이스라엘 군인에 의한 희생자 4,860명	팔레스타인에 의한 희생자 54명
군인 332명	이스라엘 시민에 의한 희생자 47명 팔레스타인에 의한 희생자 609명	이스라엘에 의한 희생자 10명
총 1,063명	총 5,516명(이스라엘 측 주장은 4,907명)	총 64명

출처: http://en.wikipedia.org/wiki/Second_Intifada

한편, 두 차례의 인티파다를 계기로 2002년부터 본격적으로 이스라엘과 팔레스타인 지역 웨스트뱅크 사이에 콘크리트로 건설되기 시작한 높이 8미터, 길이 760킬로미터의 분리장벽(이스라엘 측에서는 '보안장벽'이라고 부른다)은 "팔레스타인 테러리스트들이 이스라엘 쪽으로 넘어오는 것을 막겠다"는 이스라엘 측 주장과, "불법적으로 건설된 분리장벽은 남아프리카의 인종차별 정책(Apartheid)보다 더 악랄한 인종청소 음모다"라는 팔레스타인 측의 비판으로 그 해석과 의미가 엇갈린다. 12만 명의 동예루살렘 주민들이 '거대한 감옥' 장벽 바깥에 고립되었는데, 어떤 이는 이를 두고 유럽에 살던 '유대인의 게토'를 떠올리게 한다고 말한다. 2004년 국제사법재판소는 "이스라엘은 국가의 자기방위를 위하여 혹은 (상대를) 배제하기 위한 장벽 건설을 할 권리를 가지지 않는다"고 판결하면서 "장벽 건설과 이와 관련한 통치는 국제법에 위배된다"고 밝힌 바 있다.

인티파다로 인한 유혈충돌이 장기화되면서 이스라엘 젊은이들 사이에서는 양심적 병역 거부가 갈수록 늘어나고 있다. 이들은 1967년 점령 지역 내에서 근무하지 않겠다는 자들이다. '병역거부자연대네트워크(www.refusersolidarity.net)'에 따르면 2003년 7월 현재 1,355명이 병역 거부를 선언했다. 현역과 예비역을 합친 숫자다. 현재 이스라엘군 규모는 약 63만 명(정규군 18만 6,500명, 예비군 44만 5천 명)이다.

3) 하마스

하마스(HAMAS)는 아랍어 Harakat al-Muqawama al-Islamiyya(The Islamic Resistance Movement)의 머리글자를 모아 만든 합성어로 '열심' 혹은 '열정'이라는 뜻이다. 하마스의 뿌리는 무슬림형제단 운동에 있다. '하마스 헌장' 제2조에는 "이슬람 저항운동은 팔레스타인에 있는 무슬림형제단(Muslim Brotherhood, MB)의 날개 중 하나이다"라고 명시되어 있다. 1980년대 중반 아흐메드 야신이 팔레스타인의 무슬림형제단의 하부단체로 결성했다.

무슬림형제단은 1928년대 이집트에서 사회운동가인 하산 알-반나(Hasan al-Banna)에 의해 결성되었는데, 유럽 식민주의의 등장과 더불어 시작된 근대

무슬림형제단

무슬림형제단은 신앙, 정치, 경제, 교육, 사회, 법, 통신, 예술 등 삶의 모든 영역을 이슬람적 개념으로 이해하는 이집트의 이스마일파에서 1928년 하산 알−반나(Hasan al−Banna, 1906~1949)가 창시한 종교정치조직이다. 아랍어로는 al−Ikhwn al−Muslimn이라고 한다.

이 조직은 근대화와 서구화 과정에 따른 이슬람 사회의 정치적 혼란과 불확실한 사회문제에 대해 쿠란과 하디스를 건전한 현대 이슬람 사회의 지침으로 삼아 그것으로 복귀하기를 주장했다. 이 형제단은 이집트 · 알제리 · 튀니지 · 수단 · 요르단 · 시리아 · 팔레스타인 · 레바논 · 아프가니스탄 및 북아프리카에 급속도로 확산되면서 정치세력으로서 구체화되어 이론과 실천에서 큰 영향을 미치고 있다.

1938년 이후 무슬림형제단은 그 외양을 정치화했다. 이슬람 세계의 순수화를 요구하면서 서구화 · 세속화 · 근대화를 통화와 서구화, 세속화에 반대하여 쿠란에 충실하고 궁극적으로는 이슬람 율법(샤리아) 제정을 목표로 삼는 이슬람 원리주의 조직이다. 이스라엘 건국 과정에서 터져나온 아랍 대중들의 분노를 대변하면서 반제국주의와 이스라엘 타도를 외치며 그들과 결탁한 기존 정치세력에 대한 극렬한 정치투쟁을 전개하다가 결국 이집트 정부에 의해 강제 해산되고 지도자 하산은 암살되었다. 그 후 무슬림형제단의 활동은 지하로 숨어버렸으나, 이집트는 물론 10여 개 인근 국가에서 오히려 그 세력을 빠르게 확대해나갔다.

팔레스타인 지역에서 아랍−민족주의 운동은 제1차 세계대전 이후 영국의 식민지 통치가 시작되던 시기에 발원한다. 특히 이스라엘 국가 건설을 목표로 한 유대인의 시온주의 운동에 대한 주변 아랍국들이 정면대응하는 방식으로 시작되었다. 1920년대 후반에는 이집트에 본부를 둔 청년무슬림연합회 지부가 팔레스타인에 문을 열었으며, 1930년대 초에는 셰이크 이즈 알−딘 알−카삼이 이끄는 하이파 지부가 세워졌다. 유대인과 영국인 관리들을 암살하는 등 팔레스타인 땅에 해방을 위한 그들의 지하드(聖戰, Jihad) 활동은 결국 1935년 영국군

한 모든 직접적인 외국의 간섭과 영향력을 거부했다. 테러단도 조직했는데, 이집트 정부가 1940년 중반에 약화되었을 때 무슬림형제단은 군주 체제와 집권 와프트 당에 현실적인 위협으로 등장했다. 1952년 혁명 정권의 출현과 함께 모든 정당은 해체되었다. 그러나 형제단은 단지 지하로 숨어들었을 뿐이다. 학생들 사이에 혼란을 조장한 후에 1954년 2월 다시 불법화되었지만 계속 존속했다. 1954년 10월 26일 알렉산드리아에서 이집트 나세르 대통령의 암살 기도로 거센 탄압을 받았다.

여섯 명의 무슬림형제단 지도자들이 반역죄로 기소되어 처형당하였고 다른 많은 사람들도 투옥되었다. 1966년 형제단의 또 다른 지도자 사이드 쿠트브(Sayyid Qutb)는 반역죄로 기소되어 사형되었으며, 여러 해 동안 그 조직은 대중의 눈에 띄지 않았다. 1970년대, 1980년대에는 비록 무슬림형제단의 지원을 받는 모임과 정기간행물이 있었지만 그 후원자의 활동은 대체로 비밀로 남았다. 지난 2005년 이집트 총선에서 돌풍을 일으켜 대약진하는 파란을 낳기도 했다.

에 의한 카삼의 살해로 이어졌다. 민족의 상징으로서의 카삼의 살해는 급기야 1936~1939년 사이의 팔레스타인 아랍 혁명을 낳기에 이르렀다. 1945년 무슬림형제단의 팔레스타인 지부가 예루살렘에 문을 열고, 이집트의 무프티 알-하즈 아민 알-후세이니와 제휴하여 활동을 개시했다. 1947년에는 38개의 지부에 회원이 수만 명에 이르는 그룹으로 성장해나갔다.

50~60년대까지 무슬림형제단은 급격한 사회 개혁보다는 점진적인 이슬람 사회 건설을 추구했는데, 그들의 활동은 주로 사회 및 종교 분야 등 비정치적인 분야에 한정되었다. 이슬람 정신의 회복을 위해 폭력 대신, 병원과 학교 건설 등 빈곤층 지원 활동에 집중하면서 민중 속으로 파고들어가 지지기반을 넓혀나갔다. 여러 이슬람 단체 중에서도 지지기반이나 조직력이 가장 우수하다는 평가를 받는 것은 이 때문이다.

1967년 6일전쟁으로 웨스트뱅크와 가자지구가 이스라엘 손에 떨어지자 무슬림형제단은 교육과 사회 개혁을 통한 보다 근본적인 '이슬람 세대' 양성에 주력했다. 이슬람에 바탕을 둔 가치관이 모든 사회에 깊숙이 스며들 때까지 지하드를

지하드(聖戰, Jihad)

무슬림의 중요한 종교적 의무로서 '투쟁'이라는 뜻의 아랍어이다. 서양에서는 이를 주로 '성전(Holy War)'으로 번역한다. 쿠란에 모두 41회 등장하는데, '신의 길에서 싸우라(al-jihad fi sabil Allah)'는 관용구로 자주 사용된다. 지하드를 약속한 사람을 무자히드라 부른다.

무슬림이 사용하는 이 용어는 종교적 상황에서 다음의 세 가지 형태의 투쟁을 가리킨다. (1) 신앙을 지키기 위한 내적 투쟁, (2) 무슬림 사회를 개선하기 위한 투쟁, 그리고 (3) 이슬람을 방어하기 위한 투쟁. 이러한 투쟁이 군사적인 무력을 가미한 투쟁을 의미하는지에 관해서는 그 해석이 엇갈린다.

연기해야 한다는 입장을 표방하고, 학교와 병원 및 자선단체 설립 등 각종 사회복지 사업에 힘을 쏟았다. 이로써 PLO를 비롯한 팔레스타인 민족 저항운동 세력들로부터 지지를 얻어냈다. 무슬림형제단의 지도자 셰이크 야흐메드 야신은 갈릴리 지역으로부터 네게브까지 이스라엘-무슬림 공동체를 향한 설교와 금요기도회를 이끌었다. 카리스마 넘치는 그의 종교적 가르침과 교육, 즉 다와(da'wa)는 하마스의 세포조직을 확대해나가는 데 결정적인 역할을 담당했다.

팔레스타인민족해방운동은 1964년 PLO의 탄생으로 이어졌으며, 1967년 6일전쟁으로 쫓겨났으나 조직은 견고하게 자리 잡아갔다. PLO는 헌장에서 민족해방과 독립을 위한 유일한 방법으로 '무장투쟁'을 선언했으며 뮌헨 올림픽 경기 중 '국제 테러'에 대한 새로운 행동을 개시함으로써 팔레스타인 문제를 국제적인 사건으로 인식시켰으나, 1982년 이스라엘의 레바논 침략으로 PLO의 거점이 괴멸되고 실질적인 무장활동은 사실상 종결되기에 이르렀다. 당시 PLO는 무장투쟁을 포기하고 협상을 통한 영토 문제의 해결이라는 방식을 받아들이게 된다.

이런 와중에서 무슬림형제단은 1967년부터 1987년까지 가자지구에 '하드코어'를 설치하여 이슬람센터(al–Mujamma' al–islami) 등 제도적 · 사회적 인프라를 구축하고, 가자지구 내에 개발, 행정, 종교 및 교육 기관을 세우기 위한 기반으로 삼았다. 가자지구와 웨스트뱅크를 연결하는 이슬람협회(al–Jam'iyya al–islamiyya)를 설치하여 설교와 안내, 복지, 교육, 자선, 건강, 스포츠, 화해 등 일곱 개의 위원회를 두어 종교와 일상생활을 위한 지리적 확장을 모색하고, 알코올, 성매매, 마약 등 부도덕한 행위 추방 운동을 전개해나갔으며, 또한 유치원과 학교, 보건소, 여성 교육센터, 청소년 스포츠클럽 등을 조직했다. 시민사회 발전을 위한 자발적인 조직을 통해 지도부와 비밀 조직과의 갈등과 충돌 없이 '자발적인' 무장투쟁을 위한 행동과 준비로 정치적 영향력을 확보해나가고, 아울러 '내부'의 투쟁과 '외부'의 지원 체제를 공고히 하여 지속적인 재정 지원을 얻어내는 기반을 구축함으로써 이슬람 운동의 빠른 성장을 이룩해내며, 지하드를 펼쳐나갔다.

1973년 욤키푸르 전쟁 결과 팔레스타인 지역의 인구가 급증하고 경제 상황은 악화되고 빈부격차가 벌어지는 등 사회 불안이 가속화되는 상황에서, 1979년 일어난 이란의 무슬림 혁명은 이들을 고무시켰다. 이란 혁명이 팔레스타인 문제 해결이라는 현실적인 기대를 가능케 하는 것처럼 비춰졌기 때문이다. 이로부터 급진적인 이슬람 혁명운동이 본격화되었다. 이슬람 운동이 사회 깊숙이 영향력을 미칠수록 팔레스타인인민해방전선(Popular Front for the Liberation of Palestine, PFLP)[15] 같은 PLO 내의 몇몇 기구와 충돌 직전에 이르렀다. 급기야 1978년 설립된 가자의 이슬람 대학 내 학생운동이 급속도로 그 세력을 확장해나가는 동안, 1985년까지 PLO의 재정 지원으로 운영되던 대학이 걸프 국가들로부터의 지원 중단으로 자금난에 봉착하게 되자 요르단의 이슬람 운동 단체들의 재정 후원을 받아 자금을 모으면서 PLO와 무슬림형제단 사이의 대학 운영

---

15) 이들은 2006년 KBS 용태영 특파원을 가자지구에서 납치하여 유명해졌다. 1970년 요르단을 중심으로 활동하기 시작했으며, 항공기 납치, 뮌헨 올림픽 선수촌 공격(1972. 9) 등으로 알려진 '검은 9월단(Black September)', 싱가포르 석유회사 쉘의 유류저장소 습격(1973), 오스트리아 빈의 OPEC 각료회의 점거 사건(1975. 12) 등을 주도한 세력이다.

권을 두고 갈등이 표출되었다. 그러다가 1986년에 이르러 이슬람 블록이 61% 의 지지를 얻어 PLO가 지원하는 후보를 물리치고 대학 학생회를 장악함으로써 이스라엘에 대한 무장투쟁의 교두보를 확보하게 된다. 1990년대 초 5천 명 이 상의 지지를 얻은 이슬람 학생 지도부는 대학의 재정과 커리큘럼, 교수 임용 등 에 대한 권한을 행사하며, 외부기관의 재정 후원을 직접 관장하는 합법적인 기 구로 발전하게 된다. 당시 캠퍼스는 이슬람 학생운동 단체와 PLO의 정파인 파 타와 좌파 단체들과의 충돌과 폭력이 빈번하게 일어나면서 '내부 지하드'라는 말이 생겨날 정도였다.

가자지구 내의 무슬림형제단 운동과는 달리 웨스트뱅크에서의 무슬림형제단 운동은 보다 건전하고 전통적인 대중 활동을 통해 사회 내부에 침투했다. 보다 높은 사회 경제적 이익—상인, 지주, 중산층 블루칼라 등—을 우선시하는 정책 을 펼쳐나간 것이다. 1980년대 중반에 이르러 웨스트뱅크의 이슬람화 역시 급속 도로 확산되면서, 비르제이트(Bir Zeit)대학 등은 존경받던 민족주의 좌파에 의 해 지배되었다. 팔레스타인의 이러한 변화 속에서 1980년대 초 이스라엘에서는 구쉬 에무님(Gush Emunim) 운동[16] 등 종교적–민족주의 메시아 그룹이 일어나 면서 성전산의 이슬람 사원 파괴 공작 시도(1982) 및 헤브론 족장들의 무덤 무차 별 공격(1984) 등 팔레스타인과의 갈등이 점점 심화되어갔다.

팔레스타인에서의 무슬림형제단의 활동은, 주로 정치나 폭력에 개입하는 이 집트의 활동과는 달리, 일반적으로 사회·문화적 활동에 그 초점이 맞추어져 있었다. 일종의 '온건한 비판적 대안 그룹'으로 자리를 잡아간 것이다. 특히, 1987년 12월에 시작된 제1차 인티파다는 하마스 운동의 뿌리를 팔레스타인의 민중 사회에 깊이 박는 계기가 되었다. 이때부터 하마스는 모든 역량과 자원을 공동체에 대한 서비스 제공, 특히 민중들의 고난과 관심사에 즉각 반응하는 쪽 에 집중했다. 하나의 종교운동으로서 하마스는 보다 넓은 사회활동 영역으로 적

---

16) 6일전쟁 이후 메시아 사상을 정치적 운동과 결합시켜 점령지 내에 정착촌을 건설하고 신과 토라 의 가르침을 좇아 살아가려는 유대교–정치 운동을 일컫는다.

극 개입하기 시작한 것이다. 가자지구와 웨스트뱅크에 있는 팔레스타인 사회 속에 뿌리를 내리면서 민중들의 염원과 관심사를 함께 나누고, 그들의 어려움을 보듬으며 필요를 채워나갔다. 비록 민중들을 주요 본거지로 삼고 있다 하더라도, 하마스는 대학 졸업자들과 교육받지 못한 이들, 상인과 농부, 블루-화이트칼라 노동자들, 엔지니어, 의사, 변호사들, 젊은이와 노인들, 여성과 남성 등 여러 계급을 껴안았다. PLO에 대한 정치적 사회적 반대운동을 통해 팔레스타인 기독교인의 지지를 얻어내는 데에도 성공한 바 있다.

그러나 1982년 이스라엘의 레바논 침공으로 PLO는 다시 튀니지로 쫓겨나고 팔레스타인 독립국가 건설은 더욱 멀어져가는 상황에서 이스라엘의 점령군 통치에 대해 강경한 투쟁과 항쟁의 기치를 내걸고 급기야 1987년 12월 제1차 '인티파다(민중봉기)'를 주도해나갔다. 인티파다가 웨스트뱅크와 가자지구에서 이스라엘군 점령 통치에 항거하는 대대적인 민중봉기로 확산되었고, 하마스는 이 과정에서 PLO를 대신할 수 있는 팔레스타인 해방운동의 기수로 자리매김할 수 있었다. 그런 의미에서 인티파다가 하마스를 낳았다고 할 수 있다.

인티파다가 하마스를 낳았다

하마스는 맨 처음 셰이크 아흐메드 야신과 여섯 명의 창립멤버로 구성되었다. 세 개의 위원회로 된 중앙지도부 아래 활동 지역별로 네 개의 하위 정치조직─정치, 안보, 군사작전, 그리고 언론 등을 담당하는─을 두고 각 지역마다 지역 책임자 아래 세분화된 세포조직 체제를 갖추고 있으며, 알 카삼이라는 군사조직을 보유하고 있다. 하지만 하마스의 조직은 PLO의 복잡한 관료체제에 비하면 단순하다.

1988년 발표된 하마스 헌장은 '팔레스타인 땅은 이 세상 마지막 날까지 무슬림의 모든 세대를 위한 이슬람의 소유'로서 이 땅을 일부라도 포기해서는 안 된다(11조)고 규정한다. 팔레스타인 문제 해결은 이스라엘의 제거와 더불어 이슬람 국가 창설로 완성된다. 팔레스타인의 자기정체성은 팔레스타인, 아랍, 이슬람 세 요소로 구성되는데(14조), 어느 한 요소도 간과해서는 안 된다. 특히 팔레스타인 땅은 예언자 무함마드가 하늘로 승천했던 이슬람 제3성지임을 강조한다 (14조). 팔레스타인 땅은 축복된 이슬람의 영토이나 시온주의자들이 강탈했으며, 따라서 그 땅을 회복하고 그 땅에서 정복자를 격퇴하는 지하드를 수행하는 것이 무슬림들의 의무라고 믿는다.

하마스는 '이슬람 원리주의(Islamic fundamentalism)'와 '자살 폭탄 공격'과 동일시되어왔다. 최고 의제는 이스라엘에 대항하는 투쟁, 즉 지하드를 통한 팔레스타인 해방, 이슬람 국가 건설, 이슬람 정신에 의한 사회 개혁이다. 민족주의(이념)와 이스라엘에 대한 투쟁(행동)을 결합한 형태를 띠고 있다. 하마스는 '민중' '땅' '역사' 그리고 '아랍 무슬림 세계와의 상호관계' 등과 같은 팔레스타인 민족주의의 기본 요소들을 이슬람적으로 해석하고, PLO의 세속적인 민족주의를 배격하며, 팔레스타인 사회와 국가의 '이슬람화'를 구현하기 위한 이슬람 민족주의를 그 이념의 뿌리로 삼는다. 하마스 헌장 제1조에 의하면 "이슬람 저항운동의 기반은 이슬람이다. 이념과 근본적 가르침과 인생관, 우주관과 인간관은 이슬람으로부터 나온다. 그리고 모든 행동은 이슬람에 따라 판단되고 그름에 대한 징계 또한 이슬람에 의해 고취된다."

1980년대 이후 급진 이슬람주의자들에 의해 재해석된 지하드는 이슬람을 위협하는 외부의 세력에 맞서 분투한다는 것과 이슬람으로부터 정당성을 부여받은 정치적 폭력 혹은 물리력을 의미하게 되었다. 하마스의 무장투쟁은 영토를 빼앗기고 정치적 난민이 된 팔레스타인인들의 생존권 투쟁이라는 측면에서 시작된 것이었다. 소위 '테러리즘의 환경'이 조성된 것이다. 다시 말해서 1979년 이란의 호메이니 정권의 등장과 이슬람 원리주의의 수출로 이슬람 문화권의 사회적 불안정이 증대되고, 1981년 이집트의 무슬림형제단이 주축이 된 이슬람 원리주의자들의 사다트 대통령 암살로 이어지고, 1982년 이스라엘의 레바논 침공 이후 레바논 남부지역과 베이루트에 대한 이란의 종교적·경제적 지원으로 헤즈볼라의 무장투쟁이 활발하게 전개되고, 급기야 1987년 팔레스타인에서 벌어진 인티파다가 팔레스타인인들의 독립과 해방을 위한 이슬람 저항운동을 견고히 하는 계기가 되었다.

여기에 멀리는 미·소 양극 체제하에서 경쟁적으로 이루어진 소수민족 혹은 게릴라 조직에 대한 은밀한 지원과 무기 제공 등으로 그 세력들을 키워나간 점과, 가깝게는 9·11 공격 이후 미국의 일방주의적인 대중동 정책과 친이스라엘 외교, 중동-이슬람 세계에서의 미국의 군사작전 및 사우디아라비아의 미군 주둔 등 국제환경의 변화가 중동 테러리즘의 환경을 조성했다. 또한 중동 이슬람 국가 내부의 모순과 정치적·경제적 실패도 한 가지 요인으로 꼽지 않을 수 없다. 다시 말해서 서구의 영향으로 촉발된 중동-이슬람 국가들의 근대화 과정에서 식민지 통치의 결과로 형성된 아랍국들의 정교분리 정치체제는 정교일치라는 초기 이슬람 정신을 이어갈 수 없는 현대 이슬람 세계 내부의 모순을 낳았으며, 결국 이는 이슬람 지하드 정신을 확산시켜 과격한 행동을 일으키는 촉매제가 된 것이다.

이런 맥락에서 볼 때, 하마스는 이스라엘과 팔레스타인 간의 갈등을 '생존을 위한 투쟁'으로 해석한다. 유대인의 팔레스타인 영토 침탈과 정착, 팔레스타인 주민의 추방 등 갈등의 원인이 제거되지 않는 한 투쟁은 끝나지 않을 것임을 분명히 한다. 따라서 한 치의 영토도 타협과 협상의 대상이 될 수 없고, 유대인의 거주가 허용되서는 안 되며, 유대인들이 팔레스타인을 떠나는 그날까지 모든 팔레스타인 민족은 물론 아랍-무슬림들은 이들과 싸워야 할 의무가 있다고 본다. 아울러 팔레스타인 민족 해방을 방해하고 팔레스타인 민족의 문화적인 전통을 소외시키고 경제적·정치적·군사적 헤게모니로 팔레스타인 민족을 억압하고 탄압하는 그 어떤 제국주의의 세력과도 맞설 것을 천명한다.

또한, '이슬람의 부흥(The Revival of Islam)'은 문화적·정치적 역량을 모아 대중적인 단계로 나아가는 것을 의미한다. 이슬람 사회가 직면한 내적 혹은 외적 도전에 맞서 집단적인 자기정체성과 통일성을 유지하는 것을 일차적인 목적으로 삼는다. 이스라엘의 팔레스타인 점령지 내에서 팔레스타인 이슬람 부흥운동은 '해방(revolutionary)'과 '개혁(reformist)'이라는 두 축 사이에서 진자운동을 거듭해왔다.

인티파다 이전까지 하마스 운동은 이스라엘에 대항하는 '외적 지하드(external

Jihad)'보다는 무슬림 공동체 내의 '내적 지하드(internal Jihad)'에 우선순위를 두었다. 이슬람 운동의 창설자들은 외적 지하드는 이슬람 국가의 도래까지 미루어야 할 것으로 믿었다. 비록 이스라엘을 종교적·정치적 주적으로 인식하고 있었으나, 이슬람 국가가 완성되지 못하는 한 무장투쟁은 충분한 준비를 갖추기까지 미루어야 할 것으로 본 것이다. 전통적인 의미에서 무슬림의 중요한 종교적 의무 중 하나로서 지하드는 종교적인 삶에 대해 자유롭게 대화할 수 있고 행동할 수 있는 물리적이고 사회적인 환경을 만들어가는 것으로서 신과 인류 사이의 방해물들을 제거하는 행위를 의미한다.

하마스에 대한 팔레스타인 민중의 지지는 하마스에게 PLO의 헤게모니에 도전할 수 있는 좋은 기회를 만들어주었다. 하마스는 조직적으로 상공회의소, 노동조합, 병원, 변호사회 등 전문직 기관이나 단체를 비롯하여 대학 학생회 등 각종 직능단체와 공공기관에 세력을 확장해나갔다. 또한 해외에 국제 조직을 구축하여 이란과 시리아 및 요르단의 이슬람 운동 단체들을 비롯하여 레바논의 헤즈볼라와도 정치적·군사적·재정적 관계를 긴밀하게 쌓아나갔다.

그러나 인티파다의 결과로 1993년에 시작한 오슬로 평화회담은 하마스에게 도전과 기회, 선택과 위기를 동시에 제공했다. 우선, PLO가 기존의 무장투쟁 노선을 선회하여 이스라엘과 평화협상을 체결하자 하마스는 PLO가 팔레스타인의 유일한 대표기구라는 정통성에 문제를 제기하고 나섰다. PLO는 하마스를 조직에 흡수하여 정통성을 유지하려 했지만 하마스는 PLO와의 연대조건으로 무장투쟁과 이슬람주의로의 복귀를 요구했다. 두 정파 간의 치열한 정통성 논쟁과 헤게모니 투쟁은 긴장관계 속에서 계속되었다.

한편, 1994년 아라파트를 수반으로 한 팔레스타인 자치정부(PA) 창설은 하마스에게는 위기로 작용했다. PA는 하마스가 자신들의 정치적 경쟁상대라는 위기감에 직면하자 하마스가 이스라엘과의 협상에 걸림돌이 된다며 하마스 소속 단체들을 폐쇄 조치하거나 활동을 제한하는 등의 정책을 내걸고, 하마스가 주도하는 대학과 여러 복지기관에 대한 수색과 지도자 체포 등을 강행했다. 하지만 하마스가 일반 민중에 깊이 뿌리를 내리고 있고 이란·사우디아라비아 등 주변

국가로부터 정치적 · 재정적 지원을 받고 있는 한 PA의 압박 정책은 처음부터 그 영향력에 한계가 있었다.

2004년 11월 야세르 아라파트 의장이 서거하고 마흐무드 압바스가 자치정부 수반으로 등장하면서 팔레스타인의 정치 변동은 하마스에게 새로운 기회를 제공한다. 아무도 예상치 못한 가운데 하마스가 2006년 팔레스타인 총선에서 압승을 거두고 급기야 팔레스타인 자치정부 의회 다수당이 된 것이다. 나아가 2007년 6월에는 민병대를 동원하여 파타당이 장악하고 있던 가자지구의 팔레스타인 자치정부 안보 및 치안 조직을 순식간에 장악하는 데 성공함으로써 가자지구의 실질적인 통치세력으로 자리를 잡았다.

하마스는 합법적인 정당

하마스가 제도권 정치에 진입하게 된 배경은 대략 다음과 같다.

1987년 하마스 결성 이후 제도권 진입에 관해서는 줄곧 논의되어왔다. 1991년 마드리드 평화회담[17)]에 참석할 팔레스타인 대표단에 하마스 지도자를 포함시키고자 하는 미국의 노력, 그리고 1992년 '땅과 평화의 교환(Land for Peace)'이라는 슬로건을 내세워 이스라엘 총선에서 승리한 이츠하크 라빈이 PLO와 비밀협상을 하는 과정에서 하마스의 정치 제도권 진입 문제를 심각하게 고려한 점 등도 간과할 수 없다.

1992년 4월 하마스는 처음으로 점령 지역 내에서 실시될 팔레스타인 민족 대표기구 구성을 위한 선거 참여 문제에 대한 입장을 밝혔다. 우선, 비정치적인 대표기구 구성을 위한 선거에 반대하지 않는다는 점을 밝히면서, 다만 선거 참여 조건으로 공정한 선거, 국제기구의 선거 감시, 이스라엘과의 평화협상 지지 조건 반대 등을 내걸었다. 같은 해 7월에는 내부 문건에서 선거 참여 여부에 대한 장단점을 비교 · 분석하면서 다음의 몇 가지 가능성을 점검한 바 있다.

---

17) 최초의 다자회담으로 부시 미국 대통령과 고르바초프 소련 대통령을 포함하여 이스라엘, 시리아, 요르단, 이집트 및 팔레스타인 대표들이 회담 당사자로 참석하고 이라크를 제외한 모든 아랍연맹 소속 국가 대표들이 옵서버로 참석하여 평화 구축 방안을 다자의 틀에서 논의했다.

첫째, 선거에 참여하여 제도권 정치에 편입하는 경우의 장점으로는 인티파다 기간에 하마스가 획득한 대중적인 지지기반을 입증함으로써 정치적 고립을 피할 수 있다는 점, 이스라엘과의 평화협상 과정에서 팔레스타인 측의 과도한 양보를 저지할 수 있다는 점을 꼽았다. 그러나 선거에 정당성을 부여했다가 자치정부와 타협하려 하는 것으로 인식될 우려가 있고, 또 하마스가 제도권 정치 참여와 무장투쟁을 동시에 수행하기가 어렵다는 것이 단점으로 파악되었다. 결정적으로 당시 상황에서 하마스가 승리할 가능성은 낮았다. 그리하여 하마스는 선거 결과가 자칫 자신들의 투쟁 노선과 이슬람 운동에 나쁜 영향을 미칠 것을 염려했다.

둘째, 하마스가 선거를 거부하고 주민들에게도 거부를 권하는 경우의 장점으로 선거의 정통성을 약화시키고 선거 결과에 기초한 평화협상 과정과 그 결과 도출될 양보의 정당성을 인정하지 않을 수 있다는 점을 꼽았다. 반면 단점으로는 하마스가 팔레스타인 주민들로부터 강력한 지지를 받고 있음을 정치적으로 증명할 기회를 놓치게 되므로 하마스의 정치적 고립을 자초할 수 있다는 점을 들었다.

셋째, 선거 자체를 보이콧할 뿐만 아니라 선거 진행을 물리적으로 막아 무산시키는 경우인데, 만약 성공한다면 이는 협상 과정 자체를 무산시키는 것을 의미할 뿐만 아니라 협상 과정에서의 양보 자체를 무의미하게 하는 일이라는 점에서 하마스의 존재가치를 높일 수 있다. 그러나 선거 진행을 물리적으로 막을 경우 파타와의 무력충돌이 불가피하고, 그것이 혹 내전 상태로 번진다면 하마스가 그 책임을 져야 한다는 단점이 있다. 그리고 만일 이러한 시도가 성공하지 못할 경우 대중적 지지를 잃을 것이며 자치정부가 하마스를 탄압하게 되는 빌미를 제공하게 될 것이다.

넷째, 하마스가 다른 이름으로 선거에 참여하는 경우이다. 이 방법의 장점은 하마스의 고립을 막고 인티파다에서 확보한 대중적 지지를 유지할 수 있다는 것이다. 그러나 하마스가 투쟁해온 무장투쟁을 계속하기는 어려울 것이다. 단점은 하마스의 이름을 내걸 때와 같은 득표율을 기대하기 어려우리라는 것과, 동시에 하마스의 정책과 유사한 정당과의 차별성이 드러나지 않아 대중들이 혼란스러워할 수 있다는 것이다.

이처럼 하마스는 자신들의 목표 달성과 정치 참여 문제에 얽혀 있는 이런저런 이해관계들, 즉 선거의 성격과 의미, 권력 관계, 정당으로서의 능력, 성공과 실패의 가능성, 대중들의 기대와 여론, 선거 결과에 따른 자치정부와의 관계 등을 다양한 관점에서 검토하고 장단기 전략 전술을 세워나갔다. 논의가 거듭될수록 하마스 내부의 찬반은 엇갈렸다. 강경파들은 하마스의 전투적 저항운동의 성격을 변질시켜 결국 이탈을 초래할 것이라는 이유로 정치 참여를 반대하였고, 온건파들은 파타가 권력을 공고히 하기 전에 정치 참여를 통해 지분을 확보해야 한다고 주장했다. 하마스 지도부는 1995년 여름 정당 창립을 결의했으나 언제 결성할지에 관해서는 결정하지 않았다. 창당의 배경에 대해서는 다음과 같이 요약했다.

첫째, 이슬람의 비전에 동의하는 모든 팔레스타인인들과 함께 이슬람 정당을 창립한다. 이 당은 팔레스타인 자치정부에 대해 하마스가 합법적이고 민주적으로 야당 역할을 수행하는 것을 지지한다. 이 당은 팔레스타인 민중의 사회적·정치적 권리를 보호하고, 예견되는 팔레스타인 자치정부의 핍박과 압박으로부터 하마스를 보호하며, 하마스가 이스라엘에 대해 무장투쟁을 계속할 수 있는 권리를 보호한다. 이 당은 정치적·사회적·군사적 활동을 분리한다.

둘째, 팔레스타인에 이슬람 사회와 이슬람 국가를 건설하는 등 이슬람의 가치와 목표를 추구한다. 팔레스타인 자치정부와 공존하여 이스라엘과의 합의에서 비롯되는 부정적 결과를 최소화하는 역할을 수행한다. 이슬람법인 샤리아에 기초한 시민사회를 건설하며, 팔레스타인 대중들에게 사회적·경제적 서비스를 제공한다. 하마스의 참여를 유도하기 위해 청년조직, 노동조합, 학생회 운동을 조직화하고 이슬람 이념 연구의 출판을 통해 의식화 교육을 추진한다.

셋째, 하마스에 대한 지지를 위해 정치적 동원을 실시한다. 정치 참여는 오슬로 평화회담 과정의 정통성을 강화시켜주고 하마스의 이미지에 해가 되지만, 선거 참여를 거부한다면 정치적인 고립과 이스라엘-팔레스타인 자치정부 간의 관계에서 영향력을 상실하게 될 것이다.

넷째, 하마스의 제도권 정치 참여는 지방자치단체, 노동조합, 변호사회, 의사회 등 각종 전문직업인 단체 및 각종 공공단체 조직에서 실시하는 선거에 참여하는 형식으로 이루어진다.

이처럼 하마스는 정당 설립 의지가 있었으나 1996년 1월 실시된 초대 팔레스타인 자치정부 의회선거에는 불참했다. 자치정부 창설의 근거가 되는 오슬로 평화회담에 반대하였고, 정당 설립과 선거 참여를 위한 자원과 준비가 부족했기 때문이다. 그러나 총선 직후인 1996년 3월에 드디어 '민족이슬람해방당(The National Islamic Salvation Party)'이라는 이름으로 공식 창당했다.

하마스는 2006년 1월 총선에서 '변화와 개혁(Change and Reform)'이라는 이름으로 선거에 참여하여 누구도 승리를 예측하지 못한 상황에서 132석 중 74석을 획득하여 압승을 거두고 집권당으로 부상했다. 이슬람 운동이 이슬람 사회 건설이라는 본래적인 목표로부터 무장투쟁을 통한 민족의 독립이라는 정치적 목적을 달성하려는 목표로 그 방향이 크게 이동하면서 이념과 실천은 각각 지역의 정치적 세력 기반을 구축하는 쪽으로 변모해갔다. PLO와의 경쟁관계는 급기야 하마스의 현실정치 참여 선언으로 극대화되었고, 그 결과 하마스는 팔레스타인 총선에서 승리하여 정권교체를 이루어내기에 이르렀다. 자신들의 텃밭인 가자지구에서는 물론 라말라 등 전통적인 파타의 본거지에서조차 큰 지지를 얻어냈다.

그렇다면 당초 비정치적인 단체로 출발한 하마스가 인티파다를 통해 무장투쟁에 앞장서는 정치적인 과격단체로 전환했다가 급기야 제도권 정치에 진입하게 된 이유는 무엇인가? 총선에서 압승을 거둔 배경은 무엇인가? 향후 중동 문제에 어떤 영향을 끼치게 될 것인가? 하마스는 어떻게 신뢰와 연합을 깨뜨리지 않으면서도 정치적 수단을 통한 자신들의 목표를 달성할 수 있을 것인가? 하마스는 어떻게 자신들의 정치적 노선을 견지하면서 정책을 통한 효과적인 통치를 할 수 있을까? 하마스는 이스라엘과의 갈등에 대한 '비현실적인' 정책을 어떻게 실용적인 대안을 찾아가려는 이행의 노력으로 바꾸어갈 것인가? 정치적 대화와 암묵적인 이해와 PLO와의 협조 체제를 어떻게 풀어나갈 것인가?

앞으로 하마스가 이스라엘과의 관계, 서방세계와의 관계와 경제 원조 문제, 팔레스타인 사회 내부의 사회적·경제적 안정 등 시급한 현안들로 가득한 현실 속에서 생존권 투쟁으로서의 이슬람 운동, 무장투쟁과 독립운동, 수권정당으로서의 책임과 정체성 문제를 어떻게 풀어갈지, 하마스의 미래가 매우 궁금해진다.

하마스의 미래와 한계

우선, 친이스라엘 성향의 연구자들은 하마스가 승리를 거둔 원인으로 사회·경제적인 요인, 파타의 지배하에 있는 팔레스타인 자치정부의 무능과 부패, 능력 있는 세속적 대안정치 세력의 부재 등을 꼽은 반면, 하마스에 호의적인 입장을 보이는 연구자들은 하마스가 오랫동안 팔레스타인 주민들에게 사회복지, 교육, 의료 서비스를 제공하면서 제시한 비전이 전반적으로 신뢰받고 있음을 꼽았다. 여기에는 파타에 대한 불신과 평화협상 과정에 대한 불만이 반영되어 있다. 나아가 팔레스타인 사회에서 세속적 자유주의 이념보다는 이슬람적 윤리와 정체성에 대한 공감대가 점차 확산되고 있음을 알리는 신호로 해석했다.

여기에다가 미국 행정부의 대(對) 중동 '민주주의 확산' 및 '중동의 민주화' 전략은, 사우디아라비아의 역사상 최초의 선거제도 도입, 이집트의 대통령 선거에서 복수후보 인정 및 무슬림형제단의 정치무대 등장, 레바논의 헤즈볼라와 이라크의 민주적 절차에 의한 선거로 탄생한 민간정부 구성 및 팔레스타인의 하마스의 정치세력화 등 누가 보아도 괄목할 만한 중동의 변화를 이끌어내는 데 효과적인 방법이었다.[18]

---

18) 문제는 민주주의의 요체인 자유선거로 정권을 잡은 하마스에 대해 미국은 여전히 '압박 정책'을 고수하고 있다는 점이다. '불량국가' '악의 축'으로 규정된 테러단체를 합법적인 정부나 권력으로 인정할 수 없다는 것이 그 이유이다. 이는 미국 스스로 '중동의 민주화' 정책을 부정하는 증거다. 민주화(民主化)란 무엇인가? "모든 주권은 국민으로부터 나온다." 총구가 아닌 선거에 의해 탄생한 정부를 인정하지 않는다면 도대체 미국이 주장하는 '민주화' 혹은 '민주주의 확산'이란 무엇이란 말인가? 후쿠야마는 "네오콘의 가장 큰 문제는 목적을 이루기 위해 '과도한 군사적 수단(overmil-

이런 국제환경 속에서도 하마스가 총선에서 승리한 이후, 이슬람 국가 건설이라는 궁극적 목표와 팔레스타인 국가 건설이라는 과도적·단기적 목표를 분리하고, 단기적 목표 달성의 수단으로 제3자의 중재를 통한 협상을 배제하지 않는다고 선언한 것은 큰 변화 가운데 하나다. 이후 하마스의 최고 지도자 칼리드 마슈알(Khaled Mashal)은 공개적으로 이스라엘이 1967년 점령 지역으로부터 철수하고 모든 팔레스타인 난민의 귀향권을 부여한다면 이스라엘과 장기적인 휴전(hudna)에 돌입할 용의가 있음을 천명했다. 일련의 발언들에서 하마스의 뚜렷한 입장 변화가 감지된다. 그러나 하마스가 이스라엘의 존재 자체를 부정해온 마당에 점령지 철수라는 조건을 걸고 이스라엘을 승인하겠다는 입장에는 분명 한계가 있다. 하마스는 여전히 팔레스타인 지역의 모든 땅을 회복하겠다는 궁극적인 목표를 포기하지 않고 있으며, 이스라엘과의 장기적인 휴전이 곧 평화 정착이라는 논리를 감추고자 하고 있다.

한편, 하마스는 자살 폭탄 공격 등 이슬람 과격단체로서의 이미지에서 부분적으로 탈피하려는 경향을 보이고 있으나, 상대로부터 무장투쟁이라는 하마스 헌장을 변경하거나 삭제하지 않는 한 진정성을 인정할 수 없다는 비판과 의심을 받고 있는 것이 현실이다. 이스라엘을 협상 당사자로 인정하려면 이스라엘의 존재를 먼저 승인하고 무장투쟁의 전략을 포기하라는 것이다. 아직까지는 상호간의 신뢰를 쌓아가는 단계에 머물러 있다고 할 수 있다.

2007년 6월, 하마스의 게릴라 군사조직인 알-카삼(Ezz Eddin al-Qassam) 여

---

itarized means)'을 동원한 것"이라고 지적하면서, "미국은 테러와의 전쟁에서 무력 사용을 자제하는 대신 무슬림의 마음을 움직일 수 있는 방안을 찾아야 한다"고 강조했다. 후쿠야마가 미국의 대중동 정책을 비판하는 근거는 다음과 같다. 첫째, 이라크 전쟁에서 보듯 모든 전체주의 정권은 속이 텅 비어 있어 외부에서 약간의 충격만 가하면 무너질 것이라는 생각은 허구였다. 네오콘은 미국에 의한 '자비로운 패권주의(benevolent hegemony)'를 주장하지만, 이는 미국이 다른 나라들보다 도덕적으로 우월하다는 것을 전제로 하기 때문에 받아들여지기 힘들다. 둘째, 이슬람 원리주의자들이 미국의 안보를 위협하고 있다는 네오콘들의 주장도 과장된 면이 있다. 중동의 민주화 및 근대화는 이슬람 테러리즘의 적절한 해결책이 아니다. "과격한 이슬람주의는 근대화되고 다원화된 사회로 이행되는 과정에서 수반되는 정체성 상실에서 비롯된다." 그러니 민주화가 진행될수록 더 많은 소외와 극단주의, 테러리즘이 야기될 수밖에 없다.

단이 가자지구의 치안과 안보 기관과 입법·행정·사법부를 차례로 무력 점령하고 가자지구 내에서 사실상 배타적 강제력을 행사할 수 있는 국가권력으로 자리 잡은 사건이 발생했다. 알-카삼 여단은 대이스라엘 방위를 담당하는 군사조직이며, 정규군처럼 정복을 입고 활동하는 사실상 가자지구의 최대 치안세력이다. 하마스는 가자지구의 각종 공공기관에서 파타 계열의 공무원과 교사들을 해고, 추방하고 사실상 국가기관을 장악했다. 그러나 압바스 자치정부가 이들에게 임금을 지급하는 등 가자지구의 경제가 국제기구 및 원조단체에 크게 의존하고 있는바, 하마스의 지위와 통치력에는 한계가 있다.

이러한 상황에서 가자지구에서 불법적인 체포, 구금, 고문, 살해 등 인권 유린과 주요 일간신문에 대한 배포 금지 등 언론의 자유를 심각하게 침해하는 사례가 빈번하게 발생하면서 하마스의 통치에 대한 비판이 높아지고 있다. 국제사면위원회와 국제인권감시기구 등 국제 인권 단체들은 하마스의 가자지구 무력 장악 이후 전개된 심각한 인권 유린 사례에 대한 보고서를 발표했다. 하마스가 총선 당시 "기본적인 인권을 보장하고 자유로운 정당 활동과 민주적이고 다원적인 사회를 건설하겠다"는 약속을 지키지 않고 있음을 드러낸 것이다.

또한, 하마스 통치하에서 이슬람법 강제 적용 사례가 발견되는데, 히잡 착용 의무화를 비롯하여 이슬람 형법 제정, 남녀의 분리(해변, 수영장, 결혼식 및 각종 행사장 등), 알코올 및 세속적인 음악 청취 금지 등이 이에 해당된다. 하마스는 이슬람법 샤리아에 기초한 이슬람 국가의 이상을 구현하기 위해 점진적인 팔레스타인 사회의 '이슬람화'를 추진하고 있다. 가자지구를 포함한 팔레스타인 사회 전반의 이슬람화 현상은 1970년대 이후 꾸준히 진행되어왔으며 특히 제1, 2차 인티파다 과정에서 가속화되었다. 이 현상은 외적 변화를 통해서도 확인되는데, 1967년 웨스트뱅크에 400개였던 모스크가 1987년에는 750개로 늘었고, 이 기간 가자지구에서는 200개에서 600개로 증가했다. 자신의 종교성을 묻는 여론조사에서도 다른 지역에 비해 가자지구에서 높게 나타난다.

자신의 종교성에 대한 팔레스타인인들의 인식

구분		종교적	어느 정도 종교적	비종교적	무응답
웨스트뱅크 지구	2006	44.2%	51.8	3.6	0.4
	2009	43.9%	51.5	4.4	0.1
가자지구	2006	51.3%	45.1	2.9	0.7
	2009	55.6%	41.9	1.8	0.7
합계	2006	46.8%	49.3	3.4	0.5
	2009	48.2%	48.0	3.5	0.3

출처 : Palestinian Center for Policy and Survey Research(PSR),
Public Opinion Poll #20, #32, June 2006 & May 2009.

이러한 여건 속에서도 하마스는 2008년 12월부터 이듬해 1월까지 이어진 이스라엘과의 가자 전쟁에서 생존과 체제 유지는 물론 중동–아랍국들 대중들로부터 지지를 얻어내는 성과를 거둠으로써 국제관계에서 중요한 행위자로 부상했다. 이제 "좋아하든지 싫어하든지 하마스 없이는 평화가 불가능하다"고 말할 정도가 된 것이다. 과거 테러집단으로 오랫동안 여러 협상 과정에서 배제되어왔던 점을 감안할 때, 하마스의 지위와 입지는 결코 흔들림 없이 강화되고 있는 실정이라 아니할 수 없다.

4 맺음말

———

종교가 신념의 문제라면 역사는 사실의 문제다. 오늘날 중동에서 벌어지고 있는 사건들은 사실이 신념과 결합하면서, 신념이 현실을 과장함으로써 끊임없이 파장이 증폭되고 있다. 사실이 과장되면 역사는 왜곡된다. 폭력은 폭력을 종식시킬 수 없다. 결국 폭력과의 전쟁은 단지 폭력을 부채질할 뿐이다. 평화는 경험의 산물이 아니다. 경험은 매우 유용하지만, 경험 자체가 평화를 낳지는 못한다. 그렇다면 평화를 낳는 것은 무엇인가?

시온주의 운동은 두 가지 자극으로 태어났다. 하나는 수 세기 동안 박해받던 유대인들이 안전한 곳을 찾아 들어온 것이고, 다른 하나는 민족운동으로서 유대교를 재발명한 것이다. 여기서 현대 이스라엘을 반유대주의 속에서 살아남은 희생자들의 문제 해결책으로 보느냐 유대 민족국가의 부활로 보느냐에 따라 국가의 성격은 크게 달라질 수 있다. 1897년 시온주의의 아버지 헤르츨이 선언한 "팔레스타인에 공법(公法)으로 보장되는 유대 민족을 위한 고향을 세운다"는 시온주의 선언과 1917년 영국의 밸푸어 선언에서 나온 "유대국가의 건립이 팔레스타인에 살고 있는 비유대인 공동체의 생존권을 침해하지 않을 것을 분명히 한다"는 선언 사이에는 분명히 모순이 발견된다.

그런 점에서 이스라엘의 독립은 시온주의자들에게는 약 2천여 년의 방랑 생활을 청산하고 과거 조상들이 살던 땅으로 돌아와 국가 없는 민족의 설움을 씻는 명예 회복이었지만, 팔레스타인 사람들에게는 소유하던 토지를 빼앗기고 그 땅에서 쫓겨나 생존권이 침해되고 새로운 방랑과 수난이 시작된 식민주의였다. 결과적으로 1947년 11월 "팔레스타인에 유대국가와 팔레스타인 국가를 각각 둔다"는 UN의 분할안은 처음부터 팔레스타인 분쟁의 불씨를 남겨둔 결정이었다.

비극이 다시 비극을 낳다

유전자 변형을 거쳐 태어난 생물의 유전자도 유전되는 것일까? 시온주의의 씨앗은 자신이 성장한 서구 세계의 반유대주의라는 거친 토양에서 그랬던 것처럼, 이식(移植)되어 뿌리를 내린 팔레스타인 땅에서도 피를 먹으며 자라나 무쇠처럼 억센 나무로 자랐다. 탱크처럼 강해진 이스라엘은 다른 사람들에게 상처를 입히고 해를 끼치기 시작했다. 이슬람 반유대주의자들의 말을 빌리면, 역사의 피해자가 이제는 역사의 가해자가 되어버렸다. 교활하고 비밀스럽고 사악한

'샤일록'으로 구현되었던 유대인의 이미지가 이제 팔레스타인의 인권을 탄압하는 잔인한 근육질의 '람보'로 뒤바뀐 것이다. 극단적으로 말해서 '유대인을 박해한 나치'와 '팔레스타인을 박해하는 유대인'이 동일시되고 있으며, 반유대주의와 시온주의 사이에 이념적 · 정치적 · 인종적 등식이 성립된 것이다. 팔레스타인 문제에서 희생자에서 가해자로 자리를 옮긴 유대인들이 국제사회에서 인종차별주의자로 취급받게 된 것은 우연이 아니다.[19]

여기서 역사의 불가해한 역설이 존재한다. 역사가는 어제까지 피해자였던 그들이 가해자로 변해버린 이 소름끼치는 오늘의 현실을 어떻게 설명할 것인가? 얼마 전까지 자신의 고향에서 평화롭게 살던 팔레스타인인들이 자신의 땅에서 적대적인 낯선 이국인으로 취급당하며 살아야 하는 이 역사의, 증오의 불가해한 변증법을 어떻게 해명할 수 있단 말인가? 토인비의 말대로 "인간 생활 속에서 가장 비극적인 일은 예전에 고통을 당하던 사람들이 이번에는 타인에게 고통을 가하고 있는 것을 목격하게 되는 것이다." 이제는 위협당하는 생존권을 위해 또 다른 초강력 유전자를 배양해가고 있는 팔레스타인 무장 저항단체인 하마스의 '자살 폭탄' 실험실에서는 과연 어떤 괴물(프랑켄슈타인)이 탄생할지 귀추가 주목된다. 아니, 어떤 귀추를 목격하게 될지 솔직히 말해 두렵다.[20]

반유대주의는 기억과 편견의 역사라는 긴 흐름 속에서 주변의 사회적 온도와 문화적 습도를 갖춘 정치적 환경에 따라 여러 모양으로 변형되어 나타났다. 그리스-로마 시대는 사회적으로, 초기 기독교는 신학적으로, 중세 기독교는 보다 종교적인 방식으로, 근대 유럽에서는 경제적 · 인종적으로, 아랍 세계에서는 정

---

19) 1975년 11월 UN은 시온주의를 인종차별주의와 동일시하는 결의안(3374호)을 통과시킨 바 있다. 이 결의안은 1991년 철회되었다가 2001년 아프리카 더반에서 열린 UN 반인종주의 회의에 상정되어 재차 거론되었다. 그러나 미국과 이스라엘의 보이콧으로 이슬람 국가가 발의한 결의안은 채택되지 못했다.

20) 내가 이창동 감독의 우리 영화 〈박하사탕〉을 높이 평가하는 이유는 그 영화가 우리 사회의 한 평범한 사람이 피해자에서 가해자가 되는 과정, 아니 거꾸로 가해자로 변해버린 자신의 어찌할 수 없는 현실을 개탄하며 차라리 피해자였던 시절을 그리워하는 과정을 보여줌으로써, 타락한 사회에서는 아무도 완전히 결백할 수 없음을 역설적으로 입증하고 있기 때문이다.

치적으로 작용했다. 그리고 20세기에 들어와서는 반유대주의의 변형이 절정에 달해 홀로코스트로 나타났다.

결국 중요한 문제는 집단적 기억의 체계이며, 여기에 개입된 정치의 차원이다. 기억의 정치란 곧 기억의 조작, 정치적 신화의 창조와 같은 것을 말한다. 다시 말해서 정치가 끼어들어 기억을 조작함으로써 집단적 망각, 진실의 은폐·축소·과장, 기억의 집단적 왜곡이 생겨난다. 따라서 문제의 본질은 기억과 편견 또는 폭력 그 자체라기보다는 그것들을 정당한 것으로 조작하는 이데올로기적 체계다. 그런 의미에서 반유대주의는 인간의 본질적인 심리 구조도, 불특정 다수를 차별 없이 공격하는 세균이나 바이러스도 아니며, 전염성이 높고 치료가 불가능한 사회적 질병의 일종도 아니다. 기억과 편견과 폭력은 결코 자연적인 현상이 아니다.

끊임없이 반복되는 보복의 악순환, 폭력의 악순환을 멈출 수 있는 방법이란 무엇이란 말인가? 결코 화해할 수도, 양립될 수도 없는 이질적인 두 집단 사이에 벽을 쌓을 것인가 다리를 놓을 것인가? 아직도 팔레스타인 땅에서 계속되고 있는 끝이 보이지 않는 갈등과 보복, 피의 현실은, 유대인의 눈에는 미완성의 유대국가의 생존과 안보를 위해 불가피한 조처(보복)로 비칠지 모르나, 타인의 눈에는 피해자가 가해자로 변해버린 타락한 유대인을 환기시킬 뿐이다. 이에 대한 책임은 일차적으로 이스라엘 샤론 정부의 팔레스타인 문제에 대한 잘못된 정책이 져야 할 것이며, 아울러 유일한 초강대국인 미국, 특히 부시 행정부의 일방주의적인 친이스라엘 중동 정책도 그 책임에서 자유롭지 못하다.[21]

---

21) 최근 세계화하고 있는 새로운 반유대주의와 반미주의 사이에는 분명히 구조적인 유사성이 있다. 반유대주의의 뿌리가 전혀 없던 우리 사회에서도 이스라엘에 대한 비판적 경향이 진화하고 있다. 1980년대 민주화 과정에서 불거진 반미감정과 9·11 사건 이후 급속도로 퍼져나간 이슬람에 대한 동정적인 이해, 그리고 한국전쟁 당시 미군의 노근리 양민 학살 진상 조사, 미군 장갑차에 의한 여중생 사망 사고, 불공정한 한미행정협정(SOFA), 노무현 정부의 대미 자주권 선언, 이라크 전쟁 및 파병 반대 촛불집회 등으로 이어지는 일련의 반미주의에, 중동 문제와 관련해서 언제나 미국이 일방적으로 이스라엘 편을 들고 있다는 생각이 복합적으로 작용하면서 반유대주의적 성향이 자리 잡아가고 있다. 따라서 세계적으로 미국에 대한 증오심이 증대되는 만큼 유대인에 대한 새로운 형태의 미움이 증대될 것이며, 그 반대 역시 마찬가지일 것이다.

현대 이스라엘에는 힘이 있다. 그렇다, 이스라엘은 히브리어를 부활시켰으며, 굉장한 경제력으로 나스닥에도 진출했다. 이스라엘은 하루에도 수백 명의 '테러' 배후 주모자와 폭탄 제조 기술자를 살해할 수 있다. 모사드에게는 그들이 어디 숨어 있는지 정확하게 찾아낼 수 있는 정보력과 그들을 정확하게 표적 살해할 수 있을 만큼의 충분한 기술과 첨단무기, 그리고 잘 훈련된 병사들이 있다.[22]

이것이 그들이 이 땅에 나라를 세운 이유였던가? 이스라엘은 새로운 첨단무기를 개발하고 컴퓨터 보안 프로그램과 미사일 방어체계를 구축하기 위해 지난 2천 년 동안의 긴 박해와 나치의 학살에서도 살아남은 것이 아니리라. 유대인은, 자신들처럼 고통받고 있는 '뭇 민족의 빛'이 되기 위해 선택되고 살아왔다.[23] 그런데 이제 실패해가고 있다. 왜냐하면 '시온'이 고통받는 지구의 소수민족에게 새로운 정신의 북극성으로서 인류 구원과 인간성 회복의 희망을 보여주는 것이라지만[24] 아랍-팔레스타인과의 이러한 갈등과 충돌이 계속되는 한 시온주의 이념이 **모든(all)** 고통받는 민족이 궁극적으로 추구할 만한 보편적인 가치로 인정받기는 어려울 것이기 때문이다.

억압은 저항을 낳고, 전사(戰士)는 죽어 다시 전사를 낳게 되는 법이다. 폭력은 새로운 폭력을 낳고 있다. 그리고 새로운 젊은이들이 '증오와 분노의 샘' 밑으로부터, 그리고 불의와 도덕적 타락의 하부구조(infrastructure)에서부터 솟구쳐 끊임없이 올라오고 있다. 적어도 '테러라 불리는 저항(抵抗)'과 '정의라 불리는 보복(報服)'의 악순환은 그 끝이 보이지 않는다. 그것은 결단코 해결책은 못 된다.

우리가 유대인의 미워하기와 미움받기의 비극적인 역사에서, 또 팔레스타인인들의 생존과 독립을 위한 무력 항쟁 지하드에서 배울 수 있는 교훈은 무엇인

---

22) 실상 사람은 두려움을 느끼게 되면 총을 들어야겠다는 생각을 하게 되는 법이다. 기운을 잃은 영혼은 마음의 평화를 잃기 때문이다. 비폭력 평화 운동가 간디는 자신에게 총을 겨누고 서 있는 영국 군인에게 다가가 '자네는 이 작고 늙은 노인이 두렵나?' 하고 물은 바 있다.

23) 시편 37편 6절, 50편 2절; 이사야 42장 6절, 49장 6절, 62장 1절. cf. 마태복음 5장 14절.

24) 사실 이것이 히브리 성서에서 "이집트에서 고난받는 너희를 내가 이끌어내어 …(중략)… 젖과 꿀이 흐르는 땅으로 올라가기로 작정했다"(출애굽기 3장 17절)는 이스라엘 민족의 신앙고백이 아니던가? 유대인들이 고백하는 '고통받는 자들의 편에서 일하시는 하나님'은 지금 어디에 계시는가?

가? 유대인 하시딤에게서 전해 내려오는 다음과 같은 선문답 같은 이야기를 통해 하나의 깨달음은 얻을 수는 있지 않을까.

어떤 사람이 숲에서 길을 잃고 혼자가 되었다. 그는 빠져나갈 길을 찾을 수 없었다. 하루가 지났다. 그는 당황하기 시작했다. 그때 저쪽에서 어떤 사람이 걸어왔다. 그는 그 사람에게 달려가 말했다. "하느님, 이 사람을 만나게 해주셔서 감사합니다." 그때 그 사람이 말했다. "보세요, 나 역시 길을 잃고 헤매고 있습니다. 내가 당신에게 해줄 수 있는 말은 이것뿐입니다. 이 길로는 가지 마십시오. 내가 바로 거기서 왔거든요."

읽어볼 만한 책

박찬기 외, 『헤즈볼라, 하마스, 무슬림형제단 및 마흐디 민병대 : 중동 이슬람 과격단체의 형성과정』, 명진C&I, 2009.

최창모, 『기억과 편견 : 반유대주의의 뿌리를 찾아서』, 책세상, 2004.

_____, 『이스라엘사』 개정판, 대한교과서(주), 2005.

노먼 솔로몬, 『유대교란 무엇인가』, 최창모 옮김, 동문선, 1999.

미하엘 브레너, 강경아 역, 『다윗의 방패 : 시온주의의 역사 *Geschichte des Zionismus*』, 코기토, 2005.

볼프강 벤츠, 윤용선 역, 『유대인 이미지의 역사』, 푸른역사, 2005.

일란 파페, 유강은 역, 『팔레스타인 현대사 : 하나의 땅, 두 민족』, 후마니타스, 2009.

필 마셜, 이정구 역, 『인티파다 : 시온주의, 미국과 팔레스타인 저항』, 책갈피, 2001.

제2장

국가 형성과
민족정체성

1 정체성이란 무엇인가

———

정체성(正體性)이란 도대체 무엇일까? 한 개인의 정체성은 물론 국가나 민족의 정체성을 규명하는 작업은 결코 쉬운 일이 아니다. 정체성이란 이루 헤아릴 수 없이 많은 관계의 망 속에 놓여 있기 때문이다. 예를 들어 나는 누군가의 아버지이면서 아들이고 남편이고 직장인이고 남자이며, 또 누군가에 대해서 선하거나 악하고 사랑하거나 미워하는 사람이다. 이렇게 다양한 관계 속에 놓여 있으면서도 대부분의 사람들은 정체성의 혼란을 겪지 않는다. 물론, 극소수이기는 하지만 그런 다양성을 도저히 감당할 수 없는 사람들도 있기는 하다. 가령 자신이 악할 수도 있다는 가능성을 절대적으로 인정할 수 없는 사람이 취하는 전형적인 방식은 '투사(Projection)의 전략'이다. 자신이 절대적 선(善)이라는 확신을 유지하기 위해서 모든 악의 흔적을 다른 사람에게 모조리 투사하는 것이다. 이런 사람은 타인을 배척함으로써 매우 확실하고 안정된 자기정체성을 가질 수 있다. 즉, A가 A인 까닭은 A가 B가 아니기 때문이다. 이처럼 기본적으로 정체성은 배타성(排他性)을 내포한다.

그러나 매우 확실한 자기정체성이 무조건적인 안정을 가져다주지는 않는다. 정체성을 확실하게 세우기 위해서 타자를 배척해야 하는 조건이 타자와의 원만한 대화나 사회생활 자체를 불가능하게 만들어버리기 때문이다. 만일 내가 절대적 선이라고 고집한다면 나를 그렇게 생각하지 않는 다른 사람과는 어떠한 대화도 할 수 없을 것이다. 대화에 임하기 위해서는 다른 사람에게 내가 악하게 보일 수 있는 가능성을 인정해야만 한다. 다시 말해서 남의 관점에서 나를 바라볼 줄 아는 역지사지(易地思之)의 자세가 있어야만 비로소 대화가 시작될 수 있기 때문이다. 여기에 '정체성의 역설'이 자리한다. 즉, A는 B가 아니면서도 B와 소통할 수 있는 자리가 필요하다는 것이다. 다른 것을 상상할 수 없을 정도로 정체성이 너무나 단단하고 견고하게 굳어버리면 인간은 타자와의 소통과 교류가 힘들어진다. 이처럼 역설적으로 정체성은 포용성을 가질 때 더 분명해진다.

그렇다고 모든 것을 다 포용할 정도로 정체성의 경계가 무한하게 확대될 수는 없다. 사람은 여유와 자신감이 없거나 불안한 상황에 처하면 당연히 배타적이며 방어적인 자세를 취하게 마련이다. 극단적인 상황에서 정체성은 조그마한 외부의 접촉에도 쉽사리 무너질 수가 있기 때문에 주위에 철옹성을 두르고서 자신을 단단히 방어하지 않으면 안 된다. 사회적·정치적·경제적 약자가 좁은 울타리의 정체성에 집착하는 이유가 거기에 있다. 울타리를 열어놓으면 가지고 있는 약간의 소유물마저도 송두리째 빼앗길지 모른다는 불안감에서 경계를 게을리하지 않는 것이다. 이때 배타적인 정체성은 생존의 필수적 전략이 된다. 말하자면 강자만이 너그럽고 관대할 수 있으며, 어떠한 외부의 위협에도 자신의 정체성의 문을 활짝 열어놓을 수가 있다. 이처럼 정체성의 추구는 배타적이거나 포용적인 방식을 취한다. 정체성은 결국 '경계지음'이다. 국가나 민족의 정체성도 마찬가지이다.

그러나 정체성은 결코 미리 만들어지는 것이 아니다. 정체성은 끊임없이 변하는 것이다. 과거로부터 주어지는 것만이 아니라 미래에 주어지는 것이기도 하다. 정체성은 고정된 것이 아니다.

2 이스라엘

1948년 5월 14일, 국내 유대인 공동체와 해외 시온주의 운동을 대표하는 민족평의회 의원들이 서명한 이스라엘의 건국 선언은 국가의 신념, 재탄생의 필연성, 자유·정의·평화의 토대 위에 세워진 국가의 기본틀, 지역 전체의 이익을 위해 인접 아랍국들과 평화로운 관계 촉구 등을 담고 있다. 독립선언문(발췌)은 다음와 같다.

귀향법(Law of Return)

1950년 7월 5일 제정된 이스라엘 법으로, 유대인이 이스라엘로 돌아와 시민권을 얻고 정착할 권리를 정하고 있다. "모든 유대인은 올레(이민자)로서 이 나라로 돌아올 권리를 가진다"고 선언하고 있는 이 귀향법은 1952년 국적법에 들어가고, 1970년에는 조부모나 배우자가 유대인이 아닌 경우에도 해당된다고 적용 범위를 넓혔다. 이전까지는 모계 혈통에 유대 조상의 피가 흐르는 자나 유대교 개종자들만을 귀향권자로 여겼다.

귀향법의 목적은 유대 문제는 유대국가 건설로 해결하자는 시온주의 운동을 지원하는 데 있다. 귀향 즉시 시민권을 부여한다. 유대 이민자의 증가는 인구학적으로 팔레스타인 내의 아랍 인구의 증가를 훨씬 능가하는 것이었을 뿐만 아니라, 종교적인 유대인들이 대량 이주해옴에 따

에레츠 이스라엘(이스라엘 땅)은 유대 민족의 고향이었다. 이곳에서 그들의 정신적·종교적·정치적 정체성이 형성되었다. 이곳에서 그들은 처음으로 국가를 이루었고, 민족적으로 보편적으로 의미 있는 문화적 가치를 창조했으며, 전 세계에 영원불변의 성서를 제공해주었다.

…(중략)… 유대인들은 여러 세대에 걸쳐 그 고토의 땅에서 다시 정착하고자 힘썼다. …(중략)… 그들은 사막을 일구고 히브리어를 부활시켰으며, 촌락과 도시를 건설하고 번영하는 공동체를 만들어냈다. 동시에 공동체의 경제와 문화를 스스로 관리하며, 평화를 사랑하지만 스스로를 방어하는 법도 잘 알고 있다. …(중략)…

이스라엘은 유대인들의 이주에 대해 문을 활짝 열 것이며 …(중략)… 모든 주민의 이익을 위해 국가발전을 촉진할 것이며, 이스라엘의 예언자들이 내다보았듯이 자유와 정의, 평화의 토대 위에 설 것이며, 종교, 인종, 성별에 관계없이 모든 거주자들의 사회적 정치적 권리의 완전한 형평성을 보증할 것이며, 종교, 양심, 언어, 교육, 문화의 자유를 보장할 것이며, 모든 종교의 성지를 지킬 것이며, 국제연합 헌장의 원칙을 충실히 따를 것이다.

우리는 모든 이웃 국가들과 그 국민들에게 평화와 우호 관계를 제안하며 손을 내밀고, 자신들의 땅에 정착한 주권을 지닌 유대 민족과 협력과 상부상

라 이스라엘의 정치·사회에 종교적 요소와 영향력이 신장되는 결과로 이어졌다. 1989년 이스라엘 대법원은 타 종교를 가진 자나 메시아닉 유대인(예수를 메시아로 믿는 유대인)에게는 귀향법에 의한 이민 자격을 제한했다.

귀향법이 제도적 인종차별에 해당한다는 비판이 있다. 팔레스타인인들에게도 동등한 자격을 주지 않는다는 것이 비판의 근거이다. 2011년, 인구증가유대인 동성애자 커플의 이민 신청에 대해서 유대인 남자에게는 즉시 시민권을 발급했으나, 그의 파트너는 거부했다. 귀향법에 따르면 유대 이민자의 배우자는 시민권을 받을 수 있다. 2007년 네오나치즘의 부활이 소련에서 이주해온 청소년들 사이에서 일어나자, 유대인과 이스라엘을 증오하는 사람들에 대한 이민 제한을 골자로 한 귀향법 개정 운동이 일어나기도 했다.

귀향법은 아직까지 이스라엘 사회 내에서 '누가 유대인이냐?'에 대한 논쟁이 계속되는 원인이 되고 있다.

조의 유대를 구축할 것을 그들에게 호소한다.

오늘날 이스라엘 사회에는 여러 인종, 종교, 문화, 사회적 배경을 가진 매우 다양한 사람들이 살고 있다. 과거의 뿌리를 지닌 이 새로운 사회는 지금도 여전히 통합되며 진화하고 있다. 인구 820만 명 중 75.5%가 유대인, 20.2%가 아랍인(다수의 무슬림과 소수의 기독교인)이고, 나머지 4.3%는 드루즈인, 체르케스인 및 종교로 분류되지 않는 그 외의 민족들로 구성되어 있다.

일반적으로 말해서 이스라엘 사회의 성격을 구성하고 있는 요소는 대량이민(Mass Immigration)이다. 이스라엘은 이민국가로서 이민은 사회의 내적 성격을 '다원사회'로 규정하는 요소가 된다. 20세기에 들어와 그들의 꿈인 '팔레스타인에로의 자유로운 귀향'이 보장되면서 대량이민이 지속적으로 이루어져, 현대 이스라엘은 약 130여 개 국가로부터 이민 온 다양한 윤리적·종교적·문화적 배경을 가진 유대인들로 구성되어 있다. 특히 1950년 이스라엘 정부가 제정한 '귀향법(Law of Return)'이 여전히 발효 중이며, 이민부(Ministry of Absorption)를 두어 이 일을 전담하고 있다. 이러한 정부의 이민정책은 다산정책과 함께 인구 증가의 기능을 담당하고 있으며, 구소련의 몰락과 함께 러시아계 유대인의 대량이민과 에티오피아로부터 아프리카계 유대인의 이주를 성공적으로 수행한 바 있다.

그런데 이들 이민자들은 유대인으로서 각각 역사적 · 종교적 · 정서적 뿌리는 공유하고 있으나, 언어와 습관, 삶의 가치기준과 양식, 사회적 · 문화적 형태를 각기 달리하고 있는 국가공동체의 구성원들이다. 다시 말해서 이민자들의 이스라엘 사회는 일련의 복잡한 사회화 과정에서 다양한 문화형태를 지닌 개개의 사회집단들이 크고 작은 갈등을 겪고 있다. 현재 이들이 사용하고 있는 언어만 해도 80여 개가 넘으며, 이들은 국가체제 내에서 다양한 인종적 · 종교적 · 정치적 · 사회적 · 문화적 차이로 인한 집단 간의 불균형을 겪으면서 살고 있다. 종종 집단 간의 지위와 권력을 위한 패권 다툼으로 이어지기도 하며, 균형과 불균형이 반복적으로 순환된다.

그런 의미에서 현대 이스라엘 사회를 다원주의 사회(a pluralistic society)로 규정할 수 있다면, 집단 간의 독특한 문화양식이 서로 조화를 이루며 공생의 삶을 영위할 수 있는 상태를 만드는 법은 무엇인지 묻지 않을 수 없다. 커다란 거부감 없이 서로를 받아들이면서 동시에 집단 간의 이질감을 어떻게 민족적 일체감으로 바꿀 수 있는가? 불균형을 극복해나가면서 사회의 역동성과 안정성을 얻을 수 있는 조건은 무엇인가? 다원주의 사회가 스스로 처한 위험으로부터 어떻게 자신들을 보호하고 있는가? 그들은 어떻게 다양한 집단 간의 이해관계를 조정하며, 집단의 동일성(group identity)과 합의점(consensus)을 찾아가고 있는가? 과연 그것이 가능할까?

1) 종교와 국가—신학적 딜레마

19세기 초 빌나의 가온(Gaon of Vilna)은 '이민' 또는 '귀향'의 메시아적 본질을 강하게 발전시킨 인물로서 고전적인 메시아의 이상을 팔레스타인에 정착하면서 실천했다. 그와 그의 제자들은 19세기 초(1808~1847)에 이미 팔레스타인에 들어와 살면서 독특한 메시아 사상을 발전, 구현하고자 했다. 유럽에서 유대인의 정치적 해방을 위한 투쟁의 시기에 일어난 이 개혁운동은 포로로 흩어진 유대인들을 다시 모으는 일과 에레츠 이스라엘(이스라엘 땅)에 유대 왕국을 건설하는 일로 요약된다. 이러한 메시아 사상은 '특별한 신앙'으로부터 '보편적 세계관(universalistic Weltanschauung)'으로 변형된 것이었다. 이들의 모토는 "세계의 중심에 전능자의 왕국을!"이었다.

이전까지 정통파 유대인 그룹(Orthodox Jewish Group)에서는 일반사회에서 시민권을 획득하는 것과 전통적인 메시아 사상을 구분했으며, 탈무드나 미슈나에서 언급하듯이 이집트에서처럼 기적적인 해방이 이루어지기 전까지 경제적 힘이나 정치적 수단을 통해 이스라엘을 회복하려는 것을 엄격히 금지하고 있었다. 그러나 가온의 가르침은 율법을 지킨다는 것이 단순히 수동적으로 신에게 예배하는 행위가 아니라, 구체적·능동적으로 이스라엘 땅에 정착하는 행위임을 강조했다. 그에게 구원의 과정이란 단순히 영적인 것 혹은 개인적인 차원의 것이 아니라, 이스라엘 땅에 정착하려는 힘과 의지를 가진 공동체의 메시아적 행동주의(Messianic Activism)였던 것이다.

역사적으로 유대 신비주의자들은 여러 차례 메시아의 도래 시기와 관련되어 시간을 계산했다. 1096년과 1648년 등이 그것이었다. 그러나 예측은 번번이 빗나갔다. 가온과 그의 추종자들은 예측이 실패한 것은 회개가 부족했기 때문이라며, 유대력으로 "5600년(AD 1840)이 될 때 하늘의 지혜의 문과 땅의 지혜의 문이 열려 하나님께서 이스라엘 민족을 구원하실 것이다"라고 선포했다. 그는 구체적으로 '회당을 짓는 것이 곧 구원의 시작을 알리는 신호'라고 믿으며, 예루살렘에 후르바 회당(Hurva Synagogue)을 건축했다.

1840년이 되자 메시아적 기대가 보다 강해지고 팔레스타인 땅으로의 이주가 유행병처럼 번져나갔다. 그러나 메시아는 나타나지 않았다. 이 시기에 예루살렘을 방문했던 한 기독교 순례자는 "우리는 그들이 조상의 땅으로 돌아가기를 얼마나 원했는지를 잘 알고 있다. 그들은 구원의 시간이 가까이 왔다고 믿었다. 그러나 이 예언이 실패로 돌아가자 자신들의 과오를 깨닫기 시작했다. 몇몇 랍비들은 공개적으로 이것이 잘못된 것임을 선언하기를 주저하지 않았다. 많은 이들이 (기독교로) 개종했다"는 기록을 남겼다. 1842년 세 명의 랍비가 공개적으로 개종했으며, 이듬해 다섯 명의 유대인이 개종했는데 그중 셋은 가온의 제자들이었다. 랍비 아비에제르(R. Aviezer of Tykocin)는 이들의 개종을 광야에서 이스라엘 백성들이 시내산에 올라간 모세를 기다리다 못해 금송아지를 만들던 사건과 비교하면서 5606년(AD 1846년)을 구원의 절정이라 명하고 그때가 되면 '황무지가 아름답게 꽃피어날 것'이라 선포했다. 그러나 그해는 19세기 중 가장 덥고 건조한 해로 기록되었을 뿐 아무 일도 일어나지 않았다.

이러한 역사적 경험은 인위적인 노력이 메시아주의가 꿈꾸는 땅의 회복에 아무런 영향을 끼칠 수 없음을 깨닫게 해주었을 뿐만 아니라, 거짓 메시아 운동으로 낙인 찍히는 결과를 낳고 말았다. 훗날 이 사건에 대해 1966년 노벨문학상을 수상한 바 있는 유대 작가 슈무엘 요세프 아그논(S. Y. Agnon)은 다음과 같이 말했다. "나는 랍비 코소프스키가 그의 아버지로부터 들은 이야기라면서, 누구라도 빌라의 가온의 이름을 들먹이거나 기록하는 자는 추방될 것이라 선언했다고 한 말을 들은 적이 있다."

이러한 과정을 겪은 것이 이후 19세기 말 본격적인 시온주의 운동이 시작되면서 여기에 참여한 이들의 이념과 실천이 결코 종교적 성격이 아닌 정치적 운동임을 고집하는 이유가 되었을까?

시온주의자들과 전통적 종교주의자들 사이의 '국가 건설'에 관한 입장은 시대의 흐름에 따라 다양한 반응을 낳았다. 즉, 전통 신앙에 따르면 메시아의 도래는 이스라엘에 구원을 가져다주며, 구원이란 곧 이스라엘의 회복, 즉 땅의 회복을 의미하는 것이었다. 그런 점에서 시온주의 운동은 땅의 회복이라는 구원의 한 과정을 담당하게 될 것이며, 따라서 시온주의 운동은 메시아 운동과 연관성을 갖는다고 볼 수 있다. 그러나 이 문제는 유대인의 정치적 독립을 위한 노력과 전통적인 메시아적 희망을 동일시하느냐 그렇지 않느냐에 따라 매우 복잡하게 전개될 수 있는 사안이다. 갈리시아의 젊은 지도자 오시아스 톤(Osias Thon)은 "시온주의는 메시아니즘의 연장이다" "시온주의는 반유대주의에 대한 반응이 아니라, 유대 역사의 즉각적인 요구에 대한 반응이다"라고 말하면서 시오니즘을 메시아니즘의 연속선상에서 해석했다.

그러나 메시아 사상과 시온주의 이념 사이의 구분은 처음부터 명백한 것이었다. 1881년 페레츠 스몰렌스키(Peretz Smolenskin)는 현대 히브리어의 아버지 엘리에제르 벤예후다(Eliezer Ben-Yehuda)에게 말했다. "만약 당신이 팔레스타인에 집단 거주지를 세우게 된다면 가난한 이들을 많이 구제할 수 있게 될 것이다. 그러나 만일 그 일을 메시아의 도래를 위한 길을 예비하는 일이라고 선언하게 된다면 그 일은 심각한 반대에 부딪치게 될 것이다."

물론 초기 시온주의자들은 시온주의 운동이 과거 유대 민족주의라 불리던 메시아 사상과 닮았다고 보기도 했다. 한걸음 더 나아가 "메시아는 시온주의 운동으로부터 이미 와 있다"고 말한 바 있던 이스라엘 쟁윌(Israel Zangwill)은 시온주의의 아버지인 헤르츨을 '아시리아의 대왕 디글랏빌레셀'이라 불렀으며, 모데카이 벤 암미(Mordecai Ben-Ammi)는 그를 '메시아, 다윗의 아들'로, 쉬마리야 레빈(Shmaarya Levin)은 그를 '기드온'으로, 랍비 지그문트 메이바움(R. Sigmund Maybaum)은 그를 '제2의 바르 코크바'로 부르기도 했다.

그러나 진작부터 헤르츨은 자신의 이 운동은 분명히 메시아 운동과 별개의 것임을 기회 있을 때마다 피력했다. 1904년 이탈리아 왕과의 대화에서 왕이 "아직도 유대인들은 메시아를 기다리느냐?"고 묻자, 헤르츨은 "일부 종교인들 가운데는 그런 이들이 있으나, 학식이 있고 계몽된 사람들에게 그런 사상은 결코 없다"고 대답했다. 헤르츨은 시온주의를 메시아주의와 관련지어 보려는 시각을 매우 우려했다. 그는 시온주의가 '순수한 민족운동'이요, 역사적·민족적 재건 운동임을 강조했다. 그는 시온주의 운동을 종교적 메시아 운동의 일환으로 이해하고 동참하는 이들에게 둘 사이의 근본적인 차이를 애써 강조했으며, 그 일로 인해 상당수의 참여자들과 결별하는 아픔을 경험해야 했다.

헤르츨은 시온주의 운동이 '동시대적 현실 조건으로부터' 시작된 것임을 강조했다. 여기서 말하는 현실이란 곧 '정치적' 현실을 말한다. 문제의 핵심은 시온주의의 목표는 정치적 이스라엘 국가 건설이지, 결코 이스라엘의 종교적 전통이 말하고 있는 '신정정치의 회복'이 아니라는 점이다. 둘 사이에서는 '두 종류의

구원'이 충돌한 것이 아니라 정치적 운동과 종교적 신앙의 충돌이라는 점을 분명히 해둘 필요가 있다.[1]

여기서 우리는 이 문제를 바라보는 시각을 다음 세 카테고리로 정리할 수 있을 것이다. (1) 시온주의는 메시아 운동이며, 그러므로 개탄한다. (2) 시온주의는 본질적으로 메시아 운동이지만, 그것은 믿을 만한 것이다. (3) 시온주의는 메시아 운동이 아니며, 그래야만 한다. 이 세 가지 입장은 시대적 상황에 따라 언제나 유동적이었으며, 그러한 시각은 언제나 동시대를 살아가는 사람들의 자화상이기도 했다.

19세기 독일 정통파 유대교의 지도자 라파엘 히르슈(Samson Raphael Hirsch)는 기도하는 일을 제외하고 구원을 촉진시키는 모든 노력을 죄로 규정하여 엄격히 금지했다. 그런 점에서 그에게 시온주의 운동은 매우 위험한 거짓 메시아 운동이었다. 루블린의 사독(Zadok of Lublin)은 이스라엘의 구원과 회복이 가깝다는 것은 인정하면서도 시온주의 운동을 그러한 성취를 향한 한 단계로 이해하는 것은 거부했다. 영국의 초정통파 유대교의 대표 오르(Or)는 시온주의를 유대교의 종교사상을 부정하는 이단으로 규정하면서 "우리는 우리의 죄 때문에 디아스포라에서 살아가고 있다. 우리는 다만 하나님의 섭리에 의해 선택되었고 우리는 그러한 선고를 받아들여야만 한다"고 설파했다. 반시온주의 랍비 펠릭스 골드만(Felix Goldmann)은 "유대 민족주의는 국수주의의 자식이며, 시온주의는 멋있는 국가를 건설하기 위해 종교를 희생시키고 있다"고 비판했다. 네오칸트 철학자였던 헤르만 코헨(Hermann Cohen)은 "시온주의가 메시아 사상을 거부하고 있다"면서, "메시아 사상 없이는 유대교는 없다"고 설파했다. 또 그는 "시온주의자들이 민족적 쟁점을 혼란스럽게 만들었다"고 비판했다. 결국 이들의 입장에서 종교적 이상을 품고 있지 않은 시온주의자들이 세우려는 국가는 빈껍데기일 뿐이며, 유대 민족의 정체성을 박탈하려는 것으로 비춰졌다. 따라서 이들은 시온주의를 개탄한다.

---

1) 이 문제는 오늘날 이스라엘의 국가정체성을 논의할 때 늘 매우 중요한 부분이 된다.

그러나 이러한 입장은 역사적 상황에 따라 변해갔다. 이들은 시대의 변화에 따라 자신들의 정체성을 재해석해갔다. 예를 들어 1917년 밸푸어 선언이 선포되면서 이스라엘 국가 건설의 가능성이 극대화된 시점에서 반시온주의에 앞장섰던 이삭 브로이어(Isaac Breuer)는 AGUDA(종교인연합) 총회에서 "밸푸어 선언이 하나님의 섭리인가 아니면 사탄의 계략인가"를 물었다. 총회가 이 질문에 대답하지 않자, 그는 만약 토라가 지켜진다면 팔레스타인에 국가를 건설하는 것에 반대하지 않겠다고 주장했다.

또한, 1967년 6일전쟁이 끝나고 얼마 지나지 않아 브네이브라크(Bnei Barak)에 있는 포네베츠 예시바의 교장인 랍비 엘리에제르 샤흐(R. Eliezer M. Schach)는 한 종교학교 출신의 교육자들에게 다음과 같이 연설했다.

"…(전략)… 우리는 메시아의 임재나 구원의 도래가 이스라엘의 토라와 교섭하지 않거나 관계하지 않는 채널을 통해서 생기리라는 것을 믿어서는 안 된다. 구원(redemption)은 안식일을 범한다든지 (종교적) 가르침을 근절시키는 것과는 연관될 수 없다. …(중략)… 토라는 '땅이 너희를 토하지 아니하리라'(레위기 20장 22절)고 말한다. 그리고 구원은—설사 구원의 도래라 하더라도—땅이 토하지 않을 행위로 인하여 시작될 수는 없다. …(중략)… 참된 구원은 영혼의 구원인 혼의 구원뿐만 아니라, 몸의 구원이 될 것임을 믿어야 한다. 몸의 구원이 영혼의 구원을 결코 무시해서는 안 된다."

랍비 샤흐의 말은 6일전쟁의 군사적 승리, 즉 예루살렘의 회복과 이스라엘 땅의 정복 이후 대다수 종교그룹이 가졌던 영적 고양의 분위기를 반영한다. 유대 민족이 유다의 성지들, 특히 통곡의 벽, 라헬의 무덤, 족장들의 무덤, 그리고 여러 곳들에 대한 주권 회복—이들 지역들은 유대 민족과 유대교의 종교적·물리적 근거와 연결되어 있다—과의 새로운 만남은 구원에 대한 희망이 실제로 이루어지고 있는 중이라는 믿음을 북돋아주고 강화시켜주었다. 종교적이며 전통적인 신앙을 가지고 있는 유대인들은 이러한 역사적 현실들이 메시아적 구원의 현실들과 관련된 것임을 부인하기가 어려웠을 것이다.

이러한 종교사적(religious-historical) 입장은 계몽주의 시대 이후 유대교 내에서 확산된 소위 세속화 과정에 대한 나름대로 고뇌에 찬 해석으로 보인다. 전통 유대교는 토라의 가르침과 이에 대한 전통적인 해석에 집착한다. 시온주의가 목표로 삼고 있는 유대국가가 자신들이 꿈꾸어왔던 토라 중심의 온전한 이스라엘의 회복과 본질적으로 다르다는 점을 강조하는 건 이 때문이다. 랍비 샤흐가 "이스라엘 국가 건설은 구원 그 자체도, '구원의 도래'를 예표(豫表)하는 것도 아니다"라고 선언함으로써 양자 간의 모순을 해결하려 했던 이유이기도 하다.

그러나 외견상 이 둘의 상이한 견해는 6일전쟁 이후 세대에게서 구체화된다. 구쉬 에무님(Gush Emunim) 운동과 이를 이끈 랍비 즈비 예후다 쿡(R. Zvi Yehuda Kook)의 학생들은 "유대 민족은 [이제] 구원의 과정을 경험하고 있는 중이다"라고 선언했다. 한 랍비는 "누군가 '토라를 떠나 믿음을 저버린 사람들이 그 땅을 유업으로 받을까요?' '그 땅으로 돌아가기 위해 토라를 내던지는 것이 이스라엘의 소망인가요?'라고 묻는다면 나는 이렇게 대답할 것입니다. '조금 기다려봅시다.'"

처음부터 종교적 시온주의자들이 세속적인 방법으로 유대국가를 건설하려는 정치적 시온주의자들에게 협력하기란 어려웠을 것이다. 그러나 랍비 샤흐가 언급한 역설, 즉 '혼과 몸의 구원'은 할라카적으로 볼 때 무모한 수단(안식일을 범하는 등)을 통해서도 이루어질 수 있다는 주장으로부터 점차 협력의 정당성을 찾기 시작했다. 다시 말해서 전통적인 종교사회가 강조하는 '영적인 삶'이 구원의 첫 단계를 구성하는 이스라엘 땅의 정착이라는 하나님의 사명을 이루려는 '대담한 자들(audacious ones)'의 물질적인 측면과 불가분 관련된다는 이분법적인 역설의 철학이 새로운 국가정체성을 확립하는 출발점이 된 것이다. 샤흐의 뒤를 이은 랍비 쿡이 정통파 유대교의 종교적 사고, 즉 선과 악, 의와 불의, 거룩함과 더러움 사이의 이분법적 차이를 흐리게 하여 기존의 논리와 사유의 틀을 깨뜨렸다는 비판을 면하기 어렵다 하더라도, 밸푸어 선언과 이스라엘 독립, 6일전쟁의 승리 등으로 종교진영을 향해 이어지는 새로운 도전 앞에서 시온주의 운동에 대해 어떻게 설명할 것인가 하는 질문에 답해주기도 한 셈이다.

그렇다면 시온주의는 구원 과정의 한 단계인가? 시온주의의 이념과 운동에 관해 정통파 유대교가 갖는 태도는 매우 복잡하고 내적 모순으로 가득하다. 첫째, 위에서 포괄적으로 논의한 것처럼, 세속주의 운동으로서의 시온주의는 필연적으로 의심쩍은 행위다. 둘째, 그러나 시온주의 운동이 팔레스타인에서 점차 활기를 띠어가고 국가 건설이라는 목표 달성이 어느 정도 현실 가능해진 정치적 상황에 진입하자 다양한 유대 사회의 집단들이 협력하기 시작했다. 서로 다른 층위의 유대인들이 시온주의자들과 직접 연대하거나, 자신들을 스스로 시온주의자와 동일시하기도 했다. 유대 정체성 형성에 전기를 마련한 셈이다.

그 결과 팔레스타인에서는 의무 규범으로서의 **할라카**를 따르지 않고도 유대 정체성을 나타낼 수 있는 완전한 세속적 유대 문화가 탄생하게 되었다. 다시 말해서 시온주의가 마련한 유대 사회는 오랫동안 민족(혈통)과 종교(유대교)를 구분하지 않고 동일시해온 유대 문화에 대한 포괄적인 '반역'이었다. 세속주의 운동으로서의 시온주의는 종교 전통의 유산으로부터 유래한 히브리어, 관습, 법률 등을 세속화시켰기 때문이다.

그러나 이러한 세속주의는 여전히 비판에 직면했다. 1920년 랍비 메나헴 카셰르(R. Menahem M. Kasher)는 시온주의, 특히 미즈라히(종교적 시온주의자) 운동을 다름과 같이 비판했다.

> 토라의 계명에 따라 이스라엘 땅에 정착하기 위하여 일하는 데 있어서 노골적으로 종교적 원리를 범하는 시온주의자들을 도와서는 안 된다. …(중략)… 그들은 '거룩하고 복된 왕의 궁전'인 성지의 세속화를 부추기고 있다. …(중략)… 시온주의는 수백만 유대인들을 타락시켰기 때문에 시온주의의 죄는 더욱 크다. …(중략)… 공적으로 안식일을 범하는 것은 배교행위이며, 그들은 더 이상 유대인이 아니라고 여길 것이다. …(중략)… 신민족주의(neo-nationalism)라는 이름의 금송아지가 일어났으니 부끄러움의 외투가 모든 죄인들에게서 벗겨졌도다. 그들은 젊은 유대인들로 하여금 토라를 어기고—하늘이여 막으소서!—자신들의 욕망대로 살게 하며, 거룩한 말[2]을 유창하게 하게 하고, 이스라

---

2) 히브리어. 정통파 유대인들은 히브리어를 기도할 때만 사용하고, 일상어로서는 이디시어를 사용한다.

할라카(Halakha)

유대법의 총체를 일컫는 말이다. 유대법의 기초는 히브리 성서의 토라(율법)와 랍비 문학의 법(미슈나와 탈무드), 관습이나 전통을 총망라하여 형성된 것이다. 전통적으로 유대법은 표면적으로 종교생활과 일상생활을 구별하지 않고 모두 포함한다. 즉, 유대 종교 전통은 종교, 민족, 인종, 윤리 등을 분명하게 구분하지 않으며 모든 삶의 영역에 적용되고 있다. '할라카'란 문자적으로 '걷는 길(way of walking)'이 된다. 역사적으로 할라카는 해석에 있어서 수많은 갈래로 나뉘어져 있기 때문에 법의 적용에 있어서 극단적인 문자주의로부터 합리주의까지 그 범위가 매우 다양하다.

엘 땅에 정착하도록 선동하고, 주의를 딴 곳으로 돌리도록 다양한 수단을 사용하고 있다.

이처럼 오늘날까지도 종교주의 전통 안에서도 시온주의와 국가 건설에 대한 다양한 견해들이 공존하고 있다.

밸푸어 선언은 유대 역사를 시온주의 편으로 모으는 첫 단계였다. 양차대전 기간에 동유럽의 유대인들이 팔레스타인을 자신들의 피난처로 바꾸었다. 독일의 나치 통치는 반시온주의 종교운동인 아구다트이스라엘조차 팔레스타인으로 불러들였다. 홀로코스트와 같은 극적인 사건이 전통적인 유대교 신학에 실존적인 딜레마를 가져다주었다. 이스라엘의 국가 건설이 결코 '구원의 도래'를 의미하는 것이 아니라는 기본적인 입장을 고수하는 사람들도 이제는 순진하게 '선은 악에서부터 나올 수 없다'는 생각에 머물러 있을 수 없었다. 그럼에도 불구하고 종교적 구원의 완성은 '흩어진 백성들이 돌아오고, 이스라엘 땅이 완전히 회복되고, 그리고 할라카의 완전한 실천이 이루어질 때' 비로소 이룩된다는 종교주의자들의 입장이 완전히 철회된 것은 아니다. 그런 의미에서 이스라엘 혹은 유대국가의 정체성에 대한 논의는 아직 끝난 것이 아니다.

2) 이민과 귀향법

현대 이스라엘은 이민자들의 국가이다. 2천 년 가까이 떠나 있던 유대인들이 다시 돌아와 세운 국가이다. 2천 년 만에 돌아온 '고향'은 매우 낯선 이국의 땅이었다. 터키와 영국의 식민지로서 재정과 물자가 부족한 환경에서 호의적이지 않은 그 땅의 '주인들'과 공존해야 했다. 동시에 여러 지역으로부터 들어온 다양한 이념을 가진 이민자들과 협력하는 것은 그리 쉬운 일은 아니었다. 이민에서 국가 건설에 이르기까지 그 과정에서 형성된 문화 자체가 이스라엘이 갖게 된 새로운 문화의 터전이었다.

20세기에 들어와 그들의 꿈인 '팔레스타인에로의 자유로운 귀향'이 보장되면서 대량이민이 계속적으로 이어졌다. 1882~1930년의 제1차 알리야(이민)에서 약 2~3만 명의 유대인이 팔레스타인으로 돌아왔으며, 1904~1914년 사이의 제2차 알리야에서 약 3만 5천~4만 명이, 1919~1923년 사이의 제3차 알리야에서 약 3만 5천 명이, 1924~1931년 사이의 제4차 알리야에서 약 8만 2천 명이, 그리고 1932~1948년 사이의 제5차 알리야에서는 무려 26만 5천 명의 유대인들이 이민해 들어왔다.

유대인들의 팔레스타인 이주는 평탄하지 않았다. 1921년 이후 이민을 제한한 영국과 이민을 주도·장려한 시온주의자들 간에 격렬한 분쟁이 끊이질 않았다. 특히 계속되는 유대인 이민에 두려움을 느낀 아랍 민족주의자들의 적극적인 반발이 둘 사이에서 작용했다. 서로 간에 땅에 대한 배타적 권리를 놓고 첨예하게 대립·충돌하기 시작했다.

아울러 건국 이후에도 이스라엘 정부는 전 세계에 흩어져 사는 유대인들에 대한 이민정책을 꾸준히 전개해왔다. 구소련의 붕괴 이래 약 150만 명의 유대인들이 러시아로부터 이스라엘로 이민 왔으며, 1991년 5월 에티오피아 내전 당시 반군의 대량학살을 눈앞에 두고 분초를 다투며 피부가 검은 유대인 '베타 이스라엘' 1,087명을 이스라엘로 공수해온 '솔로몬 작전'은 이스라엘 정부의 이민정책의 한 단면을 보여준다.

1950년 7월 5일에 이스라엘 의회에서 제정된 귀향법 제1조에 따르면 "모든 유대인은 이민자로서 이 나라로 올 권한을 갖는다." 이 법을 만든 벤구리온은 유대인의 귀향이 국가의 어떤 권리보다 우선한다는 점을 강조하며 "이 땅에 정착하기를 원하는 유대인에게는 선천적인 권리가 부여되며, 유대인의 귀향권은 국가보다 우선한다"고 했다. 여기서 말하는 '유대인'이란, 1970년에 개정된 수정안 제2조에 따르면, "유대인 어머니 밑에서 태어난 자 또는 유대교로 개종한 자와 다른 종교의 신도가 아닌 자"를 의미한다. 여기서 강조할 점은 누가 유대인인가에 대한 구체적인 정의가 혈통이나 종교로 제한되어 있을 뿐만 아니라, 유대국가의 건설을 목표로 전개해온 시온주의 운동은 그 기능과 역할이 이스라엘의 독립과 더불어 종료된다는 의미가 아니라는 사실을 확인시켜준다는 것이다.

이러한 사실은 1968년 예루살렘에서 열린 제27차 시온주의 총회에서 시온주의 프로그램으로 다음과 같은 다섯 개 항을 결의한 것과 그 맥락을 같이하고 있다. (1) 유대 민족을 통합하고 이스라엘을 유대인의 삶의 중심으로 삼는다. (2) 흩어져 사는 모든 나라의 유대인을 이민을 통하여 역사적인 조국으로 불러 모은다. (3) 유대국가를 예언자의 최고의 가치였던 정의와 평화 위에 굳게 세워나간다. (4) 유대인에게 히브리어, 유대 문화, 유대 정신 및 유대 가치를 교육시킴으로써 유대 민족의 자기 동일성과 특성을 보존해나간다.' (5) 유대인의 권리를 보호한다.

이 같은 결의에서 짐작할 수 있는 것은, 본래 시온주의의 목표는 분명 이스라엘의 독립이긴 했으나, 이제 독립은 또 다른 목적을 달성하기 위한 필요조건에 지나지 않는 것이 되었다는 점이다. 또 다른 목적이란 반유대주의에 시달리는 흩어진 유대인들이 자유롭게 다시 모여 평화롭고 행복한 삶을 영위함으로써 반유대주의를 청산하는 것이야말로 유대인들의 고유한 인도적 권리에 속한다는 것이다. 전자의 목표는 달성되었을지 모르지만, 후자 쪽은 아직 멀었다. 그런 의미에서 이스라엘의 독립이 시온주의의 완성 혹은 끝이 아니며, 따라서 이 운동은 끊임없이 흩어진 유대인들을 이스라엘로 모으는 일을 영속적으로 펼쳐나가야 함을 제창하고 있다. 바로 여기서 세계의 유대인 통합과 네트워크의 정당성이 자리하고 있다.

세계에 흩어져 있던 유대인들의 이주는 1882년 이래 현재까지 대략 다섯 시기로 분류할 수 있다. 각 시기별 이민 행렬은 이스라엘 인구를 증가시켰고, 당시의 정치 및 사회에 큰 영향을 끼쳤다.

제1기(1882~1942)—이민 형성기

유대인의 팔레스타인 이주는 1800년대 말에 시작되었다. 그때는 아주 적은 수에 불과했다. 그러나 이 첫 이민 세대 중에는 향후 이스라엘 사회와 정치를 주도할 인물들이 포함되어 있었다. 1880년 이전까지 팔레스타인에 거주하는 유대인은 2만 5천 명이 채 되지 않았다. 이들 대부분은 종교적 열정에 고무된 자들로서 토라 연구에 몰두했다. 이들은 주로 예루살렘, 헤브론, 사페드 등 종교적 영감이 서려 있는 도시에 모여 살았다. 일부 터키 국적의 유대인 상인들은 무슬림들 사이에서 경제활동을 했다.

본격적인 첫 이민은 1882~1903년 사이에 이루어졌다. 1881년 러시아에서 유대인 핍박이 시작되자 2만 3천 명의 러시아 유대인들이 팔레스타인으로 이주했다. '호베베이 시온(시온의 예찬자들)'이라 불리는 첫 이주자들은 주로 민족주의자들로 구성되었으며, 정착에 필요한 농업기술이나 자금은 거의 없었다. 이미 정착해 있던 종교적인 유대인들에게 세속적인 성향의 새 이민자들은 결코 반가운 협력자들이 아니었다.

두 번째 이민은 1904~1914년까지 약 10년 동안 이루어졌는데, 약 4만 명이 러시아, 루마니아, 예멘 등지에서 들어왔다. 시온주의가 발흥하면서 이에 고무된 약 1만 명의 사람들이 포함되었다. 여기에는 벤구리온, 이츠하크 벤츠비, 요세프 스프린자크 등이 포함되어 있었다. 사회주의 이념에 투철한 이들은 농업을 기반으로 이슈브(정착촌)를 개척하였고, 이민자들의 사회를 묶는 조직들, 특히 히스타드루트(노동조합) 등을 결성했다. 첫 번째 이민자들과 이들은 '노동'에 관한 문제로 자주 충돌했다. 아랍 노동자들을 이용하여 정착한 첫 번째 이민자들과는 달리, 이들은 노동을 매우 중요한 덕목으로 여기며 유대인 이민자들의 노동을 의무화해나갔다.

제1차 세계대전 기간에 유대인 이민은 중단되었지만, 팔레스타인 지역은 터키 제국의 통제로부터 점차 벗어나고 있었다. 1917년 영국 외무장관 아서 제임스 밸푸어는 로스차일드 경에게 보낸 편지에서 시온주의자들의 열망, 곧 팔레스타인에 유대국가를 건설하는 것을 지지한다고 천명했다. 밸푸어 선언은 팔레스타인 땅에 유대인 이주를 급증시켰다.

세 번째 이민은 1919~1923년 사이, 즉 제1차 세계대전이 끝나고 소련 혁명이 일어난 직후부터 약 3만 5천 명이 쏟아져 들어왔다. 러시아와 폴란드의 청년들로 구성된 이들은 자신들을 개척자로 자칭하며 농업 훈련을 받고 들어왔다. 사상적으로도 매우 개방된 문화에 익숙한 이들은 새로운 터전에서 새로운 생활을 만들어나갔다.

네 번째 이민은 1924~1930년 사이에 발생했다. 이 기간 8만 2천 명이 이주했고, 1925년에는 한 해에만 3만 5천 명이 들어왔다. 이들은 주로 경제적으로 안정된 폴란드계 중산층 유대인들이었다. 하지만 그 당시 팔레스타인의 경제 사정 악화로 역이주가 늘어, 8만여 명 중 2만 3천 명이 해외로 빠져나갔다. 그 결과 1927년에는 이민자보다 나간 자들이 더 많았다.

다섯 번째 이민은 히틀러가 등장하며 동유럽과 중유럽에서 반유대주의가 확산되던 때(1932~1938) 이루어졌다. 이 기간에 약 20만 명의 유대인들이 팔레스타인에 이주했다. 주로 폴란드와 독일에서 들어왔다. 이들 대부분은 도시에 정착했고, 과반수 이상이 자파-텔아비브에 터전을 내렸다. 1936년 당시 텔아비브 인구는 약 15만 명에 달했다.

유대인 인구 분포

연도	팔레스타인 지역			전 세계 유대인 인구	팔레스타인 지역의 유대인 비율
	전체 인구	유대인 인구	유대인 비율		
1882	600	24	4.0	7,700	0.3
1922	752	84	11.2	8,000	1.1
1939	1,545	464	30.0	16,600	2.8

연도	팔레스타인 지역			전 세계 유대인 인구	팔레스타인 지역의 유대인 비율
	전체 인구	유대인 인구	유대인 비율		
1948	806	650	80.6	11,500	5.7
1954	1,718	1,526	88.6	11,900	12.8
1967	2,777	2,384	85.8	13,600	17.5
1986	4,331	3,561	82.2	13,000	27.4
1996	5,619	4,550	81.0	13,000	35.0
2002	6,276	5,022	80.0	14,600	34.3

단위: 천 명, %
출처: Statistical Abstract and the American Jewish Yearbook.

1882년 팔레스타인 지역에 거주하던 거주자 중 유대인 인구는 전체의 4%에 불과했으나 1939년에는 30%로 증가했다. 같은 기간 아랍-팔레스타인인들의 인구가 50%가량 증가한 것에 비해, 유대인 인구의 증가율은 500%나 되었다. 유대인과 아랍-팔레스타인 간의 경제적 격차와 불평등은 더욱 커져갔다.

유대인 이주는 많은 갈등과 사건을 유발했다. 터키 제국 시절부터 계속된 사실상 불법 이주는 제2차 세계대전의 발발로 통제 불가능한 상태가 되었다. 대학살을 피해 들어온 이들 중 5만 6천 명이 키프로스 섬에 수용되었으며, 단식투쟁 등을 통해 하이파에 입항하기도 했다. 이들은 팔레스타인 지역의 경제, 사회, 정치에 막대한 영향을 끼쳤으며, 향후 전개될 이 지역의 분쟁과 갈등의 불씨를 안고 있었다.

1948년 이스라엘 국가 독립이 이민의 끝이 아니었다. 1948~1994년까지 유대인 이민자 수는 대략 250만 명이나 되었다. 건국 당시의 유대인 인구는 45년 전보다 네 배로 늘어나 있었으며, 1948~1951년 사이에만 이전 인구의 두 배로 늘었다. 이 기간 들어온 이민자 수는 당시 전체 인구의 1/4가량이나 되는 숫자이다.

이 기간 불안해진 정국으로 팔레스타인을 떠나거나 쫓겨난 아랍인 숫자는 늘어만 갔다. 이들은 아직까지 돌아오지 못하고 '난민'으로 떠돌아다니고 있다.

1954~1989년 사이에는, 시나이 전쟁(1956)이 발발하자 모로코를 포함한 북

아프리카의 스파라딤 유대인들이 대거 이주해 들어왔고, 북아프리카 유대인 이민자 규제 문제가 부각되었다. 1961~1965년 사이에 모로코, 루마니아, 아르헨티나 등지에서 약 23만 명이 이주해왔다. 6일전쟁(1967)으로 소련에서 16만 명의 러시아계 유대인이 들어왔다. 새 이민자들의 이주정책을 놓고 정당과 정파마다 의견이 엇갈렸다. 대량이민자들의 출신 지역과 정치적 성향에 따라 정치지형이 바뀔 수 있기 때문이었다.

1989년 소련의 붕괴로 1990~1993년 사이에만 50만 명의 러시아계 유대인들이 흡수되었다. 여기에 에티오피아 출신 유대인 5만 명이 더해졌다. 이민자들의 사회 적응을 위해 정부는 많은 지원과 예산을 쏟아부었으나, 모두가 적응에 성공한 것은 아니었다. 적응에 실패한 이민자들은 많은 사회문제를 낳았다.

유대인 이주의 역사에는 **역이민의 과제**가 항상 따라다녔다. 이전에는 반유대주의의 악화와 경제적 어려움에서 벗어나고자 세계 곳곳으로부터 유대인들이 팔레스타인으로 들어왔으나, 이제 그들을 끌어들일 만한 매력이 별로 없는 마당에 역이민이 발생하고 있는 것이다. 과거에는 이민자들에게 많은 혜택을 주며 정착을 도왔지만, 끊임없는 안보상의 위협과 불안정한 경제 사정에 따라 이민자들은 불안해했다.

1980년대 외국에 거주하는 이스라엘 국민은 약 30만 명으로 집계되었다. 이들이 모두 역이민자들인지 분간하기는 어려우나, 그들에게 이스라엘 정부가 지원한 비용을 고려하면 역이민은 이스라엘 정부나 사회에 큰 손실을 가져다주었다. 역이민자들을 상대로 한 정부의 재귀향 운동 결과 귀향자는 1991년 8천 명에서 1995년 1만 4천 명으로 늘었다.

시온주의자들은 유대국가 건립으로 세계에서 방랑하는 유대인들은 더 이상 없을 것으로 보았고, 또 그래야 한다고 주장하였지만 현실은 그렇지 않았다. 역이민자들에 대한 부정적인 시각에도 불구하고, 역이민의 추세가 수그러들지 않고 있다. 한 여론조사에서 성인 14%가, 20대의 25%가 역이민을 고려한다고 응답했다. 귀향이 이스라엘의 미래에 반드시 필요하다고 생각하는 유대인들도 1970년대 85~90%이던 것이 1995년도에는 67%로 점차 감소했다.

3) 이스라엘 내부의 사회갈등—다원주의 사회구조와 딜레마

사회집단 간의 갈등의 원인과 갈등 해소 방안에 접근하는 이론적 기초는 요한 갈퉁(Johan Galtung)이나 존 버턴(John Burton), 그리고 에드워드 아자르(Edward Azar) 등이 놓았다. 그들은 갈등의 원인으로 첫째 정체성(소속감) 문제를 든다. 인종적 · 종교적 · 문화적 갈등으로 인해 한 국가 내에서의 정부와 그룹 간의 관계가 원활하게 소통되지 않을 경우에 갈등이 발생한다는 것이다. 둘째로는 근본적인 인간적 요소가 있다고 보았다. 즉 물질적인 욕구와 존재론적인 요구가 결합하여 상호 양보가 어려운 상황에서 악순환적으로 이어지게 된다는 것이다. 셋째 국가의 통치력과 공권력을 한 집단이 배타적으로 독점하면서 갈등이 발생하게 되는데, 이 경우 갈등이 장기화될 위험이 높다. 이러한 갈등을 해소하기 위해 근본적으로 요구되는 것으로는 인간 안보(human security), 자기개발, 정치 참여 확대, 종교적 · 문화적 자기 표현 보장 등이 꼽힌다.

현대 이스라엘은 태생적으로 사회 내부에 갈등 요소를 가지고 있었다. 1948년 독립 직후 이스라엘 국민으로서 시민권을 획득한 유대인들은 인종적 · 종교적 · 문화적 배경이 매우 다양했을 뿐만 아니라, 독립 선언과 함께 시작된 전쟁의 결과 약 16만여 명의 아랍-팔레스타인 주민들이 이스라엘 영토에 편입되었다. 오늘날 이스라엘 사회에서 인구집단 간 가장 현저한 갈등을 보이고 있는 것으로는 유대계 이스라엘인과 아랍-팔레스타인계 이스라엘인 간의 민족적 갈등을 으뜸으로 꼽을 수 있다. 유대계 내에서도 종교인과 세속적 비종교인 간의 갈등이 그다음이고, 유럽계 유대인(아슈케나짐)과 아시아 · 아프리카계 유대인(스파라딤) 간의 갈등도 그 뒤를 잇는다.

유대계와 아랍-팔레스타인계 이스라엘인 사이의 갈등

먼저, 이 문제를 이해하기 위해서는 인구통계학적 분포를 살펴볼 필요가 있다. 건국 당시 이스라엘(유대인) 총 인구는 63만 명이었다. 아랍-팔레스타인은 유대인보다 거의 두 배나 많은 118만 명이었다. 이에 비해 2008년 말 총인구는

7,374,000명인데, 유대인―유대인 94.6%, 비아랍 기독교인 0.5%, 종교 불명 4.9% 등―과 아랍계―무슬림 83.4%, 아랍 기독교인 8.3%, 드루즈 8.2% 등― 인구비율은 75.5%(약 560만 명) 대 20.2%(약 150만 명)이다. 건국 이후 이스라엘 관할하에서 이스라엘 시민권을 소지한 아랍계와 유대계 주민들 혹은 정부 간의 대규모 물리적인 폭력 사태는 그리 많지 않았다.[3] 상당 부분 갈등이 정치 과정에 의해 제도화되고 흡수되었기 때문이다. 그러나 1987년 제1차 인티파다와 2000년 제2차 알–악사 인티파다, 2006년 레바논 전쟁 등 환경적인 요인에 의해 아랍계와의 갈등은 악화일로를 걷고 있다.

이스라엘의 민족별 인구 구성 변화

구분	1949	1960	1970	1980	1990	2000	2008
유대인	1,014	1,911	2,582	3,283	3,947	4,955	5,569
	86.4%	88.9%	85.4%	83.7%	81.9%	71.4%	75.5%
아랍인	160	239	440	639	875	1,189	1,488
	13.6%	11.1%	14.6%	16.3%	18.1%	17.1%	20.2%
기타	–	–	–	–	–	225	317
	–	–	–	–	–	3.2%	4.3%
계	1,173	2,150	3,022	3,922	4,822	6,939	7,374

단위: 천 명, 해당연도 2008년 말 현재
출처: CBS, Statistical Abstract of Israel 2009, pp.85~86.

표에서 보는 바와 같이 아랍계 인구는 높은 출산율 덕에 매우 증가했다. 웨스트뱅크 및 가자지구에 사는 약 376만 명의 팔레스타인 인구를 합할 경우 약 500만 명, 요르단 등 해외로 망명하여 살고 있는 팔레스타인 난민까지 합하면 그

---

3) 1956년 10월 29일 카프르 카심(Kafr Qasim)에서 충돌이 발생하여 여성과 어린이들이 포함된 48명의 아랍 주민이 학살된 사건이 있었다.

수는 대략 1천만 명에 이른다. 팔레스타인 첫 난민은 1948~1949년 전쟁으로 발생했다. 약 70만 명의 팔레스타인인들이 자의든 타의든 그 땅을 떠났다. 난민의 60%는 요르단에, 20%는 가자지구에, 나머지 20%는 시리아와 레바논으로 떠났다. 1967년 6일전쟁으로 동예루살렘이 이스라엘로 편입되면서 15만 명의 아랍-팔레스타인인들이 이스라엘 인구에 추가되었다.

이스라엘이 건국했으나 아랍국들은 이스라엘을 인정하지 않았고, 이스라엘 역시 역사적으로 팔레스타인 국가를 인정하지 않았다. 1970년대 골다 메이어, 1990년대 네타냐후는 팔레스타인 국가는 없었으며, 앞으로도 있을 수 없다고 천명했다. 12개 아랍국들이 이미 나라를 이루었으니, 팔레스타인인들은 요르단이 흡수하면 된다는 입장이었다.

이스라엘 내 아랍인들은 기본법이 보장하는 이스라엘 시민이다. 1948년 당시 팔레스타인을 떠나지 않고 이스라엘 땅에 남은 자들이 대부분이다. 1967년 동예루살렘이 이스라엘의 수중에 떨어지자, 이스라엘은 동예루살렘 거주 아랍인들에게 시민권을 일부 부여했다. 그러나 상당수 아랍인들은 팔레스타인이 독립국가가 되면 예루살렘이 자신들의 수도가 될 것이라는 기대로 요르단 시민권을 갖고 살아가고 있다.

인티파다 이후 이스라엘 내에서 문제 해결을 위해 주민들에 대한 각종 차별 형태 조사와 시민 인식 조사, 각종 선거에서 드러난 의식의 변화, 국가정체성에 대한 문제제기 등 학술적인 논의가 이루어지고 있는데, 이스라엘 사회 내에서 발생하는 아랍계-유대계 사이의 비대칭적 갈등구조는 통제력(Control), 안보(Security), 활력(Stimulation), 정체성(Identity) 등으로 나누어 볼 수 있다.

먼저, 통제력에 대한 아랍계의 요구는 소수집단으로서 그 한계가 뚜렷하다. 2009년 이스라엘 의회(크네세트) 120석 가운데 아랍계 정당이 차지하는 의석수는 11석에 불과하다. 정부 내각에는 몇몇 아랍계 장관들이 임용된 바 있으며, 중앙부처 공무원 중 약 6.1%(2007)을 차지하고 있고, 1999년 최초로 대법관에 임명된 바 있으며, 1995년 처음으로 아랍계 무슬림 대사가 전보된 바 있다. 그러나 드루즈계 아랍인을 제외하고 아랍-팔레스타인계 젊은이들은 병역의무에서 제외되어 있다. 이것들은 아랍계 하위 정치체계의 표상이라 할 수 있다.

1970년대 초 공산당, 발라드(Balad)당, 이슬람운동(IM), 진보운동(PLP), 아랍민주당(DAP) 등 몇몇 아랍계 정당들이 창립되고 정치조직이 발전하게 되면서 아랍-이스라엘인들—이스라엘의 시민권을 가진 팔레스타인인들을 지칭하는 말이다—은 자신들의 정치이념과 사상, 그리고 정책 등을 반영시킬 수 있었다. 1996년 발라드당을 모태로 하여 민족주의 계열의 민족민주연대(NDA)가 창립되는데, 이는 1987년 제1차 인티파다와 1992년 오슬로 평화회담의 영향을 받아 팔레스타인 독립국가 건설을 목표로 보다 구체적인 자신들의 정체성을 반영하고 있다. 아랍-이스라엘 국민의 총선 투표 참여율은 1970년대 평균 약 70%대에서 1990년대 평균 약 90%대로 점차 증가했다. 지방선거의 경우 평균치보다 높은 참여율을 보이고 있는데, 씨족단위의 정치가 주류를 이루고 있기 때문으로 분석된다.

아랍-이스라엘인들은 유대국가 내에서 유대국가의 정통성을 부분적으로 수용하고 그 맥락 안에서 정치 발전을 추구하는 집단이라 할 수 있다. 이들의 정체성 내에는 '팔레스타인화'와 '이스라엘화'라는 두 흐름[4]이 내재하는데, 이스라엘 사회의 영향이 가속화된 상황에서 서구적인 규범과 가치 및 생활양식에 적응하는 과정을 통해 웨스트뱅크나 가자지구에 거주하는 팔레스타인인들에 비해 좀 더 진보적인 가치관을 가지고 있으면서도 동시에 남녀평등 문제 등 전통적인 이슬람 사회의 규범을 지켜나가는 구조도 갖고 있다. 즉, 아랍-이스라엘인들은 자신들이 팔레스타인이자 동시에 이스라엘 시민이라는 이중적 자기정체성을 가지고 있다. 따라서 이들이 이스라엘 사회로의 통합—이는 곧 유대국가이자 시온주의 국가인 이스라엘을 인정하고 이에 대한 충성심을 갖는 것을 의미한다—

---

4) 이츠하크 레이터(Yizhak Reiter)가 처음 제기한 용어로 아랍-이스라엘인들이 이스라엘 정치체제로 통합되어 이스라엘 시민권자로서 자기정체성을 강화하는 것을 의미하는 '이스라엘화(Israelization)'와 그들이 팔레스타인 민족의 일원으로서 민족적 자기정체성을 강화하는 것을 의미하는 '팔레스타인화(Palestinization)'라는 두 개념을 제시하고, 아랍-이스라엘인들이 현실적·실용적 측면에서는 이스라엘화하면서도, 웨스트뱅크와 가자지구의 팔레스타인인들과 연대함으로써 민족적 자기정체성을 강화하는 측면에서 팔레스타인화가 동시에 진행되고 있음을 강조한다.

을 원하는지, 혹은 팔레스타인 점령 지역 주민들과의 일체감—이는 곧 팔레스타인인들의 권리를 제한하고 차별을 가하는 이스라엘에 대해 저항하고 궁극적으로는 팔레스타인 독립을 지지하는 것을 의미한다—을 중시하는지를 이분법적으로 구분하는 일은 쉽지 않다.

둘째, 안보(Security) 및 정의(Justice) 요구에 대한 갈등은 상호간에 가장 민감한 부분이 아닐 수 없다. 아랍계 주민의 재산권 침해, 거주 이전의 자유, 언론의 자유, 신체적·정신적 안전 등 기본적인 인권 보장과 인간 안보와 관련된 차별은 심각한 수준에 이르러 있다. 이스라엘 건국 초기에 발생한 토지 몰수[5]와 재산권 행사의 제한 조처, 정부예산 배분에 있어서의 차별 등도 이에 포함된다. 더구나 유대계 주민과 비교하여 상대적인 박탈감과 무력감[6]을 주관적으로 인식하고 있는 부분을 해결하는 방안을 찾기란 쉬운 일이 아니다.

2009년 한 조사에서 아랍계 국민 41%가 국가 내에서 자신들의 생존권이 위협받고 있다고 응답한 바 있으며, 2003년에는 65.6%로 오히려 증가했다. 응답자의 48%는 헤즈볼라의 이스라엘 공격이 정당하다고 보았으며, 89%가 이스라엘군의 레바논 폭격을 전쟁범죄로 보았고, 76%는 시온주의를 인종차별주의(Racism)로 보았다. 또 다른 조사에 따르면 응답자의 55%가 팔레스타인 국가가 건설될 경우 자신들을 팔레스타인 지역으로 추방할 가능성을 두려워한다고 응답했다. 같은 응답자들 가운데서 약 62%는 팔레스타인 국가가 건설되더라도 이스라엘 국민으로 남겠다고 밝혔다.

기본권 보장을 위해 설립한 아랍 시민단체들로는 1974년에 출범하여 중앙정부와 시민들을 중재하고 있는 아랍지방당국위원장전국위원회(The National Committee of Chairmen of Arab Local Authorities, NCCALA), 1975년 사회당이 설립한 토지보호전국위원회(The National Committee for Protection of Lands, NCPL), 1982년에 설립된 아랍시민권리위원회(Committee for Interests of Arab

---

5) 2010년 현재 아랍-이스라엘인이 소유한 토지는 이스라엘 국토 전체의 2.5%에 불과하다.

6) 2010년 현재 이스라엘에서 영양실조에 걸려 있는 어린이의 2/3가량이 팔레스타인인들이다.

Citizens, CIAC), 1988년 결성하여 이스라엘 정부의 건축물 파괴를 막기 위해 세운 40연합회(The Forty Association) 등이 있다. 기타 조합, 장학재단, 지식인협회, 인권단체, 여성단체 등이 활동하고 있으나, 그 영향력은 미미하다.

한편, 유대계 국민의 약 3/4가량은 아랍계 국민들에게 소수민족으로서의 다양한 권리—예컨대 선거권, 사회복지, 교육 등—를 부여하는 데 동의하고 있으나, 거주 이전의 자유 및 토지 거래의 자유 등에 대해서는 유보적인 입장을 보이고 있다. 이러한 태도는 안보를 위협하는 주제에 관해서는 아직까지 어느 정도 아랍계에 대해 불신을 갖고 있음이 반영된 것으로 해석된다.

셋째, 삶의 활력에 대한 요구에 있어서는 유대계 주민과 아랍계 주민 간의 취학률, 교육예산 배정, 학력수준 격차, 대학 진학률 등에서 확연히 차이가 드러난다. 전쟁으로 아랍인들의 경제 기반이 파괴되었고, 대부분의 아랍 마을, 농경지, 재산들이 훼손되거나 몰수되었다. 유능한 인재들 상당수가 고향을 떠났고, 이스라엘 독립선언서에 명시된 아랍인들에 대한 보호와 안정화 조치는 계속되는 전쟁과 분쟁으로 유명무실해졌다. 아랍인들의 충성도가 높아지고 보안 환경이 개선되면 이들에 대한 이스라엘 정부의 통제가 다소 느슨해졌다가, 다시 관계가 악화되면 이스라엘 군대의 검문과 검색이 강화되어 이동권이 제한당하거나 심지어 이스라엘에서 추방되거나 다른 지역으로 쫓겨나가기 일쑤다.

넷째, 정체성 혹은 소속감에 있어 아랍계 주민이 갖는 고통은 상당히 크다. 이스라엘이 민족적·종교적으로 유대국가, 즉 시온주의 이념이 요구하는 국가정체성을 확고하게 유지하는 한, 무슬림 혹은 기독교인 아랍계 국민들은 정체성이나 소속감에서는 물론 집회 및 결사에 있어서 제약과 차별을 받고 있기 때문이다. 최근 일부 아랍-이스라엘인 출신의 정계, 학계, 시민단체 지도자들 사이에 이스라엘 국가정체성인 '유대성(Jewishness)'을 부인하는 운동이 일어나고 있으며, 이스라엘을 두 민족국가(binational state)로 전환하기 위한 헌법적 대안을 제시하고 있다. 그러나 이에 맞서 유대계 이스라엘인들은 시온주의를 국가이념으로 삼고 있는 이스라엘의 국가정체성을 부인할 경우 참정권 등 정치적인 권리를 박탈해야 한다는 주장으로 맞서고 있다. 이스라엘이 건국 이후 지금까지 고수하고 있는 시온주의 이념에 기초한 국가정체성이 포기될 리 만무한 상황에서 이 갈등이 쉽사리 해소될 가능성은 희박해 보인다.

종교인과 세속적 비종교인 간의 갈등

다음으로 오늘날 이스라엘 사회가 안고 있는 갈등으로는 유대계 내에서 일어나고 있는 종교인과 세속적 비종교인 간의 갈등을 꼽을 수 있다. 성서 시대부터 유대인들은 종교적 요소와 민족적 요소를 함께 통합하여 유일신 신앙인 유대교를 믿는 민족이었다. 18세기에는 전 세계 대부분의 유대인들이 동유럽에 거주했는데, 이곳에서 그들은 강제거주지구(게토)에 고립되어 주변 사회와 거의 소통하지 못했다. 이들은 한정된 공동체 내에서, 수 세기에 걸쳐 종교학자들이 발전시켜 온 성문화한 유대법(할라카)를 충실히 따랐다.

그러나 19세기 유럽을 휩쓸었던 해방과 민족주의 사조는 교육, 문화, 철학, 신학에 대해 좀 더 자유로운 접근을 허용했다. 일부는 보다 진보적인 신앙 노선을 추구했고, 일부는 정치적 이데올로기를 따랐다. 그 결과 다수의 유대인들이 전통적인 신앙과 생활방식으로부터 벗어났고, 일부는 유럽 사회에 완전히 동화되어 통합되고자 노력했다.

오늘날 이스라엘의 유대인 사회는 유대 신앙을 엄격히 지키는 유대인들(종교인)과 그렇지 않은 유대인들(세속인)로 이루어져 있다. 초정통파 유대인부터 세속적인 유대인에 이르기까지 그 스펙트럼이 매우 넓다. 스스로 종교적이라 여기는 이들이 전체의 60% 정도이고, 40% 정도는 세속적이라 응답한다. 종교적이라 하더라도 약 20%는 모든 종교법을 지키지만, 60% 정도는 개인의 선택이나 전통에 따라 종교법 일부만 따르며, 나머지 20%에게는 사실상 종교법이 유명무실한 수준이다. 그러나 이스라엘은 유대국가로 간주되기 때문에 안식일(샤바트)와 같은 명절은 국경일로 지정되어 있으며, 대부분의 유대인들은 이날들을 기념하고 지킨다.

19세기 말 시온주의 운동 과정을 거쳐 1948년 국가 설립 이후까지 이스라엘 사회를 주도한 이들은 주로 노동당 계열의 세속적 정치인들이었다. 이스라엘 건국 과정에서 벌어진 전통적인 종교주의자들과 세속적인 시온주의자들 사이의 이념적·종교적 논쟁은 앞서 살펴본 바와 같다. 현재 이스라엘 사회를 구성하고 있는 다양한 종교적 배경의 유대인들을 인구 구성비로 분류하면 다음과 같다.

종교성에 의한 유대계 이스라엘인의 인구 구성(2007년 기준)

종교성	극보수 초정통파 유대인 (Ultra-Orthodox)	종교적 (Religious)	전통적 (Traditional)	비종교적, 세속적 (Not Religious, Secular)
비율	7.8%	9.5%	39.0%	43.4%

출처: CBS, Statistical Abstract of Israel 2009, p.342.

유대교는 유대계 이스라엘인들의 주류 종교로서 그들이 강조하여 준수하고 있는 종교규범과 관습, 예컨대 안식일과 음식법(카슈루트) 등은 이러한 전통을 무시하거나 간과해버리는 세속적인 유대인과 갈등을 빚는 원인이 된다. 유대 사회 안에서 정통파와 개혁파 간의 갈등은 구소련 붕괴 이후 이 지역으로부터 대규모로 집단이주한 새로운 이주민들이 정치세력화·이익집단화하는 경향이 추가되면서 복잡한 양상으로 이어지고 있다.

초정통파 유대인들은 이스라엘 땅에 사는 유대인의 주권이 메시아가 도래한 후에만 회복될 수 있다고 믿는다. 유대 종교법을 엄격히 지키는 이들은 독립된 지역에 거주하며 자체적인 학교를 운영하고, 전통 복장을 하고, 남녀의 역할을 뚜렷이 구분하며, 엄격히 제한된 생활양식을 고수한다.

일반적으로 종교와 국가 간의 뚜렷한 구분이 없기 때문에 이스라엘이 종교적 정체성을 어느 정도까지 표명하는가 하는 것은 공동체 간의 핵심 문제가 되고 있다. 정통파 그룹에서는 개인의 차원을 넘어서는 범위로 종교법을 확대하고, 그것에 관한 독점적 관할권을 가지려고 하는 반면, 비종교인 집단은 이를 종교적 강압이자 국가의 민주주의의 본질에 대한 침해로 간주한다. 심지어 아직까지 '누가 유대인인가?' 하는 정의에서부터 확정된 결론이 없는 상태이다. 정통파 측은 유대인 어머니에게서 태어났거나 엄격히 유대법(할라카)에 따라 개종한 사람을 유대인으로 제한하는 방식을 주장하고 있는 반면, 비종교인 측은 주로 유대교에 대한 개인적 일체감이라는 일반적 기준을 근거로 하는 정의를 지지한다. 이러한 이해의 상충 때문에 종교와 국가 간의 경계를 규정하는 법적 수단이 필요해졌다. 예루살렘에서는 안식일에 자동차를 타고 지나가는 사람들에게 돌을 던지거나 일방적으로 도로를 가로막은 정통파 유대인들을 흔하게 볼 수 있다.

아슈케나짐과 스파라딤 간의 갈등

마지막으로 이스라엘 사회에서 유럽계 유대인(아슈케나짐)과 아시아·아프리카계 유대인(스파라딤) 간의 갈등이 사회적 이슈가 되어 정치화된 경우가 적지 않다. 오늘날 이스라엘 사회는 외부적으로 유대인과 비유대인(대부분이 아랍-이스라엘인)으로 구분되지만, 내부적으로는 출신지에 따라 현격하게 구분 또는 차별된다. 그중에는 이스라엘 건국 이전과 이후에 팔레스타인 지역에서 태어난 '싸브라'도 있지만, 크게 유럽계(아슈케나짐)와 아시아·아프리카계(스파라딤)로 나뉜다. 오늘날 인구분포는 다음과 같다.

유대계 이스라엘인의 출신지역별 인구 구성(2008년 기준)

출신지역	아슈케나짐	스파라딤	싸브라	계
인구수(천 명)	1,939	1,541	2,043	5,523
비율(%)	35.1%	27.9%	37.0%	100%

출처: CBS, Statistical Abstract of Israel 2009, p.152.

19세기 말부터 이스라엘 건국의 주역을 담당했던 세력은 러시아, 폴란드, 독일 등 동유럽에서 귀향한 유대인들이었다. '아슈케나짐'이라 불리는 이들 인구집단이 팔레스타인에 먼저 들어와 정착하여 정치, 경제, 군사, 교육, 정부, 정당, 키부츠 운동 등 거의 모든 영역에서 주도적인 역할을 담당하였고, 교육수준이나 경제·사회적 측면에서 우월한 지위를 갖게 되었다. 즉, 이스라엘 사회의 상부구조를 지탱하고 있다.

이와는 대조적으로 스파라딤계 유대인들은 1948년 독립 이후 예멘, 이라크, 이란, 모로코 등 중동 및 북아프리카 지역에서 대규모로 팔레스타인에 귀향한 주로 미숙련 노동자들이었다. 이들은 주로 유대 사회의 하부구조를 떠받치는 사람들로서 스파라딤의 이주 및 귀향이 꾸준히 늘면서 1980년대 이르러 아슈케나짐을 위협할 만큼 큰 사회적·정치적 세력으로 성장했다. 의회(크네세트)를 비롯한 정부기관에 진입하였고, 공공부문에서도 점차 지위가 향상되어갔다. 그러나 두 집단 간의 정치적·경제적·사회적 지위의 편차는 비록 아랍계와 유대계 사이의 차이만큼 벌어지지는 않았으나 매우 크며, 사회적 인식 역시 격차가 더 벌어졌다.

예컨대 두 집단 간의 경제적인 격차를 보면, 1985년 스파라딤 가장의 평균수입은 아슈케나짐의 63%에 불과했다. 스파라딤은 높은 실업률과 열악한 교육환경으로 사회 진출에 늘 불리했다. 1991년 15세 이상 유대인 가운데 스파라딤은 평균 9년간 학교교육을 받은 반면, 아슈케나짐은 평균 12년간 받았다. 아슈케나짐의 약 1% 정도가 학교에 다닌 적이 없지만, 스파라딤의 16% 이상이 학교교육을 받지 못했다. 고등교육의 경우 그 격차는 훨씬 크다. 이스라엘 사회에서 군 경력은 사회 진출에 매우 중요한 요소가 되는데, 스파라딤에게는 장교나 장군이 되는 기회가 매우 적거나 거의 막혀 있는 실정이다.

정계에서 두 집단 간의 차이도 크다. 건국 초기 중앙정치는 아슈케나짐이 독점하다시피 했으며, 스파라딤은 약간의 지방정치에 입문할 정도였다. 건국 이후에는 이마저 싸브라에게 밀렸다. 건국 이후 25년간 임명된 내각의 장관 64명 중 단 3명만이 스파라딤 출신이었다. 그들 가운데 가장 높은 직위에 오른 이는 경찰장관이었다. 의회에 진출한 의원들 역시 스파라딤은 15%를 넘지 못했다.

1990년대 구소련의 붕괴와 더불어 대규모 러시아계 유대인 이민이 유입되고, 또한 이스라엘 태생 인구가 증가하면서 인식의 편차가 점차 줄어들거나 좁혀지고, 아슈케나짐과 스파라딤 간의 교차결혼이 증가하거나 두 계층 간의 소득격차가 해소되는 등 그 추이가 변하고 있다. 두 집단 간의 결혼이 1955년에는 11.8%에 불과했으나, 1990년 70%까지 높아졌다. 1992년 이후 스파라딤 의원들이 두 배 이상 많아졌고, 내각의 장관도 17명 중 5명이 스파라딤이었다. 그러나 이스라엘 정치나 사회에서 출신지는 여전히 의미가 크다.

3 팔레스타인

1) 나크바와 자기정체성

2007년 현재 팔레스타인 난민은 총 745만 명에 이른다. 이는 전 세계에 거주하는 팔레스타인 총인구(약 1,010만 명) 중 약 70%를 차지한다. 중동 평화회담에서는 늘 팔레스타인 난민 문제 또는 난민들의 귀향권 문제가 의제로 나온다. 이스라엘—팔레스타인 분쟁의 핵심이 영토와 그 주민들이라는 데에는 이의가 없다.

1947년 이전까지만 해도 유대인이 살던 땅은 팔레스타인이라 불리던 땅이었다(시온주의 운동이 활발하게 전개되던 당시 유대인이 만든 각종 건국·재건 포스터에서도 그 증거를 확인할 수 있다). 1940년대 팔레스타인의 유대인 지하 민병 조직인 '하가나'는 수천 개의 팔레스타인 마을을 구석구석 조사하여 파일을 작성하기 시작했다. 거기에는 대가족의 이름부터 거주자들의 직업과 정치성향까지, 지형 조건과 부의 정도에서부터 남자와 젊은이들의 무기 소유 현황까지, 토지의 질과 공공건물부터 과수원의 나무 이름까지 적어 넣어두었다.[7] 한마디로 팔레스타인의 사회적·경제적 조건들을 사전에 면밀하게 살핀 뒤 팔레스타인을 접수하여 이스라엘화하고자 한 시온주의자들의 치밀한 준비 과정을 엿볼 수 있다.

---

7) 최근 발견된 1950년대 자료에 따르면, 초기 시온주의자들은 아랍 지명들을 히브리어화하기 시작했다. 예컨대 바카(Baka)를 게울림(Geulim)으로, 카타몬(Katamon)을 고넨(Gonen)으로, 아부 토르(Abu Tor)를 기바트 하나니야(Givat Hananya)로, 무스라라(Musrara)를 모라샤(Morasha)로, 탈비예(Talbieh)를 코메미유트(Komemiyut) 등으로 고쳐 썼다. 이러한 작업은 오늘날까지 계속 이어지고 있으며, 정치적 쟁점이 되고 있다.

1948년 이스라엘의 국가 독립은 팔레스타인인인들에게는 나크바(재앙)가 되었다. 당시 팔레스타인 전체 인구 중 유대인의 비율은 1/3(60만 명)이 넘지 않았다. 유대인 소유의 땅은 전체의 7%에 불과했다. 이에 비해 팔레스타인인들은 인구가 130만 명이나 되었고, 대부분의 경작지는 그들의 소유였다. 벤구리온은 1947년 UN의 분할안이 인구학적 · 지리적 균형을 잃은 결정이라며 불만을 토로했으나, 팔레스타인 측은 그거야말로 부당한 처사라며 보이콧했다. UN은 신생 유대국가에게 팔레스타인 영토의 55%를 분할해준 것이다.

　　이스라엘 독립 3개월 전부터 유대 공동체와 유대인 민병 조직인 '이르군'은 팔레스타인인을 몰아내기 시작했다. 가옥과 토지로부터 이들을 이탈시켰다. 제1차 중동전쟁이 발발하고, 1950년이 되자 이스라엘은 팔레스타인 땅의 80%를 차지하게 되었다. 이로써 팔레스타인 난민이 처음으로 발생하였고, '이스라엘 내의 아랍인'은 재앙의 잿더미 속에 남게 되었다.

　　1948년 귀향이 허가되지 않은 채 쫓겨난 팔레스타인인인들은 75만 명이었다. 대부분 난민이 되거나 다른 주변국 시민으로 편입되었다. 100만 명의 팔레스타인인인들은 새로 태어난 이스라엘 국가(팔레스타인의 영국 위임통치 때의 78%) 안에 남아 살았다. 1949년에는 16만 명만이 남았다. 유대민족기금(Jewish National Fund, JNF)은 팔레스타인 지역을 비아랍화(de-Arabize)—예컨대 아랍어 지명을 성서에 나오는 히브리어 지명으로 개명하는 등—할 뿐만 아니라, 새로운 유대인 이민자들을 유럽 등지에서 불러 모으는 데 앞장섰다. 건국 이후 2년 만에 200만 두남(1두남=3.8에이커)의 팔레스타인인 소유지가 유대민족기금의 소유지로 바뀌었다. 하이파, 자파, 람레, 리다 등 해안평야 지대가 주요 대상지였다. 이곳에 살던 팔레스타인 원주민들은 대부분 쫓겨나 다른 지역으로 이주했다. 이들을 이스라엘의 주요 도시로부터 멀리 벗어나게 함으로써 지리적으로 분산시켜버렸다. 레바논 등지를 떠돌던 일부 팔레스타인인들이 커다란 집 열쇠를 들고 고향으로 다시 돌아왔으나, 이미 그곳은 더 이상 자신들의 삶의 옛 터전, 고향이 아니었다.

　　1949년 말, 팔레스타인인은 공식적으로 이스라엘 내에서 아랍 소수자 집단으로 떨어졌다. 1948년 11월 현재 등록된 팔레스타인인들에게 자동적으로 이스라엘 시민권이 부여된 것이다.[8] 그들의 등록카드에는 국적이 아닌, 종교와 민족 관계가 주홍글씨(朱書, rubric)로 기록되었다. 여기에는 '팔레스타인인(Palestinian)'이라는 용어는 사용되지 않았다. 히브리어로 'beni miutim', 즉 소수집단일 뿐이었다.

유대국가가 탄생하면서 유대인은 민족적 자기정체성을 갖게 되었으나, 팔레스타인인들은 자기정체성이 사라지고 '아랍인' 혹은 '유대인이 아닌 사람'으로 남게 된 것이다. 사실 '미즈라히', 즉 중동—아프리카에서 온 유대인들은 아랍어를 사용하며 아랍인과 거의 구별이 안 될 정도인데, 이들을 '아랍—유대인'이라 부르지 않는다. 이 역시 '비아랍화'의 일부이다. 이스라엘 독립선언문에 명시된, 모든 시민들이 동등한 권리를 갖는, 종교나 인종으로부터 자유로운 국가라는 약속을 스스로 저버린 셈이다.

이스라엘 지도자들은 처음부터 이스라엘의 아랍인들이 국가에 충성할 것으로 보지 않았다. 당시 외무장관이었던 모셰 샤레트만이 그들에게 동등한 권리를 부여하되 군대 복무는 거부하는 안을 주장했다. 1949년 팔레스타인인들은 최초로 완전한 시민권, 즉 유대인들과 똑같은 권리와 의무가 부여된 평등한 시민권—그들이 요구한 것은 빼앗아간 땅의 소유권을 되돌려달라는 것이 아니었다—을 요구했다. 이들의 요구에 처음으로 관심을 보인 유대인은 요엘 미그달(Joel Migdal)이었다. 그러나 이스라엘 대법원은 '비유대인 시민권자들이 국가에 위험한 존재가 아닌 한 관용'을 베풀 수 있다면서, 국가는 유대인 시민권자와 비유대인 시민권자를 구별한다고 판결했다. 1950~1952년 사이 2년 동안이나 논의한 시민권에 관한 이스라엘의 법률적 최종 판단이었다.

그런데 팔레스타인인 가운데서도 무슬림인가 기독교인가에 따라 그 지위는 달랐다. 아랍—기독교인들은 이스라엘 내에서 보다 중요한 역할을 담당했는데,

---

8) 그러나 이는 동시에 1948년 11월 현재 인구조사에서 빠진 등록되지 않은 팔레스타인인들, 즉 그 시간까지 팔레스타인 영토 내에 거주하지 않은 자들에게는 시민으로서의 권리가 전혀 부여되지 않을 뿐만 아니라 귀향도 허가되지 않음을 의미한 것이다. 16만 명 중에서 10만 명은 등록되지 않은 자로 분류되었다.

이는 공산당 내에 비교적 지도력을 갖춘 이들이 있었기 때문이다. 정교회에서 공산당은 중요했는데, 그것은 러시아 때문이었다. 또 공산당은 유일한 민족주의 정당으로서 팔레스타인 기독교인들이 선택할 수 있는 유일한 정치기구였다. 1953년 나사렛 시의회 선거에서 시온주의자 정당과 연합한 공산당이 38%의 지지를 얻어 승리했다. 적어도 공산당은 1967년까지 팔레스타인 소수자 사이에서 가장 정치적 영향력을 갖춘 정치기구가 되었다.

1953년 5월, 히스타드루트(노동조합)가 '아랍' 회원을 받아들이기로 결정했다. 팔레스타인 노동자들도 조합을 결성하여 노동자로서의 자신들의 권리를 주장할 수 있었으며, 일부 아랍-이스라엘인들은 이스라엘 내에서 노동이 허가되기도 했다. 1959년 이후 팔레스타인인들의 대중적인 저항이 시작되었다. 파타 운동이 서서히 싹을 틔운 시기라 할 수 있다. 그러나 이 기간의 저항은 팔레스타인인이 되기 위한 권리나 팔레스타인 민족운동과 연계된 정체성에 관한 요구가 아니었다. 보다 본질적인 문제, 즉 포괄적으로 동등한 시민으로서의 권리에 대한 요구였다. 그러나 이스라엘은 지속적으로 '유대화(Judaization)' 정책을 펼쳐나갔다.

문화적인 활동을 통해서도 자신들의 정체성을 찾아갔다. 시(詩)에 출생과 죽음, 사랑과 증오, 결혼과 가족 등 자신들의 일상생활을 비롯하여 토지 문제 등 정치적인 주제에 이르기까지 생각과 주장을 담았다. 라시드 후세인(Rashed Hussain)은 시온주의자 시인 하임 비알릭(1873~1934)의 시를 아랍어로 번역하기도 했다. 그는 1959년에 베오그라드에서 열린 한 회의에서 다음과 같이 연설했다.

> 누가 우리 이스라엘의 아랍인인가? 그들은 우리를 제5열(fifth column)로, 배반자로 취급하고 있다. 우리는 두 세계에 살지만 아무 곳에도 속하지 않는다. …(중략)… 내가 이스라엘에 있는 팔레스타인인들의 비극을 충분히 이해시킬 수 있는 곳은 오직 베오그라드뿐이다. …(중략)… 베오그라드에서 나는 내가 그들에게 충성을 바치는 아랍 민족 혹은 이스라엘 시민권자임을 의심하는 자인지, 누구였는지 몰랐다.

이처럼 팔레스타인인들의 자기정체성은 매우 혼란스러운 것이었다.

2) 난민

이스라엘 건국 이후 팔레스타인 땅에서 쫓겨난 팔레스타인인들은 60여 년의 세월 동안 주변의 여러 아랍–이슬람 국가들—요르단, 시리아, 레바논, 이라크, 리비아, 이집트, 걸프 연안 국가들, 마그립 지역, 지부티, 모리타니아, 소말리아, 수단 등—사이에서 살면서 각 국가 내부의 여러 정치적·경제적 문제들과 얽혀 매우 복잡한 환경 속에서 흡수·통합되지 못한 채 기본권조차 누리지 못하고 있다. 국제사회의 외면 속에서 유일하게 국제연합 팔레스타인 난민 구호기구(United Nations Relief and Works Agency for Palestine Refugees in the Near East, UNRWA)[9]의 지원을 받아 살아가고 있다.

오늘날에도 팔레스타인 난민은 이스라엘의 점령지 및 본토에서 계속 발생하고 있다. 특히 점령지 내의 유대인 정착촌 건설과 분리장벽 공사, 혹은 유대 공동체의 독점적 이익을 위한 도시개발 사업 등에 의해 팔레스타인인들의 정착지 폐쇄와 주택 파괴, 강제 퇴거 등으로 수천 명씩 다른 지역으로 추방되어 난민이 되었다. 뿐만 아니라 주변 아랍국들 내에 거주하는 팔레스타인 난민들은 대규모 축출 혹은 전쟁으로 인한 이주 등으로 2차, 3차 난민으로 살아가기 일쑤다. 이라크 전쟁과 레바논 전쟁으로 난민의 약 절반가량이 다른 지역으로 추방되거나 이주했다. 이처럼 난민은 자신들의 의지와 상관없이 정치적 환경의 변화에 따라 수시로 발생한다.

1949년 12월에 세워진 UNRWA는 '팔레스타인 난민'을 '1946년 6월 1일에서 1948년 5월 15일 사이에 팔레스타인에 거주하던 사람들로 1948년 아랍–이스라엘 간의 전쟁 결과 집과 생계수단을 잃은 사람들과 그 부계 후손들'이라고 규정하고 있다. 이후 1967년 제3차 중동전쟁(6일전쟁)에서 난민이 된 사람들이 추가

---

9) 1948년 아랍–이스라엘 분쟁 이후, UN 총회 결의 302호에 의해서 설립된 기구로서 480만 명의 팔레스타인 난민을 지원하기 위해 세워졌다. 이 기구는 1950년 5월에 작동하기 시작했다. 팔레스타인 난민 문제에 대한 해결책의 부재로 UN 총회는 되풀이해서 UNRWA의 위임을 갱신하였고, 가장 최근에는 2017년 6월 30일까지 그것을 연장했다. 요르단, 레바논, 시리아, 팔레스타인 점령지 등에서 활동하고 있다. 웹사이트: http://www.unrwa.org/

되었다. 이스라엘 독립 당시의 팔레스타인 총인구의 약 75%에 달하는 72만 6천 명이 주변 아랍국들이나 그 이외의 지역으로 피난했다. 그들이 잃어버린 주택이나 재산은 약 2천 90억 달러로 추산된다. 1950년 UNRWA에 등록된 난민의 수는 총 91만 4천 명이었다. 1967년 약 40만 명의 새 난민이 추가되었다. 2006년 현재 UNRWA에 등록된 팔레스타인 총 난민 수는 445만 명으로 증가했다.

팔레스타인 난민 수

구분	요르단	레바논	시리아	웨스트뱅크	가자지구	총계
등록된 난민 수 (1950)	506,200	127,600	82,194	–	198,227	914,221
등록된 난민 수 (1975)	625,857	196,855	184,042	292,922	333,031	1,632,707
등록된 난민 수 (2006)	1,858,362	408,438	442,363	722,302	1,016,964	4,448,429
평균 증가율(%)	1.7	1.1	2.4	3.2	3.1	2.3
지역별 난민 비율(%)	42	9	10	16	23	100
난민캠프 수(개)	10	12	9	19	8	58
캠프 거주 난민 수	328,076	215,890	119,055	186,479	478,272	1,327,772
캠프 거주 난민 비율(%)	18	53	27	26	47	30

출처: UNRWA, 2006.

난민을 1차로 수용한 주변 아랍국들은 이들에게 시민권과 외국인 거주 지위 등의 영주권을 부여했다. 요르단은 시민권과 여권을 발행해주었으며, 사우디아라비아는 1970년대 후반까지 장기거주자들에게 시민권을 부여하였고, 쿠웨이트는 의사 등 전문직 종사자들에게, 레바논은 기독교인들과 중산층 무슬림 팔레스타인 난민들에게 소규모로 시민권을 부여했다. 그 이외의 난민들에게는 1965년 아랍연맹의 카사블랑카 의정서(Casablanca Protocol)에 따라 '특별여행증명서'를 발행했다. 그러나 이집트, 이라크, 리비아, 시리아, 레바논 거주 팔레스타인 난민들은 외국인에 해당하는 법률을 적용받는다. 교육 및 보건 의료 서비스는 물론 노동허가서 없이는 직업을 가질 수 없으며, 부동산 소유 금지 등 여러 가지 차별을 받고 있다.

현재 UNRWA에 등록된 팔레스타인 난민들 중 약 1/3가량(약 130만 명)이 요르단, 레바논, 시리아, 가자지구 및 웨스트뱅크의 승인된 58개의 난민캠프에 거주한다. 난민캠프란 해당 정부가 UNRWA에게 관리권을 준 지역을 말한다. 캠프들은 해당 국가의 소유지이거나 대부분 지역의 지주들로부터 해당 정부가 임대한 땅에 건설되었다. 이는 난민들이 거주지의 토지를 소유할 수 없고, 토지에 대한 사용권만 가진다는 것을 의미한다. UNRWA는 캠프의 설비, 운용 및 서비스를 제공할 뿐, 캠프를 소유하지도 않고 치안 유지 책임도 지지 않는다. 이는 해당 국가의 책임이다. 캠프는 인구밀도가 높고 가난하고 주거환경이 열악하며 도로와 하수도 같은 기반 시설이 기본적으로 매우 부족하거나 열악한 실정이다. 팔레스타인 난민들에게 교육과 보건 등 서비스를 제공하고 있는 UNRWA의 운영은 EU와 미국, 스웨덴, 캐나다, 영국 등의 자발적인 기부금으로 재정의 약 95% 정도를 충당한다. 약 4억 8천만 달러의 수입 중에서 약 6%는 물품, 주로 식량 등으로 채워진다.

요르단왕국은 1954년에 국적법을 제정하고, 1949년 12월 20일부터 1954년 2월 16일까지 자국 내에 거주하는 사람들을 요르단 시민으로 받아들임으로써 팔레스타인 난민들에게 온전한 요르단 시민권을 부여했다. 팔레스타인인들은 시민으로서 군복무 등 국민의 의무를 수행하고 권리 역시 동등하게 누리게 된 것이다. 팔레스타인인 중에서는 정부의 고위직 공무원, 군대의 장군, 총리도 탄생했다. 하지만 1967년 이후의 난민들에게는 동일한 기회를 주지 않았다.

사실상 1950년부터 1988년까지는 요르단강을 사이에 두고 서안(西岸)과 동안(東岸) 거주 팔레스타인 사이에 공식적으로 차별이 없었다. 그러나 1987년 인티파다 이후 웨스트뱅크에 대한 통치권을 포기하고 그 지역을 요르단으로부터 분리시키기를 원했던 요르단 정부는 1988년 7월 31일에 "웨스트뱅크와 요르단 사이에 법률적·행정적 유대를 단절했다. 점령지 서안과 그 지역의 팔레스타인인들은 요르단왕국에 살고 있는 팔레스타인 출신의 요르단 시민들과 아무런 관련도 없다"고 선언했다. 그러나 "웨스트뱅크 내의 팔레스타인인들의 여권은 팔레스타인 국가가 창설될 때까지 계속해서 유효하다. 국가 창설 이후에는 국가의 시민으로서 자신들의 시민권을 가질 것이다"라고 했다. 요르단 정부는 1994년 팔레스타인 자치정부가 탄생하기 전까지 이스라엘 정부의 허락을 받은 팔레스타인 사람들에게 2년짜리 요르단 여권을 발급해주었다.

레바논은 원칙적으로 1948년 전쟁을 피해 레바논에 들어온 팔레스타인 난민들을 합법적인 거주자로 간주했다. 그러나 그 이후 이주자들이나 제3국을 거쳐 입국한 난민들이 레바논에 거주하는 것은 불법이다. 따라서 팔레스타인 난민들이 합법적으로 레바논에 거주하기 위해서는 반드시 UNRWA나 적십자사에 등록해야 한다.

요르단이나 시리아 정부가 팔레스타인 난민들을 각 사회 내부로 통합하려 했던 것과는 대조적으로, 레바논 정부는 이들을 배제했다. 1948년 당시 팔레스타인 난민은 레바논 전체 인구의 약 10%를 차지했는데, 레바논의 통치체제가 무슬림과 기독교인 등 각 종파의 인구비율에 따라 정치·사회적인 균형과 안정을 유지하던 미묘한 상황에서 팔레스타인 난민들의 이입은 안정을 위협하는 현상으로 간주되었던 것이다. 결국 1960년에 제정된 레바논의 외국인 지위에 관한 법령 제319호는 팔레스타인 난민들을 외국인으로 분류했으며, 예외적으로 시민권을 받은 부유한 기독교도들을 제외하고, 오늘날까지 레바논 내의 팔레스타인 난민들은 무국적자로서 고용, 재산, 세금, 교육, 의료 서비스를 받지 못하는 등 매우 불안정하고 열악한 상황에서 벗어나지 못하고 있다. 팔레스타인인들이 레바논 내에서 합법적인 직업을 갖는다는 것은 매우 어려운 실정이다.

레바논의 팔레스타인 난민들은 세 가지 부류로 나뉜다. 첫째, UNRWA에 등록된 난민들로 1년간 유효하며 세 차례 갱신할 수 있는 여행증명서를 받을 수 있는 사람들, 둘째, UNRWA에 등록되지 않았으나 1948년 적십자사에 등록된 난민들로 1년간 유효하며 세 차례 갱신이 가능한 여행증명서—거기에는 '귀환 유효' 도장이 찍혀 있다—를 받을 수 있는 사람들, 셋째, UNRWA나 적십자사 어디에도 등록되지 않은 난민들로 3개월간 유효한 여행증명서를 받으며, 여기 에는 '귀환 불가'라는 도장이 찍혀 있다.

1950년대 걸프 지역의 원유 생산 국가들은 파업하는 팔레스타인 노동자들을 추방했으며, 1970년대 PLO가 요르단 왕가에 도전하자 팔레스타인인들을 대거 추방했다. 레바논에 정착한 이들은 또다시 이스라엘의 공격으로 엄청난 피해를 입었다. 급기야 1982년 9월 남부 레바논의 사브라와 샤틸라 난민캠프에서 대량학살이 자행되었다. 이는 난민사상 가장 비극적인 사건으로 기록되었다. UNRWA에 따르면 1980년대 이스라엘의 레바논 침공으로 베이루트, 사이다, 티레 소재 8개 난민캠프의 주택 약 57%가 파괴되었고, 거주민의 약 90%가 심각한 후유증을 앓았다. 내전이 계속되는 동안 재차 난민이 된 이들은 튀니지, 리비아, 수단, 예멘, 시리아 등으로 떠났다.

시리아는, 요르단과 레바논에 비해 이입한 팔레스타인 난민의 수가 상대적으로 적었다. 1948년 당시 약 9~10만 정도의 난민들은 시리아 전체 인구의 2~3% 이하에 불과했으며, 시리아의 경제·사회 구조를 위협할 정도는 아니었다. 오히려 인구밀도가 낮았던 시리아는 팔레스타인 난민들의 유입이 경제발전에 유익하리라고 볼 정도였다. 당시 총리였던 후스니 알-자임(Husni al-Za'im)은 아랍-이스라엘 분쟁 해결을 위해 30만 명의 팔레스타인 난민들을 시리아에 정착시킬 수 있다고 밝혔다. 그러나 5개월 후 일어난 군사 쿠데타에 의해 정부가 전복되면서 그 제안은 실현을 보지 못했다. 1967년 전쟁으로 약 10만 명 이상의 팔레스타인인들이 골란 고원으로부터 시리아로 유입되었으며, 1982년 레바논 전쟁에서 발생한 수천 명의 난민들이 시리아에서 난민 지위를 획득하기도 했다.

1949년 시리아 정부는 팔레스타인 난민들에게 시리아 국민들과 동등한 지위를 부여하는 일련의 법률을 제정하고, 3,500명의 팔레스타인 난민들이 공식적으로 시민권을 획득했다. 공무원도 될 수 있었다. 1956년에 제정된 법령에 의해 교육, 여행, 재산 소유, 연금을 포함한 일부 분야를 제외하고는, 모든 팔레스타인 난민들이 '자신들의 민족정체성을 보전'하되 시리아인으로 통합되었다. 시리아는 팔레스타인 난민들을 군대로 선발해왔다. 1964년 팔레스타인해방군(PLA)의 창설로 시리아 군대보다 이곳에 입대하는 경향이 많다.

팔레스타인 지역의 웨스트뱅크와 가자지구 내에도 팔레스타인 난민캠프가 있다. 먼저, **웨스트뱅크**에는 약 180만 명의 주민들이 거주하는데, 난민의 약 1/4 가량이 19개의 난민캠프에 거주하고 있다. 1993년 오슬로 협정 이후 웨스트뱅크의 난민캠프는 점차 이스라엘의 통치구역과 팔레스타인 자치정부의 통치구역으로 분할되었다. 예를 들어 칼란디아 캠프는 C구역에 들어감에 따라 이스라엘의 통제하에 놓이게 되었으며, A지역으로 들어간 11개의 난민캠프는 팔레스타인 자치정부가 관할하게 되었다. 난민캠프 내의 실업은 크게 증가했고, 교육시설 역시 터무니없이 부족하여 2교대 하는 학교가 많으며, 한 학급 평균 학생수가 50명이 넘는다. UNRWA는 칼킬리야 난민캠프에 43개의 침대가 있는 병원을 운영하고 있다.

가자지구의 난민캠프는 UNRWA가 운영하는 난민캠프 중 가장 열악하다. 가자지구 주민 대다수가 난민이고, 난민의 절반 이상이 8개 난민캠프에 거주하고 있다. 이들 대부분은 1948년 당시 자파와 자파 인근의 도시, 네게브의 브엘세바 출신들이다. 약 20만 명의 난민들이 가자지구로 들어왔는데, 당시 가자의 원주민은 8만 명에 지나지 않았다. 360제곱킬로미터의 협소한 땅에 살고 있는 약 140만 명 중 3/4 이상이 등록된 난민들이다. 이는 UNRWA에 등록된 팔레스타인 총 난민수의 22.4%를 차지하는 비율이다. 가자지구는 세계에서 인구밀도가 가장 높은 지역 중 하나가 되었다.

결론적으로, 아랍 국가에 거주하는 팔레스타인 난민들은 대다수가 1948년에 이스라엘의 영토가 된 지역 출신이다. 이들 난민들은 1952년 4월, 난민들의 귀향을 불허하는 이스라엘 국적법(Nationality Law)이 발효되면서 국적을 박탈당했다. 이스라엘 내 팔레스타인 난민들은 이스라엘 시민이 되었지만, 이들 역시 자기 집과 땅이 몰수되어 귀가(歸家)는 금지되었다. 국적법 발효에 앞서 1950년 3월 제정된 부재자재산법(The Absentee's Property Law)에 따르면, 이스라엘 정부는 모든 난민들의 토지와 재산을 몰수하여 유대인들이 영구히 사용하도록 했다.

1967년 전쟁의 결과로 상당수 난민들이 해외로 이주했으나, 이스라엘이 점령한 동예루살렘, 웨스트뱅크, 가자지구 등에 남아 살고 있는 팔레스타인인들은 거류 외국인으로 간주되었고, 점령지의 약 2/3을 몰수당했다. UN은 안보리결의 등을 통해 팔레스타인 난민들의 귀향권을 되풀이해서 보장했다. UN 총회결의 194호(1948), 2252호(1967), 36/146호(1981) 및 UN 안보리결의 237호(1967) 등이 그것들이다. 그러나 UN의 팔레스타인 귀향권 보장은 결의만 되풀이될 뿐 현실적으로 실행에 옮겨지지는 못하고 있다. 이스라엘이 이들의 귀향을 원칙적으로 거부하고 있기 때문이다.

3) 시민권

1967년 제3차 중동전쟁(6일전쟁)은 이스라엘 측에든 팔레스타인 측에든 결정적인 변화를 가져다주었다. 예루살렘이 이스라엘의 수중에 들어가고, 92%의 땅을 차지하는 등 대(大)이스라엘 건설의 꿈이 현실화되면서 작은 제국(mini-empire)을 갖게 된 유대인들은 정치적으로나 종교적으로 크게 고무된 반면, 사기를 잃은 아랍-팔레스타인인들은 정치적으로나 법적으로나 경제적으로 완전히 하층계급으로 전락했다.

"더 이상 이스라엘 민족은 없다. 이스라엘 국가에는 다만 아랍인과 유대인이 있을 뿐이다." 나딤 루하나의 말이다. 다시 말해서 이스라엘에는 유대인 국적자와 비유대인 회원(affiliation)만 있을 뿐이다. 이스라엘 토지법에 따르면, 이스라엘 영토는 비유대인에게 팔 수 없다. 팔레스타인인들은 유대인 이웃들과 인접해 있는 소도시로부터도 분리되기 시작했으며, 교육에서도 격리(segregation)정책이 시행되었다. 집단으로서 팔레스타인인들은 지리적으로나 사회적으로 그 사회의 변방에 위치하게 되었다. 사방팔방이 깨지지 않는 유리천장과 벽으로 둘러싸이게 된 것이다. 토지 몰수, 고용 부족, 교육으로부터의 소외, 이것이 팔레스타인인들에게 주어진 현실이었다. 1967~1978년 사이 유대국가 내의 아랍인들의 삶은 한마디로 최악이었다.

1970년대 아랍인의 소득은 유대인의 절반 수준에 그쳤고, 양극화는 점차 심화되어갔다. 팔레스타인 사회는 이스라엘의 통치하에서 '근대화'되어갔으나, 그것은 유대인 사회와 비교해서 볼 때 매우 제한된 것이었다. 시골 농민들은 농사를 그만두고 도시 노동자가 되어갔다. 그것이 '근대화'의 실체였다. 안보상의 이유로 가자지구와 웨스트뱅크 사이의 상호 통행이 제한되기 시작했다. 시민권이 없는 팔레스타인인들은 청색 등록증을 들고 이스라엘 지역에 매일 출퇴근하며 도시 노동자로 생활했다. 아직까지 팔레스타인인 자격으로 정당 활동을 하는 것은 제한되었으며, 점령지 내에서 동맹체를 구성하는 것은 금지되었다. 팔레스타인 지역 경계 바깥쪽에 있는 PLO가 사실상 팔레스타인인들을 대표하는 기구가 되면서, 팔레스타인 민족의 중심지는 더 이상 팔레스타인 땅이 아니었다.

'초국적' 소유인인 아랍-이스라엘인들은 문화적으로나 사회적으로 '지체 부자유'하고 '불완전한' 상태로 살아갔다. 이스라엘 내에 사는 아랍-이스라엘인들은 유대-이스라엘인들과 국경일, 국기(國旗), 국가(國歌), 민족의 전통 절기, 국립박물관, 민족 상징물 등을 공유할 수 없다.

이스라엘 통치권 안에서 이스라엘 시민권을 갖고 사는 아랍-팔레스타인인들—초기 10만 명이던 이들이 2010년 현재 150만 명가량 된다—은 완전한 이스라엘 국민도, 완전한 팔레스타인도 아니다. 아랍-이스라엘인들은 웨스트뱅크나 가자지구의 팔레스타인인들에 비해 비교적 안정된 삶을 누리고 있고 개별적으로는 성공한 이들도 적지 않으나, 유대인들과 동등한 수준의 혜택을 향유하지는 못하고 있다. '보이지 않는 사람들(invisible man)'로 불리는 이들에 대한 처우와 미래, 특히 팔레스타인 영토권 문제, 하부구조 내의 삶의 구조와 질 문제는 유대국가이자 '중동 유일의 민주주의 국가'인 이스라엘이 풀어야 할 수수께끼이자 커다란 숙제가 아닐 수 없다.

정착촌 건설과 영토 몰수

이스라엘 영토 내 토지는 대부분 국가 소유이다. 국토관리국이 국토를 관리하고 개발한다. 이스라엘에서 개발이 국가 차원으로 신속하게 이루어지며 기간 산업이 발전할 수 있었던 것은 국가가 마음껏 토지를 활용할 수 있었기 때문이다. 문제는 아랍인 소유의 땅이 국가 개발권에 들어와 있을 때 이들에 대한 토지 보상이 제대로 이루어지지 않은 채 개발이 강행된다는 것이다.

건국 이후 10년간 대대적인 경제개발과 국방정책 수행 과정에서 이스라엘 정부는 아랍인들의 농경지를 대부분 몰수했다. 이스라엘 군대가 점령한 아랍인들의 토지 중 주변 아랍국들과 경계에 위치하거나 전략적으로 중요한 지역에 위치한 토지는 강제 몰수당했다. 건국 초기에는 수용된 토지와 부재자 재산을 처리하기 위한 법을 만들어 이스라엘 시민권을 가진 아랍인들에게 적용하기도 했다. 1948년 당시 전쟁이나 여행 등으로 이스라엘에 머물고 있지 않은 아랍인들의 땅은 주인 없는 토지로 처리하여 몰수했다. 1960년대 이스라엘 아랍인들이 부재자 재산 관련법으로 잃은 토지는 이들이 소유한 전체 토지의 약 2/3에 해당되는 것이었다. 이스라엘은 아랍인들이 입은 재산상의 손실을 보상했으나, 공정성 문제는 여전히 남아 있다.

1967년 전쟁 이후에는 이민자들을 위한 정착촌 건설에 필요한 팔레스타인 소유의 많은 땅이 강제 수용되었다. 1967년 노동당의 레비 에슈콜 수상이 웨스트뱅크와 예루살렘 주변에 유대인 정착촌을 건설하기 시작했으며, 1974년 이츠하크 라빈과 시몬 페레스 때도 아랍 인구 밀집 지역에 정착촌을 건설했다. 노동당은 '성서의 땅'에 유대인을 정착시키라는 극우정당들의 요구를 받아들인 것이다. 1977~1992년 사이 리쿠드당 집권 기간에 유대인 정착촌 수가 크게 늘어났다. 1976년에는 유다-사마리아 지역에 세워진 정착촌에 약 3천 명의 유대인들이 거주하고 있었는데, 1988년에는 7만 명으로 늘어났다. 1977년 34곳의 정착촌은 1984년 114곳으로 늘어났다. 이처럼 리쿠드당의 주도로 정착촌은 빠르게 확장되었다.

1976년 3월 마지막 날은 팔레스타인 역사에서 매우 중요한 의미가 있는 날이다. 훗날 소위 '땅의 날(Day of the Land)'로 불리는 날이 되었다. 갈릴리 주변 2만 두남(이미 확보된 7만 5천 두남과 더불어)이 이스라엘 토지공사(Israel Land

Administration, ILA)에 의해 '갈릴리 개발지구'로 지정되면서 신도시 카르미엘 (Carmiel)이 들어서게 된 것이다. 3월 30일, 주변 지역에 사는 아랍-팔레스타인인들이 이날을 민족 파업의 날로 정하고 대규모 시위에 나섰다. '이 마을은 이스라엘이 아닌, 우리에게 속한 것이다'가 구호였다. 시위 도중 여섯 명이 희생되었다. 민족시인 마흐무드 다르위시도 '땅의 시'를 썼다. 이후부터 이날은 '땅의 날'로서 기념일이 되었다.

1990~1092년까지 리쿠드당과 정부는 유대인 정착촌을 최우선 과제로 다루었다. 미국이 정착촌 건설 중단을 요구했지만 구소련에서 이주해온 유대인들을 위해 거절했다. 미국은 지원자금 100억 달러로 흥정했다. 14만 명의 정착촌 거주 유대인들의 표를 받아 정권을 잡은 노동당 집권 시기(1992~1996)에도 정착촌 건설은 계속되었다.

아랍인의 삶의 구조

이스라엘 아랍인들의 급격한 농경지 손실과 이에 따른 직업 전환으로 아랍-팔레스타인인들의 전통적인 사회구조와 경제구조가 바뀌어갔다. 영국 위임통치 기간 팔레스타인 아랍인의 80%가 농업으로 생계를 유지했으나, 이스라엘 독립 이후 40%로 감소했다. 농경사회가 몰락하면서 아랍 농부들은 도시 지역의 노동자로 전락했다. 헤어진 가족들 간의 왕래조차, 점령지 내를 제외하면 허용되지 않았다.

1967년 웨스트뱅크와 가자지구를 빼앗기자 아랍인들은 또다시 큰 변화를 겪었다. 아랍-이스라엘인과 팔레스타인인들이 분리되고, 점령지 내로 생활이 고립되자 다른 아랍 세계와 차단되었다. 소수의 아랍-기독교인들만이 성탄절이나 부활절 같은 절기에 국경을 넘어 친인척을 방문할 수 있을 뿐이었다.

1967년과 1973년 두 차례의 전쟁은 아랍-이스라엘인들의 정치적 관심이 커지고 구체적으로 팔레스타인으로서의 자기정체성이 형성되는 계기가 되었다. 이전에는 사회주의 정당이나 이스라엘의 노동당을 통해서만 정치활동이 가능했으나, 그때부터 아랍-이스라엘인의 정당을 세우고 자신들의 목소리와 이익을 대변해나갔다. 1976년까지만 해도 아랍-이스라엘인이 PLO와 접촉하거나 연대하는 것은 체포, 구금, 추방, 가옥 파괴의 사유가 되었다.

1978년 캠프데이비드 협정이 체결되었으나, 1982년 시작된 레바논 전쟁은 PLO 본부를 레바논의 남부 베이루트에서 쫓아냈다. 팔레스타인인과 유대인 사이의 관계는 새로운 딜레마에 빠졌다. 이스라엘 시민권을 가진 아랍-이스라엘인들이 직접 전쟁에 참여한 것은 아니었으나, "나의 조국이 나의 민족과 전쟁을 했다"는 한 아랍-이스라엘인 의원(사이프 알-딘 알-주비)의 말이 그 딜레마를 보여준다. 지식인, 학생, 노동자, 여성들이 새로운 형식의 정치투쟁을 이끌어갔다. 소위 두크할라(Dukhala, 내부자)의 '제3섹터'가 형성되기 시작한 것이다. 이는 1978년부터 유대인 극우파의 카흐(Kach) 운동을 이끌던 메이르 카하나(Meir Kahana)의 배타적 민족주의에 자극받은 것이었다. 카하나는 이스라엘 대법원으로부터 인종차별주의자로 여겨져, 카흐당은 해산되고 그는 추방되었다.

아랍-이스라엘인들의 경제생활은 여전히 낮은 수준에 머물러 있었다. 그들은 도시 건설업에 종사하는 노동자나 일용직 근로자로 살아갔다. 그중 여성 근로자는 10%도 채 되지 못했다. 1994년 아랍인 순소득은 유대인의 절반에도 못미치는 수준이었다. 그나마 유지되던 경제활동마저 러시아에서 새로 이주해온 이민자들에게 넘겨주게 되면서, 1992년 이들의 실업률은 12.4%를 넘어섰다. 교육수준도 매우 낮았다. 아랍 어린이 대부분은 열 살이 되면 더 이상의 정규교육을 원하지 않는다. 생활전선에 나가 경제활동을 시작해야 하기 때문이다. 이들중 9%만이 고등교육기관에서 학업을 계속할 뿐이다. 아랍 학생들의 낙제율 역시 12%로, 유대인 학생들의 두 배나 된다. 개인당 지급되는 교육비, 아랍 학생 1명당 192달러, 유대인 학생 1명당 1,100달러로, 열 배나 차이가 난다. 교육기회의 불평등과 낮은 교육열이 차이의 주원인이다. 아랍인들 대부분은 건축업, 농업, 기타 산업에 종사하며, 4% 정도만이 과학 등 전문 분야에서 일한다. 대학 내 아랍인 학생 수는 3% 수준에 머물러 있다. 대학을 졸업해도 직장을 잡는데 심한 차별을 겪는다. 교사, 경찰관, 지방정부 직원 등으로 일하고 있지만 고위관리로 승진하는 예는 거의 없다. 2007년 최초로 아랍인 정치인 갈렙 마제이들이 과학문화체육부 장관에 임명된 바 있으나, 여전히 대법원과 정부 보안기관 및 안보위원회에 아랍인들이 진출하기란 어렵고 까다로운 일이다.

아랍-이스라엘인들에 대한 이스라엘 정부와 사회의 장기적인 차별정책에 대한 불만은 2000년 9월 제2차 인티파다로 폭발했다. 유혈충돌로 1천 명의 유대인들과 3천 명이 넘는 팔레스타인인들이 사망했다.

인티파다 이후 이스라엘 정부는 그간 낙후되었던 아랍 지역을 모두 제1개발 지역으로 선정하고 개선하는 일에 착수했다. 정부는 2006년 12월 향후 10년간 약 1억 6천만 세겔을 아랍 지역에 투자하여 각종 사업을 촉진시킨다는 개발안을 발표했다. 그럼에도 불구하고 유대인과 아랍-이스라엘인 사이의 민족적 이질감과 적대감은 사그라지지 않는다. 2006년 실시한 한 여론조사에서 응답자의 63%는 여전히 아랍-이스라엘인은 유대인들의 안전에 위협적이라고 대답하였고, 68%는 아랍인과 한 건물에서 살 수 없다고 대답했다. 이렇듯 모든 현실에서 아랍-이스라엘인들은 거의 배제되어 있다고 해도 과언이 아니다. 언론에서도 이들은 관심의 대상이 못 된다. 전체 인구의 19%를 차지함에도 언론에 이들이 노출되는 비율은 1%에 지나지 않는다. 이스라엘 언론사에서 일하는 아랍인은 거의 없다. 채널2의 경우 아랍인에 관한 프로그램은 0.55%, 다른 방송사도 비슷하다. 방송 프로그램의 66%는 아랍인을 위협적인 존재로 묘사하고 있다. 한 국가 내에서 두 집단 간의 이질감은 당분간 극복하기 힘든 난제 중 하나이다.

4) 인티파다(1987) 이후

1987년 12월 가자지구에서 시작된 팔레스타인인들의 '저항'이 점령 통치에 항거하는 대대적인 '봉기,' 즉 인티파다로 번져갔다. 2000년 9월 재촉발된 제2차 인티파다는 게릴라전 형태의 무장투쟁으로 바뀌었다. 두 차례 인티파다 사이에는 양측에게 새로운 희망과 가능성을 보여준 오슬로 협정(1993)이 있었으나, 근본적인 삶의 변화를 이끌어내기에는 역부족, 시간부족이었다. 라빈이 암살된(1995) 후에는 오히려 방향을 잃고 어디로 가야 할지 위기에 봉착했다.

인티파다 과정에서 아랍–이스라엘인들의 정치의식도 크게 바뀌었다. 하마스, 이슬람지하드, 이슬람운동 등 정치섹터에 이슬람 세력이 점차 고개를 내밀면서 '종교적 정체성의 정치화(the religious politics of identity)' 과정이 시작된 것도 이때부터라 할 수 있다. 이스라엘 내 소수집단으로서의 자기정체성과 팔레스타인으로서의 민족의식이 커졌다. 팔레스타인 사회에서 세 가지 요소가 변했다. 첫째로 PLO를 공식적으로 지지하였고, 둘째로 이스라엘 내 팔레스타인 공동체의 평등한 시민권과 인권을 요구하게 되었으며, 셋째로 이스라엘의 법적 제도 내에서 가능한 고용 수단을 결의했다.

인티파다는 아랍–이스라엘인들의 시민의식을 형성하는 데 크게 작용했다. 엘리트 계층이 오랫동안 노력해왔으나 실패했던 시민사회가 풀뿌리 민중들에 의해 자발적으로 건설되고, 대규모 시민불복종 운동이나 권리 찾기 운동 등으로 긍정적인 에너지가 활성화되어갔다. 인티파다는 그동안 이스라엘과 '공존'이 가능하다는 믿음 위에서 유대국가의 현재의 매개변수 내에서 변화를 추구해온 팔레스타인 엘리트 집단의 실험이 실패로 돌아갔다는 것을 확인시켜주었을 뿐만 아니라, 이제는 새로운 실험, 즉 민중의 힘에 의한 변화와 개혁이 대안으로 떠오르게 된 분기점이 되었다.

이들의 시민·정치의식이 커져가자 이스라엘 일부 극우정당에서는 이들을 팔레스타인 자치정부 관할로 이양하고, 이들이 시온주의를 이념으로 하고 있는 이스라엘의 국가정체성을 부인할 경우 참정권 등 정치적인 권리를 박탈해야 한다고 주장하기 시작했다. 마침내 2009년 1월 이스라엘 중앙선거관리위원회는 두 개의 아랍 정당이 테러리즘을 지지하고 이스라엘의 생존권을 부인한다는 이유로 그해 2월에 치러질 총선 참여를 금지하는 결정을 내렸다. 소위 비샤라 의원 사건이 터진 것이다.

아즈미 비샤라 의원 사건

이스라엘–팔레스타인 분쟁이 격화되고, 팔레스타인 자치정부와 하마스 간의 힘겨루기가 표면화되자, 아랍–이스라엘인들에게는 팔레스타인인으로서의 자기정체성이 강화되기 시작했다. 이들의 강화된 민족적 자기정체성은 1996년 이후 의회에 진출한 아랍-이스라엘인 정치인 그룹에 의해 이념화 · 조직화 · 구조화되었는데, 이러한 흐름을 주도한 인물이 나사렛 출신의 아즈미 비샤라(Azmi Bishara, 1956~) 의원이었다.

비샤라 의원은 아랍-이스라엘인들의 민족적 자기정체성을 고취시키고, 시온주의 이념을 기초로 한 이스라엘의 국가정체성, 즉 유대국가를 이스라엘 '모든 국민의 국가(the state of all its citizens)'로, 다수의 유대 민족과 소수의 팔레스타인 민족이 동등한 권리를 갖는 두 민족국가(bi-national state)로 바꿀 것을 의회에 요구하기 시작한 것이다.

2009년 2월 실시된 총선에서 세 개의 아랍 정당은 120석 중 11석(그중 한 명은 유대인)을 얻었다. 유대 정당의 후보로 출마한 세 명의 아랍계 의원을 포함, 아랍계 의원은 총 13명이었다. 아랍계 인구비율이 전체의 약 20%임을 감안할 때 아랍-이스라엘인의 의회 진출은 과소 대표된 실정이라 할 수 있다. 건국 초기 아랍인 섹터는 이스라엘 정당, 특히 거의 유일하게 공산당에 의존했으나, 1970년대 이후 아랍계 정당들이 창립되고 아랍인 섹터의 정치조직이 발전했다. 아랍-이스라엘인들은 아랍 정당들을 통하여 자신들의 다양한 이념과 정책들을 중앙정치에 반영할 것을 요구했으며, 이들 정당들은 아랍계 주민들의 정치적, 사회적, 이념적 흐름을 비교적 적절하게 수용하여 대표했다.

비샤라 의원은 나사렛 기독교 가정에서 출생했으며, 하이파대학과 히브리대학을 졸업했다. 그는 1986년 독일 훔볼트대학에서 마르크스의 『자본론』으로 박사학위를 받은 후 자신의 고향으로 돌아와 라말라의 비르제이트대학에서 철학과 문화학을 가르쳤다. 존경받는 학자로서, 연설 솜씨를 갖춘 정치사상가로서 명성을 쌓아갔다. 1995년 발라드당 창당멤버로 정계에 발을 내디뎠다. 두 차례의 인티파다와 오슬로 평화회담 과정에서 강화된 아랍-팔레스타인인들의 민족정체성이 반영된 결과였다. 그는 1996년부터 2007년까지 의회에서 의원으로 활동했다.

발라드당의 정강정책은 '이스라엘 국가를 민족적, 인종적 정체성과는 상관없이 이스라엘 모든 국민들의 국가로 변환시키기 위하여 투쟁하며'(제1항), '팔레스타인 아랍인들은 이스라엘 건국 이후 그들의 고향 땅에서 살아온 이들이며, 그래서 UN 헌장에 따라 그들의 지위와 함께 모든 권리들이 보장된 팔레스타인 아랍인들을 민족적 소수집단으로서 이스라엘이 인정할 것을 요구'(제2항)했다. 또, '1967년 전쟁 당시 점령한 모든 지역으로부터의 완전한 철수와 웨스트뱅크와 가자지구에 동예루살렘을 수도로 하는 팔레스타인 독립국가의 창설, 및 팔레스타인 난민 귀향권에 관한 UN결의 194조의 집행을 지지'(제5항)한다고 천명했다.

이러한 발라드당의 정강정책은 이전의 아랍 정당들이 아랍-팔레스타인 사회 내부의 문제들을 중심으로 활동한 것과는 달리, 아랍-이스라엘인들의 팔레스타인인으로서의 민족정체성과 의제를 다루고 있다는 점에서 큰 차이가 있다. 당과 비샤라 의원은 시온주의와 유대 민족의 혈통, 종교, 문화적 유산을 기초로 한 이스라엘의 국가의 성격과 정체성에 이의를 제기하고, '두 민족국가'를 강조하는 새로운 이스라엘의 국가정체성에 관하여 문제를 제기한 것이다.

2003년 1월 이스라엘 대법원은 중앙선거관리위원회가 내린 비샤라 의원의 총선 참여 제한 결정에 대한 사건을 심의·판결했다. 이스라엘 크네세트 기본법 제7조 A항은 어떤 정당이나 의회의원 후보자가 (1) 이스라엘이 '유대' 국가이며 '민주' 국가로서 존재하는 것을 부정하거나, (2) 인종주의를 자극·선동하거나, (3) 적국이나 테러조직의 이스라엘에 대한 무장항쟁을 지지하는 경우 중앙선거관리위원회는 그 정당이나 후보자의 총선 참여를 금지할 수 있다고 규정하고 있다. 이러한 특정 정당이나 후보자에 대한 총선 참여 금지 결정은 이스라엘 대법원의 심판을 받아야 하며, 또한 특정 정당이나 후보자의 총선 참여 금지를 제소할 수 있다.

2002년 유대계 극우 민족주의 정당들과 의회의원들이 비샤라 의원의 총선 참여 금지 요청서를 제출했다. 그동안 아랍 정당들의 정치 참여에 긍정적인 입장을 보여왔던 검찰총장도 이를 지지했다. 중앙선거관리위원회는 미샬 헤신 위원장의 반대에도 불구하고 찬성 22, 반대 19로 비샤라 의원의 총선 참여 금지를 결정했다.

검찰과 원고 측의 주장은 크게 두 가지로 요약된다. 첫째, 비샤라 의원이 이스라엘 국가의 성격을 유대국가와 상반되는 '모든 국민의 국가'로 변환시키려는 활동은 이스라엘이 유대국가라는 점을 부인한 것이다. 둘째, 비샤라 의원은 이스라엘에 대한 팔레스타인 및 레바논(헤즈볼라)의 테러조직을 지지했다. 검찰은 비샤라 의원의 발언, 언론 기고문, 인터뷰 기사 및 이스라엘 정보기관이 제출한 발라드당의 비밀집회 연설문 등 방대한 자료를 증거물로 제시했다.

비샤라 의원은 대법원 심의 과정에서 (1) 아랍—이스라엘인들을 소수민족 집단으로 인정하고, (2) 아랍—이스라엘인들에 대한 차별을 제거하여 이스라엘이 모든 국민들의 국가가 되어야 하되, (3) 팔레스타인 전 지역에 아랍인들이 다수 그리고 유대인이 소수가 되는 국가의 건설을 추구하지는 않았다고 주장했다. 또, 그는 시온주의자들의 타도나 1948년 이전에 이스라엘에서 출생한 유대인들만이 이스라엘에 살 수 있다고 말한 적이 없다고 주장했다.

하지만 그는 이스라엘의 헌법적 기초가 되는 이스라엘 국가의 두 가지 요소, 즉 '유대성'과 '민주성' 간에 모순이 있음은 인정했다. 그는 모든 이스라엘 국민의 국가는 유대인들의 국가 혹은 유대국가가 아니며, 유대인 다수집단의 집합적인 권리를 실현하는 것과 같은 수준으로 아랍인 소수집단도 그들의 집합적인 권리를 실현할 수 있는 국가를 의미한다고 주장했다. 따라서 자신은 유대 민족과 팔레스타인 민족 간 동등한 대우를 위해 투쟁하며, 본래 팔레스타인 땅에 거주해온 원주민들과 그 자손들을 민족적 · 정치적 이유로 차별하는 것을 개혁하고, 이러한 차별이 반영된 모든 인종적 · 법적 · 실질적 구조를 제거하는 것이 자신의 목표라는 점을 분명하게 논고(論告)했다. 한편, 매우 민감한 주제인 팔레스타인 난민들의 귀향권은 UN에서 인정하고 있는 정당한 권리이지만, 문제 해결은 이스라엘과 대화를 통해서 이루어져야 한다는 점을 밝혔다.

그가 이스라엘에 대한 테러단체의 무장항쟁을 지지했다는 주장에 대해서 그는 원칙적으로 민간인을 해치는 어떤 폭력도 반대한다는 점을 분명히 했다. 그러나 그는 1982년 이후 이스라엘이 남부 레바논을 점령하고 군대를 주둔시킨 것은 불법이며, 이러한 불법 점령에 대한 레바논의 항거는 정당하다고 주장했다. 그러나 항거를 지지한다고 해서 반드시 폭력적인 무장항쟁을 지지한다는 의미는 아니며, 이스라엘 내에서 정당 활동을 하는 본인이 점령에 대한 항거의 방법을 말할 입장은 아니라는 점을 분명히 했다. 그는 헤즈볼라는 테러조직이 아니며, 영토 점령에 대항하는 게릴라 조직으로 인식하고 있음을 인정했다. 헤즈볼라를 지지하지는 않지만, 점령에 저항하는 레바논인들의 권리는 지지한다고 말하기도 했다. 그러나 그것이 레바논에서의 무장항쟁을 지지하는 것은 아니라고 덧붙였다.

아론 바라크 대법원장은 이스라엘이란 유대국가를 의미하는 것으로서 (1) 모든 유대인은 유대인이 다수를 차지하는 이스라엘에 귀환할 수 있는 권리를 보유하고 있으며, (2) 히브리어가 국가의 공식, 중심 언어이며, (3) 이스라엘의 주요 절기와 상징들은 유대 민족의 민족적 재생을 반영하며, (4) 유대 민족의 종교적, 문화적 유산은 이스라엘 종교, 문화의 중심적인 요소임 등 구체적인 기준을 제시하면서 비샤라 의원의 문제를 다루었다.

대법원장의 판단에 의하면 바샤라 의원은 (1) 모든 유대인의 귀향권을 인정하고 있으며, 팔레스타인 난민들의 동등한 귀향권 요구는 협상을 통하여 이루어져야 한다고 강조했다. (2) 이스라엘에서 유대인의 다수로서의 지위를 부정하지 않으며, 언어 문제에 있어서 그는 아랍어를 소수민족 집단의 공식적인 언어로서 인정하는 한 국어로서의 히브리어의 중심성을 부정하지 않았다. (3) 소수 아랍 민족의 문화적, 종교적 권리를 인정하는 한 유대 민족의 재생을 반영하는 유대 민족의 절기와 상징을 반대하지 않았다고 보았다.

대법원장은 비샤라 의원이 강조하는 '모든 국민의 나라' 개념이 '유대국가'라는 개념과 충돌하는 위험성이 존재하는 것은 사실이나 유대국가를 부정하는 정도의 수준에는 미치지 않았음을 인정했다. 즉, 피선거권을 제한할 만한 수준의 임계질량에는 미치지 못한다는 것이다. 또한, 테러조직의 무장항쟁을 지지했느냐의 문제에 있어서도 그의 입장과 행동이 의심스러운 것은 사실이나, 강도나 수준에 있어서 그의 총선 참여 금지를 결정할 정도에는 이르지 않았으며, 이를 부정할 만한 증거가 없다고 판단했다. 2003년 1월 9일, 이스라엘 대법원은 비샤라 의원의 2003년 총선 참여를 허용하는 대법원장의 의견을 동 재판부 11명의 대법관 중 7명의 찬성으로 판결했다.

재판에서는 이겼으나, 비샤라 의원은 2006년 레바논 전쟁 때 헤즈볼라에게 안보상 민감한 정보를 제공한 혐의로 이스라엘 정보기관(Shin Bet)으로부터 조사를 받던 중, 2007년 4월 해외로 도피하여 현재 요르단, 레바논 등지에서 망명생활을 하고 있는 중이다.

4 맺음말

────

이스라엘에게 독립기념일은 팔레스타인에게 나크바(재앙)의 날이다. 이스라엘에 '이민'이 있다면 팔레스타인에는 '난민'이 있다. 유대인에게 '귀향법'이 있다면 팔레스타인에게는 '난민법'이 있다. 유대인에게 '시민권 수여'가 있다면 팔레스타인에는 '시민권 박탈'이 있다. 이스라엘에 '영토 확장'이 있다면 팔레스타인에게는 '토지 몰수'가 있다. 그러나 이 둘 사이에 공통점이 있다. 갈수록 '배타적' 자기정체성이 더욱 뚜렷해져간다는 사실이다. 한쪽에게 좋은 것이 필연적으로 다른쪽에는 나쁜 것이 되고, 한쪽에게 유리한 것이 필연적으로 다른 쪽에는 불리하게된다면, 둘 사이에서 해결의 실마리는 무엇이란 말인가? 남는 것은 지배와 복종, 경멸과 증오, 긴장과 불균형, 갈등과 균열, 혐오와 파괴의 악순환뿐이리라. 여기에는 조화와 균형이라는 인본주의적 상생의 구조가 발붙일 틈이 없다.

1920년대까지만 해도 유럽에서 쫓겨나 팔레스타인 땅으로 들어온 유대인들과 본토에서 살던 팔레스타인인들 사이에는 우정과 환대가 넘쳤다. 동병상련이랄까? 이념적 공감대랄까? 그런 것이 있었다. 유대인들과 팔레스타인인들은 모두 이 땅을 '팔레스타인 땅'이라 불렀으며, 힘을 모아 지배세력으로부터 팔레스타인을 해방시키자고 외쳤다. 아랍-팔레스타인인들은 유대인들에게 농사법을 가르쳤으며, 유럽에서 온 유대인들은 팔레스타인인들에게 신문물을 전해주었다. 둘 사이에 공존의 가능성이 전혀 없었던 것은 아니었다.

국가 건설이라는 공동의 목표를 가진 것처럼 보이는 시온주의자들 중에는 다양한 이상과 서로 다른 이념을 가진 자들이 뒤섞여 있었다. 성서에 뿌리를 둔 극단적인 종교주의자들로부터 마르크스–사회주의자들에 이르기까지 그 스펙트럼이 매우 넓었다. 어떤 이들은 '메시아 사상'으로, 다른 이들은 '세속–정치적' 입장에서 국가를 해석했다. 유대인 집단의 동일성과 합의점을 찾는 것이 처음부터 쉽지 않았다. 초기 시온주의 지도자들의 이상은 내부 및 외부의 복잡한 현실과 부딪히면서 흔들리거나 변색해갔다.

팔레스타인인들 역시 자신들에게 닥쳐올 미래를 자발적으로 예측하거나 주체적으로 판단·선택하기가 매우 어려웠다. 열강들의 복잡한 이해관계와 새로운 형식의 문물에 대한 배타적·수용적 태도가 엇갈렸다. 더구나 그들에게는 복잡한 내부 문제를 풀어줄 외부 사회의 지원이 없었다. 국제사회의 결정은 둘 사이의 문제를 해결해주기보다는 오히려 복잡하게 만들어버렸다. 결과적으로 둘 사이의 공존보다는 한쪽의 다른 쪽화(化) 내지 분리를 강요한 셈이 되었다.

오늘날 이념의 시대는 지나갔다. 좁은 의미의 민족이나 국가의 시대도 지나가고 있다. 그러나 아직도 인류가 보편적으로 지향해야 할 가치는 남아 있다고 믿는다. 그것은 바로 '인간을 위한' 자유와 평등이다. 사랑과 진실이 만나고, 정의와 평화가 입맞춤하는 그러한 세상을 꿈꾸는 것이야말로 인간으로서 마땅히 가져야 할 하나의 비전이어야 할 것이다. 오늘날 지구촌은 하나의 공동운명체이다. 지구 한쪽이 신음하면, 다른 곳 역시 아프게 마련이다. 특히 생태적 운명은 더더욱 그렇다.

지구촌 시대의 세계는 필연적으로 상호 관련을 맺고 있다. 오늘날 지구적으로 문제가 되고 있는 지구 온난화 문제, 매년 불어오는 황사 문제, 석유 자원이나 식량자원의 가격 폭등 문제, 주식시장이나 환율 등 어느 것 하나 개별 국가만의 문제인 것이 없다. 개인의 삶에 있어서도 마찬가지이다. "타자는 나의 일부다." 오늘날 모든 인간은 어느 정도 서로의 희생으로 살고 있으며, 개인은 필연적으로 다른 사람들의 삶에 연결되어 있다.

그래서 몸의 중심은 심장이 아니며, 가족의 중심은 아빠가 아니다. 아픈 곳이

몸의 중심이며, 아픈 사람이 가족의 중심이다. 그렇듯 세계의 중심은 이유야 어떻든 신음하고 고통당하는 사람들이 사는 곳이다. 그들이 아프면 우리도 세계도 모두 아픈 게 지구 시대의 법칙이다.

통곡의 벽에서 만난 한 이스라엘 병사는 작은 쪽지에 자신의 소원을 적어 돌틈 사이에 끼워 넣으면서 기도했다. 무슨 소원을 빌었느냐는 질문에 빙긋 웃으며, "제대 후 지금 사귀는 여자친구와 꼭 결혼하게 해달라"고 빌었다고 대답했다. 베들레헴 예수탄생교회 광장에서 만난 한 팔레스타인 여성은 "하루빨리 취직해서 고생하는 부모를 돕고 싶다"고 대답했다. 헤브론 족장들의 무덤 앞에서 만난 한 팔레스타인 중학생의 소원은 '지중해에서 수영하는 것'이었다. 과연 이들이 그토록 바라고 희망하는 것들은 실현 불가능한 고차원적인 것들일까? 나는 이들의 소박한 대답 속에서 결코 서로를 증오하며 경멸하는 언어와 태도를 발견하지 못했다.

생텍쥐페리는 이렇게 말했다. "경멸은 열등한 인간이 만들어낸 것이다. 왜냐하면 열등한 인간의 진실이라는 것은 다른 이들을 배척하기 때문이다. 하지만 진실이 공존할 수 있다는 것을 아는 자들은 서로를 깎아내리려는 생각은 하지 않는다. 설사 다른 편의 진실이 우리의 오류를 의미할 수 있다 해도 그 진실을 인정한다. ……유일하게 가치 있는 존경이나 평가는 바로 적(敵)에게서 받는 존경이나 평가다." "빵에서 인간 공동체의 도구를 인정하는 법을 배우지 못하는 한 평화는 없다." "나치가 자기와 비슷한 사람들만 존중할 때, 그들은 자기 외에는 아무것도 존중하지 않은 거다. 나치는 창조적인 반대를 거부하고, 진보의 모든 희망을 파괴했다. 질서를 위한 질서는 인간으로부터 세계와 인간을 변화시킬 수 있는 핵심적인 능력을 거세해버린다. 삶은 질서를 만들어낸다. 하지만 질서는 삶을 만들어내지 못한다."

오늘 우리에게 필요한 것은 논쟁이 아니라 대화다. '논쟁을 하지 말라.' 왜냐하면 논쟁은 아무것도 가져다주지 않기 때문이다. 타인을 굴복시키기 위한 논쟁과 주장은 결코 문제 해결 방법이 될 수 없다. 또한, 타인의 억압으로부터 벗어날 수 있는 자유의 권리를 부인하는 것은 결국 자신의 권리마저 잠식당하는 결과를 가져다줄 것이다.

오늘 우리가 대화를 찾으려고 하는 것은 유대인 대(對) 팔레스타인의 문제가 아니며, 우파 대 좌파의 문제도 아니다. 리쿠드 대 노동당, 오렌지 리본(가자지구 내의 유대인 정착촌 철수 반대자) 대 파란 리본(철수 지지자)의 문제가 아니다. 이것은 옳은 것 대 그른 것, 받아들일 수 있는 것 대 그렇지 않은 것의 문제인 것이다.

우리가 지금 필요로 하는 것은, 답보 상태에 빠져버린 중동 평화협정을 대신할 정치적 대안을 찾는 것이 아니라, 공존이라는 희망의 비전(the Vision of Hope)을 꿈꾸는 것이다. 우리에게는 언제나 두 개의 세계가 있다. 하나는 실재하는 세계요, 다른 하나는 꿈을 꾸는 세계다. 오히려 오늘 우리는 "나그네를 대접하라"는 성서(신명기 10장 19절)의 구절을 오늘 우리의 토론의 경구로 삼아야 할 것이다. 유대인들의 조상 아브라함도 따지고 보면 메소포타미아에서 이주해 온 타국인이었으며, 아랍–팔레스타인인들 역시 아라비아 반도에서 들어온 이입자들이었다. 우리 모두는 지구에 잠시 머물다 가는 나그네(strangers, aliens)일 뿐이다.

읽어볼 만한 논문

최영철, 「정치 발전과 이슬람 : 이스라엘 아랍인 섹터의 사례연구」, 『한국이슬람학회 논총』 14-1, 2004, 105~125쪽.

_____, 「아랍계 이스라엘 의회의원의 민족적 정체성 : 아즈미 비샤라(Azmi Bishara) 의원 사건에 대한 이스라엘 대법원 판례 분석을 중심으로」, 『연례학술대회논 문집』, 한국중동학회, 2009, 9~23쪽.

최창모, 「이스라엘-팔레스타인지도 제작과 지명 바꾸기/지우기 연구」, 『한국중동학 회논총』 35-3, 2015, 65~97쪽.

홍미정, 「아랍 지역의 팔레스타인 난민」, 『지중해지역연구』 10-1, 2008, 55~95쪽.

제 3 장

정치와
거버넌스

1 거버넌스란 무엇인가

———

포괄적으로 말해서 '거버넌스(governance)'란 통치행위 혹은 의사결정 과정 및 결정이 실행되는 과정을 의미한다. 지배, 통치, 통할, 관리, 통제뿐만 아니라, 지배권, 지배력, 권력행위 등을 포함한다. 거버넌스는 조직의 전력과 목표 달성을 뒷받침하는 조직구조, 프로세스, 리더십으로 구성된다. 따라서 거버넌스의 요체는 '관리'와 '지배'가 된다. 관리와 지배 사이에는 참여, 투명, 효율과 합법성, 합치성, 정당성이 자리한다. 그런 의미에서 거버넌스란 일종의 '조정' 혹은 '협치'라 할 수 있다.

20세기 말에서 21세기 초에 걸쳐 세계화·정보화·지방화가 급속히 진전되고 있는 가운데 신자유주의 이념에 기초한 시장지향적 개혁이 보편화되면서 사회 전체가 효율과 혁신을 중시하게 되었다. 이로 인해 이미 전 세계는 '지구 경제촌(global economy)'화되어 국가와 국가 간, 국가와 지역 간, 지역과 지역 간 무한경쟁의 시대가 되었고, 이 과정에서 정부와 기업, 각종 기관들은 물론 심지어 개인까지도 경쟁력이라는 단위기준에 의해 생존이 결정되는 상황에 이르렀다.

이러한 변화 속에서 기존의 국가 주도의 패러다임으로는 세계화·정보화 및 지방화에 따라 파편화되고 다원화되고 복잡해진 각종 사회문제를 해결하기 위한 정책결정을 할 수 없는 지경에 이르렀다. 또한 1990년대 이후 공공부문의 개혁을 추진하는 과정에서 정부(제1섹터)와 시장(제2섹터) 및 시민사회(제3섹터) 등 공공부문 주체들의 관계를 새롭게 정립할 필요가 대두되었으며, 개별 국가 내부는 물론 국가 간의 관계도 국민국가나 국민체제 중심의 통치이론에서 새로운 개념의 이론으로 전환해야 하게 되었다. 이로 인해 오늘날 경쟁력 강화를 통한 발전을 추진하는 새로운 방식으로서 등장한 사회과학 분야의 이론인 거버넌스가 주목받고 있다.

거버넌스는 통치행위의 과정인 동시에 하나의 체계라는 측면에서 통치양식으로도 볼 수 있는데, 이러한 의미에서 거버넌스라는 용어 자체는 어느 시대에나 있었던 사회통치 양식을 의미하는 것으로서 완전히 새로운 개념은 아니다. 그럼에도 불구하고 최근 들어 거버넌스에 대한 논의가 활발해진 것은 앞서 언급한 것처럼 신자유주의 이념에 따른 세계화(또는 지구화)에 의해 열린사회적 복잡성을 구성하는 대립적인 요소들을 통합적으로 조정하면서 새로운 질서로 만들어 가야 한다는 점에서 거번먼트(government)와 거버넌스(governance)를 구별해야 할 필요성이 제기되었기 때문이다.

하지만 거버넌스 개념에 대한 학문적 관심은 1970~1980년대 이후에 이르러 생겨났고, 국내에서는 1990년대 후반에 들어와서야 비로소 본격적으로 논의되고 있는 형편이기 때문에, 아직 거버넌스의 개념이나 논의의 기본이 되는 이론에 대해서는 학문적 합의가 되지 못한 상태다. 이는 새로운 거버넌스의 개념과 이론의 틀을 필요로 하면서도 이에 대한 일반성과 보편성이 충분하게 인정되지 못한 이론 발전의 초기에 나타나는 현상으로 볼 수 있다.

영어의 거번먼트(government)와 거버넌스(governance)는 원래 '다스림(政)'을 뜻하는 동의어다. 다만 전자가 공권력을 갖고 다스리는 '정부'라는 뜻으로 자주 쓰임에 따라 더 넓은 의미의 이런저런 다스림을 가리킬 때 '거버넌스'라는 낱말을 택하기도 한다. 그래서 국가가 아닌 기업(business corporation)이 다스려지는 방식을 corporate governance라 하며 우리 말로는 '기업의 지배구조'라고(약간 부정확하긴 하지만) 번역한다. 또한, 정부가 일방적으로 통치하지 않고 시민사회의 여러 세력과 협동하고 합의해서 나라를 다스리는 정치행태를 거버넌스라 칭하면서 더러 '협치(協治)'로 옮기곤 한다.

그러나 완전한 전제정치가 아닌 한 정부권력의 행사 자체가 여러 세력의 협동을 통해 이뤄지게 마련이다. 예컨대 입헌군주제만 해도 군주가 의회 등 헌법기관들과 '더불어 다스리는' 체제이며, 여기에 정당정치가 가세하면 민·관 사이에 '정치권'이라는 독특한 국정 참여 집단이 형성된다. 삼권분립은 국가의 입법·행정·사법부가 일정하게 분리돼서 협동하며 통치하는 체제요, 언론을 '제4부'라 일컬을 때는 언론도 국가 거버넌스의 한몫을 담당하고 있음을 인정하는 셈이다.

2 이스라엘의 정치문화

___

이스라엘에는 늘 '중동 유일의 민주주의 국가'라는 수식어가 따라붙는다. 대다수의 중동-아랍국들이 아직까지 왕정체제나 불완전한 공화제 혹은 부족주의를 유지하고 있는 것과 비교할 때, 이 사실은 더욱 강조된다. 미국의 대중동 정책에서 이스라엘 편을 노골적으로 드는 까닭도 이론적으로는 여기에 근거한다. 이라크 전쟁 때도 '중동의 민주화'가 기치로 내걸리기도 했다.

과연 이스라엘은 민주주의 국가인가?

일반적으로 말해서 서구식 민주주의 체제의 요체는 정당정치와 선거제도에 있다. 적어도 두 개 이상의 정치정당들이 정치강령과 후보들을 내세울 수 있어야 하며, 국민은 1인 1표의 보통선거권을 통해 자신의 권한을 행사할 수 있어야 한다. 이런 조건에서라면 이스라엘은 분명 민주주의 체제를 가진 나라다.

그러나 이스라엘이 1948년 독립과 함께 서구식 민주주의 체제를 그 출발로 삼고 있는 것은 이스라엘의 독특한 정치문화, 즉 이민사회라는 특징에서 찾을 수 있을 것이다. 반유대주의와 시온주의 운동의 결과로 탄생한 이스라엘은 처음부터 유럽식 민주주의 체제로 출발했으나, 동시에 유대인의 종교적 뿌리, 즉 유대교(종교)의 '정치화'에 주목할 필요가 있다.

1) 정치문화와 특성

이스라엘은 유대인의 전통과 유럽의 다양한 사회·문화적 영향을 받아 각종 이슈에 대한 서로 다른 의결들을 표출하는 것이 자연스럽다. 이런 배경에서 다양한 집단의 다양한 이해를 대변하는 여러 정당들이 정치에 참여하는 다당제의 모습을 갖추고 있다. 이스라엘 국가 수립 이전(1920~1944)에도 유대인을 위한 유사 행정기관에 진출하기 위해 평균 12~26개의 정당 및 단체 등이 경합을 벌인 바 있으며, 1949년 최초의 의회선거에서는 24개의 정당이 설립되어 선거에 참여했다. 2006년 3월에 실시된 의회의원 선거에서 경쟁한 정당은 총 31개나 되며, 120석 가운데 한 석이라도 얻어 의회에 진출한 정당은 12개이다. 건국 이래 합당과 분당을 반복해왔으며, 시대적 상황에 따라 당명이 여러 번 바뀌고 당의 노선에도 변화가 있었으나 기본적인 정당들의 틀은 예나 지금이나 유지되고 있다고 볼 수 있다.

이스라엘 정당정치인 다당제의 뿌리는 건국 이전 시온주의 운동에 그 기원을 두고 있다. 세계시온주의자기구(WZO) 산하에는 출신지별로 각 지역을 대표하는 여섯 개의 조직이 있다. 또, 이스라엘 정당정치의 모체인 유대인 공동체 '이슈브'는 건국 이전부터 이미 정당 활동에 버금가는 활동을 벌인 정치단체였다.

독립 이후 1984년까지는 주로 노동당이 정권을 잡아 국가를 운영해왔으나, 1984년 선거 이후에서는 거대 양당체제(노동당과 리쿠드당)가 무너지면서 군소정당이 크게 약진하는 추세다. 최대한의 이익을 이끌어내고자 하는 군소정당들의 정치적 협상력이 향상되면서 연립정부로 운영되는 정부 시스템이 취약해진 것이 사실이다. 연립정부는 중소 규모의 종교정당과는 물론 중도 · 진보 · 민족 및 아랍 정당들과의 제휴를 마다하지 않고 구성되며, 연정 탈퇴나 연정 파트너 교체 등이 자연스럽게 빈번히 이루어지고 있는 것도 이스라엘 정치의 특성이다.

이스라엘은 전국이 하나의 선거구로서 정당별 비례대표제를 채택하고 있는 바, 의회 내 의석 확보를 위한 최소득표율(13대 이전 1%, 이후 1.5%, 16대 이래 2%)이 상대적으로 낮기 때문에 많은 소규모 정당들의 의회 진출이 가능하다.

이스라엘은 입법부, 행정부, 사법부로 이루어진 의회민주주의 국가이다. 기관으로는 크네세트(의회), 행정부, 사법부가 있다. 이스라엘의 정치체계는 권력분산의 원칙을 바탕으로 하고 있어, 행정부는 입법부의 신임을 받아야 하며, 사법부의 독립은 법으로 보장되어 있다. 이스라엘의 정치구조는 다음 쪽의 그림과 같다.

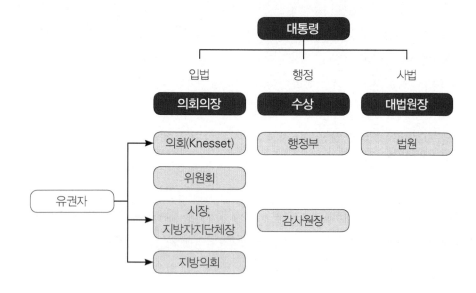

2) 의회 · 법원 · 정부의 구조와 기능

대통령을 히브리어로는 '나시'라고 부르는데, 고대 이스라엘 사회에서 유대인 최고의 입법 및 사법 기관이었던 '산헤드린'의 우두머리라는 뜻이다. 대통령은 국가의 원수이며 국가의 통합을 상징하고 정당을 초월하여 위엄과 도덕성을 갖추어야 할 의무를 가진다. 대통령은 개인적 위상과 국가에 대한 공헌도를 기준으로 선정된 후보 가운데 의회의 과반수 이상의 지지를 얻어 선출된다. 개정된 법률(1988)에 따라 대통령의 임기는 단임 7년이다.

대통령의 임무는 대부분 의례적이고 형식적이다. 총선 후 열리는 새 의해의 첫 회기 때 개회 선언을 하고, 선거 후 새 내각 구성 절차를 의회에 요청하며, 외국 대사의 신임장 수여 및 의회에서 채택된 법률과 조약에 서명하고, 해당 기관의 추천으로 판사, 이스라엘은행장, 해외주재 이스라엘 외교 대사를 임명하고, 법무부장관의 제청에 따른 사면 및 감면을 행사한다. 대통령은 사회 전반의 삶의 질을 향상시키기 위해 시민들의 호소를 듣고 지역단체의 위상을 높이며 사회운동을 강화하는 등 공공행사와 비공식적 업무도 수행한다. 역대 이스라엘 대통령은 다음과 같다.

역대 이스라엘 대통령

이름	재임 기간	취임 전 직업
하임 바이츠만	1949~1952	시온주의자 협회장, 과학자
이츠하크 벤츠비	1952~1963	정보부장, 역사학자
잘만 샤자르	1963~1973	정치가, 역사학자, 작가, 시인
이프라임 카치르	1973~1978	생화학자
이츠하크 나본	1978~1983	정치가, 교육자, 작가
하임 헤르조그	1983~1993	변호사, 장군, 외교관, 작가
에제르 바이츠만	1993~2000	공군장성, 정치가, 사업가
모셰 카차브	2000~2007	사회지도자, 정치가
시몬 페레스	2007~2014	정치가
르우벤 리블린	2014~현재	정치가

입법부(Knesset)는 BC 5세기 에스라와 느헤미야가 예루살렘에 소집했던 유대인 대표기구 '크네세트 하그돌라', 즉 최고의회(대표평의회)에서 유래했다. 120명으로 고정된 의원들이 4년마다 선거로 선출되어 의회를 구성하지만, 임기 종료 이전이라도 스스로 혹은 수상에 의해 의회가 해산될 수 있고 새로운 선거를 요구할 수 있다. 선거 후 새 의회가 구성될 때까지 모든 권한은 퇴임하는 의회가 가진다.

의회선거는 국민·직접·비밀·평등·보통·비례 선거로 치러진다. 전국이 단일 선거구로 18세 이상 국민이면 누구나 선거권을 가진다. 피선거권은 21세 이상인 자에게 주어진다. 이스라엘 의회의원 선거는 의원을 직접 선출하는 방식이 아니라 지지하는 정당에 투표권을 행사하는 정당별 비례대표제 방식으로 이루어진다. 군소정당들이 난립하는 가운데 현재 18대 의회에는 총 12개 정당이 의회에 진출해 있다.

의회의 임무는 법을 제정하고 정부의 일을 감독하는 것이며, 15개의 상임 및 특별 위원회—마약오남용위원회, 헌법·사법및정의위원회, 경제위원회, 교육

및문화위원회, 금융위원회, 외교및국방위원회, 주택위원회, 이민·흡수및디아
스포라위원회, 내무및환경 위원회, 사회복지및보건위원회, 국가통제위원회, 외
국인노동자위원회, 과학및기술위원회, 어린이보호위원회, 여성지위위원회 등—
가 구성되어 있다.

　본회의 회기 중 토론의 의제에는 정부 또는 의회의원 개인이 제안한 법안뿐
만 아니라 정부의 정책과 활동도 포함된다. 토론은 히브리어로 진행되지만 의원
들은 아랍어를 사용할 수도 있다. 두 언어 모두 공식언어이다. 동시통역도 활용
가능하다. 법률이 제정되기 위한 입법절차가 매우 까다롭다. 우선적으로 제출
된 법안이 의회에서 세 번의 독회를 통과해야 한다. 해당 위원회에서 세부적인
토론과 조정을 거친 법안은 본회의에서 제1독회에 회부되어 그 내용에 관한 간
략한 토론이 진행된 후 관련 위원회에 회부되어 상세 토의를 거쳐야 한다. 위원
회에서 작업을 마친 법안은 제2독회에 다시 상정되어 검토되고 토론이 이어진
다. 이 토론에서 법안이 다시 위원회의 검토나 조정을 거칠 필요가 없다면 제3
독회가 즉시 열리고 최종투표가 실시된다. 전체 회의에서 법안이 통과되면 의장
이 이에 서명하고 이후 법 시행에 책임이 있는 관계 장관, 수상, 대통령이 법안
에 서명한 후 관보로 공포하고, 마지막으로 국가의 인장이 사법부에 의해 찍히
면 법으로서 효력이 발생한다.

　행정부는 수상과 내각으로 구성되는데, 1992년 개정된 선거법에 따르면 **수
상**은 다수당 여부와 관계없이 국민들에 의해 직접 선출된다. 각 정당들을 규합
하여 내각을 구성하는 형식을 취하고 있으므로 수상이 의회의 지지를 받지 못
할 경우에는 해임되고 선거를 다시 실시해야 하는 등 정치적 불안이 빚어지기
도 했다. 이에 2001년 선거법이 재개정되면서 1992년 이전으로 회귀하였고, 국
민들이 정당에게 투표하여 정당별 비례대표의원을 선출한 후 대통령이 각 정당
당수들과 협의하여 연정(聯政) 구성 가능성이 높은 당수에게 수상 후보로서 연정
구성권을 부여한다. 지명된 당수가 연정 구성에 성공하여 정부 구성안을 의회에
제출하여 승인을 받으면 대통령이 최종적으로 수상을 승인한다.

　대통령에 의해 연정 구성권을 부여받은 수상 후보는 선거 결과 발표 후 45일

이내에 **내각** 명단과 정부 구성안을 작성하여 의회에 제출, 승인을 받아야 한다. 각료들은 각자의 임무 수행에 대해 수상에게 책임을 지게 되며, 대부분의 각료들은 직위를 부여받아 행정 각부의 장관이 된다. 특별임무를 맡는 무임소 장관도 있다. 수상도 내각의 장관직을 겸할 수 있다.

이스라엘 행정부는 국가의 안보를 포함한 국내외 관련 업무 등을 관장하며, 정부의 정책결정 권한은 매우 방대하여 법으로 위임받지 않은 다른 기관의 업무도 수행하도록 되어 있다. 행정부는 자체 업무나 정책결정 절차를 정기적으로 주례각료회의에서 결정한다. 필요에 의해 특별각료회의, 안보각료회의, 연정지도자회의 등을 개최한다. 의회와 마찬가지로 내각도 4년이 임기이며, 수상의 사임이나 서거, 의회의 불신임으로 임기가 단축될 수 있다. 수상이 의회 불신임, 탄핵, 서거, 사임의 이유로 임무를 수행하지 못하는 경우 내각은 각료 중 1인을 수상대행으로 임명하며 수상대행은 의회 해산을 제외한 모든 수상의 권한을 가진다. 역대 이스라엘의 수상은 다음과 같다.

역대 이스라엘 수상

이름	재임 기간	비고
다비드 벤구리온	1948~1954	
모셰 샤레트	1954~1955	
다비드 벤구리온	1955~1963	
레비 에슈콜	1963~1969	
골다 메이어	1969~1974	
이츠하크 라빈	1974~1977	
메나헴 베긴	1977~1983	
이츠하크 샤미르	1983~1984	
시몬 페레스	1984~1986	
이츠하크 샤미르	1986~1992	
이츠하크 라빈	1992~1995	극우 유대인 청년에 의해 암살당함

이름	재임 기간	비고
시몬 페레스	1995~1996	
베냐민 네타냐후	1996~1999	
에후드 바라크	1999~2001	
아리엘 샤론	2001~2006. 1	
에후드 올메르트	2006. 5~2009. 3	2006. 1~2006. 5 수상 대행
베냐민 네타냐후	2009. 3~현재	

사법부의 독립은 법으로 보장된다. 법관은 대법원 판사, 법조계 인사, 공직자(장관, 의회의원 등)로 구성된 특별지명위원회의 추천으로 대통령이 임명한다. 법관은 종신직이며 70세가 정년이다. 현 대법원장은 도리트 베이니시(Dorit Beinish, 2006년 9월 취임)이다.

법원으로는 민사 및 경범죄, 형사 사건을 관할하는 치안판사재판소(판사 1명), 항소심과 민사 및 형사 사건을 관할하는 지방법원(판사 1~3명), 상고심과 정부기관에 대한 청원심리 및 사법정의를 위해 필요시 개입하는 대법원(홀수의 판사), 교통 · 노동 · 청소년 · 군사 · 지방자치단체에 관련된 행정법원인 특별법원(판사 1명), 그리고 각 종교단체의 사법기관에 부여된 개인 신상(결혼, 이혼, 양육비, 후견인, 입양 등)에 대한 관할권을 가진 종교법원(판사 1~3명) 등으로 구성된다.

이스라엘에서는 의회에서 제정된 법과 독립 선언에 구현된 원칙에 반하지 않는 한 1948년 건국 이전에 존재한 법도 유효하다. 그 결과 이스라엘 법에는 1917년까지 유효했던 오스만 제국법, 보통법을 계수한 대영제국 위임통치법, 유대교의 율법 및 기타 법률체제의 요소가 남아 있다. 그러나 법체계의 기본은 1948년 이후에 제정된 법과 판례가 크게 한덩어리를 이루고 있다.

이스라엘에는 현재 헌법이 없다. 건국 이후 의회가 일련의 기본법들(Basic Laws)을 제정할 권한을 위임받아 제정했는데, 여기에는 대통령, 의회, 행정부, 사법부, 이스라엘 방위군, 감사원, 직업 선택의 자유, 인간의 존엄성, 자유에 관한 내용이 담겨 있다. 종국적으로는 이것들이 헌법을 형성하게 될 것이다. 기본법인 보통법에 대한 상위 규범은 1995년 대법원이 기본법을 위반하는 법에 대한 심리권한을 행사함으로써 인정된다. 대법원은 판례를 통해 언론·집회·종교의 자유 및 평등을 이스라엘의 기본가치로 발전시켜왔으며, 개인의 정부기관에 대한 청원을 심판한다.

경찰은 범죄와 싸우고 법 집행을 지원한다. 교통법규를 집행하고, 국민의 안전과 보호를 위한 예방조치에 관한 지침을 제공하는 일을 담당한다. 경찰의 주력 기동부대인 국경경찰은 주로 국내의 안보 문제를 처리하며 특별 대테러부대를 보유하고 있다. 테러사건의 빈발과 위협을 우려하는 시민들은 그들이 지역사회 보호에 적극적으로 나서도록 해줄 것을 요청하고 있다. 그 결과 자원제의 민간경비대가 창설(1974)되어 자위센터, 무장정찰대, 훈련 프로그램을 포함하는 주변 지역 보안부대를 운영하고 있다.

지방자치단체(지방정부)는 교육, 문화, 보건, 사회복지, 도로 관리, 공원, 상수도, 위생, 소방 등의 서비스를 제공하며, 또한 법률을 보완하기 위해 내무부 승인을 받은 조례에 따라 기능을 수행한다. 일부 지방자치단체는 조례를 어긴 사람들을 심리하는 특별법정을 운영하기도 한다. 지방자치단체의 재원은 중앙정부로부터 배정받은 예산과 지방세로 조달하며, 검사관을 두어 연간 보고서를 작성케 하고 있다.

법률상 세 종류의 지방자치단체가 있다. 시(municipality)는 인구 2만 명 이상, 군(local council)은 인구 2천 명~2만 명, 면(regional council)은 여러 개 부락을 관할한다. 현재 69개의 시, 141개의 군, 54개의 면이 있다. 각 자치단체는 시장과 지방의회가 관리하며, 의원의 수는 관할지역의 인구수에 따라 내무부가 결정한다. 모든 자치단체는 지방자치단체연합을 결성하여 중앙정부에 대해 대표권을 행사하는데, 크네세트에서 관련 법률 제정을 모니터링하고 계약 및 법률 문제 등에 관한 지침을 제공한다. 국제자치단체연합과 제휴를 맺고 있으며 전세계 비슷한 지방정부들과 유대관계를 형성하여 상호 대표단을 교환하며 프로그램을 개발한다.

지방선거는 5년마다 비밀투표로 행해지는데, 만 18세 이상의 영주권자들은 이스라엘 시민 여부에 관계없이 투표할 수 있으며 만 21세 이상의 영주권자들은 선거에서 피선될 수 있다. 자치단체장(시장과 군수)은 직접투표로 선출하며, 면 선거에서는 각 부락의 최다득표자가 의원으로 선출되고 면장은 의원들이 선출한다. 지방자치의회선거에서 투표는 정당이 작성한 후보 명부에 대해 이루어지며 득표한 비율에 따라 의회의원 수가 결정된다.

3) 선거, 정당, 정당정치사

이스라엘의 선거는 국민 · 직접 · 비밀 · 평등 · 보통 · 비례 선거이다. 전국이 단일 선거구이며 18세 이상 국민이면 누구나 투표권을 가진다. 선거일에 유권자들은 의회에서 그들을 대표할 정당에 표를 던진다. 선거일은 법정공휴일이며, 선거 당일 자신의 투표구에 있지 못한 유권자들에게는 무료 교통 편의가 제공되고, 군인, 병원에 입원 중인 환자, 죄수, 상선 선원, 공식 업무로 해외 체류 중인 이스라엘 국민에게도 투표소가 제공된다.

중앙선거관리위원회는 대법관이 위원장을 맡고 의회에 의석을 가지고 있는 각 정당의 대표들로 구성되며, 선거관리를 책임진다. 지방선거위원회는 임기 막바지인 의회의 세 개 이상 정당 대표들로 구성된 지역투표위원회가 제 기능을 수행하도록 감독하는 일을 맡는다.

이스라엘의 정당법에 따르면 21세 이상의 국민이면 의회의원에 입후보할 수 있고, 후보 명부를 작성한 단체가 중앙선거관리위원회에 등록되면 정당으로 선거에 참여할 수 있다. 정당을 설립하려면 100명 이상의 당원이 있어야 한다. 일단 정당으로 등록되면 영리활동을 할 수 없고, 정당재정법에 따라 후원자들의 기부금에만 의존해야 한다. 정당의 수입은 감사원에 보고해야 한다. 신당인 경우 신문 지면을 통해 정당 등록을 알려야 한다. 의회의원 선거에는 정당(미플라가)과 후보 명부(레쉬마트)가 발표된다. 이스라엘을 반대하지 않고 인종차별을 지지하지 않으며 불법행동을 용납하지 않는 정강과 행동강령만 맞으면 정당으로 승인된다. 이를 위반하면 선거 참여권을 박탈한다. 예컨대 아랍 시민의 철수(퇴거)를 공약으로 내건 랍비 메이르 카하나가 이끄는 카흐당이 쫓겨난 것이 그런 경우다.

정당의 기원과 특징

크고 작은 정당들이 수시로 이합집산하여 큰 세력으로 거듭난다. 1965년 다비드 벤구리온, 모셰 다얀, 시몬 페레스, 이츠하크 나본 등이 마파이당에서 나와 라피당을 세우자, 불리해진 마파이당의 지도자들은 약세를 면키 위해 아흐두트-노동당과 연합했다. 1968년에는 마파이당과 아흐두트-노동당이 라피당과 연합하여 하아보다당(이하 노동당)이 되었고, 노동당은 1969년에 다시 마팜당(시온주의 좌파정당)과 연합하여 노동연합제휴당인 마아라흐당으로 거듭 태어났다. 반면, 우파정당인 헤루트당과 리베랄당은 1965년 선거 때 가할당 블록을 형성했는데, 1973년에 아리엘 샤론이 가할당과 함께 리쿠드당을 설립했다. 이렇게 형성된 거대정당은 다른 그룹들과 일치점을 찾으려고 하나의 주요 이념을 표방하기 때문에 하부의 작은 주제들을 소홀히 하는 경우가 많다. 정당의 세력이 크면 클수록, 정당 내 파벌이 많으면 많을수록 하나의 일치점을 찾기 위해 당내 소수 이념들은 타협의 대상이 되기 때문이다. 따라서 오히려 소수정당들이 순수하게 당의 사상과 이념을 추구할 수 있으나 정책을 구현하기에 필요한 세력이 부족하여 힘을 얻기 어렵다. 이래서 군소정당 간 혹은 큰 정당과의 연합을 꾀하곤 한다.

이스라엘에는 뚜렷하게 좌파와 우파 진영이 있다. 좌파에는 두 개의 축이 있는데 하나는 시온주의 세속정당인 노동당과 메레츠당이고, 다른 하나는 아랍 정당인 하다시-신공산주의당과 민주아랍당이다. 메레츠당은 다시 세 개의 소수파인 라츠, 마팜, 시누이(Shinui)로 구성된다. 우파에는 세속정당과 종교정당 그룹이 있다. 세속 그룹은 리쿠드당과 초국가적인 초메트, 몰레데트 등 세 개의 민주주의 정당들로 구성되며, 종교 그룹에는 마프달, 아구다트-이스라엘, 데겔-하토라, 샤스당 등이 있다.

건국 이래 최대 정당도 선거에서 과반수 득표에 실패하여 대체로 연립정부를 구성해야 했다. 따라서 소수정당이라 해도 연립정부를 구성하는 조건으로 그 지위를 인정받을 수 있기 때문에 정당의 가치는 높다. 1992년까지만 해도 선거에서 1%만 얻어도 최소 1석을 확보했으나, 바뀐 선거법에 따라 지금은 1.5%의 득표를 얻어야 가능해졌다. 소수 특정인, 즉 노인, 여성, 상이군인, 택시기사, 수감자, 농부, 군인, 심지어 게이나 마약중독자와 같은 집단의 이익을 대변하기 위해 정당을 구성하여 선거에 참여하기도 한다. 2006년 선거에서 은퇴 노인들이 만든 길라임당은 7석을 확보하는 쾌거를 이룬 바 있다.

건국 이후 20년간 대부분의 정당들은 카리스마를 소유한 지도자들의 전유물이었다. 마파이당의 벤구리온과 모셰 샤레트와 레비 에슈콜과 골다 메이어, 헤루트당의 메나헴 베긴, 마팜당의 야콥 하젠과 메이르 야아리, 이스라엘공산당의 메이르 빌네르 등이 대표적인 지도자들이었다. 선거가 다가오면 정당들은 전당대회를 열어 당 서열이 매겨진 후보 명부를 정한다. 여기서 새로운 리더들이 부침(浮沈)을 통해 추려진다. 정당들은 다양한 계층을 겨냥한 후보자들을 명부에 올린다. 종종 지지 세력이 없는 인물이라도 당의 전체적인 균형을 이루기 위해 당선권 내에 포함시키기도 한다. 여성이나 아랍계 인물 또는 스파라딤계 인사들이 이러한 배분의 수혜자가 된다.

정당정치사

이스라엘의 정치사는 정당정치사라 할 수 있다. 정당정치사는 대개 3기로 나눌 수 있다.

제1기는 **마파이-노동당의 지배체제(1949~1977)**로서 건국 이전부터 정국을 주도하던 벤구리온의 마파이당이 지배하던 약 30년간을 일컫는다. 마파이당의 주도권은 1935년에 본격화하여 1965년까지 벤구리온의 일당 독주 체제 아래 있었다. 그가 정계에서 은퇴한 후 영향력이 점차 약해지다가 1977년 선거에서 최초로 우파에게 정권을 넘겨주고, 1981년에 정당사에서 자취를 감추었다.

마파이당은 1949년 제헌의회의원 선거에서 전국 유권자의 38%의 지지를 얻어

제1여당으로 등장하며 정국을 장악했다. 1969년 골다 메이어가 이어받아 1973년 제4차 중동전쟁(욤키푸르) 이후 몇 달 동안까지만 해도 45%의 대중적 지지를 받아왔다. 마파이당의 정치적 성공은 역사적, 전략적, 시대적인 측면에서 설명된다. 우선, 벤구리온의 리더십이 큰 신뢰를 받으며 출발했다. 그는 당수로서, 초대 수상으로서, 개척자로서 이스라엘 정치사에 상징적인 거물이었다. 밀려오는 이민자들은 마파이당과 당이 주도하는 정부로부터 막대한 정착 지원을 받았으며, 정당과 정부를 배신하는 것은 곧 나라를 배신하는 것과도 같을 정도였다. 더구나 혼란스러운 독립 초기 정국과 경제 사정을 잘 극복했다는 평가를 받았다.

1950년대 후반에는 세대 간의 갈등과 긴장을 해소하기 위해 벤구리온은 모셰 다얀과 시몬 페레스 같은 차세대 지도자를 길러냈다. 1963년 벤구리온과 그의 측근들이 당을 떠나 2년 후 라피당을 창당했을 때 모셰 다얀이 합류한 것도 큰 이득이었다. 벤구리온 없는 마파이당의 지배체제는 계속 유지되었으며, 세력 확장을 위해 1944년 마파이당에서 분리해나갔던 아흐두트-노동당과 재합당했다. 이후 작은 계파인 하쇼메르-하차이르당과 연합하였고, 마침내 1968년 벤구리온의 라피당을 흡수하여 노동당을 창설했다.

1968년 새로 태어난 노동당은 온건한 중도파라는 입장을 내세워 국가와 종교의 관계를 유지하고, 사회주의와 자본주의 경제를 혼합·장려하고, 중립 외교 혹은 친서방 외교정책을 표방했다. 국가 균형 발전을 위하여 폭넓은 정당들과 연합정부를 구성했고, 심지어 시온주의 종교정당인 마프달과 '영구적' 동반자 관계를 맺어 종교적 유권자들과 세속적인 유권자들 간의 긴장을 최소화하려 했다. 또, 아랍 정당들과 연합을 꾀하면서 유대인과 아랍인 사이의 정책적·정치적 제휴를 모색해나갔다. 마파이당의 일당 지배 체제를 견제할 수 있는 경쟁자라 할 만한 야당은 최소한 1974년까지는 없었다. 1974년 리쿠드당이 39석을 얻으며 마파이당의 독주에 처음으로 제동을 걸었다.

제2기는 권력이 **노동당에서 리쿠드당으로 이동하던 시기(1977~1992)**이다. 1977년 5월 선거에서 가장 많은 의석을 차지한 리쿠드당은 자신들의 승리를 믿을 수 없을 정도였다. 상대적으로 마파이당 역시 패배를 쉽게 인정할 수 없을 정도로 충격적인 일이었다. 일부 국민들 사이에는 선거 패배에 대한 보복의 두려움 때문에 나라를 떠난다는 소문이 나돌 정도였다. 창당 이래 만년 야당이었던 리쿠드당은 제대로 훈련된 핵심당원 없이 1981년까지 마파이당 출신 경험자들의 도움으로 정부를 운영해야만 했다.

노동당의 선거패배 원인은 다쉬(Democratic Movement for Change, DASH)당의 창당 때문이었다. 다쉬당은 중도정치정당으로 1977년 이갈 야딘과 메이르 조레아가 창당했다. 당시 노동당 당수였던 이츠하크 라빈의 부인 레아 라빈 여사의 외환 반출 사건과 주택장관 아브라함 오퍼의 자살과 아세르 야드린 사건 등이 맞물려 반(反)노동당 정서가 만연해 있었으며, 1973년 욤키푸르 전쟁 이후 정부에 대한 국민의 실망이 극에 달해 있었다. 이러한 배경에서 다쉬당이 세워졌고, 1977년 선거에서 차지한 15개 의석은 주로 노동당으로부터 나온 것이었다. 결국 32석 대 43석으로 노동당은 리쿠드당에게 정권을 물려주게 되었다. 하리쿠드당의 메나헴 베긴은 건국 이후 처음으로 노동당을 배제하고 다쉬당과 기타 종교정당들과 함께 연립정부를 구성했다.

리쿠드당은 아리엘 샤론이 이끄는 샬롬지온당과 연합하여 노동당과 양당체제를 구축하고 정국을 주도해나갔다. 1978년 이집트 안와르 사다트와 맺은 캠프데이비드 협정은 메나헴 베긴이 낳은 최대의 정치 프로젝트였다.

1981년 이후 이스라엘 정치는 좌파와 우파로 나뉘어졌다. 1982년에 노동당과 마팜은 '하아보다-마팜 제휴'라는 새로운 정치지형을 만들고 1984년 선거를 치렀다. 그러나 다수당이긴 했어도 단독으로 권력을 장악하기에는 지지가 부족했다. 리쿠드당과 연립정부를 세워 시몬 페레스와 이츠하크 샤미르가 수상 자리를 각각 2년씩 번갈아가며 맡는 새로운 정치실험을 단행했다. 제1당과 제2당이 연합한 정부였다. 1988년 선거에서 리쿠드당이 약간 우세했지만, 두 정당은 다시 연립정부를 구성하여 권력을 나누어 가졌다. 이번에는 하리쿠드의 샤미르가 수상직을 맡고, 노동당의 라빈과 페레스가 각각 국방장관과 재무장관직을 맡았다. 1992년 선거에서 두 진영 간의 정치적인 교착 상태가 깨지고, 노동당이 다시 권력을 잡았다.

제3기는 **권력이 수시로 바뀐 시기**로서 1992년 하리쿠드에서 노동당으로, 1996년 노동당에서 다시 리쿠드당으로, 1999년 리쿠드당에서 다시 노동당으로, 2001년 노동당에서 다시 리쿠드당으로, 2006년 리쿠드당에서 카디마당으로, 그리고 2009년 카디마당에서 리쿠드당으로 권력이 수시로 이동했다.

1990년 라빈과 페레스 간의 당권 경쟁이 노골화되고, 1992년 선거에서 노동당이 승리했으나 이는 보수당의 분열과 수정된 선거제도 때문에 얻은 낙과(落果)에 불과한 것이었다. 정당 최소지지율이 1%에서 1.5%로 상향조정되면서 우익 군소정당들이 의석을 하나도 얻지 못하는 결과를 낳았던 것이다. 우파의 전체 득표율은 좌파진영보다 높았지만, 의석수는 적었다.

1993년 라빈이 주도한 오슬로 평화회담은 캠프데이비드 협정 이래 답보 상태에 있던 아랍-팔레스타인 갈등 해결의 실마리를 마련한 것으로 평가되었으나, 이 역시 복잡한 이스라엘 내의 정치현실이 반영된 결과였다. 1995년 우파 청년에 의한 라빈 수상의 암살 사건은 이스라엘 내의 복잡한 정치현실이 표출된 한 단면이었다. 1996년에는 1인 2개 투표권을 갖는 새로운 선거제도가 도입되었다. 수상과 지지 정당을 따로 투표하는 방식이었다. 선거 결과 의회에서는 노동당이 다수 의석을 차지했고(34석, 26.8%), 수상으로는 베냐민 네타냐후가 1%의 차이로 페레스를 누르고 수상에 당선되었다.

1999년 선거에서 리쿠드당을 누르고 승리한 노동당의 에후드 바라크 수상은 제2차 인티파다로 팔레스타인과의 유혈충돌 사태가 악화된 상황에서 치러진 2001년 선거에서 리쿠드당이 대승(40석, 노동당 19석)을 거두고 아리엘 샤론에게 수상직을 내어주었다. 인티파다와 유혈사태의 종식을 위해 샤론 수상이 내놓은 분리정책으로 정착촌 철수를 지지하는 좌파와 반대하는 우파 간의 갈등의 골은 깊어만 갔고, 여당 내부에서조차 샤론에 반대하는 우파 간 갈등으로 몸살을 앓았다. 2005년 8월 가자지구 내 유대인 정착촌 철수를 강행한 샤론은 결국 당내 갈등으로 당을 떠나 샤론당이라 불리는 카디마당을 창설했다. 노동당과 라쿠드당 내에 존재하는 좌우중도파 인사들이 총결집하여 세운 중도 성향의 정당이다. 카디마당은 예상한 것보다 우세했다. 2006년 1월 불행하게도 샤론이 뇌출혈로 쓰러지고 그해 3월에 실시된 선거에서 카디마당의 에후드 올메르트가 수상으로 올랐다. 리쿠드당은 12석에 불과한 초라한 당으로 전락했다. 그러나 2009년 2월과 2015년 3월 치러진 총선에서 리쿠드당의 베냐민 네타냐후가 근소한 차이로 승리하면서 현재 보수연합정부가 이스라엘 정부를 이끌어가고 있다.

종교정당사

이스라엘 정치에서, 비록 소수정당이지만, 종교정당이 차지하는 비중은 매우 크다. 현실정치 내에서 캐스팅보트를 쥐고 영향력을 행사하는 것은 물론 이스라엘의 국가 정체성 및 팔레스타인 문제에 큰 영향을 미치고 있다. 종교정당들은, 좌파건 우파건 항상 연정 파트너로서 현실정치에서 자신들의 정치력보다 더 큰 힘을 발휘한다.

먼저, 이스라엘의 대표적인 종교정당들을 시온주의 종교정당과 반시온주의 종교정당으로 나눈다. '정치적' 시온주의 운동을 지지한 정당과 반대한 정당이라 여기면 될 것이다. 전자에 해당되는 정당으로는 미즈라히당과 하포엘-하미즈라히당이 있으며, 두 정당은 건국 후 마프달당으로 통합되었다. 이들 정당들은 대체로 이스라엘 사회 내에서 종교법을 유지하면서 세속적인 요소를 억제하는 역할을 한다. 후자에는 아구다트-이스라엘당과 하포엘-아구다트-이스라엘당이 있는데, 이들은 야하두트-하토라당으로 통합되었다. 아구다트-이스라엘당은 하나님이 세우는 참 이스라엘을 기다리며 시온주의 운동이 세우려는 세속국가인 이스라엘을 부정한다. 반시온주의 종교정당 중에는 국가를 부정할 뿐만 아니라 반국가운동을 벌이는 단체도 있는데, 네투레이-하카르타당 같은 이들은 심지어 이스라엘을 적대시하는 팔레스타인이나 이란 등의 지도자들을 만나 격려하면서 하루빨리 이스라엘이 무너지기를 기도하기도 한다. 아구다트-이스라엘 계열에서 분리된 당이 샤스당과 데겔-하토라당이다.

종교정당은 건국 이래 지금까지 크게 세 시기로 발전해왔다. 제1기는 마프달당이 평균 10~12석을 확보하며 연합정부에서 강력한 정치력을 발휘하던 안정적 세력균형의 시기(1948~1977), 제2기는 선거 때마다 종교진영의 당들이 분열되거나 통합되던 시기(1977~1996), 제3기는 종교정당의 2세대가 활약하는 시기(1996~현재)로 나눌 수 있다. 종교정당들의 정치 흐름을 큰 틀에서 보면 시온주의 종교정당의 역할이 약화되고, 반시온주의 종교정당들이 두각을 나타내고 있는 것이 특징이라 하겠다.

제1기(1948~1977): 세력 균형

종교정당은 이스라엘 건국과 함께 정치권으로 들어와 비교적 안정적으로 정치적 영향력을 행사했다. 독립 선언(1948년 5월)부터 첫 의회선거(1949년 2월) 때까지 임시정부 기간에 종교정당의 활약상은 두드러졌는데, 이는 건국 이후 국가의 정체성 및 국가 내에서 종교의 역할을 결정짓는 데 협상의 주도권을 쥘 정도였다.

이 시기 이스라엘 종교정당의 특징은 안정적인 지지기반을 통해 종교정치력 간의 균형을 유지한 것이다. 선거에서 평균 15~18석을 확보했다. 초기 종교정당으로서는 기존의 미즈라히당과 하포엘-미즈라히당이 마프달당으로 연합하여 가장 강력한 종교정당이 되었다. 반면 아구다트-이스라엘당과 포알레이-아구다트-이스라엘당은 세력은 작지만 안정적이며 보수적인 성향을 띠고 있었다.

당시 좌파와 우파의 양대 진영 사이에서 캐스팅보트를 쥔 종교정당은 연합정부의 방향을 좌지우지했다. 첫 선거부터 연합정부의 영입 대상 1순위가 된 종교정당은 건국 이전 이슈브에서 유지한 수준의 종교법 및 종교 전통을 건국 이후 이스라엘에 그대로 적용하도록 정부를 압박했다. 일명 '현상 유지'를 강조하는 종교법을 현대 민주주의 국가체제에 그대로 도입하기에는 문제가 많았다. 새로운 국가의 정체성이 지극히 '세속적'이라고 주장하는 종교적 유대인들과 너무나 '종교적'이라고 주장하는 세속적(비종교적) 유대인 사이에는 골이 깊었다. 그러나 '세상의 변화에 유연하지 못한 종교법과 종교적 전통'은 막강한 종교정당들의 영향력에 힘입어 세속국가인 현대 이스라엘에 깊숙하게 파고들었다.

종교정당 마프달당이 노동당과 연합정부를 구성하고 동맹 관계를 유지한 것은 이미 건국 이전부터였다. 1935년 제19차 시온주의 회의에서 마파이당(노동당의 전신)은 미즈라히당(마프달당의 전신)을 도와 지도부를 구성했다. 미즈라히는 전국적으로 두터운 지지층을 갖고 있었다. 가난하거나 부유하거나, 구세대거나 신세대거나 가릴 것 없이 유대교 신앙과 전통을 따르는 이민자들로부터 강력한 지지를 받았던 것이다.

1949년에서 1967년 사이 압도적인 다수를 형성한 노동당은 마프달당 없이도 안정적인 내각을 구성할 수 있었으나, 1951년, 1955년, 1961~1964년에는 마프달당 없이는 과반수 의석을 확보할 수 없었기 때문에 정부를 구성할 수 없는 형편이었다. 노동당과 마프달당 간에는 이념적인 차이가 있음에도 불구하고, 연정에 참여한 마프달당은 종교법 제정에 지속적인 영향력을 행사하고, 정부예산 지원과 종교교육 자치권을 인정받는 대가로 노동당의 국방 · 외교 · 안보에 관한 정책을 전폭적으로 지지했다.

그러나 안정적인 종교세력에도 내부 갈등이 시작되었다. 1967년 6일전쟁 때 점령한 웨스트뱅크와 시나이 반도, 골란 고원 등 소위 점령지의 지위를 놓고 내부에 이견이 발생한 것이다. 점령지는 지역의 평화 안정에 걸림돌이 될 것이라는 우려와 함께 점령지를 이스라엘 영토에 편입시켜 적극 활용해야 한다는 주장이 엇갈렸다. 마프달당 내의 민족주의 성향이 강한 우파 신진세력은 점령지에 대한 안보적 관심보다는 영토의 활용에 더 많은 관심을 가졌다. '점령지'는 본래 유대인의 것으로 어떤 양보도 허용해서는 안 된다고 주장했다.

종교법과 종교교육 등 종교적 사안에 맞춰져 있던 마프달당의 초점이 점차 외교나 안보 문제에 집중하면서 외연을 넓혀나갔다. 첫 행동으로 종교정당 내 젊은 세력들은 점령지 내에 정착촌을 강하게 추진했다. 이들 세력 중 상당수가 '구쉬 에무님(Bloc of the Faithful)'의 중요 인사들이었다. 구쉬 에무님 운동은 랍비 즈비 예후다 쿡이 영토를 종교와 통합시켜 하나의 종교운동으로 발전시켜 널리 보급한 운동이었다. 이 운동에 참여한 젊은 세력들이 마침내 마프달당의 주요 세력으로 성장한 것이다. 오늘날까지도 이어지고 있는 정착촌 건설 운동은 이들의 정치적 활동과 무관하지 않다.

그러나 종교적 사안에만 관심을 가졌던 종교정당 마프달이 세속적인 주제에 관심을 가지자 유권자들의 변화가 나타나기 시작했다. 종교와 교육 등 전통적인 정책에 관심을 가졌던 유권자들이 당에 등을 돌리고, 결국 마프달당은 1973년 선거에서 2석이 줄어든 10석을 얻게 된다. 아구다트-이스라엘당 역시 종교적 문제 이외에 국방이나 안보 등에 관해 개입하기 시작하면서 1973년과 1977년 선거에서 각각 5석을 차지했던 것이 1984년에는 4석으로 줄어들면서 정치적 영향력이 감소했다. 종교정당으로서의 정체성 변화에 기인한 결과였다.

제2기(1977~1996): 세력 내 동요

이 시기는 종교정당들이 분열되고 종교세력이 동요하던 시기였다. 1981년에서 1992년 사이에 특히 분열과 재통합이 반복되었다. 1981년 마프달당으로부터 타미당이, 1984년 마차드당이 각각 분리되고, 1984년 아구다트-이스라엘당으로부터 샤스당이 떨어져나갔다. 그러나 1988년 마차드당이 마프달당과 합당하고, 포알레이-아구다트-이스라엘당이 아구다트-이스라엘당과 합당하고, 1992년 아슈케나짐 종교정당인 데겔-하토라당과 아구다트-이스라엘당이 야하두트-하토라당이란 이름으로 통합되었다. 종교정당들 간에 합종연횡이 이루어진 까닭은 1992년 선거법이 바뀌면서 정당지지율이 1.5%(이전 1%)가 넘지 않을 경우 의석을 확보할 수 없게 되었기 때문이다.

마프달당은 일곱 개의 정파들로 구성되었는데 그중 세 개 파벌이 강력한 영향력을 갖고 있었다. 이츠하크 라파엘이 이끄는 하리쿠드 우트무라, 당의 오랜 지도자 요세프 버그가 이끄는 라미프네, 그리고 즈불론 함머와 예후다 벤메이르가 이끄는 쇼므레이 차이르가 그것이었다. 1977년 당내 경선에서 라파엘이 쇼므레이 차이르 파벌의 소장파 아하론 아부하체이라에게 패배했는데, 이에 힘을 얻은 아하론은 정착촌 운동을 벌여온 구쉬 에무님의 랍비 하임 두르크만을 당내 2인자로 세워 당 쇄신을 시도했다. 정통파 유대인이 아닌 외부인에게 당의 문호를 개방하고, 유럽의 기독교 정당을 모델로 삼아 당의 규모를 확장하려 했던 것이다. 그러나 이러한 야심은 마프달당이 그동안 유지해온 종교적 정체성을 약화시키는 결과를 초래하고 말았다.

당내 변화의 와중에 메나헴 베긴이 이집트와 평화협정을 체결하고 사다트 대통령을 예루살렘에 초청했다. 마프달당은 베긴의 이런 정책을 지지했다. 그러자 하난 포라트 등 당내 일부 우파세력은 노선에 반발하여 1981년 탈당하고 트히야당으로 들어갔다. 이어 스파라딤과 아슈케나짐 간의 인종적 갈등이 격화되면서 당내에서 충분한 대우를 받지 못한다고 느끼던 아하론 아브하체이라가 탈당하여 타미당을 창당했다. 1983년에는 또다시 우파세력들이 탈당하여 마차드당을 세웠다. 이듬해 마차드당은 포알레이-아구다트-이스라엘당에 합류하여 모라샤당을 만들고, 모라샤당은 1986년에 해산하고 당원 대부분은 다시 마프달당으로 돌아와 당의 우익화를 강력히 추진했다.

이러한 분열과 통합 속에서도 앞서 언급한 대로 6일전쟁 이후 점령지 처리 방안을 놓고 발생한 당내 갈등은 식지 않았다. 마침내 1981년 선거에서 의석수가 (이전 12석에서) 6석으로 줄어들어 몰락의 길을 맞았다. 1984년 선거에서는 4석이라는 역사상 최악의 수확을 기록했다. 점령지 문제를 놓고 벌어진 당내 갈등은 이념적 변화를 낳았고, 종교정당으로서의 이념적 변화는 분열로 이어져 회복할 수 없는 쇠퇴의 길로 접어든 것이었다.

1988년 선거에서 아슈케나짐과 스파라딤 진영 사이에 팽팽한 힘겨루기가 진행되었다. 그동안 아슈케나짐이 주도하던 이스라엘 내 종교세력에 스파라딤의 샤스당이 출현하면서 양측 간의 대결이 본격화된 것이다. 종교진영 간의 대결은 오히려 종교정당을 지지하는 유권자들을 규합시키고 정당의 지지율을 높이는 쪽으로 작용했다. 한마디로 종교인들의 표가 모인 것이다.

제3기(1996년 이후): 제2세대

1996년과 1999년 선거에서 종교정당은 이스라엘 정치사에서 가장 큰 업적을 남겼다. 이전 16석이던 의석이 23석으로, 다시 27석으로 성장을 거듭한 것이다. 괄목할 만한 성장은 샤스당이 이끌었다. 샤스당은 6석에서 10석으로, 다시 17석으로 대성공을 거두었다. 마프달당은 6석에서 9석으로 성장하는 듯했으나 1999년 선거에서 다시 5석으로 감소했다. 아구다트-이스라엘당과 데겔-하토라당이 연합한 야하두트-하토라당은 1996년 선거에서 4석을 유지했고, 다음 선거에서 1석을 더 추가했다.

샤스당은 대약진으로 군소정당에서 일약 거대정당의 반열에 올라섰다. 1984년 창당하여 4석으로 시작한 샤스당이 약진한 이유는 종교정당으로서의 정체성을 꾸준히 지켜왔을 뿐만 아니라, 사회 내에서 상대적으로 불공평한 대우를 받고 있는 스파라딤계 유대인들의 권익을 대변함으로써 종교적 및 세속적 유대인들로부터 광범위한 지지층을 확보해나갔기 때문이다.

샤스당은 반시온주의 정통파 유대교의 종교정당이지만 그들의 정책은 가난한 노동자 계급을 위한 것이었다. 당은 광범위한 사회·교육·복지 시스템을 구축함으로써 종교인들은 물론 비종교인들로부터 지지를 얻었다. 1999년 선거에서 이전의 세 배가 넘는 지지를 받은 것이 단적인 증거라 할 수 있다. 나아가 샤스당은 아랍인의 표심을 잡기 위해 아랍인 거주 지역에 아랍어로 된 포스터를 대량으로 배포하고, 샤스당 소속 내무장관이 아랍 마을들을 자주 방문하여 주민들의 애로사항을 청취하는 등 많은 시간과 노력을 투자했다.

샤스당의 성공에는 젊은 랍비 아리에 데리의 지도력이 있었다. 그는 아슈케나짐과 스파라딤 간의 민족적 불평등을 선거 이슈로 끌어들였고, 바뀐 선거법에 따라 수상과 정당 투표를 따로 하게 되자 수상은 네타냐후를, 정당은 샤스당을 지지해달라는 전략을 구사했다.

이에 비해 마프달당의 패배는 예상된 것이었다. 우선 당의 지지자들이 샤스당으로 이탈한 것이 패배의 큰 요인이었다. 마프달당이 종교정당으로서의 고유한 정체성을 지키지 못하고 교육이나 지역사회 발전보다는 점령지 문제 등에 집중하며, 점령지 문제에 관해 오랫동안 활동해온 구쉬 에무님, 조 아르제누, 도르 샬렘, 도레쉬, 샬롬, 바아다 라바네아 예샤, 암 홉쉬 등과 같은 단체들을 선택했기 때문이다. 안보가 걸린 그러한 사안에 소규모 종교정당인 마프탈당이 할 수 있는 역할이 많지 않다고 판단한 것이다.

1999년 선거 이후 마프달당의 참패와 샤스당의 약진으로 시온주의 종교정당들은 침체된 반면, 반시온주의 종교정당들은 활발한 상승세를 보이는 상반된 상황이 전개되었다. 반시온주의 종교정당인 샤스당과 야하두트-하토라당이 차지한 의석수는 도합 22석이나 되었다.

종교와 정치, 그리고 현실

건국 이후 오늘날까지 이스라엘 사회에서 종교와 정치의 관계는 복잡하고 미묘하다. 건국 초기 정치적 현실에 의해 종교의 영향력은 크게 작용했다. 지금까지 이어지는 종교법―특히 안식일이나 음식법(카슈루트) 등―의 적용, 종교교육, 정통파 유대인의 군복무 면제, 세금 감면 등은 이때 정치적으로 약속한 것들이었다. 세속국가 내에 유효한 종교 전통의 지배와 영향이 단지 전통에 대한 존중에서 비롯된 자발적인 것이 아니라, 법률이나 정치적 합의에 의한 것이라는 점에 주목할 필요가 있다. 더구나 샤스당처럼 반시온주의 전통에 서 있는 종교정당의 경우 국가에 대한 충성심은 매우 미약한 편이다.

이스라엘 사회에서 종교 혹은 종교정당은 무엇인가? 이스라엘 사회에서 자주 등장하는 질문이다. 빠르게 변해가는 현대사회에서 옛 종교법과 종교 전통을 유지시키거나 강요하는 것이 마땅한가는 논외로 치더라도, 세속국가 내에서 갖는 종교정당의 적지 않은 영향력을 고려할 때 세속적(비종교적) 유대인들의 불만은 매우 크다. 종교정당의 요구가 세속적 유대인들의 자유를 침해하고 있으며, 또 침해할 것이라는 우려의 목소리가 매우 높다. 1997년 말에 행해진 한 여론조사에서도 종교정당의 요구와 이에 반대하는 세속정당 간의 긴장은 더욱 고조될 것이라는 의견이 2/3이 넘었다.

이러한 갈등은 현실에서 자주 발생한다. 결혼법, 안식일 쇼핑몰 영업과 축구경기 금지, 종교학교에 정부예산을 부당하게 지원한 일, 예시바(종교학교) 학생들의 병역 면제, 종교지도자들의 전횡과 비리 등 논쟁과 갈등은 곳곳에서 벌어지고 있다. 1999년 에후드 바라크 수상은 불합리한 종교법에 대한 개혁적인 정책을 천명하고, 군복무를 하지 않은 종교인의 국가기관 취업 금지, 결혼법 수정 등 법 개정을 시도했으나, 종교정당들의 거센 반발로 수포로 돌아간 바 있다.

종교진영이 정치적 영향력을 확대해갈수록 세속적 유대인들의 종교진영에 대한 적대감이 커지면서, 세속정당들의 대응 수위도 높아져갔다. 시누이당이나 메레츠당 등 진보 세속주의 정당들은 반종교적인 기치 아래 세속적 유대인들의 세력을 결집해나갔다. 2003년 반종교정당의 기치를 내건 시누이당은 일약 17 석을 차지하여 반종교진영의 목소리를 대변했다. 오늘날 대체로 크네세트 의원들의 1/3 가량이 종교적 성향을 띠고 있으며, 1/3 가량이 비종교적 성향을 띠고 있는 것으로 알려져 있다.

4) 군대

국방조직의 경우, 군통수권은 내각책임제하에서 수상이 수행(대통령은 명목상 국가원수)한다.

군대의 조직은 총참모장(3성장군) 휘하에 육군 3개 사령부(2성장군), 지상군 사령부(2성장군), 공군사령부(2성장군), 해군사령부(2성장군), 민방위사령부(2성장군)로 구성된다. 아울러 군정보국(Israel Defence Intelligence)이라는 독립적 기능을 수행하는 정보부대가 있는데, 수상·의회·국방장관·총참모장·국가정보기관(해외전문 모사드, 국내전문 쉰베이트) 등에 정보를 제공하며, 이들 정보기관과 정보를 공유한다.

1948년 창설된 **이스라엘 방위군(Israel Defence Forces, IDF)**은 지난 60여 년간 일곱 개의 주요 전쟁―독립전쟁(1948), 수에즈 전쟁(1956), 6일전쟁(1967), 욤키푸르 전쟁(1973), 제1차 레바논 전쟁(1982), 제2차 레바논 전쟁(2006), 그리고 가자 전쟁(2009) 등―을 수행하면서 이스라엘을 방어했다. 방위군의 당면 목표는 이스라엘의 영토와 주권을 방어하고, 모든 적과 모든 형태의 테러리즘을 억제하는 것이다. 주요 임무로는 팔레스타인 자치정부와 함께 웨스트뱅크와 가자지구의 전반적인 안보를 확립하고 이스라엘 외에서 테러리즘과의 전쟁을 주도하고, 전쟁의 발발을 막기 위해 억제력을 유지하는 것이다.

방어태세로 조기경보 능력을 갖춘 육군·공군 및 해군을 배치하고 있으나, 이스라엘군의 주력은 예비군으로서 이들은 정기적인 훈련과 복무를 위해 소집되며 전

국방부의 조직

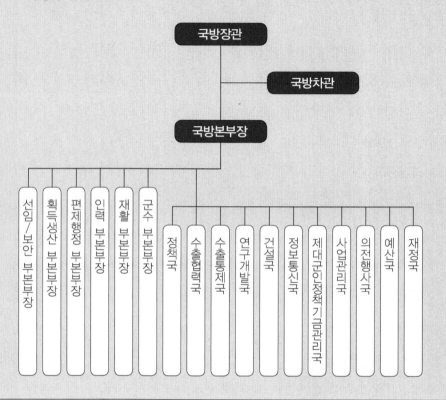

쟁이나 위기시 전국의 모든 부대로 동원된다. 총참모장이 3군을 통합 사령하며, 4년 임기의 총참모장은 수상과 국방장관의 추천을 받아 정부가 임명한다.

군복무는 의무복무제를 실시하고 있으며, 모든 신체 건강한 남녀는 18세가 되면 징집된다. 남자는 3년, 여자는 2년 동안 각각 의무적으로 복무해야 한다. 일부 우수 학생들에게는 대학과정 동안 징집유예가 가능한 경우도 있다. 새 이민자들은 나이와 입국시 부여된 체류 지위에 따라 보다 짧은 기간 복무하거나 면제되기도 한다. 의무복무를 마친 후 모든 군인은 예비군으로 등록된다. 남자는 40~45세까지 연간 약 30일간 복무하며, 비상시에는 복무기간은 늘어날 수 있다. 여성의 경우 결혼하면 자동으로 예비군이 면제된다.

총참모부의 조직

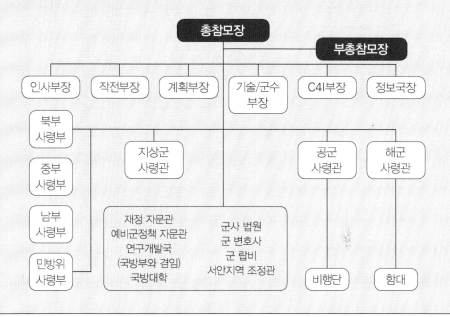

직업군인은 의무복무 중 희망자나 군의 요구에 의해 장교나 하사관으로 임용될 수 있다. 이들은 군의 지휘 및 행정의 중추를 담당하며, 사관학교는 따로 없다.[1] 장교 양성 교육(약 6개월), 조종사 학교 또는 군 기술학교 졸업자는 일정 기간 직업군인으로 복무해야 한다. 고등학교 교육을 받지 않은 신병은 고등학교 수준의 학력을 취득하도록 도와주는 위임 교육과정에 등록하게 하며, 직업장교는 의무 기간 동안 희망자에 한해 이스라엘 방위군의 비용으로 고등교육기관에서 공부하는 혜택을 받을 수 있다. 새 이민자들에게는 군대에 흡수하기 위해 히브리어 교육 및 기타 프로그램을 제공한다.

이스라엘 방위군의 특징으로는 선제 기습 및 속전속결을 위한 전쟁 전략,

---

1) 단, 2005년부터 공군 조종사를 양성하기 위한 3년제 아카데미가 창설되어 조종사들을 배출하고 있는데, 명목상 공군사관학교로 칭한다.

전쟁 기획 및 작전 수행을 위한 자주적 전쟁 수행 능력 확보, 100% 독자적 정보 수집 및 자산 보유 등을 꼽을 수 있다. 현역이나 예비역은 대부분 항시 총기와 실탄을 휴대하고 다닌다. 또, 무기 체제 개발을 위해 IDF와 방위산업체 간에 긴밀한 협력 체계를 갖추고 있으며, 전쟁 및 임무 수행 위주로 군대가 조직되어 통합군 체제로 운영되며 능력 위주의 군 간부를 양성한다. 전 국민이 군에 복무하기 때문에 군에 대한 인식이 강하며, 사회 고위층 인사의 경우 군 간부 경력이 필수적이라 할 수 있다. 사병 복무 환경이 좋아 다수가 출퇴근하며, 공동운명체 의식이 강하다. 예비군의 운영은 민·관 총력적 개념으로 운영된다.

이스라엘의 **동원예비군 제도**는 예비군이 전투의 중요한 전력을 담당한다는 점에서 매우 중요하다. 전체 병력 중 예비군이 72%를 차지한다(지상군 38만 명, 공군 5만 5천 명, 해군 1만 명 등 총 445만 명가량 된다. 이에 비해 현역은 28%를 차지한다). 주변 국가들에 비해 상대적으로 적은 인구로 최대의 전투 역량을 발휘하기 위해서는 예비군의 전력화가 필수적이기 때문이다. 평시 최대의 훈련과 전문성을 보유하도록 교육을 강화하고, 유사시 최대한 조기에 동원, 즉각적인 전력화 유지를 위해 노력하며, 평시 편제될 대대급 위주의 전투훈련(연 7일)과 전투임무 수행으로 유사시 즉각적인 여단 및 사단급 편제화가 가능하도록 조직되어 있다. 약 44만 명 규모의 예비군은 과거 중동전쟁에서 주력 활동을 전개한 바 있으며, 동원 기간 중 직장에서와 같은 동일한 급여를 보장함으로써 사기를 유지하고 있다.

이처럼 이스라엘의 **국방정책**은 적에 대한 기술 및 질적 우위를 확보함으로써 적은 예산으로 최대의 안전보장을 확보하고, 자체 개발·제조한 신예 무기 체계와 질적 우세를 바탕으로 전쟁 발발 가능성을 감소시킬 수 있는 전쟁 억제력을 유지하고 있다. 이에 상응하는 군사전략에는 이스라엘 영토가 협소하므로 방어보다는 우세한 공군력을 활용한 선제공격 개념을 적용시키고 있다. 공격을 당했을 경우 초기 단계부터 조속히 전장(戰場)을 적의 영토로 이동시킴으로써 자국의 피해를 최소화한다.

이스라엘군의 전력 현황(군사력과 국방비)은 다음과 같다.

이스라엘의 국방비

연도	2001	2002	2003	2004	2005	2006	2007	2008	2009
국방비	93.7	108	86.3	73.8	104	95.2	82.6	107.5	118
예산 점유율(%)	19.6	18.2	18.4	12.8	18.3	18.0	11.7	16.0	14.6

미국 군사 원조 연 약 25억 달러 포함 / 단위: 1억 달러

이스라엘의 군사력(2008년 기준)

군별	병력수(명)	주요장비
지상군	현역 141,000 (예비군 380,000)	* 탱크: 3,800여 대 장갑차: 7,000여 문 박격포/방사포: 1,490여 문
해군	현역 9,500 (예비군 10,000)	* 고속순찰/유도탄정: 17척 잠수함: 5척(돌핀급 3척 포함) 순찰정: 33척 등
공군	현역 36,000 (예비군 55,000)	* 고성능 전투기: 500여 대 (F-15/97대, F-16/360여 대 등) 수송기: 71대, 헬기: 184대 AEW: 2대, AISIS: 3대 EO/SAR 첩보위성 운영 UAV(Heron TP, Hermes 450) 등
총병력	현역 176,500 (예비군 445,000)	* 핵무기 관련 이스라엘 정부는 NCND 정책을 고수한다 (2009년 1월 발간된 스톡홀름 국제평화연구소(SIPRI) 연감자료에 따르면, 이스라엘은 약 80여 개의 핵탄두를 보유하고 있으며, 그 종류도 지대지미사일, 공대지미사 일, 잠수함 발사 미사일 등에 탑재할 수 있는 최신의 것 으로 골고루 갖추고 있다고 한다). * 장성: 중장 1명, 소장 20명, 준장 70여 명 등 총 100여 명 추정

이스라엘군은 현대화 중점 추진 사업으로 EO/SAR 군사위성 감시체제를 강

화하고, 탄도미사일/로켓 방어체계를 구축하고, 고도별 UAV 감시체제를 확보하며, 기동력 및 대탱크전 능력을 강화하고, 병력의 디지털/네트워크화를 추진하고 있다. 특히, 지휘본부와 야전병력 간에 최첨단 디지털 장비를 활용하여 직접 연결하는 등 통합지휘통제체제(Command, Control, Communication and Computer and Intelligence, C4I)를 전군으로 확대·추진하고 있다.

아울러 미국, 터키, 프랑스, 벨기에, 독일, 네덜란드, 남아프리카공화국 등 주요 국가들과 **대외 군사협력**을 통해 폭넓은 군사 활동의 교두보를 확보하고 있다. 미국 및 터키 등과 정기적으로 공군 기동훈련을 실시해왔으나, 최근 터키와는 관계 악화로 인해 정기 훈련이 중단된 상태이다. 독일로부터는 세 개의 잠수함을 접수했다. 2006년 10월에는 NATO와 군사협력 협정이 체결됨에 따라 지중해 지역에서의 반테러 작전 수행에 동참하게 되는 등 최근 중동 지역 내 과격세력의 활동에 대한 억제 차원의 활동을 하고 있다. 그 외 약 40여 개국 이상과 방위산업 무기 판매 및 기술교류 형태의 군사협력 관계를 맺고 있다.

이스라엘의 **군수 방위산업**은 잘 알려져 있다. 첨단무기 체계의 개발·생산 및 고도의 군사기술을 보유하고 있는 이스라엘은 독자적인 무기 체계 개발을 추진함과 동시에 방위산업을 국가 생존전략 차원에서 육성·발전시켜왔다. 항공기나 함정과 같은 대형 무기 체계의 기체 개발을 지양하고, 첨단 레이더 및 전자기술을 기본으로 한 핵심 시스템 및 부품 중심의 개발 체계를 유지하고 있다. 연구 및 기술 중심의 방위산업은 매출액의 5% 이상을 연구개발에 투자하고, 자체 수요 충족 후 해외 수출을 도모하고 있다. 개발 아이템의 약 70%(연간 15억 달러 이상)가량을 수출한다.

이스라엘은 IDF와 방위산업체 간에 긴밀한 업무 협조 체제를 유지함과 동시에 미국의 군사 원조(연 20~30억 달러 규모)를 바탕으로 미국 무기 체계와의 표준화도 추진하고 있다. 현재 이스라엘은 무인항공기, 탄도탄 미사일 탐지 레이더 등을 한국에 수출하고 있으며, 한국은 적외선 카메라 및 탄약 등을 이스라엘에 수출하고 있다.

5) 노동조합과 비정부기구

이스라엘 노동자총연맹, 일명 노동조합은 1920년대 영국 위임통치 기간에 창설되었으며, 이스라엘 건국 이래 가장 영향력 있는 기구 중 하나이다. 유대인 노동자들의 이익을 대변하기 위해 히스타드루트가 창설된 것은 1920년 12월 하이파에서다. 그때까지 아흐두트-하아보다와 하포엘 하자이르가 따로 활동했다. 제3차 알리야가 노동기구 그두드 하아보다를 설립하자, 통합된 노동자기구의 필요성이 제기되면서 히스타드루트가 창설된 것이다. 회원 대부분이 노동자 시온주의 운동을 이끌었다.

1921년 벤구리온이 의장으로 선출되고, 회원 수는 급증—4,400명(1920년), 8,394명(1923년, 45%), 2만 5천 명(1927년, 68%), 35,389명(1933년, 75%), 10만 명(1939년, 75%) 등—했다. 전체 유대인 노동자들의 75%가 노동조합 회원이었다. 1983년에는 약 160만 명의 회원을 가진 거대 조직으로 이스라엘 전체 인구의 1/3, 전체 임금노동자의 85%가 회원이었다. 히스타드루트에는 약 17만 명의 아랍인 회원들이 가입되어 있다. 1989년에는 노동조합에만 약 28만 명이 고용될 정도이다. 1980년대 이스라엘 경제가 보다 자유화되고 규제가 완화되면서 히스타드루트의 규모가 감소했으나, 여전히 이스라엘 사회와 경제에 끼치는 영향력은 매우 크다.

히스타드루트는 노동자 운동의 전 영역—정착, 방위, 교육, 주택 건설, 건강, 은행, 복지, 문화 분야 등—에 걸쳐 책임을 진다. 하도급에 의해 운영되거나 정당들이 운영하는 기업들을 인수하여 노동시장을 확대해갔고, 이슈브에서 가장 큰 고용주가 되었다. 노동자들의 권리, 즉 파업권을 인정하되, 고용주는 해고 권한을 갖는 대신 노동자들의 불만을 해소하는 데 노력했다.

초창기에는 중앙 리더십이 부족했으나, 벤구리온이 의장이 되어 히스타드루트를 시온주의 운동을 구현하는 하나의 민족적인 도구로 변형시켜나갔다. 조직을 관료화하고, 지역 노동자 의회를 두었다. 이민자를 흡수하는 것이 노동조합의 매우 중요한 과업이 되었다. 노동력이 재정보다 중요하다고 보았다. 1924년 히스타드루트가 파산했으나, 이민자 흡수는 확대해나갔다. 결국 시온주의 기구는 히스타드루트에게 전적으로 이민 업무를 보게 하고(이민 업무를 볼 다른 기구가 사실상 없었다), 재정을 지원함으로써 위기를 넘겼다. 1930년대 히스타드루트는 이슈브의 중앙기구가 되었다. 그것은 시온주의 기구가 바라던 바였다. 이민자 흡수와 농업 정착, 새로운 이슈브 재건 활동과 방어 등 사실상 시온주의 운동의 집행기관이 되어갔다. 또한 그것은 '만들어져가는 하나의 국가(a state in the making)'였다.

샬롬 악샤브(Peace Now)는 이스라엘 내에서 가장 큰 비정부기구 중 하나로서 이스라엘-팔레스타인 평화를 증진하기 위해 1978년에 시작되었다. 당시 348명의 장교들이 메나헴 베긴 수상에게 계속해서 평화에 박차를 가하라고 청원한 것이 밑거름이 되어 작가 아모스 오즈를 비롯한 지식인들과 시민들이 참여한 민중운동으로 시작되었다. 레바논 침공(1982), 사브라와 샤틸라 학살 등을 반대했으며, 1983년 2월 예루살렘에서 개최한 웨스트뱅크 내 유대인 정착촌 건설 반대 집회에 우파 군인이 던진 수류탄으로 활동가 에밀 그룬트비가 사망하는 사고도 겪었다. 인티파다가 발생하자 샬롬 악샤브는 협상을 통한 점령지 지배 종식을 주장했다. '땅과 평화의 교환'이라는 슬로건을 내건 오슬로 협정은 평화운동의 이정표가 되었다. 그러나 1995년 텔아비브 시청 앞 광장에서 열린 샬롬 악샤브가 주최한 평화 콘서트에서 이츠하크 라빈 수상이 극우파 유대인 청년이 쏜 총에 맞아 암살되고, 제2차 인티파다(2000)가 발생하면서 평화운동은 미궁에 빠지게 된다. 2004년 이후 유대인 정착촌 확장과 불법적인 전초기지들(정착촌의

전 단계 마을)을 감사하고 있으며, 2005년에는 1만여 명이 참석한 가운데 가자 지구에서 유대인 철수를 지지하며 오렌지 리본 캠페인을 벌이는 등 다양한 활동을 전개해나가고 있다. 이 단체의 로고는 이스라엘 그래픽 디자이너 다비드 타르타코버(David Tartakover)가 1978

년 제작한 것으로 지금까지 사용하고 있다. 이 로고를 이스라엘에서는 최초로 자동차 범퍼에 부착하는 캠페인을 벌임으로써 대중성을 얻기도 했다. 이것이 이스라엘 최초의 정치 스티커가 되었다.

6) 디아스포라 유대인과 네트워크

이스라엘 독립 이후 이스라엘과 시온주의 운동의 새로운 방향은 흩어진 유대인들을 이스라엘로 모아들여 이스라엘을 유대인의 세계 통합의 구심점으로 삼는다는 것으로 요약할 수 있다. 이러한 목표를 위해 결성된 주요 유대인 기구들을 간략히 소개함으로써 세계 유대인 통합을 위한 네트워크와 그 활동을 어느 정도 파악할 수 있을 것으로 사료된다. 유대인 압력단체들의 로비와 그 영향력은 익히 잘 알려진 사실이다.

Jewish Agency for Israel(JAFI, http://www.jafi.org.il)

비정부 국제기구로서 예루살렘에 본부를 두고 있으며, 세계 시온주의 기구의 집행부 및 대표부이다. 기본적으로 전 세계에 흩어져 사는 유대인들을 지원하고, 그들의 이스라엘 정착을 돕는 일을 담당한다. '유대기구(Jewish Agency)'라는 용어는 본래 '팔레스타인을 위한 민족 위임통치 연맹'의 헌장 제4조에서 처음 사용했는데, "경제, 사회 등 유대 민족국가 건설에 영향을 끼치는 제 문제들과 팔레스타인에 거주하는 유대인들의 이익을 위해 팔레스타인 행정을 자문하고 협력할 목적으로 유대기구를 공적기구로서 인정한다"는 규정에서 비롯되었다. 이 규정은 시온주의자 기구(Zionist Organization)를 그 자체로서 유대기구 내에 둘 것을 결의했다.

이 두 기구는 1922년 7월 연맹의회가 위임통치를 비준함으로써 공통 경계상에 머물러 있다가 1929년 8월 유대기구로 통합되었다. 1948년 이스라엘 국가가 독립할 때까지 이 기구는 세계 유대인과 본국 사이에서 가교 역할뿐만 아니라, 위임통치국인 영국과 다른 나라 세력들과의 관계를 위해 역할을 담당했다.

국가 독립 이후 유대기구의 많은 역할은 국가에 양도되었으나, 유대인의 이민과 정착, 젊은이의 이민 프로그램, 문화와 교육사업 등 외국에 거주하는 유대인들로부터 조국을 돕기 위한 자발적인 후원 및 재정 지원을 책임지고 활동하고 있다.

World Jewish Congress(WJC, http://www.wjc.org.il/)

전 세계의 유대인 단체들, 공동체들, 기구들을 대표하는 비영리 협회로서 '유대인의 생존을 보장하고 유대인의 일치를 도모하기 위해' 설립되었다. 유대인과 관련된 각종 분야와 사업에 대해 각 정부나 여러 국제기구를 향해 대표자의 자격으로 의견을 보내거나 행동을 취한다. 이 기구는 어떤 나라의 지역 정치에는 관여하지 않으며, 어떤 나라의 유대 단체만을 대표하여 활동할 권한만을 갖는다.

WJC는 제1차 세계대전을 전후로 하여 레오 모츠킨(Leo Motzkin)이 주도한 미국과 유럽의 유대 공동체들 내에서 일기 시작한 이념적인 논의에서 그 뿌리를 찾을 수 있으며, 1936년 스위스 제네바에서 32개국에서부터 온 280여 명의 대표자들이 참석한 첫 총회를 열면서 시작되었다.

World Zionist Organization(WZO, http://www.wzo.org.il/)

테오도르 헤르츨에 의해 소집된 제1차 시온주의자 총회(1897)에서 창설되었으며, 유대인의 고향인 이스라엘 땅으로의 귀향을 촉진하고, 그곳에 유대국가를 건설하는 것을 목적으로 하고 있다. 국가 수립 이후 WZO는 디아스포라 유대인을 단결시키고 이스라엘을 유대인의 구심점이 되게 하는 데 주력하고 있다. 유대인의 이민을 장려하고, 이스라엘을 경제적·군사적으로 부강하게 하는 데 도우며, 세계의 유대인 공동체의 교육을 강화하고, 세계 어느 곳에 있든지 유대인의 권리를 보호한다.

Keren Hayesod(Palestine Foundation Fund, http://www.kh-uia.org.il/)

1920년 런던에서 열린 세계 시온주의자 총회에서 WZO의 재정 조달을 위해 세워진 기구다. 특히 제1차 세계대전의 종전을 앞두고 예상되는 중요한 정치적 이익, 즉 팔레스타인의 이민과 정착을 전개하기 위하여 필요한 재정을 확보하려는 조처로서 탄생했다. 한 그룹은 팔레스타인의 경제적 발전을 촉진시키기 위해 회사와 은행을 세우는 등 비즈니스 차원에서 출발했으며, 다른 한 그룹은 시온주의자들의 개척정신을 도모하고 실천을 지원하기 위한 기금 마련을 강조했다.

United Jewish Appeal(UJA, http://www.uja.org/)

1939년에 설립된 기구로서 'American Jewish Joint Distribution Committee'와 'United Palestine Appeal'을 중요한 파트너로 하고 'National Refugee Service'를 수령인으로 하여 세워졌다. 1934년과 1935년에 벌인 캠페인을 계기로 시작되었는데, 주로 미국계 유대인이 해외 거주 유대인을 지원하는 데 주요 수단으로 활용되었다. 1939년부터 1967년 사이에 모은 기금이 무려 19억 2,500만 달러나 되었으며, 1967년 6일전쟁을 계기로 한 해 무려 2억 5천만 달러가 모금되었다.

American Jewish Committee(AJC, http://www.ajc.org/)

1906년에 '세계의 어느 곳에서든 유대인의 시민권과 종교의 침해를 막기 위해' 세워진 미국 내에서 가장 오래된 유대인 보호단체다. 야콥 쉬프(Jacob H. Schiff)와 메이어 슐츠베르거(Mayer Sulzberger), 루이스 마셜(Louis Marshall), 오스카 슈트라우스(Oscar Strauss) 등 주로 독일계 유대인들이 주축을 이루었다. 제1차 세계대전 직전 러시아 포그롬(pogrom, 제정 러시아의 유대인 대학살)으로 유대인이 곤경에 처하자, 민주 수호를 외치며 미국으로 이민 온 AJC의 회원들은 강력하게 이들을 보호하고 나섰다. 1907년과 1913년 로비와 선전을 통해 이민자들에게 요구되던 교양 테스트 의무를 무효화하는 데 크게 기여했다. 1911년에는 1832년에 체결된 러·미 조약을 폐지하는 캠페인을 성공적으로 수행한 바 있다.

최근 AJC는 미국 내의 정계에 인맥을 두고 UN 총회에 참석하여 발언할 정도로 힘을 발휘하고 있으며, 정치력의 신장을 통해 유대인의 권익을 보호하고 미국과 이스라엘 간의 관계 개선을 위해 여러 활동을 전개해나가고 있다. 이들은 점차 국제관계, 민족 간의 이해관계, 사회적인 이슈, 그리고 유대인의 정체성 문제에 이르기까지 전 세계의 유대인 공동체의 발전을 위해 그 활동 범위를 넓혀나가고 있다.

미국의 유대인 조직 중 영향력이 가장 큰 유대인위원회(AJC)는 전 세계에 17만여 명의 회원을 두고 있으며, '세계 외교관'이라고 불릴 정도로 외교 문제에 강한 영향력을 행사하는 단체다. 한 · 미 자유무역협정(FTA)을 지지하는 등 폭넓은 지역 이슈와 현안들에 자신들의 목소리를 높여나가고 있다.

American Jewish Congress(http://www.ajcongress.org/)

미국 유대인 공동체의 중앙기구 중 하나로서, 1918년 12월 필라델피아에서 첫 번째 미국 유대인 의회가 열리면서 시작되었다. 이 의회는 팔레스타인과 세계 유대인 현장뿐 아니라, 미국계 유대인과 관련된 일들에 관련하여 그 목표를 두고 있다. 1930년대 이 기구는 반나치 운동에 심혈을 기울였으며, 미국 내의 반유대주의 현상과 싸우며 미국 대중들의 여론을 주도한 바 있다.

이 기구는 최근 유대인의 권익을 보호하는 역할을 위해 미국의 의회와 사법부에 많은 영향을 끼치고 있다. 특히 자신들의 원칙을 지속적인 법정 소송을 통해 관철시키고 있다. 주로 주류 집단에 진출하여 어느 정도의 성공을 거둔 유대인들의 힘을 활용함으로써 그 영향력을 확대해나가고 있다.

America Israel Public Affairs(AIPAC)

미국의 수도 워싱턴 DC에 있는, 미국 정계에 막강한 힘을 가진 로비단체 중 하나로서 미국과 이스라엘의 관계 개선을 목적으로 운영되고 있다. AJC가 미국 내 유대인의 일상생활과 관련된 모든 이슈들을 다루고 있다면, AIPAC은 주로 미국 내에서 친이스라엘 로비를 벌이는 것으로 잘 알려져 있다. 미국을 움직이는 '제2의 이스라엘 외무부'라는 별칭을 가질 정도다.

1947년 설립된 AIPAC은 미국에서 가장 강력한 풀뿌리 시민 로비단체로 통한다. 풍부한 자금력을 바탕으로 정·재계에 막강한 영향력을 행사해 '신의 조직'이라 불리기도 한다. 제2차 세계대전 때 미국이 하루라도 빨리 전쟁에 개입했으면 유대인 수만 명의 목숨을 홀로코스트로부터 구할 수 있었을 것이라는 미국 내 유대인들의 자각이 단체를 설립한 배경이 되었다. AIPAC은 1968년부터 매년 미국 수도 워싱턴 DC에서 연례총회를 개최해왔다. 연례총회 만찬에는 역대 이스라엘 수상들은 물론 미국 대통령 등 주요 인사들을 초치하여 미국과 이스라엘 및 유대인 관련 각종 정치적·경제적 이해관계를 증진시켜나가고 있다. 한 소수민족의 행사에 대통령과 하원의장, 중요 정치인들이 줄줄이 달려오는 것은 이례적이다. 이례적인 일을 연례행사로 만든 600만 유대계 미국인의 힘은 저절로 생겨난 게 아니었다. 50년 역사를 넘긴 AIPAC의 치밀한 전략이 있었다. AIPAC는 모든 미국 시민에게 문호를 개방하고 있다. 매년 총회에 전 세계 각국 대사들도 초청한다. '그들만의 리그'로 비춰지는 것을 막기 위한 노력의 일환이다. 그러나 절대 다수가 유대계다.

현재 회장은 로젠버그인데, 그가 오바마 정부에서 4년 임기의 AIPAC 의장이된 것은 전혀 우연이 아니다. AIPAC는 미국 대선 1년 전에 새 의장을 선출하는 전통을 갖고 있다. 민주당, 공화당 후보들의 윤곽이 드러난 시점에서 당선 유력 후보와 가까운 사람을 대표로 내세워 AIPAC에 우호적인 대통령이 탄생되도록 영향력을 행사하는 것이다. 조지 W. 부시 정부 때의 AIPAC 의장은 부시와 같은 텍사스 출신이었다. AIPAC는 초당적인 조직으로 어느 한 당에 치우치지 않는다. 공화당의 에릭 켄터 하원 원내대표는 버지니아 AIPAC, 민주당 출신으로 오바마 정부 초대 백악관 비서실장을 지낸 람 이매뉴얼 시카고 시장은 시카고 AIPAC 출신이다.

기타 단체들

인터넷 시대에 알맞은 방식의 네트워크 가운데 대표적인 유대인 웹 사이트로는 www.virtualjerusalem.com 같은 것이 있다. 1996년 뉴욕의 유대계 비즈니스 맨들을 중심으로 만들어져 민간에 의해 운영되고 있는데, 5년 만에 유대인들 사이에서는 가장 영향력이 큰 사이트로 알려졌다. 1만여 개에 이르는 이스라엘과 유대인 관련 사이트를 통합하여 약 17만 5천 명의 회원이 가입되어 있으며, 매달 6천 명 이상이 새로 가입하고 있다. 전자상거래를 비롯하여 동족 간의 결혼 추진 등 커뮤니케이션, 성지 정보 및 유대인 관련 뉴스까지 제공되는 다양한 콘텐츠로 짜여 있으며, 회전 카메라 등 첨단 인터넷 기술이 사용되고 있다.

3 팔레스타인의 정치와 현실

1) 점령과 정착촌

1977년 이래 시작된 팔레스타인 점령 지역 내 유대인 정착촌 건설은 '확대 이스라엘(The Great Israel)' 정책의 일환으로 출발했다. 처음 그 역할은 구쉬 에무님 운동이 담당했다. 공식적으로는 1977년 5월 선거에서 이스라엘 국가 창설 이래 처음으로 승리한 리쿠드당과 연립정부로부터 독립된 기구였지만 사실상 당과 정부를 대변했다. 구쉬 에무님 운동은 팔레스타인 지역에 대한 완전한 지배권을 행사하기 위하여 종교적이며 민족적인 권리를 주장하면서 웨스트뱅크의 유다-사마리아 산지에 열두 개의 정착촌 건설을 리쿠드 정부의 승인하에 추진했다. 헤브론, 툴카렘, 나블루스, 라말라, 동예루살렘 주변이 그 첫 번째 대상이었다. 유대인 정착촌은 전통적으로 팔레스타인 주민들의 밀집 거주지에서 아주 가까운 곳에 세워졌다.

정착촌 건설사업의 목적은 '에레츠 이스라엘(이스라엘 땅)에 정착하기 위한 성서적인 명령을 수행하기 위한 것'이라고 하고 있다. 그러나 처음부터 이 사업은 영토의 실효적 지배를 근거로 한 정치적인 통치권 확보를 위한 것임이 분명하다. 정착촌의 단위별 규모는 대략 250~400가구이며, 비농업적 · 준도시적 특성을 갖는 것으로 설계되었다. 기본적인 산업 및 교육시설을 갖추었으나, 거주자들의 고용은 주로 정착촌 밖에서 이루어졌다. 처음부터 '정착'을 위한 목적보다는 지배를 위한 '전략'이 우선이었기 때문에 자립경제의 토대는 매우 빈약했다.

리쿠드당의 정착촌 정책은 구쉬 에무님 계획, 농림부장관 아리엘 샤론이 제시한 샤론 계획, 유대기구 정착분과 의장인 드로블레스가 제시한 드로블레스 계획, 국방장관 에제르 바이츠만이 제시한 바이츠만 계획, 그리고 시온주의자 계획 등이 있었으며, 이들은 서로 보완적이었다. 정착촌 건설 사업은 베긴, 샤론, 샤미르 등 리쿠드당의 주요 지도자들이 주도했는데, 1977년 농림부장관이자 정착촌행정위원회 의장인 아리엘 샤론이 앞장섰다. 그는 점령지 내에 20년간 약 200만 명의 유대인을 정착시킨다는 계획을 세웠다. 북쪽 골란 고원으로부터 남쪽 시나이 반도까지, 동쪽에서 서쪽 산지에 이르는 정착촌을 구상하고, 지역 사이의 교통망(도로망)을 연결한다는 것을 주요 내용으로 삼고 있다. 이 계획에 따르면 웨스트뱅크의 3/4가량이 이스라엘을 위한 보안지구로 간주되었다. 이런 계획은 필연적으로 팔레스타인 주민의 전통적인 마을들은 서로 잘게 쪼개지도록 만들고 있다.

1978년 10월, 세계시온주의자기구(WZO)의 정착분과 의장인 드로블레스가 웨스트뱅크의 유대인 정착촌 건설 사업에 대한 종합적인 계획을 발표했는데, 그린라인 제거와 인구구조의 변화를 골자로 하고 있다. 이 계획은 1967년 이전 이스라엘의 경계인 그린라인을 제거하고자 그린라인 양측에 정착촌 건설을 추진한다는 내용을 담고 있는데, 향후 5년간 유다-사마리아 지역에 약 1만 6천 가구를 수용할 수 있는 46개의 정착촌을, 가자지구에 약 800~900가구의 정착촌 주택 건설을 제안했다. 그는 "오늘 하지 않는 것을 내일 하려는 건 너무 늦었음을 명심해야 한다. 우리는 해안평야 지역의 인구밀집 도시들로부터 동쪽 유다-사마리아 지역으로 인구를 분산시키고자 유대인들을 고무 · 지도해야 한다"고 연설했다. 건설에 드는 비용은 약 32억 달러로 추산했다.

국방장관 바이츠만의 정착촌 건설 계획은 시온주의가 표방하고 있는 이념의 현실적인 정책으로 평가받는다. 1978년 6월, 바이츠만은 여섯 개의 도시형 정착촌 건설을 제안했는데, 약 1만 가구(인구 약 4만 2천 명)로 구성된 도시 공동체를 3년에 걸쳐 건설한다는 계획을 발표했다.

이미 제시된 정착촌 건설 계획을 참조하여 1983년 4월 세계시온주의자기구는 정착촌 건설 계획을 발표했다. 1983년~1986년까지 약 10만 명의 유대인을 정착촌에 이주시키고, 2010년 2월까지 약 130만 명의 정착민을 수용할 수 있는 정착촌 165개를 건설한다는 계획이다. 이 계획은 정착촌 지역에 유대인 주민을 최대한 분산 배치하고, 소규모의 유대인을 투입하여 비교적 단기간에 웨스트뱅크를 이스라엘의 체제 안으로 통합시키는 것을 그 목표로 하며, 아랍 지역을 포위 · 고립시킴으로써 자발적으로 흩어지게 만드는 것을 골자로 하고 있다.

점령지 내의 정착촌 건설 계획의 목적은 땅을 차지하는 것이며, 동시에 대다수의 팔레스타인 주민을 밀어내거나 고립시키는 것이었다. 리쿠드당은 '웨스트뱅크는 역사적으로 이스라엘의 땅'이라는 생각에 따라 '정착촌 건설은 권리이고 의무'라고 주장했다. 이 믿음은 하나님은 유대인에게 팔레스타인 땅을 약속했다는 성서에 토대를 두고 있다. 상징적 의미에서 예루살렘과 그 주변에 집중적으로 정착촌을 건설했으며, 아랍-팔레스타인 주민들을 지리적으로 고립시키기 위해 설계되었다. 궁극적으로는 점령지를 실효적으로 지배하기 위한 사실상의 전략이 숨어 있음을 부인하기 어렵다.

또 다른 정착촌 건설정책은 소위 '교외주택' 또는 '전원주택' 개념의 도입으로 추진되었는데, 개인들에게 법적으로 토지 매입을 허락한 1979년 7월부터 시작되었다. 개인회사나 개인사업가들과 계약을 체결하여 실시했는데, 적지 않은 효과를 거두었다. 1983년 당시 개인자본은 총 정착촌 건립 비용의 약 40%가량을 차지했다. 매력적인 재정 유입 정책이 주효한 것이었다. 정착촌 주민들은 예루살렘이나 텔아비브의 주택 가격의 약 15~25%에도 못 미치는 싼 가격으로 주택을 구입할 수 있었다. 장기거치 무이자 또는 싼 이자 대부 등 국가의 재정 지원은 물론 대도시로 오가는 교통편 등 각종 편의시설 제공과 수도 · 전기 요금 등의 할인 혜택까지 받았다. 그 결과 1982년 전체 정착민 중 57.5%, 1984년 71.5%, 1995년 75.0%가 대도시 주변에 살게 되었다.

2) 캠프데이비드 협정

1978년 9월 17일, 체결된 캠프데이비드 협정은 이스라엘과 팔레스타인 간에 맺어진 최초의 협정이라는 점에서 그 역사적 의미는 결코 가볍지 않다. 1976년 1월 UN 총회는 안보리 결의안 242호에 토대를 두고 이집트, 요르단, 시리아가 제출하고 PLO가 지지한 '점령지에서의 두 국가 해결안'을 논의에 부쳤다. 그러나 당사자 이스라엘은 회의에 불참했다. 총회에서 유럽, 소련, 이슬람 국가들이 만장일치로 지지했으나 미국의 거부권 행사로 부결된 바 있었다.

국제사회가 강력하게 '두 국가 해결책'을 요구하는 상황에서 미국 지미 카터 대통령은 이스라엘의 메나헴 베긴 수상과 이집트의 안와르 사다트 대통령을 캠프데이비드에 초대하여, 이스라엘이 시나이 반도에서 철수하고 점령지 내에 팔레스타인 자치정부 수립을 골자로 하는 협정문에 서명토록 했다. 이 협정문에는 이 지역 분쟁의 평화적 해결의 토대는 UN 안전보장이사회 결의안 242호임을 밝히고 있으며, 웨스트뱅크와 가자지구에 군대를 재배치하고, 강력한 지역경찰을 창설하고, 5년간의 임시 자치정부를 수립하기로 합의하고, 점령지의 최종 지위와 난민 문제는 앞으로 해결해야 할 사항으로 남겨두었으며, 정착촌 문제 및 예루살렘의 지위에 관해서는 언급하지 않았다.

한 비평가는 이스라엘이 "아무런 가치가 없는 시나이를 내어주고, 수자원 등 경제적 가치가 큰 웨스트뱅크를 얻었다"고 협정의 불균형을 꼬집었다. 이 협정으로 이집트는 1867년 6일전쟁에서 빼앗겼던 시나이 반도를 되돌려 받는 대신, 사실상 이집트와 직접적인 이해관계가 없는 요르단 관리하의 웨스트뱅크를 이스라엘의 지배권에 묶어두는 결정을 한 것이다. 이 협정은 지역의 이해당사자인 요르단과 팔레스타인이 제외된 협정으로서 태생적인 한계를 갖고 있었던 것이다. 더구나 협정문에서 '웨스트뱅크와 가자의 주민들(the inhabitants of the West

Bank and Gaza)'과 '팔레스타인 민족(Palestinian People)'이라는 용어를 구분하고 있는데, 자치정부의 주민은 전자로 하고 자치정부의 대표성은 (레바논·이집트·시리아 등 주변 지역에 흩어져 사는) 모든 팔레스타인인들이 동의하는 것으로 규정하고 있다. 이러한 용어는 누가 '웨스트뱅크와 가자의 주민들'인가를 놓고 해석이 모호하다. 그 지역에 거주하는 아랍-팔레스타인인인가? 그 지역의 정착촌에 거주하는 유대인들이 포함되는가?

이와 관련하여 베긴 수상은 1978년 9월 20일 『마아리브』와의 인터뷰에서 "이스라엘이 '팔레스타인 민족'의 권리에 관한 약속을 하였느냐?"는 질문에 대해 "우리와 카터는 '팔레스타인 민족'이라는 용어가 유대-사마리아 및 가자지구에 사는 '이스라엘의 아랍인('The Arabs of Israel' or 'Israel's Arabs')'을 지칭한다는 데 동의했다"라고 대답했다. 베긴은 이미 이 지역에 거주하는 주민들을 이스라엘 국가의 일부로 여겼으며, 웨스트뱅크와 가자지구에는 이스라엘-아랍인과 이스라엘-유대인이 존재한다고 생각했던 것이다. 이스라엘 정부가 유대인 정착촌 건설을 중요하게 여기는 이유가 바로 여기에 있다.

결국 캠프데이비드 협정에서 팔레스타인인들에게 자치권을 부여한 것은 독립국가로 가는 하나의 단계가 아니었다. 이 협정문에서 리쿠드 정부가 의도하는 바는 웨스트뱅크와 가자지구를 합법적으로 요르단과 이집트 영토로부터 분리시킴으로써 궁극적으로는 이스라엘 정부의 관할하에 두는 데 필요한 사실상 이집트의 동의서였다.

캠프데이비드 협정 이후, 이집트는 이 지역의 분쟁에 대하여 중립을 지키는 동안 농림부장관 아리엘 샤론이 이끄는 정착촌행정위원회는 정착촌 건립 계획을 승인하고, 세계시온주의자기구 정착분과의 지휘하에 다양한 정착촌 건설을 실행에 옮겼다. 1979년 3월에는 '정착촌지역위원회'를 법률로 제정하여 유대인 정착촌들 사이의 정치적·경제적·사회적 활동을 통합하고 포괄적인 계획하에 정착촌을 운영하기 시작했다.

그 결과 점령지 내에 유대인의 인구는 급속히 증가했다. 동예루살렘의 경우 1977년 3만 3,300명에서 1986년 10만 3,900명으로 증가했으며, 웨스트뱅크와 가자지구에서는 1977년 5,023명에서 1987년 7만 명으로 늘어났다. 이는 분명 제네바 협약—"점령하고 있는 세력은 자신의 시민 중 일부라도 점령지도 이동시켜서는 안 된다"—의 위반이었다. 정착촌을 연결하는 도로 건설 과정에서 팔레스타인인의 재산을 몰수하기도 했다.

1979년 3월 UN 안전보장이사회 결의 446호는 이스라엘의 정착촌 건설이 평화로 가는 길에 심각한 장애물이라고 밝히고, 같은 해 7월 452호는 점령지 내에서 유대인 정착촌 건설을 중단하도록 이스라엘에게 요청했다. 이어 1980년 3월 465호는 이스라엘의 정착촌 건설을 개탄하면서 모든 회원국들에게 정착촌 프로그램을 돕는 행위를 금지했다. 그러나 이스라엘은 정착촌 건설 사업을 계속 추진·강화시켜나갔으며, 결국 1987년 12월 가자지구에서부터 시작된 제1차 인티파다 발발의 직접적인 원인이 되었던 것이다. 이스라엘의 점령정책에 대항하는 팔레스타인인들의 봉기, 즉 인티파다는 팔레스타인인들의 자기정체성을 강화하는 계기가 되었다.

3) 오슬로 협정

'땅과 평화의 교환(Land for Peace)'이라는 새로운 구상으로 시작된 이스라엘과 PLO 간의 오슬로에서의 수 개월간의 비밀 접촉 결과, 팔레스타인이 웨스트뱅크와 가자지구에서 자치정부를 수립할 수 있도록 규정한 원칙선언(Declaration of Principles)이 마련되었다. 원칙선언에 앞서 아라파트와 라빈은 서신 교환을 통해 PLO는 테러 행위를 중단하고, PLO 헌장에서 이스라엘의 존재를 부인하는 조항을 삭제키로 하며, 이스라엘은 PLO를 팔레스타인 민족의 대표기구로 인정한다고 약속했다.

1993년 9월, 워싱턴에서 서명된 원칙선언은 5년에 걸친 팔레스타인 자치에 관해 양측이 기본 합의한 것으로, 팔레스타인 자치를 4단계로 나누고 있다. 1단계로 1994년 5월 가자지구와 여리고에 팔레스타인 자치를 인정하고, 2단계로는 1994년 8월 웨스트뱅크 내 교육, 문화, 보건, 복지, 직접세, 관광 분야에 있어 팔레스타인 측에게 권한과 책임을 이양하고, 3단계에서 양측은 1995년 9월 잠정 합의에 서명한바 팔레스타인이 내부 문제를 관할할 자치의회를 선출하고, 웨스트뱅크 자치를 확대할 수 있도록 보장한다고 되어 있다. 이 협정에 따라 1996년 1월 팔레스타인 의회가 최초로 선출·구성되었다. 4단계는 예정대로 1996년 5월 시작되며 난민, 정착촌, 안보, 국경, 예루살렘 등에 관한 최종 지위 협정 체결 문제를 다루게 된다.

한편, 잠정 합의에 따라 웨스트뱅크 내 지역 구분을 아래와 같이 한다. A구역—웨스트뱅크의 주요 도시들로 구성되며 팔레스타인 의회가 이 지역의 민정, 내부 안보, 공공질서, 행정 관련 권한 및 책임을 가짐. B구역—웨스트뱅크의 작은 도시와 마을들로 구성되며, 팔레스타인 의회가 공공질서 유지 및 행정 분야에서 책임을 갖고, 이스라엘은 이스라엘 시민들의 안전, 테러 등 안보 분야에서 최우선적으로 책임을 짐. C구역—웨스트뱅크 중 정착촌 전체와 전략적 중요 지역, 거주민이 거의 없는 지역들로 구성되며, 이스라엘이 영토와 관련한 민정, 행정, 안보, 공공질서까지 책임짐. 팔레스타인 의회는 팔레스타인 주민들의 관할권을 제외한 행정 부문에만 책임을 짐.

그러나 이와 같은 내용을 중심으로 한 오슬로 협정은 1996년 예루살렘과 텔아비브에서 자행된 하마스의 자살 폭탄 공격으로 전망이 어두워지고 말았다. 이후 회담은 3년간 중지 상태에 있다가 1999년 9월 시나이 반도의 휴양도시 샤름엘-셰이크에서 가진 평화협정(Sharm el-Sheikh Memorandum)을 계기로 재개되었다. 이어 2000년 7월 임기를 얼마 남겨두지 않은 클린턴 대통령의 초청으로 이스라엘의 바라크 수상과 팔레스타인 자치정부의 아라파트 수반은 캠프데이비드에서 정상회담을 가졌으나, 별다른 합의에 이르지 못하고 막을 내렸다.

4) 로드맵과 그 미래

2000년 9월 아리엘 샤론의 예루살렘 성전산 기습 방문을 계기로 일어난 유혈 충돌, 즉 제2차 인티파다를 계기로 오슬로 협정으로 이어지는 최종 지위 협상은 완전히 결렬되었고, 양측은 테러 발생과 그 진압 과정에서 수많은 사상자들을 발생시켰다. 부시 미국 대통령은 2002년 6월 팔레스타인 민주 개혁을 통한 새로운 지도부 선출, 이스라엘의 점령지 철수, 팔레스타인 임시국가 창설 등을 골자로 하는 중동 평화안을 발표했다. 이 안은 사실상 아라파트의 축출을 의미하는 팔레스타인 지도부 교체를 전제로 하고 있으며, 평화안 이행을 위한 구체적인 일정표를 제시하고 있지 않다는 점에서 한계를 드러냈다.

2002년 9월, 중동 평화를 위한 4자(미국, 러시아, EU, UN) 외무장관 회담에서 2005년까지 팔레스타인 국가를 창설키로 기본 방안에 합의했고, 2003년 4월 마침내 4자회담은 이행목표 중심의 중동 평화 로드맵을 마련·발표했으며 이스라엘과 팔레스타인 양측이 이를 수용함으로써 새로운 전기를 마련했다.

그러나 2004년 11월 아라파트 전 수반이 사망함에 따라 이듬해 1월에 실시된 팔레스타인 자치정부 수반 선거에서 온건파 마흐무드 압바스 PLO 의장이 62%의 압도적 지지로 선출되고, 2월 샤름 엘-셰이크에서 중동 평화회담(이스라엘, 이집트, 팔레스타인, 요르단)이 개최되면서 이스라엘과 팔레스타인 간의 대화가 재개되었다.

2005년 3월에는 팔레스타인 내 정파 간 회의를 통해 대이스라엘 휴전 유지에 합의하고, 샤론 수상이 2003년 3월 발표한 대로 2005년 8월 가자지구 전역 및 웨스트뱅크 일부로부터 이스라엘 정착촌을 철수하는 분리정책(Disengagement Policy)이 성공적으로 시행됨으로써 간헐적인 자살 테러 발생에도 불구하고 양자 간의 대화 국면은 유지되었다.

그러나 2006년 1월 실시된 팔레스타인 총선에서 재야 무장세력인 하마스가 압도적 승리(총 132석 중 74석 차지)를 거두어 정권을 장악하게 되면서 정국은 급속도로 경색되었다. 이스라엘과 4자(미국, 러시아, EU, UN)는 하마스가 세 가지 조건, 즉 이스라엘을 인정하고, 테러를 포기하고, 이전의 합의 준수를 수용하지 않는 한, 하마스와의 접촉을 중단하고 팔레스타인에 대한 지원을 중단한다는 입장을 취했다. 이에 따라 점차 대화 분위기는 냉각되고 말았다.

더구나 2006년 6월에는 가자지구에서 팔레스타인 무장세력 PRC(Popular

Resistance Committee, 하마스의 무장분파 중 하나)에 의해 이스라엘 방위군 부대를 공격하고 병사 한 명을 납치하는 사건—2011년 10월 이스라엘과 하마스는 샬리트 병장과 이스라엘 감옥에 갇혀 있는 팔레스타인 재소자 1,027명을 맞교환하기로 합의했다고 발표했다—이 발생함으로써 이스라엘 측의 대대적인 보복 공격이 이어지고, 팔레스타인 측의 간헐적인 로켓 공격 등 악순환이 지속되면서 대화 재개의 전망을 어둡게 했다.

또한, 2006년 7월 남부 레바논을 장악하고 있는 헤즈볼라 세력이 이스라엘 군부대를 공격하여 병사 두 명을 납치했는데, 이스라엘이 이에 대응하여 헤즈볼라를 공격하여 레바논에 진입함으로써 제2차 레바논 전쟁이 발발했다. UN 안전보장이사회 결의안 1701호를 통해 34일 만에 휴전이 성립되었으나 이 전쟁은 지역 정세를 악화시키고 팔레스타인 측 과격세력의 대이스라엘 투쟁 의욕을 고양시키는 계기가 되었다.

우여곡절 끝에 2007년 3월 팔레스타인 국민통합정부(수반은 마흐무드 압바스, 총리는 이스마일 하니에)가 출범했으나 같은 해 6월 하마스가 가자지구를 무력으로 장악함으로써 통합정부는 와해되고 팔레스타인은 파타 중심의 웨스트뱅크 정부와 하마스 중심의 가자지구 정부로 분열되었다. 미국과 이스라엘 및 온건 아랍국들은 압바스가 이끄는 웨스트뱅크의 팔레스타인 정부를 지원하고, 이란과 시리아 및 헤즈볼라 등은 하마스의 가자지구 정부를 지원하는 등 중동 지역 내 온건세력과 과격세력 간의 대립이 이 지역의 정세에 투영되었다.

부시 미국 대통령은 2007년 11월 이스라엘, 팔레스타인 및 아랍국들이 참여한 가운데 아나폴리스(Annapolis)에서 회의를 개최하여 이스라엘과 팔레스타인의 평화협상을 2008년 말까지 완료하기로 합의했다. 이후 이스라엘의 올메르트 수상과 팔레스타인 압바스 수반 간의 수시 접촉을 통해 '두 국가 건설안(Two State Solution)'에 바탕을 둔 최종 지위 협상에 일부 진전이 있었으나, 2008년 9월 올메르트 수상이 부정부패 혐의로 수상직 사퇴를 발표하고, 그해 12월 다시 가자지구에 대한 이스라엘의 군사작전이 시작되면서 협상은 중단되어버렸다.

2009년 1월 취임한 오바마 미국 대통령은 포괄적인 중동 평화를 진전시키기 위해 평화회담을 추진했으나, 보수·우익 성향의 네타냐후 이스라엘 정부와 팔레스타인 압바스 수반 간의 상호 신뢰가 형성되지 않은 상황에서 평화협상 전망은 불투명한 상태였다. 그러던 중 2010년 2월, 이스라엘 일간지 『하아레츠 *Haaretz*』는 프랑스와 스페인이 18개월 이내에 팔레스타인 독립국가 공인을 추진한다고 보도했다. 프랑스의 외무장관 베르나르 쿠슈네르(Bernard Kouchner)는 팔레스타인 국경이 확정되기 이전이라도 팔레스타인을 독립국가로 인정할 수 있다고 밝혔다. 그는 "2011년 중반까지 정치협상을 통해 이스라엘의 (1967년 6일전쟁으로 점령한 웨스트뱅크와 가자지구에 대한) 점령 상태가 종식되지 않는다면 이스라엘로 하여금 점령을 포기하도록 압박할 팔레스타인 국가 기반과 제도를 인정하겠다"고 말했다.

2009년 8월 팔레스타인 총리 살람 파야드(Salam Fayyad)는 '점령 종식과 팔레스타인 국가 수립을 위한 계획서(Ending the Occupation, Establishing the State)'를 발표했는데, 이 계획에 따르면 1967년에 점령당한 영토인 동예루살렘을 수도로 웨스트뱅크와 가자지구에 2년 내 '독립적이며, 주권을 가진, 생존 가능한' 팔레스타인 국가를 세울 것이며, 독자적으로 UN 안전보장이사회의 승인을 얻어 국가를 설립할 것이라는 것이다.

2008년 말 이스라엘의 가자 공격으로 1,400여 명의 팔레스타인인들이 희생당한 후, 2009년 6월 오바마 미국 대통령은 카이로 연설에서, 10일 후에 네타냐후 이스라엘 수상은 바르일란대학교 연설에서 각각 이스라엘과 병존(竝存)하는 팔레스타인 국가 수립에 대하여 언급했다. 둘 사이에는 이미 한 달 전 이 주제에 관하여 논의한 바 있었다. 일련의 전개 과정을 순차적으로 볼 때, 미국이 주도하는 이스라엘-팔레스타인 분쟁 해결을 위한 국제사회와 당사자들 사이에는 상당한 논의가 진행되고 있음을 추측할 수 있다. 기본 골격은 2년 이내에 최종적으로 승인된 두 국가 해결을 위한 계획안을 평화협상을 거쳐서 2011년까지 팔레스타인 국가 건설을 위한 협정 안을 통과시킨다는 계획이다.

2009년 오바마가 조지 미첼을 중동 특사로 임명했다. 본래 2001년 작성된 '미첼 보고서'는 '알-악사 인티파다 초기에 발생한 이스라엘-팔레스타인 분쟁

조사 결과 보고서다. 이 보고서는 2000년 캠프데이비드 회담의 실패 이후 평화 협상을 재개하기 위하여 다음 세 가지를 요구했다. 첫째, 폭력의 중지, 둘째, 신뢰 회복, 셋째, 협상 재개.

미첼 보고서는 2003년 미국의 중동 평화 로드맵의 형태로 구체화되었다. 로드맵은 '팔레스타인 측에게는 이스라엘에 대항하는 무장공격을 무조건 완전히 중단할 것을 요구하고, 이스라엘 측에게는 2000년 9월 28일 이전의 경계로 철군할 것'을 각각 요구했다. 이는 1967년 이후의 점령지에 대한 이스라엘의 지배권을 사실상 승인한 것이나 다름없는 것이었다. 로드맵은 2003년 6월 부시 대통령이 주관하고 샤론과 압바스 총리가 참석한 아카바 회담에서 공식 제기되었다.

미국의 2003년 중동 평화 로드맵(단계적 이행안)

단계별		이행 계획
1단계	팔레스타인	① 이스라엘과의 안보 협력 ② 모든 폭력을 종식하고 과격단체 해체 ③ 헌법 제정 및 선거법 개정
	이스라엘	① 유대인 정착촌 건설 중지 ② 2001년 3월 이후 건설된 정착촌 해체 ③ 2000년 9월 이후 점령해온 팔레스타인 영토로부터 이스라엘 군 철수 ④ 팔레스타인에 대한 적대행위 중단 ⑤ 세금 반환 및 국경 폐쇄 철폐
2단계		① 팔레스타인 선거를 출발점으로 3년 내 잠정적 국경과 주권 가진 팔레스타인 국가 창설 ② 팔레스타인 경제 회복, 수자원, 환경, 무기 통제, 아랍–이스라엘 관계 복원 등에 관한 1차 국제회의 개최
3단계		① 2004년 개최될 2차 국제회의를 시작으로 양측 첨예한 현안 논의 ② 예루살렘 지위, 팔레스타인 난민 복귀, 2005년 영구 국경 설정 ③ 팔레스타인 개혁 및 안정 강화 ④ 이스라엘과 시리아–레바논 간 갈등 해소를 위한 포괄적 진전 모색

로드맵은 전문, 제1단계, 제2단계, 제3단계로 각각 구성되어 있다. 전문에는 당면한 위기의 원인을 이스라엘 점령정책에 대항하는 팔레스타인인들의 무장공격이라고 진단하면서 "팔레스타인인들이 테러에 대항하여 결정적인 조치를 취하고 관용과 자유에 토대를 둔 민주주의를 실행할 수 있는 …(중략)… 지도부를 갖고, 폭력과 테러리즘을 종결시킬 때 비로소 이스라엘-팔레스타인 분쟁에 대한 두 국가 해결책은 성취될 것이다"라고 했으며, 또, "양측이 협의한 해결안은 독립적이고 민주적이며 생존 가능한 팔레스타인 국가의 출현으로 이끌 것이다"라고 명시하고 있다. '생존 가능한 국가'란 무엇을 의미할까.

로드맵의 1단계(2003년 5월까지)는 팔레스타인 자치정부에게 무장단체들을 해체하고 교육과정, 미디어, 종교단체들에게 반이스라엘 행동을 중지시킬 것을 요구한다. 이스라엘 측에게는 정착촌 건설을 동결할 것을 요구한다. 2단계(2003년 12월까지)는 팔레스타인 헌법의 제정 및 임시 국경과 주권을 가진 팔레스타인 국가 건설을 골자로 한다. 3단계(2005년까지)에서는 국경, 예루살렘, 난민, 정착촌 문제 등을 위시한 항구적 지위에 관한 협정을 체결한다.

오바마의 카이로 연설에 응답하듯, 네타냐후는 연설에서 완전히 탈(脫)군사화된 팔레스타인 국가 개념을 제시했다.

> 팔레스타인 국가는 군인, 로켓, 미사일이 없고, 영공에 대한 통제권도 없으며, 예루살렘은 분할될 수 없는 이스라엘의 영토이다. 팔레스타인은 이스라엘을 통합된 예루살렘을 포함하는 유대국가로 인정해야 한다. 팔레스타인 난민 귀향권은 거부되며, 이스라엘 내에 팔레스타인 난민들을 재정착시키는 어떤 요구도 유대국가로서의 이스라엘의 존재를 침해하는 것임으로 거부된다. 2003년 로드맵이 요구한 웨스트뱅크에서의 정착촌 건설 중지는 발생하지 않을 것이며, 이민자를 포함하는 자연적 성장이 이루어질 것이다.

아리엘 샤론 내각은 같은 해 5월 로드맵 14개 보류 조항을 첨부하여 통과시켰는데, 보류 조항 제1항에는 팔레스타인 무장단체들, 즉 이슬람주의자 계열인 하마스와 이슬람지하드, 사회주의자 계열인 민중전선과 민주주의전선, 자유주의자 계열인 알-악사 여단 등을 테러리스트 조직으로 명시하면서 로드맵 1단계에서 이 조직들과 그 기반 시설을 완전히 파괴할 것을 요구했다. 이를 팔레스타인 측이 완전하게 이행하지 않을 경우 2단계로의 진전은 절대 불가능하다고 밝히고 있다. 또, 보류 조항 제5항에는 "임시 팔레스타인 국가의 성격은 팔레스타인 자치정부와 이스라엘 사이의 협상을 통해서 결정될 것이다. 임시국가는 임시 경계와 제한된 주권을 갖게 될 것이며 오직 제한된 영역과 장비만 갖춘 경찰과 내부 보안대만을 유지하며, 군대 없이 완전히 비무장화될 것이며, 방위동맹이나 군사협력을 수행할 권한(외교권)이 없다. 이스라엘은 모든 주민들과 화물의 출입과 영공, 통신매체, 텔레비전, 라디오, 전화 등을 통제한다"고 되어 있다.

팔레스타인 자치정부는 네타냐후의 제안을 즉각 거부했으며, 전 세계가 '팔레스타인 국가'라는 용어에 속지 말라고 요구했다. 네타냐후가 '예루살렘은 이스라엘의 수도이며, 난민 문제는 협상 대상이 아니고, 점령촌은 계속 남아 있을 것'이라는 주장을 통해 '영구 지위 협상으로 가는 문을 닫아버렸다'고 비판했다. 오바마는 이 연설이 매우 '진전된 중요한 조치'라고 평가·환영했다.

한편, 오바마 행정부는 2009년 조지 미첼을 중동 특사로 임명하면서 중동 문제를 평화적으로 해결하도록 전념하겠다고 강조하고 아랍국들이 제시한 '아랍 평화안(Arab Peace Initiative)'에 대한 지지를 밝혔다. 아랍 평화안은 이스라엘-아랍국들의 관계 정상화를 위해 이스라엘-팔레스타인 분쟁 종식의 전제조건을 다음과 같이 내세우고 있다.

> 첫째, 이스라엘이 시리아의 골란고원을 포함하는 모든 아랍 영토로부터 1967년 6월 4일 이전의 경계로 완전히 철군할 것과 남부 레바논으로부터 철군할 것. 둘째, UN 총회 결의안 194호에 부합하도록 팔레스타인 난민 문제를 공정하게 해결할 것. 셋째, 1967년 6월 4일 이후 이스라엘이 점령하고 있는 웨스트뱅크와 가자지구에서 독립적이고 주권을 가진 동예루살렘을 수도로 하는 팔레스타인 국가를 창설할 것.

오바마 행정부의 기본 입장은 2003년 로드맵을 토대로 한 협상이다. 오바마는 카이로 연설에서 밝힌 바대로 우선 미국과 이스라엘의 강력한 유대관계를 강조하면서 반유대주의와 홀로코스트 같은 비극적인 유대인의 역사가 유대 민족의 고향에 대한 열망의 근거라고 인정하면서도, 동시에 팔레스타인인들이 60년 이상 점령 상태에서 고통을 받고 있음을 상기했다. 따라서 두 민족은 국가 수립에 대한 정당한 열망이 있으며, 그 열망은 두 민족이 평화롭고 안전하게 공존할 수 있는 두 개의 국가 건설을 통해 충족되어야 한다는 입장을 제시했다. 그것이 이스라엘과 팔레스타인, 그리고 미국과 아랍 세계 모두에게 유익한 것이라는 것이다.

그러나 2001년 미첼 보고서, 2003년 로드맵, 2009년 국무성 연설, 2009년 카이로 연설 등에서 알 수 있듯이 오바마 행정부의 중동 정책은 일관성 있게 팔레스타인의 폭력성이 문제를 일으키는 원인임을 전제로 하고 있다. 그렇다면 팔레스타인 측의 테러와 폭력의 종식이 이루어지지 않고 있는 상황에서, 그리고 이스라엘 측의 계속되는 정착촌 및 분리장벽 건설과 같은 분리정책이 취해지고 있는 마당에 과연 팔레스타인 국가 수립은 가능할까?

2011년 가을 UN 총회에서 팔레스타인의 독립국가 승인 여부를 묻는 회원국들의 표결을 눈앞에 두고 있는 가운데 이스라엘 정부는 세계 각국으로의 외교채널을 총가동하여 거부를 요구했으며, 팔레스타인 측에는 오슬로 협정을 무효화시키는 결과를 가져올 것이라며 으름장을 놓았다. 이에 대해 팔레스타인 측역시 외교적인 총력전을 벌이면서 팔레스타인 시민들의 거국적인 시위가 다시촉발될 것임을 공공연히 밝혔다. 사실상의 외교 및 시민전쟁이 시작된 것이다.

5) 분리장벽

"누가 아침에 눈을 떠서 아랍인을 보고 싶어 할까?" 이스라엘의 일간지 『하아레츠』의 여기자 릴리 갈릴리(Lili Galili)의 풍자적인 어투다.

이스라엘과 웨스트뱅크 사이에 길이 760킬로미터, 높이 8미터짜리 콘크리트로 쌓은 분리장벽은 이스라엘의 팔레스타인 통치의 극단적인 한 단면이라 할

수 있다. 지지자들은 장벽이 팔레스타인의 테러 공격으로부터 이스라엘 시민을 보호한다고 보아 이를 '보안장벽'이라 부르며, 반대자들은 그린라인(1949)과 점령 지역(1967) 사이의 경계를 무시하는 국제법상 불법 건축물일 뿐만 아니라 사실상의 '국경'이라고 본다. 기존의 유대인 정착촌을 보호하기 위해 이스라엘 측이 임의로 설정한 경계 위에 장벽이 건설되었기 때문이다. 국제사법재판소는 2004년 장벽을 불법으로 판결한 바 있다. 가치중립적인 이 장벽의 이름은 따로 없다.

물리적인 벽 쌓기의 아이디어는 1992년 이츠하크 라빈 총리에 의해 처음으로 제기되었다. 예루살렘에 사는 이스라엘 10대 소녀의 생각이었다. 1994년 10월, 가자지구에서 충돌이 잦아지자, 라빈은 "우리는 분리를 생각할 때가 되었다. 분명한 경계가 필요하다. 선을 긋지 않으면 하마스를 지지하는 180만 명의 아랍이 우리를 삼키려 할지도 모른다"고 자신의 생각을 밝혔다. 그렇게 첫 장벽은 오슬로 평화회담이 진행되고 있던 1994년에 베이트 헤페르와 툴카렘 사이에 건설되기 시작했다. 라빈은 "1967년 경계에 따르지 않는 분리를 결정할 것이다. 우리는 우리와 그들 사이를 분리하기를 원할 뿐이다"라 밝혔다.

2002년 팔레스타인의 공격이 재촉발되자 이스라엘은 본격적으로 웨스트뱅크를 가로지르는 장벽을 건설하기 시작했다. 이스라엘 대법원도 이를 승낙했다. 장벽 건설을 '테러리즘 행위에 대항하는 군사작전'으로 규정했다. 2001년 6월 보안장벽 운동을 펼친 풀뿌리 조직인 '생명을 위한 장벽(Fence for Life)'은 자신들의 안전을 위해 스스로 장벽을 건설한 바 있었다. 이 운동은 정부를 움직였고, 정부는 가능한 빠른 장벽 건설을 약속했다.

정부 차원의 장벽 건설을 주도한 이는 아리엘 샤론이었다. 제2차 인티파다를 촉발시킨 장본인이자 이를 해결해야 할 책임 있는 지위에 있는 자였다. 수상으로서 샤론은 주택장관 나탄 샤란스키를 앞세워 이 일을 진행했다. 샤란스키는 테러 공격으로부터 이스라엘 시민을 보호하기 위한 세 가지 방안을 제시했다.(1) 테러와의 전면전, (2) 상설 방어 활동, (3) 보안장벽 건설.

장벽 건설이 결정되자 노선과 시간표를 작성했다. 웨스트뱅크 내의 유대인 정착촌을 장벽의 이스라엘 쪽으로 들어오게 하고, 일부 팔레스타인 마을을 이스라엘 쪽에 포함시키기로 결정했다. 실제로 그린라인의 약 20%가 침해되었다. 2003년 11월 장벽은 북서쪽과 서쪽 경계 지역으로 확대되어 건설되었고, 2004년 2월에는 일부 노선이 수정된 채 장벽 사이에 마련된 체크포인트 수를 줄였다. 장벽으로 나누어진 웨스트뱅크는 팔레스타인인들의 일상생활을 총체적으로 바꾸어놓았으며, 경우에 따라서는 병원이나 학교, 옆마을의 친척집을 가려면 장벽을 따라 아주 먼 길을 돌아 가야만 하는 경우가 발생했다.

2004년 6월 이스라엘 대법원은 예루살렘 서쪽 장벽이 팔레스타인의 인권을 침해할 소지가 크다며 장벽 노선을 30킬로미터 바깥으로 옮길 것을 명령하기도 했다. 그러나 정부는 법원의 결정을 따르지 않았다. 2004년 9월부터 웨스트뱅크 남쪽 지역에 장벽 건설을 이어나갔다. 2005년 이스라엘 내각은 681킬로미터의 새로운 노선을 확정짓고 건설을 강행했다. 이는 약 7%의 웨스트뱅크의 땅과 1만 명의 팔레스타인을 장벽 내 이스라엘 쪽으로 끌어들이는 결정이었다. 텔아비브에서 자살 폭탄 공격이 터지자 정부는 2006년 4월 아이엘 지역에 새로운 장벽 노선을 설계하고 수천 명의 팔레스타인인들을 다시 이스라엘 안쪽으로 끌어넣었다. 물론 이곳으로 편입된 곳에 사는 모든 팔레스타인인들은 장벽 바깥쪽, 즉 팔레스타인 쪽으로 밀어냈다. 이런 식으로 수정된 노선에 따른 장벽 건설로 웨스트뱅크의 약 8.6%의 땅과 팔레스타인 27,520명은 이스라엘 내 장벽 안으로 들어오게 되었다. 또, 웨스트뱅크의 약 3.4%의 땅과 그 안에 거주하는 247,800명의 팔레스타인 거주자들은 장벽 속에 완전하게 갇히는 신세가 되고 말았다. 거대한 '감옥'이 된 셈이다.

장벽은 모두 세 종류의 형태로 구분된다. 파라미드 모양의 구조물 위에 가시 철조망이 달린 것, 침입을 막는 무게가 가벼운 울타리 형태의 철조망, 그리고 콘크리트 장애물로 쌓은 구조물 등이 그것이다. 지형과 보안 상태에 따라 장벽의 모양이 다르게 정해졌다. 높이 8미터짜리 콘크리트 장벽은 주로 도시 근처에 세워졌으며, 예루살렘과 베들레헴, 칼킬리야 등지에서 쉽게 관찰할 수 있다.

이스라엘 측 통계자료에 따르면 장벽 건설 이후 팔레스타인인들의 침투와 자살 공격 등 적대 행위가 현저하게 줄어들었다. 그러나 이스라엘의 감사원은 자살 공격자들 대부분이 체크포인트를 통과해서 공격해왔다고 밝힌 바 있다. 이스라엘 정보부는 장벽이 완성될 경우 적대적인 침투는 거의 제로 수준에 이를 것으로 내다보았다. 2003년에 장벽이 완공된 툴카렘과 칼킬리야 지역에서는 공격이 성공한 예가 접수되지 않았다. 대부분 사전에 발각되었기 때문이다. 2008년 팔레스타인 이슬람지하드 운동의 지도자 라마단 압둘라 살라는 "장벽이 이스라엘 지역 내에서 자살 폭탄 공격을 수행하는 데 제한을 가하고 있다. 그러나 모든 단계의 요구에 대처할 만한 다른 방식을 찾고 있다"고 말했다. 장벽이 테러 공격을 막는 하나의 효과적인 방법인 것은 분명해 보이나, 그것이 원천적으로 평화를 가져다줄지는 의문이다.

장벽이 이스라엘 측에게 안전을 가져다주었다면, 그에 따라 팔레스타인 측에게는 엄청난 변화를 가져다주었다. 먼저, 자유로운 이동권을 매우 제한받게 되었다. 곳곳마다 도로를 막고 설치된 체크포인트는 팔레스타인인들의 일상생활을 완전히 바꾸어놓았다. 학교나 친척 방문은 물론 응급 상황에 병원으로 이동하는 통로가 사실상 막혀 있다. 더구나 보상조차 받지 못한 토지의 몰수, 수자원 공급의 제한, 원활하지 못한 생필품 공급 등 헤아릴 수 없는 장애가 발생했다. 2005년 UN 보고서는 아래와 같이 명시했다.

벽은 막대한 인도주의적인 악영향을 끼치고 있다. 웨스트뱅크 내의 도로가 공동체나 시민들의 이동, 생활, 종교 및 문화 시설의 접근을 제한하고 있다. 나아가 장벽 건설 계획이나 노선이 사전에 시민들에게 충분히 전달되지 않고 있다. 이로 인해 팔레스타인인들은 장벽이 자신들의 미래의 삶에 어떤 영향을 끼칠지 두려워하게 되었다. …(중략)… 장벽과 그린라인 사이의 토지는 웨스트뱅크 내에서도 매우 비옥한 땅이다. 현재 38개 마을과 촌락에 49,400명의 팔레스타인인들이 머물고 있다.

6) 아랍인 섹터의 거버넌스

'정치 발전'이라는 용어는 발전도상 국가들의 정치 발전을 위한 연구에서 근대화 및 산업화된 사회의 정치적 특징을 말할 때 사용되어왔다. 몇몇 학자들은 정치체계가 직면한 문제들로 국가 형성, 국민 형성, 참여, 분배, 평등, 복지 등을 꼽기도 하고, 몇몇 기능주의자들은 가동력(capabilities), 체제 유지 및 적응 기능을 범주화하여 다루기도 한다. 정치 발전을 정치 근대화의 중심 과제로 보는 이들은 기본적으로 정치화된 자기정체성, 정치 참여, 정치조직 및 절차의 제도화, 합리적이고 공정한 물적ㆍ인적 자원 분배 등을 정치 발전의 요소로 본다. 서구 국가들과는 다른 정치 변화를 겪고 있는 세계를 평가하는 데 이들의 방식은 하나의 편견으로 작용할 수 있다. 다시 말해서 이들은 자칫 정치 발전을 전통적인 정치체계가 서구의 어떤 발전된 민주제도로 변화하는 과정으로 한정해서 볼 수 있기 때문이다.

따라서 정치 발전을 '계속되는 변화에 대한 정치체계의 대응 능력'으로 이해한다면, 새로운 형태의 목표와 요구에 부응하는 능력과 새로운 형태의 조직을 창출하는 과정 자체가 평가의 대상이 된다. 여기서는 발전을 하나의 단계로 보지 않아도 되기 때문에 정치 발전에 성공이나 실패를 가정하지 않는다. 그러나 정치 주체가 자신이 지향하는 가치를 바탕으로 한 목표에 최고조로 도달할 수 있는 조건과 그 조건하에서 목표를 달성할 수 있는 조건을 알아내는 것이 중요할 것이다. 여기서 정치 발전에는 정치 제도화, 정치 참여, 그리고 정치 안정이 주요 조건이 되며, 사회적인 유동성과 경제 발전이 변수가 된다.

이런 이론적 배경을 바탕으로 이스라엘 내 아랍인 섹터의 '거버넌스,' 즉 '통치행위'를 살펴보고자 한다. 먼저, 아랍인 섹터는 1948년 이스라엘 건국 이후 이스라엘 영토 내에 편입된 이스라엘 시민권을 가진 아랍인(Israeli Palestinians) 영역을 지칭한다. 2002년 말 현재 이스라엘 총인구 약 650만 명 중 유대인이 80.2%, 아랍인이 18.9%를 차지한다. 아랍인 섹터의 정치체제는 유대인의 그것과 구분된다.

이스라엘 의회(크네세트) 내 120석 중 세 개 아랍 정당들이 차지하고 있는 의석수는 대개 6~10석 내외이다. 건국 초기 아랍인 섹터는 시온주의 정당들이 세운 위성 정당들에 의존했으나, 점차 아랍인 후보자를 공천했다. 1970년대 초 아랍계 정당들을 창당하여 지위를 높여나감으로써 통제된 정치 현실 속에서 정치 조직을 발전시켜나가며 아랍계 주민을 정치에 끌어들였다. 건국 직후 공산당(Democratic Front for Peace and Equality, DFPE)이 유일한 아랍계 정당이었다. 이어 1970년대 이후 발라드(Balad)당, 이슬람운동당, 진보운동당(PLP), 그리고 민주아랍당(DAP) 등이 창당했다.

크네세트의 아랍 정당 의석 분포(1949~2003)

정당별	49	51	55	59	61	65	69	73	77	81	84	88	92	96	99	03
아랍연합	2	1	4	5	4	4	4	3	1	–	2	2	2	4	5	2
Balad	–	–	–	–	–	–	–	–	–	–	–	–	–	–	2	3
공산당	4	5	6	3	5	4	4	5	5	4	4	4	3	5	3	3
합계	6	6	10	8	9	8	8	8	6	4	6	6	5	9	10	8

아랍인 섹터에서 여러 정당들이 출현하고 자신들의 다양한 정치적 이념과 정책을 반영할 수 있게 되자, 아랍인들의 지지와 요구가 늘어났다. 정당들은 아랍 주민들의 정치적·사회적·이념적 흐름을 비교적 적절하게 수용하고 또 이를 대표했다. 1996년 발라드당을 모태로 한 민족주의 계열의 민족민주연대(National Democratic Alliance, NDA)가 창립했는데, 제1차 인티파다(1987)와 오슬로 협정(1993)의 영향으로 팔레스타인 독립국가 설립 가능성이 보다 분명해지

고 정치화된 아랍인들의 정체성을 반영했다.

아랍인 섹터의 선거 참여율은 68~90% 사이로 상당히 높은 수준이다. 특히 지방선거에서 높은 참여가 두드러지는데, 이는 씨족 및 부족 단위의 정치가 주류를 이루고 있는 아랍 지역 지방정치의 특성상 총선보다 항상 높다.

1996년 PLO를 공공연하게 지지하는 팔레스타인 민족주의 계열의 민족민주연대(NDA)가 창당하여 1999년 선거에서 이슬람운동당과 DAP 연합이 5석을 차지하면서 오랫동안 이스라엘의 지원하에 아랍인 섹터에서 지배적인 세력을 형성하던 공산당을 추월하고, 중앙 및 지방 정치에서 그 세력을 확대한 것은 아랍인 섹터의 정치 변화를 보여주는 것이라 할 수 있을 것이다.

1949년부터 2003년까지 아랍인 섹터의 총선 투표 결과를 보면 1992년을 정점으로 아랍인 섹터의 아랍 정당 지지율이 높아져감을 알 수 있다. 그러나 지방정치의 경우 일부 대도시를 제외하고는 아직까지 씨족주의가 강세임을 보여준다.

아랍인 섹터의 정치 변화는 유대국가 내에서 '팔레스타인화'와 '이스라엘화'라는 두 흐름을 동시에 견지하면서 자신들의 정체성을 형성해가고 있다. 그들은 팔레스타인 민족임과 동시에 이스라엘 국민이라는 이중적 정체성 속에서 갈등을 겪고 있는 것이다. 혹은 어느 쪽에도 속하지 않은 불안전한 정체성의 소유자라 할 수 있다. 이들의 정체성을 규정하기가 매우 모호하다. 인종적·문화적·민족적·지리적·정치적 경계가 뚜렷하지 않기 때문이다. 이종(異種) 사회에서 소수자로 살아가는 이들 스스로도, 지도자, 활동가, 정치인, 시인, 작가, 학자 및 언론인 등을 통해 자신들에게 적합한 정체성을 규명해나가고 있다.

또한 이들은 가속화된 근대화 과정을 거치고 있다. 이스라엘 유대인 사회의 영향을 받으면서 서구적인 규범과 가치, 그리고 생활양식에 적응해가고 있다. 이들은 웨스트뱅크나 가자지구 등 점령지 내의 팔레스타인인들에 비해 다소 진보적인 가치관을 가지며, 일부의 경우 맥락적으로 이스라엘 사회로 통합하는 경향을 띠고 있는 것도 어느 정도 사실이다. 정치적 성향에서는 차이를 보이고 있지만, 남녀평등 문제 등 전통적인 사회규범과 태도에 있어서 유사성이 발견된다.

정치 참여와 이슬람 운동

팔레스타인에서의 이슬람 정치 참여는 영국 위임통치하의 이슬람형제단으로 거슬러 올라간다. 그러나 이스라엘 독립과 함께 무슬림들의 대대적인 추방 및 유출이 있은 후, 이스라엘 내 아랍인 섹터에 이슬람 원리주의 운동가나 종교지도자는 거의 찾아볼 수 없게 되었다. 이스라엘 통치하 정부의 교육정책은 세속화를 강조했고, 이슬람과 쿠란에 대한 무관심은 이슬람 정신의 약화를 초래했다.

그러나 1966년 이스라엘 정부가 아랍 지역에 대한 군정을 폐지하고, 아랍-이스라엘인들에게 선거권과 피선거권을 부여하고 자유로운 정당 설립과 정치적인 결사의 허용 등 정치적인 권리를 부여하자, 아랍인 섹터 내에서 정치와 정치문화에 변화가 일어났다. 또한 1967년 제3차 중동전쟁은 아랍 사회를 근본적으로 변화시켰는데, 굴욕적인 패전, PLO의 창설, 웨스트뱅크의 이스라엘 지배, 나아가 가자지구와 웨스트뱅크 주민 간의 접촉 확대 등은 아랍인 섹터의 정치지형과 민족운동에 새로운 변화를 가져다주었다.

아랍인 섹터의 이슬람 운동은 1980년대 초 지방자치단체 수준의 정치에서 벗어나 정치세력화했다. 이들은 의료, 복지, 문화 등 기관들을 중심으로 이슬람법에 따라 7.5%의 종교세(Zakat)를 거두었고, 이를 병원, 간호학교, 체육 활동, 이슬람 자원봉사단체 등을 통한 지역사회 프로그램 운영에 사용했다. 지역 봉사를 기반으로 한 이슬람 운동은 1989년 지방선거에서 47개 중 6개 지역의 자치단체장을 배출했다. 아직까지 이스라엘 실정법 내에서 이루어지는 활동이 활발하지는 못하나 아랍인 섹터 내에서 사회적 합의가 이루어지기 시작했다.

이슬람 운동은 팔레스타인 민족의 해방과 웨스트뱅크와 가자지구에 팔레스타인 국가 창설을 지지한다. 사회적으로는 '이슬람이 해결책'이라는 슬로건을 내걸고 아랍 지역에서 이슬람법과 이슬람 전통의 입법화를 추진하고 있다. 그 실현 방법으로는 물리적인 강제가 아닌 교육과 복지를 강조한다. 1980년대 아랍인 섹터의 이슬람 운동은 PLO를 견제하기 위한 전략적 고려에서 이스라엘의 암묵적인 지지하에 지방자치단체 수준의 정치에서 정치세력으로 부상했다. 이들은 의료, 복지, 문화 등 단체들과 모스크 등 종교기관들을 본거지로 조직화되어 있으며, 다양한 지역사회 프로젝트를 수행하면서 활발한 활동을 전개해나가고 있다.

7) 비정부기구들

팔레스타인 내에서 활동하고 있는 비정부기구(NGO)는 헤아릴 수 없이 많다. 이는 팔레스타인의 시민사회를 엿보게 하는 단면이다. 1990년 180여 개이던 NGO가 2001년 현재 600여 개로 증가했다. 여기서는 대표적이며 영향력 있는 단체들을 알파벳순으로 간략하게 소개하기로 한다.

아달라(Adalah, '정의', http://www.adalah.org/eng/index.php)는 이스라엘에 등록된 독립적인 인권단체로서 1996년에 설치되었다. 이스라엘의 시민권을 소유한 아랍인 약 100만 명(전체 인구의 약 20%)이 가입되어 있다. 이스라엘 내 아랍-이스라엘인들의 동등한 법적 인권─소유권, 시민 및 정치적 권리, 문화적·사회적·경제적 권리, 종교적 권리, 여성의 권리 및 수감자 권리 등─을 옹호하는 데 그 목적이 있다.

아다미르(ADDAMEER, '양심', http://www.addameer.org/)는 수감자들을 지원하고 그들의 인권을 보장하기 위해 1992년에 설립되었다. 정치범들의 상황을 감시하고, 법률 지원을 하고, 국제법상 이들의 상황을 알리는 일에 집중하고 있다. 아울러 정의와 평등에 바탕을 둔 팔레스타인 사회의 자유와 민주화를 위해 노력을 경주한다.

알-하크(Al-Haq, http://www.alhaq.org/)는 1979년에 설립된 점령지 내에 팔레스타인의 인권을 보호하기 위한 팔레스타인 변호사 단체이다. 아랍 세계에서 최초로 세워진 인권단체 중 하나다. 초창기 점령지 내에서 어떻게 법 집행이 이루어지는지 감시했고, 1986년 이후 여성 및 노동자들의 권리로 그 영역을 확대해나갔다. 인티파다 기간 중에는 알-하크의 역할이 절정에 달했는데, 주로 점령지 내(웨스트뱅크와 가자지구)의 팔레스타인인들의 인권과 인권 위반 사례를 알리는 역할을 담당함으로써 카터-메닐 인권상을 수상하기도 했다. 오늘날까지 국제인권단체들과 연합하여 꾸준히 활동을 이어오고 있다.

마다 알-카르멜(Arab Center for Applied Social Research, http://www.mada-research.org/)은 2000년에 설립된 응용 사회과학 연구소다. 교재 개발, 회의, 컨퍼런스 등을 열고 팔레스타인의 역사를 연구하고 있다.

아랍인권연합(Arab Association for Human Rights, HRA, http://www.arabhra.org/)은 1988년에 설립하고, 1990년에 이스라엘 비정부기구로 등록되었다. 팔레스타인-아랍인의 인권을 보호하고 국제적인 인권 수준으로 촉진시키는 역할을 목표로 활동하고 있다. 1990년 중반까지 HRA는 인권 교육, 여성의 권리 및 국제적인 지지를 이끌어내는 일 등 3대 주요 영역에 걸쳐 집중적으로 활동했다. 1994년 제1차 아랍 사회의 인권 회의를 개최하고, 팔레스타인의 소수자들을 대표하여 UN 경제 · 사회 · 문화 위원회에 보고서를 작성하여 제출하기도 했다. 그 외에도 '이스라엘 내 팔레스타인 여성의 지위'(1997), '팔레스타인 마을의 가옥 파괴에 관한 이스라엘 경찰의 조처'(2004), '베두인 시민의 농작물 파괴 조치'(2004) 등에 관한 보고서를 작성, UN 위원회에 제출한 바 있다.

아쉬타르(ASHTAR, http://www.ashtar-theatre.org/index.html)는 1991년 예루살렘에서 창단되었고, 1995년에 라말라에 두 번째 사무소를 열었다. 팔레스타인 사회에서 자신들의 문화를 존중하고 발흥하기 위한 극장과 연극의 필요성 때문에 시작했다.

바딜(BADIL Resource Center, '대안,' http://www.badil.org/)은 난민과 난민들의 권리를 위해 1998년에 설립되었다. 자원봉사자들과 풀뿌리 운동가들로 구성되었으며, 지역과 국제사회와 연대하여 국제법과 UN 결의 등의 준수를 요구하고 있다. 2000년부터 팔레스타인의 귀향권 문제를 다루고 있다.

비첼렘(B'TSELEM, http://www.btselem.org/)은 1989년에 설립했으며, 학계, 법조계, 언론계, 의회 등의 인사들이 참여했다. 점령지 내의 인권을 주로 다루고 있다. 이스라엘 정부의 점령지 통치정책 변화를 주도하고 있다.

아랍인권위원회(Arab Association for Human Rights, HRA, http://www.arabhra.org/)는 1988년 나사렛에서 이스라엘 내 팔레스타인의 시민권, 정치

적·문화적·경제적 권리를 증진시키기 위해 설립되었다. 초등학교에서 인권법 교육 프로그램을 개발하고, UN 기구를 통해 권리 옹호 활동을 펼쳐나가고 있다. 여러 지역에서 감시 활동을 벌이고 있으며, 화학공장 등 위험한 공장에서 일하고 있는 팔레스타인 노동자들의 인권을 보호한다. 1994년에 최초로 '이스라엘 내 아랍사회의 인권 회의'를 개최하고 보고서를 내고 UN에 제출하기도 했다. 1990년대 중반 이후 인권 교육, 여권 신장 및 국제사회의 인권 옹호 등을 목표로 활발한 활동을 전개하고 있다.

가옥 파괴 방지 이스라엘 위원회(Israeli Committee Against House Demolitions, ICAHD, http://www.icahd.org)는 점령지 내에서 벌어지고 있는 이스라엘의 팔레스타인 가옥 파괴 문제를 다루는 비폭력 직접 행동 단체이다. 이스라엘의 '폐쇄'와 '분리' 정책을 반대하고, 유대인 정착촌을 연결하는 순환도로 건설을 반대한다. 많은 이스라엘 평화 및 인권단체의 회원들이 참여하는 등 직접 행동에 나서기도 하여 세계 언론들로부터 주목을 받은 바 있다.

무사와 센터(Mussawa Center, '평등', http://www.mossawacenter.org/)는 130만 명의 아랍—이스라엘 시민들의 평등한 권리를 위한 기구로 1997년에 설립되었다. 사회적·정치적·경제적 지위를 향상시키고, 팔레스타인인들의 민족문화를 보존하는 데 주력하며, NGO 간의 연대를 활발하게 추진하고 있다. 2005년 이후 이스라엘 내의 인종차별주의와 이와 관련된 범죄를 발굴, 제거하는 노력을 기울여 나가고 있다.

예루살렘오리엔트하우스(Orient House in Jerusalem, http://www.orienthouse.org)는 동예루살렘에 있는 팔레스타인 민족을 모으기 위해 세워졌으며, PLO의 본부로서 팔레스타인 깃발이 휘날리는 유일한 곳이었다. 예루살렘을 팔레스타인인들의 수도로 삼는 데 상징적인 역할을 했다. 본래 이 건물은 독일의 빌헬름 황제가 1898년 예루살렘 방문 때 머물기 위해 지어진 건물이며, 요르단의 압둘라 국왕, 알리 국왕과 자이드 왕자가 1930년 샤리프 후세인 벤 알라(메카의 샤리프)의 장례식에 참여하여 이곳에 묻힌 그를 애도한 곳이다. 이스라엘 당국은 2001년 8월 10일, 불법으로 오리엔트 하우스를 폐쇄 조치했다.

팔레스타인 국제연구소(Palestine International Institute, PII, http://www.pii-diaspora.org/en)는 디아스포라 세계에 살고 있는 팔레스타인 민족 공동체에 관한 최초이자 유일한 학술과학연구소이다. 2002년에 설립되었으며, 흩어진 팔레스타인과 고향을 쌍방향으로 연결시키는 활동을 하고 있다.

팔레스타인 적월사회(Palestine Red Crescent Society, PRCS, http://www.palestinercs.org/)는 1968년에 설립되었다. 4,200명의 직원들과 20만 이상의 자원봉사자들이 팔레스타인인들의 긴급 의료 서비스 및 건강과 복지를 담당하고 있다. 1993년 오슬로 회담에 따라 팔레스타인 자치정부의 보건부 산하로 편입되었다.

팔레스타인 연구소(The Institute for Palestine Studies, IPS, http://www.palestine-studies.org/)는 팔레스타인 및 아랍-이스라엘 갈등에 관한 자료 수집, 연구, 분석, 출판을 담당하기 위해 1963년 베이루트에 설립된, 비정치기구이다. 아랍 세계에서 팔레스타인 관련 자료 및 아랍-이스라엘 갈등에 관한 자료를 가장 많이 보유한 기관이다. 워싱턴, 파리, 런던 등에 사무소를 갖고 있으며, 동예루살렘에 예루살렘 연구소도 운영하고 있다. 약 50여 명의 전문가들이 활동하고 있다.

팔레스타인 상담소(The Palestinian Counseling Center, PCC, http://www.pcc-jer.org/)는 1983년에 심리학자, 사회학자, 교육 전문가들 그룹이 세웠다. 팔레스타인인들의 정신 건강을 증진시키기 위해 일한다. 신체적·정신적으로 폭력을 경험하고 있는 어린이들을 치료하며, 베들레헴에 외상후증후군으로 정신적 장애에 시달리는 이들을 위한 병원을 두고 있다.

파노라마 센터(Panorama Center, http://www.panoramacenter.org/)는 팔레스타인에 민주주의와 공동체를 보급하기 위한 센터로서 1991년에 예루살렘에 세워졌다. 다원화되고 있는 팔레스타인의 시민사회에서 시민과 사회가 어떻게 민주적으로 공존하며 건전한 공동체를 만들어갈 것인가에 활동의 초점이 맞춰져 있다. 라말라, 예루살렘, 가자에 사무소가 있다. 이스라엘 측과 함께 평화 NGO 포럼을 개최하고 있다.

팔레스타인국제관계학아카데미(The Palestinian Academic Society for the Study of International Affairs, PASSIA, http://www.passia.org/)는 1987년 마흐디 압둘하디(Mahdi Abdul Hadi) 박사와 그의 그룹에 속한 학자들이 세운 대표적인 학술기관으로 정부나 정당이나 어떤 기관과도 연관되지 않은 독립적인 연구소다. PASSIA는 팔레스타인 문제를 민족, 아랍, 국제관계의 틀 속에서 연구한다. 각종 세미나, 발표, 강연 등을 개최하며 이 분야의 세계적인 저명한 학자들과 공동 연구를 수행하고 있다. 1992년 이래 매년 보고서를 내고 있다.

대중예술센터(Popular Art Centre, PAC, http://www.popularartcentre.org/)는 1987년 제1차 인티파다 때 창설되었다. 지역 댄스그룹과 음악가 및 예술가들이 조직하고, 재빠르게 웨스트뱅크 내에 문화센터로 자리를 잡았다. 국제 팔레스타인 음악 · 댄스 페스티벌을 개최하고, 어린이들에게 전통음악과 춤을 가르치고 있다.

팔레스타인 워킹우먼 발전회의(Palestinian Working Women Society for Development, PWWSD, http://www.pwwsd.org/)는 팔레스타인에서 일상적으로 발생하고 있는 여러 비인권적 폭력 행위를 예방하고 남녀 평등을 증진하기 위해 일하는 팔레스타인 내 가장 큰 풀뿌리 기구이다. 여성의 정치적 권리뿐 아니라, 노동, 건강, 교육, 환경 등에서 1966년 UN 인권헌장이 정한 보편적 권리를 적용시키려 노력하고 있다.

카탄 재단(Qattan Foundation, http://www.qattanfoundation.org/en/index.asp)은 인간개발을 증진하기 위해 팔레스타인 태생의 알-카탄 가족이 세운 재단이다. 문화 및 교육 분야에 집중하고 있다. 카탄교육연구개발센터를 두고 교육의 질을 높여나가기 위해 많은 투자를 하고 있다. 가자 시에는 카딴어린이센터를 세워 8만 권의 도서를 기증했다. 문화과학 프로그램을 운영하여 팔레스타인-아랍 문화의 새로운 지평을 열고자 애쓰고 있다. 2004년에는 팔레스타인 오디오-비디오 프로젝트를 시작하고, DVD, 교육용 시청각 자료 등을 개발하고 있다.

여성법률지원상담센터(Women's Centre for Legal Aid and Counselling, WCLAC, http://www.wclac.org/)는 법률 지원과 상담을 통한 팔레스타인 민족 해방을 위

한 여권주의자 운동의 투쟁단체이다. 1991년 예루살렘에 설립되었다. 사회정의와 평등을 실현하기 위해 팔레스타인 여성의 기본권 보호에 초점을 맞추고 있다. 1998년 프랑스 인권상을 수상했다. 사무총장 마하 아부-다예 샤마스(Maha Abu-Dayyeh Shamas)가 올해의 여성상을 받았고, 2005년도에는 NGO 특별상과 UN 경제사회 위원회의 특별상을 받았다. 예루살렘, 라말라, 헤브론 등에 사무소를 열고 활동하고 있다.

8) 팔레스타인-이스라엘 평화 NGO 포럼

양극단으로 치닫는 정치현실 속에서도 양측의 평화와 협력을 위한 노력이 전혀 없는 것은 아니다. 팔레스타인-이스라엘 평화 포럼(http://www.peacengo.org/)이 처음 시작된 것은 2005년이다. 제2차 인티파다가 진정 국면으로 접어들 무렵이었다. 팔레스타인 측의 파노라마 센터(Panorama Center)와 이스라엘 측의 페레스 평화센터(Peres Center for Peace)가 공동으로 주관하고 EU가 재정을 후원하여 개최했다. 평화 진행과 화해를 지지하는 시민사회와 대중들이 함께 모여 양자 간의 관계 개선을 도모하고 있다.

미시적인 차원에서 풀뿌리 단체와 개인이 참여함으로써 시민 대중들의 목소리를 직접 청취하고 대중 사이의 화해를 지향하면서도, 거시적인 차원에서 정부 차원의 울체(鬱滯), 즉 막힌 소통의 구조를 대화의 잠재적인 촉매로 이어나가는 역할을 담당하고 있다. 나아가 NGO들 사이에 다양한 회합과 워크숍을 통해 정보와 전략을 공유함으로써 연대를 강화해나가고 목표를 향한 효과적인 대안을 모색해나가고 있다. 아울러 각종 미디어를 통한 상호 이해를 도모해나가고 있다.

국제법에 따른 상호 존중, 평화조약의 이행, 두 국가 안 지지, 팔레스타인 난민 문제에 대한 중립적인 이해를 바탕으로 개최되고 있는 평화 포럼은 양측에서 약 100여 개의 시민단체들이 공동으로 참여하고 있다. 폭력적인 대결과 외교적인 노력만으로는 부족하다는 인식과 그동안 시민들과 시민사회의 접촉이 부족했다는 반성이 작용했다. 두 민족 사이에 양극화로 치닫던 상황을 진정시키고,

'타자'에 대한 부정적인 태도를 누그러뜨려보자는 데 뜻을 함께한 것이다.

정치적 상황은 개선되지 않았고, 양측의 지도자들 간에 신뢰가 점차 멀어져 갔지만, 불확실한 환경 속에서도 각자의 미래에 각별한 관심을 가지는 것이 평화 포럼을 이어가는 원동력이었다. 그러나 법적으로 얼굴을 대면하여 직접 대화할 수 없는 지경에 이르면서 화해의 기회는 자꾸 줄어들고, 상대를 비인간화해 나가고 있었다.

1999년 11월 팔레스타인과 이스라엘 시민사회의 대표 29명이 헬싱키 세미나에서 만났다. 이틀 간의 대화였다. 참석자들 간에 비공식적인 솔직한 대화가 오갔다. 이 대화 모임에 고무된 다른 39명의 양측 대표들이 2002년 11월 로마에서 만났다. 인티파다로 인하여 이런 종류의 모임이 거의 없었을 때였다. 드디어 2005년 첫 '팔레스타인-이스라엘 평화 NGO 포럼'이 스페인 세비야에서 양측 대표 35명이 참석한 가운데 열렸다. 이 포럼은 오늘날까지 매년 다양한 방식으로 여러 장소에서 모임을 이어가고 있다.

4 맺음말

평화로 가는 길은 멀고도 험하다. 1948년 팔레스타인 땅에 이스라엘이 건국되면서 시작된 복잡한 중동 세계의 변화는 아직도 그 해결의 실마리를 찾지 못한 채 60여 년 이상 안개 속에 싸여 있다. 분쟁의 뿌리가 어디이든 계속되는 전쟁과 테러와 보복, 민중봉기(인티파다)와 진압으로 당사자들은 치료 불가능한 상처를 계속해서 입고 있다. 피로에 지친 양측은 평화협상이라는 수단을 통해 돌파구를 마련하느라 애썼지만 그러한 노력은 물리적인 폭력 사태로 한순간에 주저앉기 일쑤였다.

애초에 두 진영은 서로 다른 역사적 · 민족적 뿌리와 이념을 갖고 수천 년간 달리 살아왔다. 서로 다른 '두 민족, 한 지붕'의 살림살이가 평온할 수 없는 것은 자명하다. 문제는 내집단의 자기정체성과 집합성이 강하면 강할수록 외집단에 대해서는 배타적일 가능성이 매우 높다는 것이다. 기본적으로 자기정체성이란 곧 상호배타성을 내포하기 때문이다. 모든 경계가 질서의 요체지만, 동시에 경계는 통합을 저해한다.

이스라엘의 통치와 지배의 법칙은 첫째가 유대인 통합(내적 통합)이요, 둘째가 아랍–팔레스타인의 분리정책(외적 분리)이라 요약할 수 있다. 즉, 내집단은 통합시키고, 외집단은 분리시키려는 것이다. 그로써 내부는 동질성을, 외부와는 이질성을 강화시켜나가는 것이라 할 수 있다. 본래 동질성(같음)이 평등의 기초라면, 이질성(다름)은 자유의 조건이다. 그러나 여기서 내집단의 동질성은 곧 외집단에 대한 차별이요, 외집단에 대한 이질성 강조는 내집단의 배타적 태도로 이행될 뿐이다. '같지만 다름'의 포용과 관용이라는 선순환 구조로부터 '다르니 함께할 수 없음'의 배타적 악순환 구조로 빠지게 된다.

우선 이스라엘 내부에서 볼 때, 유대 민족의 통합을 이루는 데 있어서 가장 큰 걸림돌은 두 가지로 요약할 수 있다. 하나는 통합의 이념적 기반이 되고 있는 시온주의의 이념적 한계요, 다른 하나는 전 세계적으로 일고 있는 '새로운' 반유대주의의 현실적 한계다. 우선, 역사적·종교적·정서적 뿌리는 함께하고 있으나 언어와 습관, 삶의 가치 기준과 양식, 사회–문화적 형태는 각기 달리하고 있는 세계 유대인 공동체의 구성원들을 하나의 특성으로 묶으려는 시온주의의 초기 이념은 현대사회에 들어와 더 이상 적합하지도 작동하지도 않는다는 비판이 거세다. 이러한 변화는, 이스라엘 내에서는 종종 이민 집단 간 혹은 이민자와 거주자 간의 지위와 권력을 위한 패권다툼으로 이어지기도 한다. 계층의 분화와 함께 급속도로 진행되고 있는 빈부의 격차 등 사회 내의 불균형이 불거져 나오고 있다. 세계 유대인 사회에서 공통적으로 발견되는 현상으로서 비유대인과의 국제결혼 등 동화된 유대인들의 숫자가 날로 급증하고 있어서 소위 세계 유대인 통합의 과정에 상당한 난관으로 작용하고 있는 실정이다.

세계 유대 사회의 통합을 위협하는 또 다른 가장 큰 난관은 '새로운' 반유대주의의 시작이다. 반유대주의는 세계화하고 있으며, 또한 진화하고 있다. '새로운' 반유대주의란 이스라엘의 건국과 더불어 시작된 아랍국들과 이스라엘 간의 갈등에서부터 비롯된 것으로, 냉전체제의 해체와 유럽 사회 극우세력의 등장, 그리고 이슬람 세계의 반미주의와 연관되어 있다. 과거에는 반유대주의가 시온주의를 낳았다면, 최근에는 시온주의가 다시 반유대주의를 낳고 있는 셈이다(여기에는 유전적으로 매우 복잡하고 변태적인 근친관계가 성립된다).

이제 유대인의 이미지는 샤일록 대신 람보가 대신하고 있다. 국외자이자 교활하고 비밀스럽고 사악한 인간 샤일록으로 대표되던 유대인의 이미지는, 이제 새로운 군사력과 정치력으로 무장해 세계를 정복하려 하며 아랍-팔레스타인의 인권을 탄압하는 잔인한 유대인의 이미지로 바뀌고 있다. 이러한 새로운 경향은 일차적으로 팔레스타인 문제에 대한 이스라엘 정부의 잘못된 정책에서 비롯되었으며, 나아가 유일한 초강대국인 미국, 특히 부시 행정부의 일방주의적인 친이스라엘 중동 정책과도 관련이 있다.

아울러 반유대주의의 중심과 방향이 역시 새로워지고 있다. 과거 유럽이 인종차별주의와 반유대주의를 아랍국들에 수출했다면, 이제 아랍국들이 변종 반유대주의를 유럽에 역수출하고 있다. 즉, 아랍-팔레스타인에 대한 이스라엘의 비인도적인 탄압과 박해가 반유대주의의 태도와 성격을 새롭게 규정하고 있다. 과거에 유럽의 반유대주의가 주로 극우파들의 독점물이었다면, 지금의 반이스라엘 운동은 유럽의 좌파 지식인들과 시민단체 사이에서 확산되고 있는 실정이다.

이러한 '새로운' 반유대주의는 주로 인터넷과 같은 새로운 형태의 미디어를 통해 확산되고 있다. 특히, 2001년 9·11 뉴욕 테러가 이스라엘을 지원하는 미국을 공격함으로써 사실상 미국으로 대표되는 서구 문명과 이슬람 문명 간의 충돌로까지 해석되면서 그 의미를 확대시켰다. 아울러 9·11 사건의 배후에는 이스라엘과 유대인이 있다는 음모론과 함께 "9·11의 진실: 어떻게 유대적 조작이 수천 명을 죽였는가?" "이스라엘 스파이는 9·11을 미리 알고 있었는가?" 하는 등의 주장들이 인터넷에서 유포되면서 반유대주의적 경향은 급속도로 퍼져나갔다. 우리나라 웹에서조차 "샤론은 히틀러다" "시오니스트를 지구상에서 없애버려야 한다"라는 등의 과격한 표현들을 쉽사리 만나볼 수 있을 정도다.

'시온'은 고통받는 지구의 소수민족들에게 새로운 정신의 북극성으로서 인류구원과 인간성 회복의 희망을 보여주는 것이었다. '영토 없는 백성'으로서 수천년간을 디아스포라로 살면서 차별과 박해 속에서 불행하게 떠돌아다니던 유대인들이 반유대주의에 대한 새로운 각성과 함께 오랫동안 열망해온 '도덕적이고 합법적이며 인본주의적인' 유대국가를 건설하고, 자신들의 '공동체의 생존과 통합'을 이룩했다. 유대인의 역사가 소수자에 대한 편견의 역사요, 희생자의 역사이자 차별을 극복하고자 하는 해방의 역사인 한은 그러하다.

이스라엘의 독립은 곧 팔레스타인에 급진적인 새로운 문제를 야기했다. 다시 말해서 아랍-팔레스타인과의 갈등은 이스라엘의 독립이 낳은 가장 큰 사생아인 셈이다. 대규모의 유대인 이민자들이 팔레스타인 땅으로 들어와 정착하면 할수록 아랍-팔레스타인인들의 고통은 가중되었다. 유럽에서 유대인을 박해한 이들은 아랍-팔레스타인인들이 아니었으므로, 유대인의 생존권 회복 과정에서 아랍-팔레스타인인들이 고통을 당하는 것은 정당하지 못한 결과다. 따라서 아랍-팔레스타인의 관점에서 시온주의는 과격한 식민주의 민족운동이었으며, 유대인의 이민은 하나의 침입이었다. 따라서 이스라엘은 제국주의 침략의 산물이며, 유대인은 인종차별주의자로 비춰진 셈이다.

이러한 상황에서 지난 2010년 5월 가자지구로 향하던 국제구호선단—영국과 아일랜드, 터키, 그리스 등 친팔레스타인 평화운동가들 수백 명과 건축자재와 의약품 및 교육용 기자재 등 구호품을 실은 여섯 척의 배—중 마비 마르마라호가 이스라엘 해군의 공격을 받고 나포된 사건이 발생했다. 이 과정에서 무력충돌이 벌어져 16명이 숨졌다. 이 사건은 인도적 구호활동이 점차 정치화된다는 점과 국제인권법과 인권보호단체에 대한 이스라엘의 경계심이 점차 높아진다는 점을 시사한다. 이스라엘 정부는 처음부터 '가자지구는 인도적 구호가 필요한 상황이 아니며, 따라서 구호선단의 주목적은 이스라엘의 정당성을 약화시키려는 도발'로 규정하고, 국제구호선단을 '테러조직인 하마스를 지지하는 폭력과 증오의 함대'라 칭한 바 있다. 2009년 11월 네타냐후 이스라엘 총리는 이스라엘 안보와 관련된 3대 중대 위협으로 이스라엘을 세계 지도에서 지워버리려는 핵무기로 무장한 이란, 헤즈볼라와 하마스 같은 이슬람 무장세력의 로켓 및 미사일 공격, 그리고 이스라엘의 자위권을 부정하려는 세력을 꼽은 바 있다. 당시 모셰 야알론 부총리는 이스라엘 내 NGO인 샬롬 악샤브조차 '바이러스'라 지칭한 바 있다.

어제는 역사의 피해자였던 유대인들이 오늘은 역사의 가해자가 되어버림으로써 '유대인을 박해한 나치'와 '팔레스타인인들을 박해하는 유대인'이 동일시되는 역사의 불가해한 아이러니 속에서, 세계의 유대인 통합을 꿈꾸며 자신들의 세력을 확장시켜나가려는 유대인들의 노력을 우리는 어떻게 평가할 것인가? 과연 분리정책만이 최선의 선택일까?

오늘날 세계는 점점 복잡해져간다. 내집단이든 외집단이든 간에 국가나 현대사회 전체가 보다 효율과 혁신을 중요하게 여기는 방향으로 변화하고 있다. 이젠 기존의 국가 주도 패러다임으로는 세계화·정보화 및 지방화에 수반되어 파편화되고 다원화된 복잡성이 야기하고 있는 각종 사회문제를 해결하기 위한 정책을 결정할 수 없는 지경에 이르렀다. 관리와 지배 사이에는 합법성, 합치성, 정당성은 물론 참여, 투명, 효율까지 요구된다. 그런 관점에서 거버넌스란 일종의 '조정' 또는 '협치'라 할 수 있다.

장벽은 해답이 아니다. 장벽은 그것을 쌓은 이들을 방어해주지 못한다. 내가 보았던 베들레헴 입구를 둘러싸고 있는 분리장벽 곳곳에는 팔레스타인과 유대인의 그림과 낙서, 글귀가 뒤섞여 새겨져 있었다(그것은 지구 최대의 가장 창조적인 '설치미술'이었다). 가장 눈에 띄는 글귀는 "두려움은 장벽을 쌓게 하지만, 희망은 다리를 놓는다(Fear builds walls, but hope builds briges)"는 것이었다. 인류 역사상 그 어떤 튼튼한 장벽도 쌓은 이들의 안전을 보장해주지 못했다. 만리장성을 쌓은 진시황도, 베를린 장벽을 쌓은 독일도, 같은 목적으로 '평화'의 장벽을 쌓은 북아일랜드의 벨파스트(Belfast)도 결코 안전하지 않았다.

왜 사람들은 장벽을 쌓으려 하는가? 그건 한마디로 상대방에 대한 '두려움'

때문이다.[2] 장벽은 결코 방어용이 아니다. 장벽은 결코 쌓은 이를 방어해주지 못할 것이다(Fence is not for defence). 그것은 곧 자신을 스스로 고립시키는 것이다.

---

2)   인도의 독립운동가 간디는 무장한 채 앞길을 가로막고 서 있는 영국 병사에게 다가가 "자네는 이 작고 늙은 노인네가 두려운가?" 하고 물었다. 그 병사는 "두렵지 않다"고 대답했다. 그때 간디는 반문했다. "내가 두렵지 않으면 자네는 왜 총을 들고 있는가?"

읽어볼 만한 책과 논문

김주리 · 남궁곤, 「미국 중동 정책에서 의회의 역할―중동평화촉진법(1993) 제정과정을 중심으로」, 『韓國政治外交史論叢』 29-2, 2008, 454~464쪽.

이강근, 『이스라엘 정치사』, 예영커뮤니케이션, 2008.

최영철, 「아랍계 이스라엘 의회의원의 민족적 정체성」, 『이스라엘 연구』 2-1, 2010, 5~25쪽.

최창모, 「세계 유대인 네트워크와 반유대주의」, 『디아스포라연구』 1-1, 2007, 79~94쪽.

홍순남, 「아라파트 이후 중동평화와 미국의 대중동 정책―팔레스타인 민중봉기와 중동 평화협상」, 『한국이슬람학회논총』 15-1, 2005, 1~28쪽.

제4장

유대교,
이슬람,
기독교

1 3대 유일신 종교의 무대
—예루살렘의 상징과 기호

문화신학자 폴 틸리히(Paul Tillich)는 "종교는 문화의 실체요, 문화는 종교의 형식이다"라고 말한 바 있으며, 엘리엇(T. S. Eliot)은 "문화는 종교와 관련되지 않고서는 나타나거나 발전될 수 없다"고 했다. 즉, 문화는 인간 활동의 전 과정이요, 그 활동의 결과가 종교라는 것이다. 아울러 문화에서 의미를 갖는 어떤 것은 '상징적'이며, 의미는 상징으로 표현되는 그 무엇이다. 왜냐하면 그것이 관계하는 사회적 가치 때문이다.

지구상에서 종교적 상징과 기호의 대명사로서 으뜸을 꼽으라면 단연코 예루살렘이리라. 그러나 예루살렘이 역사에 등장한 이래 오늘날까지 이 작고 보잘것없는 도시가 상징하는 가치와 의미—특히 '평화의 도시'라는 이름으로—는 지나칠 정도로 과도하게 평가된 것인지 모를 일이다. 십자군을 물리치고 돌멩이뿐인 이 도시를 점령한 이슬람의 살라딘 장군의 읊조림—"Jerusalem is nothing, but everything"—은 바로 이를 두고 이른 것이리라.

황금의 도시, 평화의 도시 예루살렘!

예루살렘은 다윗 왕이 수도로 정한 이래 오늘까지 꼭 3천 년의 역사를 간직한 채 아직도 살아 숨 쉬고 있는 도시다. 언뜻 보잘것없어 보이는 유다 광야 불모의 작은 언덕에 세워진 이 도시 때문에, 지구상에 얼마나 많은 사람들이 울고 웃었으며, 얼마나 많은 사람들의 삶이 뒤바뀌었으며, 얼마나 많은 이들이 이 도시를 찾으러 얼마나 먼 길을 달려오고 있단 말인가.

사실 지구상에는 예루살렘보다 더 오랜 역사와 더 극적인 사건들을 간직하고 있는 도시들이 얼마든지 있다. 수메르의 우르, 히타이트의 하투샤, 이집트의 테베, 그리고 바빌로니아의 바빌론 등이 그들이다. 그들은 한때 역사의 중심 무대에서 가장 위대하고 놀라운 역할을 담당했다. 그리고 상상하기조차 어려운 찬란한 문화유산을 남겼다. 그러나 지금은 모두 죽음의 도시, 박제된 박물관에 불과하다. 모두 역사의 무대에서 사라졌다.

그러나 예루살렘은 비록 로마처럼 웅장하지도 않고, 파리처럼 화려하지 않으면서도 지금까지 할아버지와 아버지, 그리고 손자에 이르기까지 모두에게 사랑받는 도시이다. 그것이 군사적인 힘이나 정치·경제적 힘보다 더 큰 영적인 힘을 가지고 있기 때문이리라. 예루살렘은 수많은 역경 속에서도, 여러 차례 주인이 바뀌었어도 '하나의 신앙'만을 고집하고 살아온 이들이 지켜온 도시다.

예루살렘 3천 년의 역사를 구태여 유대인과 기독교도와 무슬림의 시대로 각기 나눈다면, 유대인이 지배하던 시대가 약 550여 년, 기독교도가 다스리던 기간이 약 400여 년, 무슬림이 통치하던 기간이 약 1,200년, 그리고 그 나머지는 외세가 다스렸다고 볼 수 있다. 그러나 한 시대의 주인이 누구인들 무슨 상관이 있겠는가? 군림하던 사람은 간 곳 없고 산천만은 여전한데 말이다.

한 사람이 도시를 만들고 성벽을 쌓아 이름을 예루살렘이라 칭했다. '영원한 평화'가 이 도시에 깃들 것이라 선언했다. 그러나 다른 이가 와서 그 도시를 부수고 다시 쌓았다. 쌓은 자도 부순 자도 모두 그곳에 사는 사람들에게 진정한 '평화의 도시'를 건설하러 왔다고 말했다. 낡은 주인을 버리고 새로운 주인을 맞아들이라고 설득했다. 그러나 그 새 주인은 어느새 낡은 옷을 입고 이들을 지배하려 들었다. 그래서 이 도시의 '유일한' 지배자는 없었다. 평화의 도시는 그럴 때마다 전쟁을 겪었다. 이름도 수차례나 바뀌고 또 바뀌었다. 그럴 때마다 사람들은 신음했다.

유대인들은 이 도시를 예루살렘, 즉 '평화의 도시'라 이름하고 레바논 백향목을 수입해다가 화려한 신전을 지었다. 역대 왕들은 이 도시에서만 예배할 수 있다고 법을 만들었고, 사람들은 몰려들었다. "평화가 너에게 깃들기를 빈다"고 축복했다. 그러나 오래가지 못했다. 제국들은 이 도시를 노렸고, 결국 두 차례나 수난을 겪으며 파괴되었다. 유대인들은 이 도시에서 쫓겨났다. 2천 년 가까이 수난과 떠돌이 생활 속에서 그들은 이 도시를 그리워했다. 억압 속에서 가장 소중한 것은 자유이듯이, 전쟁과 망명 생활 속에서 가장 고결한 것은 평화였기 때문이었을까? 예루살렘은 전쟁과 슬픔, 사랑과 증오, 절망과 희망, 영광과 오욕, 상실과 울부짖음, 고통과 후회가 교차된 살아 있는 역사의 박물관이다.

예루살렘을 방문한 최초의 기독교인 순례자들이 물려받은 예루살렘은 로마에 의해 멸망된 후 수백 년간이나 방치된 채로 거의 버려지다시피 한, 'Aelia Capitolina'로 개명한 로마 도시였다. 순례자들은 거기서 예수 그리스도의 흔적을 거의 찾을 수 없어 실망했다. 그나마 예수의 흔적이 발견되는 곳곳에 기념교회를 세웠으며, 거기에는 오랫동안 순례자들이 넘쳐났다.

예루살렘에 대한 무슬림의 존경심은 정복에 대한 결과가 아니었다. 본래 무함마드가 '키블라', 즉 최초로 머리의 방향을 두고 기도한 곳은 메카나 메디나가 아닌 예루살렘이었다. 칼리프 오마르가 예루살렘을 정복하고 처음으로 방문한 곳이 무슬림에게는 하람 에쉬-샤리프(Haram esh-Sharif), '숭고한 지성소'로 알려진 곳이다. 메카에서 기도하던 중 몽환의 경지에 빠진 무함마드가 천사장의 안내를 받으며 7층천으로 올라갔는데, 밤에 도착한 신(神)과 가까운 '(메카로부터) 멀리 떨어진 저쪽의 모스크(Mosque al-Aqsa)'가 바로 예루살렘이었다고 해석된다. 무함마드의 종교 체험은 예루살렘의 운명을 결정짓는 매우 중요한 것이었다.

아직도 조랑말과 당나귀가 끄는 수레바퀴 소리가 요란한 예루살렘은 유대교뿐만 아니라 인류 3대 유일신 종교인 이슬람과 기독교의 중심지이기도 하다. 전세계 인구의 약 절반가량인 30억 명이나 되는 사람들이 예루살렘을 자신들의 신앙적 중심으로 여기고 있다. 좁은 골목마다 검은 모자와 검은 두루마기, 검은 긴 수염을 달고 거리를 활보하는 정통파 유대인들과 하얀 통치마 같은 옷을 입고 머리에는 터번을 두른 무슬림들과 다양한 모습의 기독교 종파의 수도사들이 교차하는 곳이다. 유대인의 안식일(토요일)이 되면 거리에는 자동차가 다니지 않는다. 하루 다섯 번씩 기도하는 이슬람 사원 확성기에서 들려오는 아잔(기도) 소리와 오래된 교회의 종탑에서 은은하게 울려 퍼지는 종소리가 묘한 불협화음을 이루며 도시 위를 덮곤 한다.

지금은 인구 77만 명이 사는 대도시다. 만나는 사람마다 서로 다른 모습으로 거리를 활보하며, 모두가 서로 다른 신앙과 색깔로 제각각 분주한 삶을 살아 간다. 때때로 욕심과 만용으로, 배타적 감정과 보복의 법칙에 따라 죽고 죽이는 유혈이 자행되는 곳이다. 중무장한 이스라엘 병사로 넘쳐나고 언제 터질지 모를 자살 폭탄 테러로 불안하기만 하다. 언제 어디서 보복과 폭력이 발생할지 아무 도 모른다. 그러나 그렇게도 대조적인 사람들의 삶의 모습 속에서도 이들은 한 결같이 예루살렘을, 예루살렘의 긴 호흡과 요동치는 고동 소리를 사랑하며 살아 간다. 언젠가 서로 다른 신앙과 서로 다른 색깔이 자유롭게 공존하며 정의롭게 협동하는 거리를 활보할 수 있는 평화로운 날이 오리라 믿는다.

예루살렘에서 이 책을 쓰는 동안에도 평화로운 모스크의 아잔 소리와 오래 된 성당의 종소리가 교차하는 시간에 종종 이스라엘의 군인 차량인지 앰뷸런스 인지 모를 요란한 사이렌 소리가 고막을 때리고 지나갈 때면 가슴이 철렁할 때 가 한두 번이 아니었다. 그럼에도 불구하고 나는 이 '벌레 먹은 도시'를 사랑한 다. 이런 예루살렘에 싫증을 느끼는 사람은 분명 자기 인생에 염증을 느낀 사람 일 것이다.

2 유대교

1) 유대교란 무엇인가?

유대교는 언제 시작되었나? 정말 유대교는 세계에서 가장 오래된 종교인가? 기본적으로 '유대교(Judaism)'의 본질은 구약성서, 즉 히브리 성서에 그 뿌리를 두고 있으나, 오늘날 유대교는 성서 시대의 '이스라엘 종교'와는 분명 차이가 큰 종교다. 성전(Temple)과 토라(Torah) 중심의 이스라엘 종교는 제1차(BC 587) 및 제2차(AD 70) 예루살렘 성전의 멸망 이후 성전 없는 종교, 즉 토라 중심의 유대교로 남게 되면서 확실한 차이를 보였다.

2세기 이후 변화하는 디아스포라 환경 속에서 전통적인 토라에 대한 성서 해석자들의 주석과 적용이 권위가 더해가면서 수세기 동안 이어온 해석 전통이 집대성되어(미슈나와 탈무드) 형성된 생활방식을 '랍비 유대교(Rabbinic Judaism)'라 부른다. 유대인의 종교, 철학, 생활규범 혹은 생활방식으로서의 유대교(Ἰουδαϊσμῷ)는 1세기 그리스인 사이에서 처음으로 사용된 용어다(마카비하 2장 21절; 8장 1절; 14장 38절; 갈라디아서 1장 13~14절). 그러나 종교로서의 '유대교'를 지칭하는 히브리어 '야하두트'는 중세 문학에서 겨우 발견된다. 이처럼 유대교가 아브라함 때부터 존재해왔다고 말하는 것은 잘못이며, 성서는 단지 유대교의 '뿌리'가 그렇게 오래되었다는 것을 말할 뿐이다.

유대교의 근간은 두 말할 것도 없이 토라(모세 법)다. 토라의 요체는 유일신론(Monotheism)이다. 다신론적 세계에 널리 흩어져 살면서 유대인들은 '하나의 신, 야훼'(신명기 6장 4절)를 발견했다. 야훼가 세계와 인간과 생물을 창조하고, 그들을 다스린다는 신앙고백으로부터 시작한다. 따라서 다른 신, 즉 우상 숭배에 관한 엄격한 금지가 적용된다. 랍비 유대교는 '두 개의 토라'를 주장하는데, '성문 토라'뿐 아니라 그것을 해석하고 보충하는 '구전 토라' 혹은 전승도 인정하기 때문이다.

아울러 토라에 규정된 다양한 생활 규범들을 할라카(Halakha)라 일컫는데, 미슈나는 이를 여섯 개 항목—씨(축복과 기도, 십일조와 안식년 같은 농사법), 절기(안식일과 각 축제), 여성(결혼과 이혼, 서약), 손해배상(민사법, 법원의 구성과 법적 절차, 아버지의 윤리), 성물(성전 희생 제사, 금지된 음식과 허가된 음식), 정결(목욕을 통한 정화, 제의적 정결예식, '부정한 것'에 대한 규정) 등—으로 구분하고, 각 항목을 다시 세분하여 총 613개의 항목으로 분류·정리하여 전하고 있다.

이러한 규범들은 어떻게 현실 세계에 토라를 적용시킬 것인가에 집중된다. 토라 해석에 기초한 실천과 행위로서의 유대교는 그 해석과 실천 방식의 차이에 따라 다양한 종파를 낳았다. 특히 1세기에 번성했던 바리새파('분리주의자'), 사두개파('의로운 자'), 에세네파('가난한 자'), 열심당(Zeolots) 등의 다양한 유대 종파들은 각기 토라에 대한 해석의 차이를 반영한다.

대부분 평민 대중에 속해 있으면서 절제된 삶을 살았던 **바리새파**는 "종교 관습에 있어서 민족 가운데 누구보다도 뛰어나다는 평판을 받는 사람들로서 율법의 정확한 해석자들이었다."(요세푸스, 자서전 28) 그리고 금식(마가복음서 2장 18절)과 십일조(누가복음서 18장 12절), 엄격한 전통 수호(마가복음서 7장 5절) 등 생활 속에서 규범들을 지켜나갔다. 그들은 노인을 공경하고, 신의 섭리와 자유의지, 그리고 인간의 불멸을 믿었다.

사제 및 귀족 계급으로서의 **사두개파**는 성전을 지키고 기록된 토라의 규정에 따라 성전 제의를 완성하려 했다. 토라를 문자대로 해석하고 현실 생활에 적용시켜나가려 했다. 이들의 보상과 징벌은 오직 현세의 삶과 관련된 것이며, 따라서 부활도 천사도 영도 없다고 믿었다(요세푸스, 고대사 13.293; 사도행전 23장 8절).

한편, 자신들을 신의 진정한 백성으로 이해한 쿰란의 **에세네파**에게 있어서 정결 예식은 공동체의 가장 중요한 의식이었다. 공동체를 이끌던 '의의 교사'가 이를 주도하고 성서 해석을 관장했다. 공동체의 근간이 종말론에 기초해 있었기 때문에 모든 것을 신에게 맡겼으며, 사유재산이 부정되는 공동 생활과 출산과 양육을 포함한 일체의 가족관계를 거부했다. 이원론에 기초한 묵시 사상은 중요한 그들의 신학이었다. 성전의 희생 제의보다는 금욕적이며 도덕적인 생활을 강조했다. 요세푸스는 쿰란의 지도자 바누스를 '사막에서 살면서 나무에서 자라는 것만을 의복으로 취하고, 야생에서 자란 음식만을 취한 사람'이라고 기록했다. 메뚜기와 석청을 먹고, 낙타털 옷을 입었다는 세례 요한과의 관련성이 유추되는 대목이기도 하다.

유대 역사가 요세푸스가 언급한 네 번째 종파는 **열심당**이었는데, 하나님의 규율을 제외한 어떤 구속으로부터도 자유로워지기 위해서 죽을 준비를 갖추고 있는 자들이었다. 로마의 지배하에서 무장투쟁으로 맞서면서 독립운동을 벌이기도 했다.

그 외에도 유대인과는 별개의 인종적 정체성을 갖고 그리심산에 자신들의 성전을 가지고 있던 사마리아인들도 있었으며, 밀의적(esoteric) 지식과 하나님에게 이르는 지혜에 관해서 자신들만의 세계를 가지고 있던 신비주의자들과 하나님의 심판과 세상의 종말을 주창한 묵시문학적 환상가들도 있었다. 예수를 추종하던 소수의 무리들도 여기에 한몫했을 것이다.

역사 속에서 진화해온 유대교

역사 속에서 종교는 진화하게 마련이다. 유대교가 랍비 시대와 중세를 거쳐 현대에서도 지속적으로 발전해온 것은 심오한 영적 지도자들과 창조적인 탁견을 가진 학자들이 있었기 때문이다. 그중에는 유다 하나시, 스타마임, 전사, 사아디아 가온, 라시, 철학자, 은인(隱人), 바알 셈 토브, 멘델스존 같은 이들이 있었다.

200년경 팔레스타인 유대 공동체를 이끌었던 **유다 하나시(Judah Ha-Nasi)**는 랍비 유대교 형성의 '나시,' 즉 왕자라 할 수 있다. 그는 너무 위대한 나머지 제자들로부터 어떤 이름도 덧붙이지 않은 채 단순히 '우리의 거룩하신 랍비'라 불렸다. 그는 멸망한 예루살렘을 떠나 벧쉐아림과 지포리에 아카데미를 세워 유대교를 일으켜세웠다. 나시의 지도하에 집대성된 법전이 미슈나('가르침' 또는 '반복')인데, 랍비 유대교의 기초 문서로서 성서 해설서이다. 총 여섯 권으로 이루어진 이 법전은 유대교의 가치, 규범, 윤리적인 원칙, 민사와 형사재판, 개인의 지위, 예배와 정결 예식 등과 같은 항목으로 분류하여 집대성했다. 이 법전은 빠르게 권위를 얻고, 탈무드가 발전하는 기초가 되었다.

스타마임(Stamaim)은 '무명의 사람들,' '잊힌 사람들'을 의미한다. 6세기경 바빌로니아 주변에 살면서 탈무드를 편집했던 랍비 집단을 지칭하는 용어이다. 스타마임 이전에 존재했던 세 개의 다른 그룹들 중에는 탄나임(Tannaim), 아모라임(Amoraim), 세보라임(Seboraim) 등이 있다. 탄나임은 미슈나에서 이름이 언급되는 랍비들로서 유다 하나시를 포함한 동시대인들을 말하며, 아모라임은 논리적인 모순과 결정적인 갈등을 조화롭게 하고 법을 확장하여 새로운 환경에 그것을 적용시켜나가기 위해 자신들의 탁월한 견해를 논리적으로 전개한 자들을 말하며, 세보라임은 조상들의 의견에 질문들, 즉 왜 그리고 무엇이라는 질문들을 더해 많은 질문들을 던진 사람들을 지칭한다. 아모라임과 세보라임 간의 토론은 탈무드에 기록, 선별, 편집되었다. 이로써 기존의 미슈나에 게마라(Gemara, '배움' '완전함')라고 알려진 미슈나에 대한 주석서의 형태를 띤 방대한 아람어 텍스트가 추가되었다.

탈무드는 실제로 유대교의 심장이다. 성서 다음으로 유대인들에게 가장 많이 읽히며 연구된 책이다. 오히려 성서는 탈무드의 빛이 비추는 대로 읽혀진다. 그만큼의 중요성에도 불구하고 우리는 실제로 누가 그 방대한 자료를 수집하고 그것을 일목요연하게 편집하고 집대성했는지 알지 못한다. 편집자들은 재미있는 일화들, 즉 아가다('이야기')를 더함으로써 읽는 이들의 주의를 끄는 극적인 문학적 구조 속에 들어 있는 난해한 법적 논쟁들을 설명해주고 있다. 도덕적이며 영적인 통찰력의 높이와 깊이를 측정해가면서 창조적인 상상력을 유발시키는 방식으로 가르친다. 그러나 그들은 텍스트 어디에서도 자신의 이름을 밝히지 않고 있다. 단지 이전 세대의 위대한 선생들의 가르침을 재생할 뿐 자신들이 어떠한 독창적인 공헌을 했다는 자만심이 진정으로 없었다. 선대의 현명하고 뛰어난 정리되지 않은 영감들을 실제로 모아 모양을 다듬고 정리한 익명의 학자들과 소박한 실천자들, 즉 스타마임은 유대교 내에서 어느 세대나 존재한다.

7세기 말 아라비아 반도에 이슬람이 유성처럼 퍼져나가기 직전, 북아프리카의 여러 부족들은 유대교와 기독교로 개종했다. 지금의 알제리 남동쪽에는 베르베르(Berber)족, 즉 유대교로 개종한 제라와(Jerawa)가 살고 있었다. **카히나 다히야 빈트 타비타 이븐 티판**(Kahina Dahiya bint Thabbita ibn Tifan)을 우두머리로 한 제라와는 진군해 들어오는 아랍–이슬람 군대와 맞서 싸워 아프리카에 침입하는 세력을 물리치고, 스페인 진격을 막아냈다. 그러나 카히나는 배신당하고 700년경 전사했다.

베르베르의 공주인 그녀가 어떻게 유대교를 받아들이고 어떤 방식으로 살았는지 정확하게 알 수는 없으나, 여러 아랍 역사가들에 의해 여러 차례 윤색된 그녀의 이야기는 하나의 역사적 가정(what if's)을 떠올리게 만든다. 즉, 그녀가 이슬람 군대를 물리치고 북아프리카를 지나 아라비아로 또는 스페인으로 진군했다면 지중해와 유럽의 역사는 어찌 되었을까? 과연 이슬람제국의 운명은 어찌 되었을까?

바빌로니아 탈무드가 완성된 지 얼마 지나지 않아 7세기 중엽 사산 왕조를 물리친 아랍 세력은 바빌로니아의 옥스퍼드와 케임브리지라 할 수 있는 유프라테스 강가의 수라(Sura)와 품베디타(Pumbedita)를 점령했다. 거기에는 두 아카데미를 이끄는 영적 지도자인 **사아디아 가온(Saadia Gaon, 882~942)**이 있었다. '가온'이란 '걸출한'이라는 뜻이다. 유대인 디아스포라의 수장이라 불리던 그는 유대 공동체를 이끌며 이슬람의 칼리파(Calipha) 사이의 관계를 조정해나갔다.

유대인들의 삶은 바그다드의 압바시드 칼리파(750~1258)의 지배하에서 간헐적으로 번성했는데, 가온임—'-임'은 히브리어에서 남성복수 어미이다—은 프로방스로부터 예멘에 이르는 드넓은 유대 세계로부터 많은 질문을 받고 이에 대답했다. 그들의 응답들은 거의 기록으로 남아 보존되었는데, 유대 관습에 따라 게니자(Geniza, '창고')에 수집·보관되었다. 100년 전 카이로의 게니자에서 발견된 히브리어 문서들은 그 가운데 일부이다.

이집트 북부의 파이윰에서 태어난 **사아디아 벤 요셉(Saadia ben Joseph)**은 905년 이집트를 떠나 수년 동안 팔레스타인, 알레포, 바그다드 사이를 떠돌아다녔는데, 외부인이었음에도 불구하고 학문적 수월성을 인정받아 그는 928년 수라 아카데미의 가온으로 임명되었다. 그가 '디아스포라의 수장' 다비드 벤 자카이(David ben Zaccai)의 명령을 거절하자 해직되어 감옥에 갇혔을 때 쓴『교리와 믿음의 서 *The Book of Doctrines and Beliefs*』는 위대한 철학서로 남아 있다. 이슬람의 칼람(Kalam, 신학)과 팔라시파(Falasifa, 아리스토텔레스 철학)에 정통했던 사아디아는 도덕관을 포함하여 이성을 지고라 믿었으며, 하나님의 도와 그의 계시가 이성과 조화를 이루는 까닭은 하나님이 이성과 정의를 **규정하셨기** 때문이 아니라 오히려 완전히 자유롭게 이성과 정의의 절대적 기준과 조화로움 속에서 행동하시고 자신을 나타내시기 때문이라고 생각했다. 즉, 하나님은 선험적(a priori)으로 합리적이고 의로우신 분이기 때문에 합리적이고 의롭게 행동하시는 것이지, 하나님이 합리적이고 의롭게 행동하시기 **때문에** 합리적이고 의로우신 분이 되는 것이 아니라고 주장했다. 또, 사아디아에게 토라는 전적으로 이성과 합치한다.

독일의 서부 라인 강 변에 위치한 웜스(Worms)—나치에 의해 파괴되었다가 다시 세워진—에는 **라시(Rashi, 1040~1105)** 회당이 자리 잡고 있다. 오늘날까지 라시의 주석서를 통해 성서와 탈무드를 이해하고 있는 세대들에게 그는 텍스트를 밝히는 등불과도 같은 탁월한 주석가이다. 마치 후세들의 의문을 감지하여 간단명료하게 설명하고, 실수와 오해를 부드럽게 수정해주는 따뜻한 선생과도 같다. 라시는 성서가 실제로 말하는 것, 즉 페샤트(peshat, '꾸밈없는 의미')와 전통에 의해 읽혀지는 것, 즉 드라시(derash, '설교')를 구분했던 문법학자들과 사전 편찬자들의 오랜 작업들에 의지하여 까다로운 본문을 명쾌하게 주석한 성서 언어학자의 아버지로도 꼽힌다. 그는 말년에 십자군 전쟁으로 친척들과 친구들을 잃는 슬픔을 겪기도 했다.

스페인의 톨레도에서 태어난 **아브라함 이븐 에즈라**(Abraham ibn Ezra, 1089~1164)는 시인이자 문법학자이자 의사이자 천문학자이자 탁월한 성서 주석가로서 뛰어난 업적을 남겼다. 그는 모세 오경의 모세 저작설에 의심을 품은 자로서 600년이 지난 훗날 스피노자에 의해 재론되다가 근대의 성서비평학으로 옮겨오게 된다. 이븐 에즈라는 1140년 스페인을 떠나 이탈리아를 거쳐 북아프리카 및 근동 지방, 프랑스와 영국을 포함한 서유럽까지 여행했다. 그는 런던에서

『하나님을 두려워하는 근거 *Foundation of the Fear of God*』라는 책을 썼는데, 간결하면서도 전투적인 스타일의 문장과 신플라톤 철학에 바탕을 둔 성서 주석으로 르네상스 시대 헤브라이즘에 미친 영향력이 매우 컸다.

1280년 한 유대인이 한 '목소리'에 이끌려 교황 니콜라스 3세를 개종시키기 위해 로마로 갔으나, 중세 교황은 매우 완고해서 그를 화형에 처하도록 명했다. 그러나 그는 아무런 방해도 받지 않은 채 수리아노로 도피했고, 거기서 교황이 전날 밤에 중풍으로 쓰러져 사망했다는 소식을 들었다. 로마에 돌아온 그는 한 달 동안 감옥에 갇혔으나 다시 풀려났다. 13세기 어떤 유대인이 감히 교황을 개종시킬 생각을 할 수 있었겠는가? 아마도 자신을 예언자라고 생각한 사람만이 그랬을 것이다. 그가 바로 **아브라함 아불라피아**(Abraham Abulafia, 1240~1300?)라는 무아지경의 신비주의자였다.

스페인의 사라고사에서 태어난 그가 마이모니데스의 철학과 유대 신비주의 카발라에 심취하여, 신의 계시를 받고 의식(儀式)과 신명(神命)을 얻어 금욕적인 실천에 통달하는 것이야말로 예언자가 되기 위한 열쇠가 된다는 결론에 이르렀다. 그는 가는 곳마다 논쟁을 불러일으켰다. 수피즘과 조화를 이루며 발전시킨 카발라는 1280년 이후 스페인에서 사라졌으나 이슬람 지역에 새 둥지를 틀었다. 오늘날까지 유대 신비주의자들은 아불라피아를 따라 교리적인 학문을 초월하여 '신지학적(神智學的) 마법'을 좇아 신에게 집중하고 신의 실재 안으로 들어오는 연습을 계속하고 있다. 카발라는 개인의 신비한 체험에 최고의 가치를 두고 신성의 내부적 조화를 강조하고 있다.

1391년 재(災)의 수요일, 세비야의 유대인들에게 가공할 만한 폭력이 닥쳤다. 많은 이들이 살해당하고 어떤 이들은 강제로 세례를 받았다. 스페인 유대 사회의 황금시대가 끝나고, 탄압과 박해, 추방의 수난시대가 도래한 것이다. 개종을 강요당했던 이들 중 얼마는 기독교를 받아들였지만, 어떤 이들은 비밀리에 유대교를 믿었다. 개종자들 가운데 많은 이들이 주교나 추기경 같은 교회의 고위직에 오르기도 했다. 이단을 잡아들이기 위한 종교재판은 '새로운 기독교인들(converso)', 즉 기독교로 개종한 유대인들의 신앙심을 평가하기 위해 행해지기도 했다. 비난이 난무하고, 진실은 짜 맞춰지고, 고문에 의한 자백, 그리고 화형 판결이 내려졌다.

1536년 교황의 칙서는 포르투갈에서도 종교재판을 명령했다. 탄압이 덜했던 안트베르프 체제로 도망했던 사람 중에는 베아트리스 드 루나(Beatriz de Luna)라는 젊은 과부가 있었다. 그녀의 남편은 향신료 무역을 통해 부를 축적했다. 다른 '새로운 기독교인들'과 마찬가지로 그녀가 선택한 행선지는 터키였다. 그러나 비기독교 국가로의 여행은 금지되어 있었다. 종교재판에서 남편은 화형에 처해지고 모든 재산은 몰수되었다. 그러나 그녀는 가족 사업체를 일으켜 유럽은 물론 터키에서도 믿을 만한 특약점을 내어 돈을 긁어모았다. 그녀는 종교재판을 피해 떠난 유대인들을 안전한 피난처로 옮겨 살 길을 찾도록 모든 힘을 다해 도왔다.

1544년 그녀는 기독교인으로 가장해서 베네치아로 이주했다. 그러나 가족 간의 반목으로 신분이 드러나 투옥되고 말았다. 다행히도 국제관계가 불안정한 틈을 탄 터키 정부(Sublime Porte)가 개입하여 석방되었다. 마침내 1550년 그녀는 페라라의 공작 에르콜 2세의 보호 아래 '마라노'라는 이름의 가장(假裝)을 벗어던지고 자신의 본래 이름을 되찾아, **나시 가문의 많은 유대인들에게 은총을 베푸는 사람(GraÇia Nasi, c.1510~c.1569)**이 되어 보스포루스가 내려다보이는 갈라타의 호화로운 저택이 있는 콘스탄티노플에서 여생을 보냈다. 그녀는 거기서도 이베리아 반도의 유대인들을 탈출시키는 사업과 극빈자를 돌보는 일을 방해받지 않고 계속해나갔다. '80명의 거지들'이라 불리는 자들이 매일 은인인 그녀와 같은 식탁에 앉아 그녀의 이름을 축복하며 식사를 했다는 이야기는 널리 전해진다. 또한 그녀는 학자들의 연구와 출판을 지원했으며, 특히 히브리어와 스페인어로 쓴 페라라 성경(Ferrara Bible) 출판과 같은 사업을 지원했다.

한편, 오늘날 뉴욕이나 예루살렘 거리에서는 수염을 기르고 귀밑머리를 땋아 내리고 검은 모자와 소매가 넓고 자락이 긴 수도사 복장 같은 옷을 입은 유대인들을 흔히 볼 수 있는데, 물론 모세나 유다 하나시가 한 복장은 아니다. 이는 18세기 하시디즘의 고향인 우크라이나나 폴란드에서 시작한 것이다.

하시디즘의 창시자는 **바알 셈 토브**(Baal Shem Tov, c.1700~1760)[1]라 불리는 이스라엘 벤 엘리에제르(Israel ben Eliezer)였다. 우크라이나 포델리아에서 태어나 일찍이 고아가 되어 가난하게 성장한 그는 어린 시절 특별한 재능을 보이진 않았으나, 종교학교인 헤데르(Heder)에서 신임을 얻었다.

30세가 된 그는 심오한 신비주의자로서의 면모를 드러내고, 카리스마적인 치료사로서 널리 추종자들을 이끌었다. 사람들에게 하나님을 숭배하고 그의 계명을 묵묵히, 그리고 기쁘게 지키도록 영감을 불어넣었다. 이 운동은 마기드(Maggid) 같은 순회 설교가들에 의해 우크라이나와 폴란드에서 진행되었는데, 노래와 춤, 심지어 술을 마시며 신비주의 체험에 몰입했다. 대중들은 하시디즘이 열광주의, 평등주의, 그리고 전통적인 학식을 그다지 강조하지 않는 점에 매혹되어 이들을 따랐으며, 그들의 지도자로 기적을 행하는 레베(rebbes) 혹은 차디크(tzaddik, '의로운 자')를 머리로 삼았다.

하시디즘이 점차 번성해감에 따라 반대자들, 즉 미트나그딤(mitnagdim)의 비판을 유연하게 수용하여 율법과 탈무드 등과 더불어 카발라와 신비주의 연구에도 점차 비중을 두었다. 대중적 차원에서 카발라의 이념들을 도입하여 하나님의 초월과 내재를 강조했다. 이야기 들려주기는 하시디즘 교육에서 매우 중요한 요소가 되었다. 근대 유대 철학자 마르틴 부버(Martin Buber)가 독일어로 된 저서 『나와 너 Ich und Du』에서 하시디즘에서 강조하는 '대화'와 '관계'를 중요하게 부각시킨 것은 잘 알려진 일이다. 그러나 하시디즘이 비록 전통적인 메시아 사상을 지지하고 있다 하더라도, 구원의 민족적 차원보다는 개인적 차원을 더 강조한 것은 사실이다.

바알 셈 토브와 동시대인으로서 그와 극단적으로 대조되었던 인물은 **모제스 멘델스존**(Moses Mendelssohn, 1729~1786)이었다. 멘델스존은 그와 정반대 방향에서 유대교의 발전을 이끌었던 계몽주의 철학자였다. '유대교의 정신은 교리

---

1) 바알 셈(히브리어로 '이름의 주인'이라는 뜻)이라는 칭호는 하나님의 이름의 철자들을 쓰거나 발음함으로써 기적적으로 치료했다고 전해지는 치료사들에게 붙여진 것이다. 토브는 '좋다'라는 뜻이며, 베세트(BESHT)는 Baal Shem Tov의 축약형이다.

에 있어서의 자유로움과 행위에 있어서의 일치됨'을 강조했던 그의 사상은 전통적인 유대교와 거리가 멀었으나, 계몽주의 안에서 발견한 가치들을 흡수하여 시대에 알맞은 타당한 신앙을 이어가도록 해주었다. 오늘날 개혁파와 정통파로 나뉘는 유대교의 갈림길 위에 그가 서 있다.

유일신 신앙의 유대교는 '하나'가 아니다

위에서 살펴본 고대 유대 종파들의 다양한 특성은, 비록 그 전통이 현대 유대교와 역사적·교리적 연속성을 갖고 있지는 않다고 해도, 근대 서유럽의 유대교로부터 현대 유대교에 이르러 보다 빠르게 변하는 현실에 대한 대응 방식에 따라 개혁파 유대교, 정통파 유대교, 보수파 유대교, '재건주의자 유대교 등으로 분류된다. 19세기 독일 계몽주의의 영향을 받은 **개혁파 유대교**는 낡은 성서적 계율은 고대 히브리 정치집단의 법이며, 새로운 윤리적·도덕적·정신적 가치들이 계시된 현대사회에서는 더 이상 적용될 수 없다고 보고, 회당 예배에서 지방어로 설교하고, 오르간 등 악기를 사용하고, 견신례 같은 새로운 의식을 받아들이고, 여성 랍비를 세우는 등 개혁을 이끌어가고 있다. 개혁파들의 개혁에 반대를 표방하는 **정통파 유대교**는 시나이 산에서의 토라의 신적 계시를 중시하고, 할라카를 자신들을 하나로 묶어주는 것으로 간주한다. 미국에서 우세를 보이고 있는 **보수파 유대교**는 중심에 할라카를 두는 것에는 동의하나 정통파보다는 변화하는 사회적·경제적 환경에 따라 주변 문화와의 긍정적인 상호작용을 통한 에토스(ethos)를 강조한다. 한편, **재건파 유대교**는 신·토라·이스라엘 등과 같은 개념을 포함하여 회당 기구들이 현대 사상에 따라 재검토 또는 재해석되어야 함을 강조하며, 랍비 같은 지도자보다는 대중들의 여론을 통해 의사를 결정하는 등 민주성이 보다 강조된다.

종교로서의 유대교에서 빼놓을 수 없는 것은 예배와 축제다. 오늘날 유대교의 예배는 주로 회당에서 이루어지며, 하루 세 차례 실시된다. 예배는 두 개의 기도로 구성되는데, 하나는 셰마(shema)로서 하나님의 단일성을 선언하고 히브리 성서를 읽는 것으로 이루어지며, 다른 하나는 아미다(amida)로서 찬양과 탄

메노라와 국기

메노라(Meno-rah)는 가지가 일곱 개 달린 촛대로서 고대 이스라엘의 예루살렘 성전에서 예배 의식에 사용해온 상징물이다. 7일간의 천지창조를 상징하는 것으로 알려져 있으며 시대에 따라 다양한 형태로 유대 민족의 유산과 전통을 상징한다. 오늘날 메노라는 이스라엘의 국장(國章)으로서 정부, 의회(크네세트), 이스라엘 군대 등에서 사용되고 있다.

안식일이 시작되면 메노라에 불을 밝히며 기도를 하고, 하누카에는 가지가 여덟 개 달린 메노라에 하루 한 개씩 불을 밝히며 8일간 축제를 벌이기도 한다. 곳곳에서는 여러 시대에 걸쳐 다양한 형태의 메노라가 발굴되기도 하는데, 회당, 동전, 기념물 등에 등장한다.

한편, 이스라엘의 국기는 1948년 10월 28일에 제정되었다. 하얀색 바탕 위아래에는 파란색 가로 줄무늬가 그려져 있으며, 파란색 가로 줄무늬에는 파란색 다윗의 별이 그려져 있다. 이스라엘의 국기는 유대인이 기도할 때 덮어쓰는 숄인 탈리트 디자인을 바탕으로 한 것이다.

원과 감사로 이루어진다. 그 외에도 영적·금욕적인 명상을 강조하는 하시디즘(hasidism) 등 신비주의적 경향의 종교적 행위와 더불어 토라 학습을 가장 중요한 덕목으로 꼽는다. 일반적으로 말해서 신앙과 학문의 조화로움을 그 특성으로 삼고 있다.

한편, 음력을 사용하는 유대교의 축제로는 안식일과 더불어 3대 축제인 페사흐(유월절), 샤부오트(칠칠절 또는 오순절), 수코트(초막절)를 지킨다. 이들은 모두 히브리 성서에 그 기반을 두고 있다. 그 외에도 신년 축제를 비롯한 욤키푸르(대속죄일), 부림절과 하누카 등 다양한 축제를 지킴으로써 자신들의 전통을 지켜나가고 있다.

유대교의 독특성은 일상생활에서도 발견되는데, 주로 카슈루트(kashrut)라 불리는 까다로운 음식법과 체데카(Zedekah)라 불리는 자선과 집 문설주에 붙여놓은 성구를 써넣은 메주자(mezuza)와 머리 위에 항상 쓰고 다니는 작은 모자 키파(kippa)와 기도할 때 몸을 덮는 숄인 탈리트(tallit) 등이 그것이다. 또, 태어난 지 8일 만에 사내아이에게 행하는 브리트 밀라(할례)와 만 열세 살에 행하는 바르 미츠바(성년식) 역시 독특한 유대교의 전통이다. 하루 세 차례 기도하는 습관은 아주 오래된 것이다.

2) 관습─카슈루트(음식법)

유대인들의 생활에서 음식법은 매우 중요한 일상의 규범이다. 상당수 유대인들이 채식주의자인 까닭이 유대법의 직접적인 영향이라고는 말할 수 없지만, 15세기의 랍비이자 성서 주석가인 이삭 아브라바넬은 최초의 인류(아담과 이브)는 분명 채식주의자였으며, 메시아가 도래할 때 우리 모두는 채식주의자가 될 것이라고 말한 바 있다. 그러나 코셔(kosher) 식사는 법이 허용하는 한도 내에서 육식을 거부하지는 않는다.

먼저, 동물과 조류와 어류 중에서 허용되는 것과 금지되는 것의 목록(레위기 11장과 신명기 14장)은 다음과 같다. 발굽이 갈라지고 되새김질을 하는 동물은 허용되는데 소, 양, 염소, 사슴 등이 여기에 속한다. 돼지, 낙타, 말, 토끼 고기는 허용이 안 된다. 조류의 경우 가금류는 허용되고 야금류(野禽類)는 허용되지 않는다. 랍비들은 오리, 거위, 비둘기, 공작 등은 허용되는 것으로 보았다. 어류 가운데는 비늘과 지느러미를 가진 것들은 모두 먹을 수 있지만 연체동물과 갑각류(문어, 조개, 게 등)는 제외된다. 뱀장어와 상어는 비늘이 없으므로 안 되며, 메뚜기 종류는 어떤 전승과 관련이 있는 사람들에게만 허용된다.

동물과 조류의 경우 비록 허용된 종류의 것이라 하더라도 셰키타라고 알려진 방법으로 도살된 경우에 한해서만 코셔 음식이 된다. 랍비들에 의하면 셰키타를 할 수 있는 자격이 부여된 쇼헤트는 날카로운 칼을 이용하여 동물의 숨통과 식도를 자르고, 동시에 주동맥을 끊어 사실상 순간적으로 의식을 잃게 해야 한다. '생명의 근원'이 되는 피는 먹어서는 안 되기 때문에 피는 모두 흘려 바깥으로 나오게 해야 하고, 소금에 절이거나 헹구는 방식으로 나머지 피를 씻어낸다.

코셔를 엄격히 지키는 가정에서는 음식 준비와 소비를 위해 두 벌의 그릇을 따로 가지고 있는 게 보통인데, 하나는 육류와 그 부산물을 사용하고, 다른 하나는 우유와 같은 유지방 음식과 비육류 음식을 위한 그릇이다. 고기와 우유를 섞어 요리하거나 먹거나 두 종류가 서로 닿거나 하는 것이 엄격히 금지되어 있다. 심지어 고기를 먹은 경우에는 최소 6시간 이상이 지나야 유제품을 먹을 수 있다. 모든 유대인들이 엄격하게 이러한 카슈루트(음식법)를 지키는 것은 아니지만, 이러한 공통의 관습이 유대인의 자기정체성을 구분짓는 데 중요한 요소가 되는 것은 어느 정도 사실이다.

음식문화는 구성원들을 묶어 상호관계를 지속적으로 유지시켜주는 데 중요한 역할을 담당하며, 구성원 간의 일체감과 동일성을 표현하는 행위의 시스템이기도 하다. 인도인이 쇠고기를 먹지 않고 유럽인들이 보신탕을 먹지 않듯, 유대인의 음식 금기 중에서, **돼지고기**를 먹지 않는 것처럼 뚜렷한 것은 없다. 말 그대로 돼지는 극단적인 혐오의 대상이다. 돼지고기 금지는 히브리 성서에서부터 등장한다. "너희는 이 고기를 먹지 말고 …(중략)… 이것은 너희에게 부정하니라."(레위기 11장 11절) 쿠란에서도 "알라께서 너희에게 금하는 것은 이것들뿐이다. 썩은 고기, 피, 그리고 돼지고기"라 규정한다. 돼지는 메소포타미아 지역 사람들에게는 잘 알려져 있지 않았다. 이집트에서도 돼지와 돼지고기는 금지되었다. 돼지고기를 금지하는 이유에 관한 몇몇 학설로는 첫째로 돼지고기를 더럽다는 이유로 싫어하고 혐오하게 되었다는 이론, 둘째로 선모충병 등 기생충이 들어 있기 때문이라는 주장, 셋째로 신성한 토템으로 여겼기 때문이라는 이론 등이 있다. 그러나 이러한 주장들은 돼지에 관한 오해와 부적절한 이론의 적용으로부터 기인한 것들로서 논리적 타당성이 충분하지 않다.

돼지 혐오에는 이에 상응하는 어떤 적절한 환경적 조건들이 있었을 것이라는 환경 이론이 최근 각광을 받고 있다. 마빈 해리스는 돼지 사육이 중동 지방의 기본적인 문화와 자연 생태계의 조화로운 통합을 깨뜨릴 위협이 되었기 때문에 성서와 쿠란에서 돼지를 거부했다고 보았다. 다시 말해서 반(半)유목·반정착 거주 환경에서 돼지 사육은 부적절할 뿐만 아니라, 별로 경제적 유용성이 없었을 것으로 본 것이다. 원래 물이 많은 숲지대와 그늘진 강둑에서 사는 돼지는 건조하고 태양이 내리쬐는 초원에서 사는 양이나 염소와는 체질이 다르다. 돼지는 체온 조절 능력이 없기 때문에 진흙탕에서 뒹굴기를 좋아하는데 중동 지역에는 그런 곳이 없다. 또, 돼지는 잡식성 동물로 나무열매, 과일, 식물뿌리, 곡식 등을 주로 먹기 때문에 들풀만 먹고도 잘 자라는 양과 염소보다 사육 비용이 많이 들 뿐만 아니라 인간의 먹거리와도 경쟁하게 된다. 나아가 돼지의 가장 큰 단점은 위계질서가 없어 무리를 지어 이동하는 사회적 구조를 이루지 않기 때문에 원거리를 몰고 다니기가 매우 까다롭다는 점이다. 아울러 고기만을 위해 사육되는 동물은 일종의 사치품이며, 젖과 치즈와 피혁과 분뇨와 단백질 등은 물론 쟁기와 수레 끌기 등 노동력까지 동시에 줄 수 있는 동물이어야 가축으로 선택받을 수 있었다. 돼지는 그러한 조건에 맞지 않다.

일부 특권층에서는 사치스러운 음식이 될 수 있겠지만, 생태적·환경적 조건에 이렇게 부적합한 돼지를 사회적으로 밀어내기 위해서는 종교적으로 혐오스럽게 취급하려는 장치가 요구되는바, '되새김질과 갈라진 발굽'이라는 분류학적 기준을 마련하여 해롭다는 판정을 내려야 했던 것이다. 공동체의 생태적 환경이 그러한 동물들과는 조화롭게 통합될 수 없었기 때문에 금지한 것으로 보아야 할 것이다. 이처럼 금기는 '자연적'인 것과 '문화적'인 것 사이의 관계 속에서 그 실체가 명확히 드러난다. 즉, 자연적 조건과 사회적 조건은 한쪽 질서에서 어떤 구분을 선택하면, 다른 쪽 질서에서도 그에 대응하는 구분이 채택되는 것이다.

또, 유대인의 음식 금기 중에서는 **육류와 유제품을 함께 섞어 먹지 못하는 풍습**이 있는데, 이것이 맥도날드에서는 치즈버거를 먹을 수 없는 이유가 되기도 한다. 식당에서 고기를 먹은 후 크림을 넣은 커피를 마실 수 없는 것도 같은 이유에서이다. 이러한 풍습은 "너는 새끼염소를 그 어미의 젖에 삶지 말라"(출애굽기 23장 19절 등)는 모세 법에 그 기준을 두고 있다. 몇몇 가설은 이를 고대사회의 잔인한 풍습이나 주술적 의식에 대한 이스라엘 사회의 거부로 해석하고 있다.

한편 유목사회에서 새끼염소의 탄생은 재산 증식이라는 긍정적인 요소와 함께 그동안 부족의 음식이 되어왔던 염소의 젖을 놓고 새끼와 경쟁해야 하는 부정적 관계를 동시에 발생시킨다. 식량이 제한된 유목사회에서는 어쩔 수 없는 불화 구조가 성립된다. 금기는 '극심한 불화,' 즉 위험한 상태에 경계를 마련함으로써 위기를 우회시키는 능력을 갖는다. 아울러 새끼염소와 젖은 같은 염소로부터 나온 것이기 때문에 사실상 친족관계가 성립된다. 근친관계가 위험한 까닭은 쌍방 모두에게 언제나 똑같은 욕망, 똑같은 논거, 똑같은 무게, 즉 평형이 존재하기 때문이다. 대칭적 대립은 광란의 경쟁관계를 만들며, 이는 상호적 폭력의 관계가 된다. 따라서 젖과 새끼고기를 동시에 먹는 것은 '새와 알, 어미와 새끼'를 동시에 잡아먹는 것과 같으므로 근친상간의 금지와 같은 선상에서 금지하는 것이다.

음식 금기 중 다른 하나는 엄격히 **피를 먹지 않는다**는 것이다. 육식은 금하지 않으면서도 굳이 피를 금하는 까닭은 무엇일까? 히브리 성서에서 어떤 피든지 금하는 이유는 '피가 육체의 생명이기 때문'이다(레위기 17장 11절). 피가 없으면 죽게 되기 때문에 피는 곧 생명이며, 따라서 피를 먹어서는 안 된다는 논리이다. 아울러 희생제의에서 동물의 피는 죄를 사하는 데 없어서는 안 될 귀중한 물건이므로 소홀하게 취급되어서는 안 된다는 이유도 들어 있다. 그러므로 유대인들은 고기를 잡을 때 피를 완전히 뽑아내기 위한 여러 가지 방법을 고안해냈다.

3) 달력과 축제

유대인의 하루는 해질녘에 시작된다. 안식일(Sabbath)은 금요일 해 질 때부터 토요일 해 지기 직전까지이다. 그러니까 금요일 저녁부터 토요일 늦은 오후까지는 아무 일을 하지 않고 쉰다. 아주 오래된 유대인의 전통이다. 해 지기 전에 촛불을 켜고, 온 가족이 식탁에 둘러앉아 빵과 포도주 잔에 축복하고, 빵을 함께 쪼개고 포도주를 함께 나눈다. 시편(노래)으로 감사와 찬송을 부르고 가족 간의 소속감과 유대감을 확인한다. 이러한 안식일 기도를 일컬어 키두슈(kidush)라 한다.

안식일은 본래 천지를 6일간 창조하신 하나님이 제7일째 쉬셨다는 데서 그 기원을 찾을 수 있다. 그러나 이집트에서 노예 생활을 하던 히브리인의 역사와 관련된 인도적-사회학적 동기도 있다. 성서는 "제칠일은 너의 하나님 여호와의 안식인즉 …(중략)… 네 소나 네 나귀나 …(중략)… 아무 일도 하지 말고 …(중략)… 안식하게 할지니라. 너는 기억하라. 네가 이집트 땅에서 종이 되었더니 너의 하나님 여호와가 …(중략)… 인도하여 내었나니 그러므로 …(중략)… 안식일을 지키라"(신명기 5장 14~15절)고 명령한다. 기나긴 디아스포라 역사 속에서 유대인들은 안식일을 지킴으로써 자신들의 신앙적 구심점을 잃지 않으려고 노력해왔다.

한편, 안식일의 개념은 7년을 주기로 땅을 쉬게 하는 안식년(레위기 25장 8절), 안식년을 일곱 번 지난 이듬해에 완전한 해방을 선언하는 희년(이사야 27장 13절, 스가랴 9장 9절) 등의 의미로 확대해석되면서 안식일의 '자유와 해방'의 의미가 크게 확장되어나갔다. 안식일의 인도주의적 요소가 안식년이나 희년의 메시아주의적-사회주의적 요소로 발전되어나간 것이다.

고대로부터 이스라엘 사회가 사용해온 달력은 음력이었다. 바빌로니아로부터 들여온 유대인의 달력은 다음과 같다.

달 이름	양력과 비교	특징	절기
니산	3~4월	타작하는 시기	유월절(페사흐)
이야르	4~5월	보리타작	
시반	5~6월	밀타작	칠칠절(오순절)
탐무즈	6~7월	전지하는 시기	
아브	7~8월		
엘룰	8~9월	과일, 포도 수확기	

달 이름	양력과 비교	특징	절기
티슈리	9~10월	수확의 달	신년 대속죄일(욤키푸르), 초막절(수코트)
헤쉬반	10~11월		
키슬레브	11~12월	파종하는 달	하누카
테벧	12~1월		
쉬밭	1~2월		
아달	2~3월	늦은 비	부림절
제2아달	윤년에만 해당		

히브리 성서에 기초한 3대 축제는 유월절, 칠칠절, 초막절이다. '순례자의 축제들'이라고도 하는데 이는 모든 유대인들이 예배하러 예루살렘에 있는 성전으로 올라가기 때문이다. 1세기 초 알렉산드리아의 유대 철학자 필로(Philo of Alexandria)는 이 광경을 목격하고 이런 글을 남겼다.

> 매 축제 때마다 셀 수 없이 많은 도시로부터 셀 수 없는 군중들이 육지를 넘고 바다를 건너 사방으로부터 몰려온다. 그들은 성전을 인생의 불안함과 혼잡함으로부터 일반적 안식처요 안전한 피난처로서의 항구로 삼았고, 거기서 고요한 기후를 찾았고, 한 해 동안 그들 위에 놓인 무거운 근심의 멍에로부터 해방되었고, 온화하고 쾌청한 풍경 속에서 심호흡을 즐겼다.

축제명칭	역사적	정신적(영적)	농업적(계절적)
페사흐 (유월절) 봄	이스라엘 백성들이 이집트의 종살이로부터 탈출한 사건을 기념	하나님은 구원자: 이집트 파라오의 종 되었던 이스라엘 백성을 구원하여, 오직 하나님의 종으로 삼으심	봄과 재성장의 축제 첫 곡식으로 보리 추수
샤부오트 (오순절) 초여름	시나이산에서 십계명을 주심으로 이스라엘과 계약을 맺으신 날	이집트로부터의 구원이 시나이에서 토라를 계시하심으로 그 영적 차원이 완성됨	늦은 곡식으로 밀 추수 첫 과일 수확

축제명칭	역사적	정신적(영적)	농업적(계절적)
수코트 (장막절) 가을	하나님은 광야에서 이스라엘을 보호하심:이는 집을 떠나 초라한 초막에 거함을 상징함	하나님은 우리의 보호자: "이는 내가 이스라엘자손을 이집트 땅에서 인도하여 내던 때에 초막에 거하게 한 줄을 대대로 알게 함이니라."(레위기 23장 43절)	그해의 마지막 작물 추수

이 축제는 하나님의 현존 안에서의 즐거움이라는 공통적 주제를 가지고 있다. "너는 너의 축제를 온전히 즐거워하라." "하나님께서 너희에게 선물로 주신 택하신 곳(예루살렘)에서 절기를 지키라."(신명기 16장 14~16절) 축제의 즐거움은 전통적으로 고기와 음료, 새로운 의복 등과 함께 향연(饗宴)으로 표현된다. 그러나 이 즐거움은 가난한 자를 돌보는 것과 결합될 때 완성된다. '너희 중에 있는 이방인과 고아와 과부와 더불어' 축제를 지냄으로써 너그러이 자선을 베푸는 때이기도 하다. 각각의 축제는 역사적, 정신적(영적), 농업(계절)적 이미지를 갖고 있다.

봄의 축제인 **유월절(페사흐)**은 '무교절'과 '페사흐'가 결합되어 하나의 절기가 된 축제이다. 무교절이란 춘궁기에 발효되지 못한 반죽으로 만든 빵인 무교병을 먹던 것을 기억하는 절기이며, 페사흐는 출애굽하여 해방된 날을 기념하는 절기였다. 결국 가난한 노예 시절로부터 해방된 날을 기념하는 날이 유월절이다. 이날은 이집트에서의 고역을 기억하며 무교병(마차)과 쓴 나물을 먹으며, 식탁에는 삶은 달걀과 동물의 정강이 뼈 등을 준비한다. 이를 유월절 식사, 곧 세데르라 부른다. 유월절 세데르는 발전을 거듭하면서 유월절 하가다라는 예배 순서가 기록된 기도서가 만들어졌는데, 참석한 모든 이들이 돌려가며 읽고, 노래하며, '이 밤이 다른 밤들과 다른 이유는 무엇인가?'에 관해 묻는 어린아이들과 토론을 한다. 기도의 맨 마지막은 '내년에는 예루살렘에서!'로 맺는다.

칠칠절(샤부오트)은 여름 맥추감사절로 첫 번째 생산물을 하나님께 바치는 축제이다. 이날은 회당에서 룻기를 낭독하는데, 이는 그 책의 배경이 보리와 밀의 추수 절기와 연관되기 때문이다. 집 안을 온갖 녹색 식물들과 과일 및 꽃들로 장식하고 유제품을 많이 먹는다. 오늘날 이스라엘에서는 이날을 농업을 주로 하는 '키부츠의 축제'로 지켜가고 있다.

초막절(장막절, 수코트)은 출애굽 이후 40년간의 광야 생활을 기념하는 절기인데, 본래는 '포도를 거두고 나서 연회를 베풀며 신당(神堂)에서 먹고 마시는' 가을 추수감사절에서 유래한 것이었다. 힘들고 어려웠던 광야 생활을 마치고 '젖과 꿀이 흐르는 가나안 땅'에 정착하여 농사를 짓고, 여호와의 성전에 모여 '여호와께서 네 모든 물산과 …(중략)… 일에 복을 주실 것을 인하여 …(중략)… 즐거워하는'(신명기 16장 15절) 축제였다.

초막절이 되면 유대인들은 집 앞 뜰이나 공원에 사방의 벽을 나무나 천으로 세우고 지붕은 종려나무 가지나 각종 나뭇가지로 덮어 밤하늘을 볼 수 있는 초막(succah)을 만드느라 부산하다. 초막 안에는 각종 아름다운 과일과 나뭇가지들을 장식하기도 한다. 유대인들은 7일 동안 이곳에서 잠을 자고 음식을 먹고 촛불을 밝힌다. 40년 동안 광야에서 집 없이 떠돌아다니던 조상들을 지켜주신 은혜를 기억하며 기념하는 것이다.

안식일이나 절기 때마다 드리는 **회당 예배**는 전체적으로 차분하게 진행된다. 하지만 수코트의 마지막 날에 드리는 심하트 토라(Simchat Torah), 즉 연중 토라 낭독 주기를 끝마치고 드리는 예배의 경우 토라를 팔에 안고 비마(bima, 중앙강단) 주변에 원을 그리며 껑충껑충 뛰어다니며 기쁘게 춤을 추기도 한다.

한편, 모든 유대인의 축제와 절기가 기쁨의 날은 아니다. **신년과 대속죄일**은 경건한 날로 지내고, 두 절기 사이 열흘간을 야밈 노라임(yamim noraum)이라 하여 참회의 날들로 보낸다. 고대 이스라엘 사회에서 신년은 왕과의 계약을 갱신하는 날로, 수양의 뿔로 만든 나팔(쇼파르)을 불어 새로운 시작을 알렸다. 신년에는 달콤한 꿀과 사과를 먹고 사탕을 선물하며 풍요로운 한 해를 기원한다.

신년으로부터 대속죄일까지 열흘간은 회당에 기도하는 사람들로 넘쳐난다. 하루 종일('저녁부터 저녁까지') 금식하며 하나님의 자비와 연민을 사모하며 잘못을 용서받기 위해서 간절히 기도한다. 유대인의 정체성의 표시이기도 하다. 이날에는 안식일보다 더 엄격하게 노동이 금지될 뿐만 아니라, 다섯 개의 인누임(in-nuyim), 즉 자기 수양—먹고 마시는 일(심지어 침 삼키는 것조차), 기름 바르는 일, 성관계, 목욕, 가죽신발을 신는 일 등—이 금지된다. 테슈바(teshuva, '참회')는 대속죄일(욤키푸르)의 대주제이며, 이는 죄의 인식, 후회와 고백, 바른 길로의 헌신 등으로 이어져 결국 하나님에게로 돌아감, 즉 하나님과의 화해를 의미한다. 기도와 참회와 자선이 유대인의 종교생활에서 강조되는 까닭이 여기에 있다.

그 외의 절기들로는 하누카, 부림절, 독립기념일 등이 있다. **하누카**는 그리스 식민지 시대 박해로 더럽혀진 예루살렘 성전을 탈환하고 정화한 날을 기념하여 촛불을 켜고 지키는 축제이며, **부림절**은 페르시아 시대 모반으로 멸절당할 뻔했던 유대인을 구해낸 모르드개와 에스더를 기념하는 절기이다. **이스라엘 독립기념일**은 2천 년간의 나라 없는 슬픔을 마감하고 유대국가가 탄생한 날을 기념하는 날이다. 모두 결국 공통적으로 외세의 지배로부터 해방된 유대인들의 역사를 기념하는 날들이다.

한편, 유대인들의 출생과 결혼, 죽음과 장례는 모두 이러한 시간을 배경으로 한다. 고대로부터 여성의 출산은 풍요와 다산의 상징이었다. 유대인의 전통에 따르면 신생아는 태어나면서 즉시 이름을 갖는다. 히브리 성서로부터 가져오기도 하며 동물과 식물의 이름으로부터 따오기도 한다. 태어난 지 8일 만에 남자아이에게만 행해지는 **할례**는 성기의 귀두를 덮고 있는 포피를 잘라 제거하는 것으로 유대인의 매우 오래된 관습 중 하나이다. 할례를 통해 비로소 집단의 일원이 되며, '할례받지 못한 자'란 곧 하나님의 백성이 아니라는 뜻으로 이해되었다. **결혼제도**는 기본적으로 일부일처제를 기반으로 하며, 다산을 미덕으로 여겼다. 고대사회에서는 남자가 정당한 결혼지참금(moher)을 지불하고 여자를 데려오는 형식을 따랐으나 오늘날에는 사라졌다. 근친결혼 역시 엄격히 금하고 있으나 고대나 현대사회에서 종종 행해지고 있다. 이혼 역시 간음 등 부정한 행실이 드러날 경우에만 제한적으로 허용되었으나, 오늘날에는 이혼율이 매우 높다. 유대인의 풍습에 따르면 '산 사람'과 '죽은 사람'의 구분이 엄격하다. 주검을 부정하게 여겨 사망 직후 바로 **장례**를 치른다. 화장(火葬)은 하지 않으며 매장한다.

3 이슬람

___

1) 이슬람과 통과의례

통과의례는 프랑스 인류학자 아르놀드 방주네프(Arnold van Gennep)가 1909년 처음으로 제기한 개념이다. '어떤 개인이 새로운 지위, 신분, 상태를 통과할 때 행하는 여러 가지 의식이나 의례'를 총칭한다. 인간 생활은 출생, 사춘기, 결혼, 부모 되기, 계급 이동, 죽음 등과 같은 연속적인 변화들로 이루어져 있다. 이러한 변화는 종종 정체성의 혼란을 불러일으키는데, 개인이나 공동체 내에서 그 변화를 받아들이고 인정하는 특별한 행위를 함으로써 혼란을 극복한다. 경계와 경계 사이를 지나게 되는 통과의례는 분리의례, 전이의례, 통합의례로 나뉜다. 일정한 관문을 통과하면 새로운 사회적 지위나 상태를 획득한 사실을 공인받는 것이다.

이슬람 세계는 약 13억 명 이상의 인구가 광범위한 지역에 걸쳐 살고 있기 때문에 단일한 표준의례를 제시하기란 불가능하다. 다만 공통적이며 반복적인 의례 행위들을 간추려 보면 다음과 같다.

출생의례

이슬람 세계에서 출생은 영적인 세계로부터 분리되어 육체의 세계로 통합되어 가는 일종의 전이(轉移)이다. 이 기간 동안 흉안(凶眼, al-'ain, 'evil eye')이나 진(ginn)[2]과 같은 악령에 노출되지 않도록 각별한 주의를 기울인다. 이슬람 세계에서 태어난 아이가 온전한 개체로 완성되는 기간을 보통 생후 40일로 보고 있으며, 이 기간 동안 악령들로부터 보호하기 위한 각종 의례가 행해진다. 보통은 40일 특별 금식기간을 설정하고, 신생아를 외부와 격리시킨다. 모로코에서

___

[2] 흉안이나 진은 전통적인 아랍 지역의 미신 중 하나다.

는 생후 40일 이전의 산모와 신생아를 네프사(Nefsa), 즉 '영혼'이라고 부르는데 그들이 이 기간 동안 영적 세계와 긴밀하게 연관되어 있다고 믿는다. 터키에서는 이 기간에 금줄을 치고 외부사람의 출입을 제한한다.

작명의례

아기가 출생하면 곧바로 아기 머리가 메카를 향하도록 안고 오른쪽 귀에 아잔(Azan, 예배를 알리는 낭송)을, 왼쪽 귀에 이카마(Iqama, 예배 직전에 하는 낭송)를 들려준다. 터키에서는 푸른색 눈알 부적에 붉은 리본을 달아 아기 옷 어깨 뒤쪽에 매달기도 한다. 모두 진으로부터 신생아를 보호하기 위한 의례이다.

작명은 태어나자마자 한다. 작명의례는 대개 출생 후 이레째 날에 행해진다. 아이의 이름은 종교지도자나 집안의 어른이 짓는 것이 일반적인 관습이다. 쿠란이나 유명한 성인 또는 구약성서 등에서 이름[3]을 따오기도 하는데, 주술적인 요소가 다분히 있다. 유아 사망률이 높았던 고대사회에서 작명의례는 아이가 가족과 사회의 일원이 되는 첫 번째 공적 관문이 되는 셈이다.

작명의례는 전통적으로 '삭발의식'과 '아키카 희생의례'를 동반한다. 하디스에 따르면 "이레째 되는 날 아이를 위해 이름을 지어주어라. 머리카락과 모든 오물을 제거해야 하며, 아이를 위해 희생제를 치러주어야 한다." 이에 근거하여 아이의 머리털을 정수리만 남기고 자르고, 그 머리털 무게에 해당하는 금이나 은을 가난한 사람에게 희사한다. 삭발의식은 이전 세계로부터 스스로 분리하는 것이고, 머리카락을 바치는 것은 신성한 세계와의 결합을 의미하는 것으로 해석된다. 아울러 아키카 희생제의 경우 보통 남아인 경우 양 두 마리를, 여아인 경우에는 양 한 마리를 잡는다. 희생물은 3등분하여 손님들을 대접하고, 친지나

---

3) 남자아이의 경우 예언자의 이름인 무함마드, 아흐마드, 무스타파 또는 시아파 이맘인 알리, 하산, 후세인 또는 구약의 성인 이브라힘(아브라함), 이스하크(이삭), 이스마일(이스마엘), 무사(모세) 등을 선호한다. 이 외에 종교적인 의미를 담은 압둘라(알라의 종), 압둘 라흐만(자비의 종) 등과 같은 이름을 지어준다. 여자아이의 경우 무함마드의 부인 혹은 딸 이름이 많다. 카디자, 아이샤, 아미나, 파티마, 자이납 등이 흔한 이름들이다.

친척들에게 나눠주고, 나머지는 가난한 이웃들에게 희사한다.

성인식—할례와 라마단

성인식이란 비성적(非性的) 세계로부터 분리의례를 거쳐 성적(性的) 세계로 나아가는 통합의례를 말한다. 그 결과 비로소 사회 내에서 남성 또는 여성이라고 규정되는 집단에 속하게 된다. 성인의례는 지역마다 차이가 있으나, 이를 뽑거나 할례 등과 같이 신체의 일부를 '절단'하는 의식이 주로 행해진다. 이는 기존의 소속으로부터 분리되고 새로운 사회에 통합된다는 것을 상징한다. 할례는 영원히 흔적을 남기기 때문에 통합은 영구적인 것이 된다. 이슬람 사회에서 할례는, 유대인 사회와 마찬가지로, 매우 중요한 의식이다.

중동 지역에서 할례의 역사는 매우 깊다. 고대 이집트에도 할례의 풍습이 있었다. 히브리 성서에서 할례는 '계약의 징표'였다. 초기 기독교의 지도자 바울은 '마음의 할례'를 강조했으며, 오늘날까지 콥트 정교회나 에티오피아 정교회에서도 할례는 계속되고 있다. 쿠란은 할례에 관해 언급하지 않고 있으나, 무슬림들은 순나(Sunnah, 예언자 무함마드의 관행)에 의거하여 할례를 행한다. 유대교에서는 생후 8일 만에 할례를 행하지만, 이슬람에서는 지역에 따라 차이가 있다. 생후 7일째, 14일째, 21일째 또는 24일째 할례를 행하기도 하고, 페르시아 무슬림들은 3~4세 때, 모로코의 무슬림들은 5~7세 때 할례를 행하기도 한다. 여성에게도 할례를 행한 적이 있으나, 오늘날에는 일부 지역에서만 거행된다.

이슬람에서 성년이 되는 것은 라마단 단식을 지켜야 하는 나이를 기준으로 한다. 라마단이란 이슬람 달력(음력)에서 9월을 칭하는데, 한 달간 모든 성인 무슬림들은 일출부터 일몰 때까지 물 한 모금조차 마시지 못한다. "단식이 무슬림을 만든다"는 말처럼 모든 성인 남녀는 단식을 해야 한다. 단 병중인 자, 여행 중인 자 그리고 생리 중인 여자는 단식을 할 수 없고, 태아의 건강을 염려하는 임산부와 젖먹이 엄마는 단식을 하지 않아도 된다. 남자아이의 경우 12세, 여자아이의 경우 9세가 되면 단식을 조금씩 시작하고, 여자는 초경을 하는 15세, 남자는 17세가 되면 완전한 단식을 시행한다.

혼례

완전한 성인은 결혼을 통해 완성된다. 결혼은 사춘기에서 성인으로 옮겨가는 것을 의미한다. 이슬람 사회에서는 결혼을 종교적 의무로 규정하는데, 쿠란과 하디스에 '신체에 이상이 없는 독신자는 악마의 형제'라 했고, '결혼은 신앙의 절반'이라는 말 속에서 독신은 수치로 간주된다. 보통 전통적으로 결혼 상대는 집안의 어른들이 정한다. 결혼 계약은 신랑과 신부의 법적 후견인, 즉 왈리(Wali) 사이에 체결된다. 계약은 증인들 앞에서 체결되는데, 증인은 보통 남자 2인 혹은 남자 1인과 여자 2인으로 구성된다. 결혼 조건이 충족되면 카디(Qadi, '판관')는 결혼의 합법성을 공표한다. 결혼에는 지참금, 즉 마흐르(Mahr)가 뒤따르는데 신랑이 신부에게 주는 돈으로 계약에 따라 일부 혹은 전부를 지불해야 한다.

이슬람법에 따르면 마흐람(Mahram), 즉 결혼 불가 대상이 있다. 첫째, 근친 사이의 결혼은 금지된다. 혈연적 근친이란 대체로 사촌 이내를 의미한다. 둘째, 유모와의 결혼은 금지된다. 생후 2년 반 안에 약간의 젖이라도 빨았다면 그 여자에게는 유모의 자격이 주어진다. 유모의 누이와도 결혼이 불가능하다. 셋째, 친족관계에 있는 두 여자를 동시에 아내로 삼을 수 없다. 이 경우 둘 중 한 여자만 마흐람에 해당된다. 여자 노예를 첩으로 둘 때도 마찬가지이다.

결혼 계약이 체결되고 마흐르가 지불되면 결혼잔치 날짜가 잡힌다. 결혼잔치는 보통 신부가 신랑의 집을 방문해서 밤에 치르는 경우가 많다. 신부는 전날 목욕의식과 헤나(Henna)[4] 의식을 치른다. 헤나는 복잡하고 정교한 기하학적 문양을 사용하여 물들이기 때문에 시간이 오래 걸린다. 이집트인들은 결혼식 전날 밤을 '헤나의 밤'이라 부르기도 한다. 일반적으로 헤나는 신부를 보호한다는 주술적 의미를 지닌다. 모로코에서는 결혼식 전날 저녁에 신부는 함맘(Hammam)이라는 공중목욕탕에 가서 몸을 씻는다. 결혼식 잔치는 밤새도록 시끄럽게 진행된다.

---

4) 식물의 잎에서 추출한 천연염료로서 북아프리카와 중동 지역 여인들이 손과 발을 붉게 물들이는 데 사용한다.

장례

장례의식은 망자를 이승으로부터 분리시키고 사자(死者)의 세계로 통합시키는 의례를 포함한다. 이슬람 사회에서 죽음은 영혼과 육체의 분리를 의미한다. 그러나 대개 고인의 영혼이 40일간 무덤 주변에 머무르는 것으로 여긴다. 이 기간 동안 망자의 혼이 악령에 사로잡히지 않고 무사하게 알라에게 귀환하도록 돕는 데 장례의례의 초점이 맞춰져 있다.

임종의 징후가 발견되면 그의 얼굴을 메카로 향하게 하고 눈을 감긴다. 죽음을 쉽게 통과하도록 기도문을 외운다. 쿠란 36장 야신 장—"보라! 나 알라는 죽은 자를 부활시키며, 그가 행했던 바와 뒤에 남긴 흔적을 기록하나니, 모든 것을 낱낱이 적어놓을 것이니라."—을 낭송하기도 한다. 여기에는 부활의 메시지가 담겨 있기 때문이다. 육체 부활인지 영혼 부활인지에 관해서는 논쟁이 있다.

이슬람 사회에는 화장 없이 염(殮)하여 매장한다. 시신은 가능한 빨리 매장하는데, 사정이 없는 한 당일 장례한다. 얼굴을 메카를 향하도록 두며, 마지막으로 망자에 대한 알라의 보호를 구하는 의식을 치른다. 통상 장례 후 40일간 추모의례가 행해지며, 미망인은 약 1년간 검은 옷을 입으며 고인을 추모한다.

2) 할랄과 하람

이슬람에서 허용된 것은 '할랄'이라 하고 금지된 것은 '하람'이라 부른다. 쿠란이나 하디스(순나, 무함마드의 언행록)에서는 특별히 금지된 것 몇 가지를 제외한 모든 행위는 허용된다고 말한다. 복잡하고 까다로워 보이는 이슬람법은 단순히 신앙 체계만이 아니라, 정치·경제·사회·문화 등 인간 생활 전반을 포함하는 생활양식으로서 종교와 세속 쌍방을 포괄하는 신앙과 실천의 세계인 것이다. 따라서 이슬람법은 다른 문화권의 실정법보다 좀 더 광범위해서 법과 도덕을 포함한다.

이슬람법은, 여러 법학파 간의 차이가 없지 않으나, 인간의 행동을 다섯 가지로 구분해놓고 있다. 행위 수행의 요청이 강제적인 것(의무, wujub), 강제 의

무는 아니지만 되도록 실행이 요구되는 것(장려, nadb), 실행과 불실행이 개인의 선택에 위탁되어 있는 것(허락, ibahah), 금지된 것은 아니지만 되도록 실행하지 말 것을 요구하는 것(기피, karahah), 행위를 실행하면 벌을 받는 것(금지, tahrim)이 그것이다. 의무와 금지는 위반자를 벌한다는 점에서 우리의 실정법에 가깝고, 장려와 기피는 강제하지 않는다는 점에서 윤리 규범에 가깝다. 허락은 주로 식사나 생리 현상에 관한 것으로서 인간의 자연적 행위를 말하며 법적으로나 윤리적으로 중립적이다.

이슬람에서 허용과 금지에 대한 판단은 입법자(알라)의 말씀(khitab)에 기초한다. 다시 말해서 입법자의 원전(쿠란과 하디스) 자체가 이슬람법에서는 법 판단의 기준이 된다. 그러나 법학자들에게 있어서 법 판단이란 의무, 금지, 허락 등과 같이 인간의 행위에 대해 입법자의 말씀이 나타내는 결과이다. 즉, 법 판단의 근거가 원전에만 한정되어 있으나, 이즈마(합의)나 키야스(유추) 등 법리적으로 해석 가능한 범위 내에서 판단되는 결과 역시 법적 효력을 가진다. 이를 '부과적(附過的) 판단'이라 부른다.

의무 행위

이슬람에서 의무 행위(wajib)란 입법자가 무슬림에게 실행을 요구하고 했는 행위이며, 그 실행이 강제적(hatman)인 것을 말한다. 즉, 요청의 형식이 강제성을 띠며 실행에 옮기지 않았을 경우 처벌을 규정하는 경우 혹은 별도의 법적 근거를 갖고 있는 경우를 의미한다.

단식이 의무인 것은 단식을 요청하는 형식이 강제적인 것이기 때문이다. "너희들에게 단식이 정해져 있다."(쿠란 2장 183절) 신부에게 결혼지참금을 주는 것은 의무이다. "너희들이 그녀들로부터 만족하면 그녀들에게 의무로서 보수를 주어라."(쿠란 4장 24절) 그 밖에 예배, 자카트의 지불, 순례, 부모에 대한 효도 등은 어떤 조건도 없는 명령이다. 문맥상 그 요구가 강제적일 경우 그 행위 실천은 의무가 된다. 의무 행위는 다시 다음의 네 가지로 구분된다.

첫째, 의무 중에는 정시 의무 행위가 있는데, 예를 들어 하루 다섯 번의 예배

의무는 특정 시간에 맞춰 실행해야 한다. 라마단의 경우도 마찬가지이다. 특별한 이유 없이 시간을 지체하거나 연기하는 것은 허용하지 않는다. 해야 할 때 하지 않는 것은 위법이 된다. 그러나 순례(하지)의 경우 능력 있는 자들에게는 의무 사항이지만 그것의 이행을 특정한 해에 맞춰서 하도록 규정하지는 않는다.

둘째, 의무 행위는 실행하는 주체와 관련해서 개인적인 의무(wajib 'aini)와 집단적인 의무(wajib kifai)로 나뉜다. 개인 의무에는 예배, 자카트, 순례, 약속의 이행, 음주나 도박 금지 등이 있으며, 공동체 전체에게 요구되는 집단 의무에는 선행을 권하고 악을 금하는 일, 능력 있는 사람들에게 사원 또는 병원의 건설 권유, 물에 빠진 자의 구출, 화재 진압, 의료, 재판, 증언 등이 여기에 해당된다.

셋째, 의무에는 양적인 면에서 한정적인 것과 비한정적인 것이 있는데, 이는 입법자가 일정한 양을 의무로 정한 것과 그렇지 않은 것으로써 구분된다. 예컨대 다섯 번의 예배에는 일정한 양의 라카트(예배시 하는 절)를 채워야 하며, 자카트 역시 일정 양을 지불할 때까지는 그 책임을 다한 것이 아니다. 자선사업으로 일정 금액을 기부하겠다고 서약한 사람도 그 서약에 의한 의무는 한정된 의무가 된다. 비한정적인 의무는 인간의 필요를 만족시키기 위해 제공되는 것들, 예를 들어 굶주린 자에게 제공하는 음식, 곤궁한 자에 대한 구제, 아내에 대한 남편의 부양 의무 등은 그 양을 따로 규정하지 않고 있다.

넷째, 의무는 지정 의무와 선택 의무로 구분된다. 지정 의무란 입법자가 의무를 지정한 것으로 예배, 단식, 상품의 대금, 임대인의 임대료 등을 말하는데 이 경우 지정 의무를 이행할 때만 의무를 면할 수 있다. 선택 의무란 입법자가 지정한 몇 가지 의무 중 하나를 선택하는 것을 의미한다. 예를 들어 죄를 속죄할 때 열 명의 가난한 이들에게 음식이나 의복을 주든가 아니면 노예를 한 명 해방시킬 것을 선택하도록 의무를 정하는 경우이다. 속죄인이 이 중 하나를 선택하여 실행하면 책임을 면하게 된다.

장려 행위

장려 행위란 입법자가 무슬림에게 실행을 요구하지만 비강제적인 것을 의미한다. 입법자가 '바람직하다'고 말한 경우에 해당한다. 그러나 종종 요구의 형식이 강제적인지 장려하는 것인지 드러나 있지 않다면, 뒤따라 나오는 처벌 규정이 있는지 등 여러 가지 상황으로 판단한다. 대체로 장려 행위는 처벌보다는 비난을 받게 되는 경우가 많다. 장려 행위는 세 가지로 구분된다.

첫째, 실행이 강하게 장려되는 경우다. 예를 들면 우두(예배 전 세정 행위) 때 입을 헹구는 행위가 있다.

둘째, 실행을 하면 보상을 받지만 실행하지 않아도 벌이나 비난을 받지 않는 경우다. 가난한 이들에게 은혜를 베푸는 것, 매주 목요일 단식, 라카트의 횟수 등이 이에 해당된다.

셋째, 인간의 몸을 꾸미기 위한 부가적 장려 행위가 있다. 예언자가 행했던 것과 똑같은 방법으로 먹고 마시고 걷고 자고 입는 것 등이 여기에 해당된다. 이를 예법(adab)이나 공덕(fadilah)라 부른다. 무슬림들이 쓰는 싸왁(얇은 나무뿌리)는 칫솔이 없던 시절 대용으로 사용하던 것인데 무함마드도 그 시절 싸왁을 사용했다. 오늘날까지 이를 따라하는 행위는 장려된다.

금지 행위

삼가도록 요구하는 형식 그 자체가 강제적인 경우를 말한다. 대표적인 것이 "너희들에게 금지되어 있는 것은 죽은 고기, 피, 돼지고기가 있느니라"(쿠란 5장 3절) "술, 도박, 우상, 화살 점은 안 좋은 것이며 사탄의 행위이다. 그러므로 이것을 늘 피하라"(쿠란 5장 95절) 등이다. 금지 행위에는 두 가지가 있다.

첫째, 본래부터 그 자체로 금지된 행위이다. 간음, 절도, 부정(不淨)한 상태의 예배, 알면서도 결혼이 금지된 사람과의 결혼, 죽은 동물의 고기 판매 등이 여기에 해당된다.

둘째, 상호 모순된 성질에 따른 금지 행위이다. 여기에는 강탈한 의복을 입고 드리는 예배, 형식적인 결혼과 이혼, 연속적인 단식, 적법한 절차에 따르지 않은 이혼 등이 있다.

기피 행위

기피 행위란 입법자가 무슬림에게 강제하지는 않지만 삼갈 것을 요구하는 행위를 말한다. "이것저것 물어보지 마라. 확실히 알면 도리어 해가 되는 것도 있느니라"(쿠란 5장 101절)처럼 명백하게 금지이지만 이 금지가 기피이며 강제적인 것인지는 분명하지 않은 경우가 있다. 기피 행위란 실행해도 벌은 받지 않지만 비난을 받는 것이라 할 수 있다.

허락 행위

허락 행위란 입법자가 무슬림에게 실행의 유무를 선택하게 하는 행위이며, 입법자는 무슬림으로 하여금 이 행위의 실행 또는 비실행을 요구하지도 않는 것을 의미한다. 가령 "너희가 그 여자에게 구혼을 해도 죄가 되지 않는다"(쿠란 2장 235절) "금기 상태가 풀리면 수렵을 하라"(쿠란 5장 2절) 등이 여기에 해당된다. 이슬람법에서는 기본적으로 허용이라는 원칙에 따라 행위들을 해석한다. 즉 지시가 없는 경우 원칙적으로 허용으로 본다. 사물의 기본 성질은 허용이기 때문이다.

결론적으로 이슬람법은 모든 이에게 보편적으로 적용된다. 종교의 이름으로 특정한 계급이 우월한 권리를 누리지 않는다. 그러나 엄격한 규정이라 해도 필요에 따라 예외를 둘 수 있다. 최소한의 인간의 복리가 존중되기 때문이다. 곤궁함에 처한 경우, 예컨대 환자나 여행자들에게 단식이나 예배 등 종교적 의무를 줄여주기도 하고, 절박한 상황, 즉 굶주려 죽을 상황에 처한 경우 술을 마시거나 죽은 고기나 알라 이외의 이름으로 도살된 고기를 먹을 수 있다(쿠란 2장 172~173절). 이러한 예외를 루크사라 한다. "주님이시여, 저희보다 옛날 사람에게 준 것과 같은 그런 무거운 짐을 저희들이 지지 않게 해주소서."(쿠란 2장 186절)

4 기독교와 소수 종파들

1) 메시아닉 유대인

'메시아닉 유대인(Messianic Jews)'은 '예수를 메시아로 고백하는 복음주의 유대인들'을 지칭하는 말이다. 그러나 이들은 자신들을 기독교인이라 부르지 않는다. 이들에게 예수는 단지 유대인 중 하나가 아니라, 유대인의 메시아요 '아들 신(God the Son)'이다. 구원은 오직 예수를 구원자(메시아)로 받아들임으로 성취된다고 믿는다. 이들은 유대법이나 관습을, 구원의 수단이 아닌, 문화적으로 수용하고 따른다. 예수를 메시아로 받아들인다는 점에서 기독교의 종파처럼 보이지만 유대인의 법과 관습을 지킨다는 점에서 유대교에 가깝다. 그러나 이들은 유대 종교운동으로서 자신들을 유대교의 한 분파도, 그렇다고 기독교의 한 교파도 아니라고 본다.

그룹 내 대부분의 일원들은 인종적으로 유대인들이다. 이스라엘 대법원은 이들을 귀향법에 따라 기독교로 개종한 유대인들로 보았다. 기독교 주류 집단은 일반적으로 이들을 기독교의 한 형태로 받아들인다. 2003년에서 2007년 사이 이 운동은 크게 성장하여 미국 내에 약 150여 개, 이스라엘 내에 약 100여 개의 가정교회(Messianic Houses)가 있다. 2008년에 이스라엘에는 약 6천~1만 5천 명의 신도가 있다는 통계가 있다.

유대인을 개종시키려는 기독교 교회의 움직임은 13세기로 거슬러 올라간다. 파블로 크리스티아니(Pablo Christiani) 같은 이가 대표적이다. 그러나 '새 기독교인'이라 불린 이들은 강제 내지 반강제로 개종한 것이었기 때문에 독립적인 유대-기독교인 회중이라 불리기 어렵다. 19세기 초 처음으로 공식적인 유대인 개종운동을 벌인 기관은 요세프 프라이(Joseph Frey)가 주도하던 런던 성공회였다. 1821년 최초의 이디시어 신약성서가 번역되어 출판되었고, 1866년 런던 히브리-기독교인동맹이 칼 슈바르츠(Carl Schwartz)에 의해 창설되었다. 히브리어 신약성서를 번역한 이방인 선교사 프란츠 델리체(Franz Delitzsch)가 관여했다. 그러나 이 그룹이 메시아닉 유대교 운동(Messianic Judaism Movement)의 시작이라 할 만한 성격의 그룹은 아니었다.

19세기 일부 그룹은 기독교로 개종한 유대인 회중과 협회를 구성했다. 영국(1860), 뉴욕(1885)에 세워진 이들 협회는 '이스라엘의 희망'을 추앙하고 몇몇 유대인의 관습과 제의를 따랐다. 1895년 『이스라엘의 희망이 우리의 희망 Hope of Israel' Our Hope』이라는 잡지(9판)에서 '매달 예언서 연구와 메시아닉 유대교에 열의를 갖고자' 잡지를 발간한다고 천명함으로써 처음으로 '메시아닉 유대교(Messianic Judaism)'라는 용어를 사용했다. '이스라엘의 희망'이란 매우 물의를 일으켰다. 일부 선교사들은 이들을 '유대주의자(Judaizers)'라 비난했다.

1920년에서 1960년대에 이르는 동안 '이스라엘의 희망'은 유대인에 대한 선교를 강화했다. 1940, 1950년대에 이스라엘에 선교사들을 파송했다. 남침례교 출신이 대부분인 이들은 개종한 유대인들을 '노츠림('기독교인' 또는 '나사렛 사람')' 대신 '마시키힘'이라는 용어로 불렀다. 이때부터 이 용어는 개종한 유대인을 부르는 모든 개신교 복음주의 교회의 용어가 되었다.

1960년대 메시아닉 유대교는 하나의 혼합 종교운동이 되었다. 1971년에서 1975년까지 미국히브리-기독교인동맹(Hebrew Christian Alliance of America, HCAA, 1915년 설립) 사무총장을 역임한 마틴 셰르노프(Martin Chernoff)는 '복음주의 교회의 복음주의적 목적에 따라 이들은 결코 분리된 기독교 한 교파가 아님'을 강조함으로써 의구심을 누그러뜨렸다. 그의 리더십은 이 운동의 지위를 크게 바꾸어놓았다. 1973년 단체의 이름은 미국메시아닉유대인동맹(Messianic Jewish Alliance of America, MJAA)로 바꾸고, 1975년부터 공식 사용했다. 개명은 단순히 의미론적 변화 이상의 의미를 가지게 되었다. 종교적으로나 철학적으로 이들의 유대 정체성을 보다 선명하게 각인시킨 계기가 된 것이다. 1999년 현재 약 130여 개의 조직이 활동 중에 있다.

이들은 대체로 신, 삼위일체, 예수, 성령, 토라, 미슈나와 탈무드, 구전법, 이스라엘, 성서, 종말론 등 전통적으로 기독교와 유대교의 가르침 사이에서 매우 첨예하게 갈라져온 교리들을 통합하고자 새로운 해석을 통해 정립해나가고 있다. 다만 기독교 교회와 그 역사에서 탄생한 교리나 교회법 등은 거절한다. 따라서 제의나 예배 역시 유대교 회당의 그것과 매우 비슷하다. 안식일(토요일)에 모이는 공식적인 예배에서는 히브리어가 사용되며, 사제(신부나 목사)는 따로 없다. 소위 '장로'가 회중의 지도자가 된다. 안식일이나 여러 절기(유월절, 칠칠절, 초막절, 신년, 욤키푸르, 하누카, 부림절 등)는 물론 카슈루트(음식법)를 지키는 편이며, 복장에 있어서도 키파(머리에 쓰는 작은 모자)를 쓰는 등 종교적인 유대인들과 구별되지 않는다. 침례(세례)를 행하나 이 역시 유대인의 전통인 미크베(mikveh)에 그 뿌리를 두고 있으며, 할례 역시 같은 맥락에서 행하고 있다. 예배 처소에 십자가를 거는 것은 하지 않는다.

주요 기구들로는 The Messianic Jewish Alliance of America(MJAA, 1986), Union of Messianic Jewish Congregations(UMJC, 1987), Chosen People Ministries(CPM, 1988), Coalition of Torah Observant Messianic Congregations(C-TOMC, 1989), Union of Nazarene Yisraelite Congregations(UONYC, 1990), Union of Conservative Messianic Synagogues(UCMJS, 1990, The International Alliance of Messianic Congregations and Synagogues(IAMCS, 1991) 등이 있다.

하예소드(HaYesod, '원리' 또는 '근본')는 이들의 교리를 탐구하는 제자학교의 과정을 말한다. 다섯 명이 한 그룹이 되어 공부하며, 현재 약 259개의 그룹이 활동 중이다. 예루살렘 공의회는 전 세계 메시아닉 유대교 신도들이 모여 자신들의 주요 정통 교리인 '메시이닉 할라카(Messianic Halakha)'를 제정한다. 메시아닉유대랍비회의(Messianic Jewish Rabbibical Council)는 메시아닉유대회중연합(Union of Messianic Jewish Congregation)과 더불어 협력하여, 1994년에 메시아닉 토라 준수 표준집을 출판하기도 했다.

2) 팔레스타인 기독교인

팔레스타인 기독교인이란 팔레스타인 지역에 사는 아랍 기독교인 혹은 아랍어를 하는 기독교인들을 칭하는 용어이다. 팔레스타인 내에는 여러 종파들, 동방 정교회, 서방 정교회, 가톨릭, 개신교 여러 교파들이 있다. 이들은 아랍어를 주로 사용하며 나스라니(Nasrani), 알-나시라(al-Nasira) 혹은 마시히(Masihi, '메시아'), 경우에 따라서는 수바(Subba, '침례')라고 불린다.

팔레스타인 기독교인들은 전체 팔레스타인인 중 4% 미만으로 추정되며, 웨스트뱅크에 4%, 가자지구에 1% 정도이다. 그러나 아랍-이스라엘인들 기준으로 이들은 약 10% 정도에 해당된다. 영국 통치 기간(1922) 9.5%이던 것이 이스라엘 독립 직후(1946) 7.9%로 떨어졌다. 1948년과 1967년 전쟁으로 많은 팔레스타인 기독교인들이 팔레스타인을 떠났다.

오늘날 대다수의 팔레스타인 기독교인들은 해외에 살고 있다. 2005년 팔레스타인 지역에 사는 기독교인 인구는 4만~9만 명 정도이다. 이는 전체 인구의 약 2.1~3.4%에 해당된다. 대부분 웨스트뱅크에 거주하며, 가자지구에는 약 5천 명 정도가 살고 있다. 이스라엘 내에 살고 있는 아랍-팔레스타인 기독교인들은 14만 4천~19만 6천 명으로 전체의 약 21.~2.8%에 해당된다. 비유대인 아랍 인구의 9.8%에 해당된다. 2009년 CIA 자료에 따르면 이들의 숫자는 대략 다음과 같다.

팔레스타인 기독교인 숫자

인구집단	기독교인 수(명)	인구 비율(%)
웨스트뱅크(사마리아인 포함)	167,000	8.0
가자지구	10,000	0.3
이스라엘 내 아랍	123,000	0.1
이스라엘 내 비아랍	29,000	0.4
합(아랍계-이스라엘인만)	302,000	6.0
합(비아랍계 포함)	331,000	3.0

출처: CIA world factbook, 2009

중동-아랍 세계에서 기독교인의 숫자는 전체 인구의 약 9.2%이다. 레바논 39%, 시리아 10~15%, 이집트 9~16%, 요르단 6%, 웨스트뱅크 및 가자지구 3.8% 등에 비하여 팔레스타인 2.1%는 매우 적은 편이다.

팔레스타인 기독교인의 50%는 16개의 동방 정교 중 하나인 예루살렘 정교회(Orthodox Church of Jerusalem)에 속한다. 아랍 정교회로 알려져 있다. 그 외에도 마론파, 멜키트 동방가톨릭, 야곱파, 칼게돈파, 로마가톨릭, 시리아 정교, 콥트 정교, 아르메니아 정교, 퀘이커, 감리교, 장로교, 성공회, 루터교, 복음주의, 펜키코스탈, 나사렛, 하나님의 회중, 침례교, 여호와의증인, 몰몬교 등 수많은 종파들이 있다.

예루살렘 정교의 주교는 팔레스타인과 요르단 예루살렘 정교회의 지도자인데, 이스라엘과 다른 교회 기구들은 그의 임명을 인정하지 않는다. 그렇게 되면 이스라엘의 정통파 유대인들에게 팔아넘긴 팔레스타인의 재산권 행사가 문제가 되기 때문이다. 세바스티아(세겜)의 대주교 테오도시우스가 최고 수장이다. 예루살렘 라틴 주교는 예루살렘에 있는 로마가톨릭의 지도자이다.

대부분의 팔레스타인 기독교인들은 자신들을 아랍-기독교인으로 본다. 이들은 이슬람, 터키, 영국 통치 등 여러 시대에 걸쳐 기독교인으로 살아왔으며 예루살렘, 나사렛, 베들레헴 등 전통적으로 기독교와 관련된 주요 도시들에 주로 거주한다. 1920년대 대규모의 팔레스타인 기독교인들이 라틴아메리카로 떠났다. 재앙과 경제 사정 때문이었다. 오늘날 칠레에 가장 큰 팔레스타인 기독교인 공동체(약 60만 명)가 있는 것은 이 때문이다. 엘살바도르, 온두라스, 브라질, 콜롬비아, 아르헨티나, 베네수엘라 등에도 많이 거주하고 있다. 2008년 가자 전쟁 때에는 칠레 거주 팔레스타인 기독교인들이 이스라엘의 가자 공격에 반대하여 칠레에서 시위를 벌이기도 했다. 현재 라틴아메리카에는 약 300만 명의 팔레스타인 기독교인들이 살고 있는데, 이는 전 세계 팔레스타인 기독교인들의 약 40%에 상당하는 숫자이다.

1948년 이스라엘 독립과 함께 많은 팔레스타인 기독교인들이 추방되어 요르단에 들어갔다. 이스라엘과 팔레스타인 간의 갈등과 분쟁이 있을 때마다 팔레스타인 기독교인들은 피해를 입었다. 2005년 이전 가자지구의 기독교인들은 이스라엘의 가자지구 점령에 저항해왔으나, 이슬람 과격분자들로부터는 이스라엘에 협조한다고 공격당하기 일쑤였다. 2006년에는 여러 팔레스타인 기독교 정치인이나 종교지도자들이 공격을 당했다. '유일신교의 사자들'이라는 단체가 저지른 소행이었다.

예루살렘의 아르메니아인들은 자신들을 팔레스타인 기독교인과 동일시한다. 이스라엘과 극우파 유대인들로부터 종종 공격을 당하기 때문이다. 2009년 9월에는 두 명의 아르메니아 사제가 기독교 성물에 침을 뱉은 극우파 유대인과 말다툼을 벌인 후 이스라엘에서 추방된 바 있다.

2009년 2월 웨스트뱅크에서 활동하고 있는 한 기독교 단체가 교황 베네딕트 16세에게 편지를 보내 교황의 이스라엘 방문 계획과 관련하여 교황이 집전하는 예배 장소에 갈 수 있도록 이스라엘 정부에 압력을 행사해달라고 요청하기도 했다. 그러나 이스라엘 외교장관은 교황의 방문을 정치적으로 이용하지 말라고 일축했다. 그해 11월 베들레헴에서 공부하던 가자지구 출신의 팔레스타인 기독교인 여성이 베들레헴으로부터 추방되었는데, 라말라 검문소 통과 과정에서 이스라엘 군인과 다툰 것이 그 이유였다.

PLO의 지도자이자 팔레스타인 자치정부 수반 야세르 아라파트가 기독교인이었고, 내각의 장관과 자문위원, 대사 및 영사들 중 기독교인이 상당수다. 팔레스타인 지역의 여러 지방자치단체장이 기독교인인 경우가 많은데, 라말라, 비르제이트, 베들레헴, 나사렛, 타이베, 베이트 잘라, 베이트 샤울 시장들이 그들이다. 팔레스타인 미국, 프랑스 대사도 기독교인이다. 팔레스타인 여자축구 국가대표 선수들 대부분이 무슬림이지만, 주장이 기독교인이기도 하다. 팔레스타인 기독교 단체들은 지역 내에서 병원, 학교, 복지시설 등을 운영한다.

3) 소수 종파들

이스라엘 인구의 약 24.5%에 해당하는 170만 명은 비유대인들이다. 주로 아랍-이스라엘 국민으로 분류되고 있지만 이들은 서로 다른 집단으로 이루어져 있으며, 주로 아랍어를 사용하고, 각기 뚜렷한 특징을 간직하고 있다.

무슬림 아랍인은 대부분이 수니파로 100만 명가량이며 주로 이스라엘 북부의 소도시와 촌락에 거주한다.

베두인 아랍인 역시 30여 개 부족으로 나뉘어져 있으며 약 17만 명으로 추산된다. 대다수가 남부 네게브 지방에 광범위하게 흩어져 살고 있다. 원래 유목민이었던 이들은 현재 부족사회 체계에서 항구적인 정착사회로의 변화를 겪고 있으며, 점차 이스라엘 사회의 노동력에 진입하고 있다.

기독교 아랍인의 경우 약 11만 7천 명 정도이며, 주로 나사렛, 슈파르만, 하이파 등 도시 지역에 거주하고 있다. 명목상 많은 교파가 있으나, 이들 다수는 그리스 가톨릭, 그리스 정교회, 로마 가톨릭 등에 속한다.

드루즈족은 아랍어를 사용하며 약 11만 7천 명 정도가 이스라엘 북부의 22개 촌락에 거주하며 독립적인 문화, 사회, 종교적 공동체를 이루고 있다. 이들은 타키야(taqiyya)라는 전통을 가진 것으로 알려져 있는데, 거주하고 있는 국가의 정부에 대해 전적으로 충성할 것을 요구한다.

체르케스 인은 약 3천 명가량 북부의 두 촌락에 집중적으로 거주하는데, 아랍 혈통이나 무슬림 공동체와는 문화적 배경이 다르지만, 대부분 수니파 무슬림들이다. 이들은 유대 사회나 무슬림 사회에 동화되지 않은 채로 경제적으로만 참여한다.

이스라엘 내에 존재하는 또 다른 소수 종교공동체로는 **바하이(Bahai)교**가 있다. 바하이교의 세계최고본부(Universal House of Justice)는 하이파에 위치하고 있다. 바하이 신앙은 19세기 페르시아의 바하울라(Baha'u'llah)가 창시했다. 인류의 영적 통일을 강조한다. 전 세계 200여 개국에 약 500만~600만 명의 신도가 있다.

바하이교에는 신의 계시자가 없고 아브라함, 붓다, 예수, 무함마드, 기타 밥(Bab)과 바하울라(Baha'u'llah)들이 모두 그들의 영적 계시자들이다. 다만 이전의 예언들은 세상 종말에서야 완성된다고 본다. 인류는 집단적 진화 과정에 놓여 있으며, 현재를 평화롭고 정의롭고 우주적인 조화로움으로 살아가는 것이 매우 중요하다고 여긴다.

5 맺음말

———

이스라엘 건국 선언문(1948)은 모두에게 종교의 자유를 보장한다고 선포했다. 각각의 종교공동체는 안식일, 신앙생활, 내부 문제를 관리하는 데 있어 자유롭다. 각 종교는 법에 의해 종교의회와 법원을 가질 수 있도록 보장받고 있으며, 종교법원은 결혼, 이혼과 같은 개인의 신상 문제에 대해 관할권을 가진다.

이스라엘 곳곳에서는 유대인의 회당(synagogue)과 이슬람 사원(mosque), 교회(church)의 종탑을 볼 수 있으며, 아잔 소리와 종소리를 동시에 듣기도 한다. 예루살렘을 비롯한 전 지역에는 각 종교의 성지와 관련된 유적들이 즐비하다. 특히 하이파에는 바하이교의 월드센터가 자리하고 있다.

그러나 이곳의 종교적 현실은 보다 냉엄하다. 유대교는 유대인들만의 종교이고, 이슬람은 무슬림만의 종교이다. 이들 종교는 이 사회에서 다수를 차지할 뿐만 아니라, 소수의 다른 종교들에 대한 다수자들의 태도는 그리 너그럽지 못한 편이다. 유대인과 무슬림 사이의 대립과 갈등은 정치적 이유와 연결되어 있기 때문에 그렇다손 치더라도, 유대인 사회 내에서 소수 타 종교인들에 대한 냉소적인 혹은 배타적인 감정은 노골적일 때가 많으며, 무슬림 사회 내에서 기독교인들에 대한 태도 역시 크게 다르지 않은 형편이다.

유대 사회 내에서 같은 유대인이라 하더라도 종교인들과 비종교인들 간의 생각의 차이는 일반적으로 생각하는 것보다 훨씬 크다. 안식일에는 일해서는 안된다는 토라(법)에 따라 자동차 운전이나 식당 영업 등을 금하고 있는 종교인들은 자유로운 시민으로서의 권리를 주장하며 이를 개의치 않고 여행을 하거나 영업을 하는 비종교인들과 자주 마찰과 충돌을 빚는다. 누구의 생각이 옳으며, 어디까지가 그 경계인지 구분하기가 쉽지 않다. 아랍-팔레스타인인들 역시 이슬람법에 따라 경건한 생활을 하는 무슬림에서부터 세속적이거나 극단적인 종교인들에 이르기까지 자신들의 주장을 옳다고 주장하며 살고 있다. 종종 극단적인 이슬람주의자들은 혁명을 통해 신정정치의 꿈을 이룩하고자 폭력을 사용하기도 한다.

평화협정이나 회담에서 늘 제기되거나 걸림돌이 되는 것 가운데 하나가 '예루살렘의 지위' 문제이다. 이스라엘이나 팔레스타인 측 모두 예루살렘의 상징적 의미를 중요하게 여기기 때문에 자신들의 수도로서의 지위를 잃지 않으려고 한다. 국제 평화도시나 중립도시로 지정하여 누구나 자유롭게 드나들 수 있는 도시로 만들자는 제안도 있으나 현실정치에서는 고려되지 않는 것으로 보인다.

읽어볼 만한 책과 논문

오은경, 「베일로 재현된 무슬림들의 욕망—무슬림 여성들의 베일 착용에 대한 정신분석적 고찰」, 『한국이슬람학회 논총』 16-2, 2006, 233~250쪽.

유왕종, 「이슬람의 할례에 관한 연구」, 『중동연구』 25-1, 2006, 199~234쪽.

이희수, 「이슬람 사회의 통과의례—아랍 문화권을 중심으로」, 『비교문화연구』 2, 2005, 169~200쪽.

최창모, 『금기의 수수께끼』, 한길사, 2004.

_____, 『예루살렘』, 살림출판사, 2004.

_____ 편, 『유월절 기도문』, 보이스사, 2000.

_____ · 최영철 · 이원삼 · 김종도, 『유대교와 이슬람, 금기에서 법으로』, 한울아카데미, 2008.

데이빗 C. 그로스, 장병길 역, 『1001 Q & A—유대인을 알고 싶다』, 도서출판 살렘, 1997.

브라이언 랭커스터, 문정희 역, 『유대교 입문』, 김영사, 1999.

칼 에를리히, 최창모 역, 『유대교 : 유랑민족의 지팡이』, 유토피아, 2008.

제 5 장

국제관계의
특성과 전망

1 이스라엘의 대외관계

1) 아랍국들과의 관계

이집트

이스라엘이 주변 아랍국들 중 가장 먼저 평화조약을 체결한 나라는 이집트이다. 1977년 당시 이스라엘의 메나헴 베긴 수상이 이집트의 안와르 사다트 대통령을 예루살렘에 초대하고, 1978년 캠프데이비드 협정을 체결함으로써 이스라엘과 이집트 간의 평화를 위한 기본 환경이 마련되었다. 이 협정은 다섯 차례나 전쟁을 치른 적대관계에 종지부를 찍은 역사적 사건으로, 1967년 6일전쟁으로 획득한 시나이 반도를 이집트 측에 내주는 대신 가자지구와 유다-사마리아 지역(웨스트뱅크) 내에 단계적으로 잠정적인 팔레스타인 자치정부를 구성한다는 내용을 골자로 한다. 그해 사다트와 베긴 수상은 노벨평화상을 공동으로 수상했다.

이집트는 이스라엘과의 평화조약을 체결한 이후 다른 아랍국들로부터 배척을 당했으나, 대부분 관계는 곧 정상화되었다. 아랍연맹은 본부를 튀니지로 옮겼다가 1980년대 초 다시 카이로로 옮겨왔다. 1982년 이스라엘은 시나이 반도에서 완전 철수하고, 영토를 이집트에 반환했다. 이스라엘과는 경제 및 관광 분야에서 활발한 교류가 이루어지고 있으나, 전반적으로 다소 냉각관계(cold peace)를 보이고 있다. 이스라엘은 이집트 내 반유대주의 확산 및 군사력 강화 추세를 우려하고 있고, 중동 지역 내의 강자로서의 이미지를 견지하고 영향력을 확대하면서 팔레스타인 문제 해결의 중재자를 자임하고 있는 이집트는 이스라엘의 점령지 내 팔레스타인 주민에 대한 억압정책과 평화협정 불이행을 불만스러워하고 있는 실정이다. 최근 중동의 민주화 열풍으로 무바라크가 권좌에서 물러난 후, 가자지구의 국경을 개방한 데 대한 이스라엘의 불만은 매우 크다.

요르단

이스라엘과 요르단 간의 평화조약은 1994년 10월에 아카바-에일라트 국경 지역에서 이츠하크 라빈과 후세인이 서명했다. 46년간 사실상 전시 상태로 지낸 양국이지만 비밀 접촉 등을 통해 어느 정도의 평화를 유지해왔으나, 1991년 마드리드 회의를 계기로 양국은 공개적으로 대화해오다가 1994년 평화조약으로 그 결실을 맺게 되었다.

이 평화조약은 1949년 양국 간의 휴전선을 영국 위임통치하의 국경을 참조하여 국경선으로 최종 확정했으며, 전쟁 종식, 수자원 배분, 통행의 자유 보장, 요르단 계곡 개발, 난민 문제 해결을 위한 협력 등을 가능하게 만들었다. 1995년 요르단 의회가 아랍 보이콧을 철회하기로 결정하면서 요르단은 아랍연맹으로부터 퇴출되기도 했다. 현재 양국 간에는 경제, 과학, 문화 분야 등에서 15개의 조약이 체결되었고, 평화적이며 정상적인 외교 관계가 유지되고 있다. 후세인 국왕 사후에도 압둘라 국왕은 이스라엘과의 협력 관계를 계속 유지하고 있으며, 이스라엘-팔레스타인 간의 평화 과정에서 중재자로서의 노력을 기울여오고 있다.

걸프 연안 국가

중동 지역에서 어느 정도 평화가 진전됨에 따라 걸프 국가들(GCC)도 이스라엘과의 관계 개선에 관심을 보이기 시작했다. 이스라엘은 수자원, 관광, 농업, 화학, 첨단기술 분야를 중심으로 경제, 과학 및 통상 관계를 발전시키고자 1996년 오만에 무역대표부를 처음으로 개설했다. 이어 오만도 텔아비브에 사무소를 개설했다. 같은 해 이스라엘은 카타르에 무역대표부를 설치했다.

제2차 레바논 전쟁(2006) 이후 이란 등 이슬람 극단주의에 대처하기 위하여 사우디아라비아 등 걸프 국가와 이스라엘 간의 협력 가능성도 모색되고 있다. 이란의 부상은 인근 걸프 연안 국가들의에게 직접적인 안보 위협이 되고 있는데, GCC 내 시아파 이슬람 세력의 활동도 점차 활발해지고 있는 환경 속에서

GCC 국가들은 2002년 아랍평화안(Arab Peace Initiative)[1]을 토대로 이스라엘과 대화할 용의가 있음을 밝히고 있다. 2009년 이래 보수 우익 성향의 네타냐후 수상 체제하에서 다소 소강 상태를 보이고 있다.

이란

이란이 농축 우라늄을 이용한 핵 개발 프로그램을 강행하면서 UN 안전보장 이사회에서 제재 방안 등이 논의되는 가운데, 가장 민감하게 반응하는 나라가 이스라엘이다. 자국의 안보에 가장 위협이 되는 요소로 인식하고 있기 때문이다. 핵뿐만 아니라 2천 킬로미터급 장거리 지대지미사일 개발이 현실적으로 이스라엘에 직접 영향을 준다. 이스라엘은 이란이 헤즈볼라 및 하마스 등 이스라엘 주변 이슬람 과격세력의 대부라는 점에서 우려를 하고 있다.

아흐마디네자드 이란 대통령은 여러 차례 "이스라엘을 지도상에서 지워버려야 한다"는 발언을 서슴지 않으며, 중동 지역 내 비핵화는 이스라엘의 핵 문제가 선결되어야 한다는 점을 분명히 하고 있다. 이에 맞서 이스라엘은 이란 핵은 결코 용납될 수 없으므로, 만약 국제사회의 노력으로 해결되지 않을 경우 이란 핵시설을 표적 공격하는 등 독자적인 조치도 불사하겠다며 목소리를 높이는 실정이다. 최근(2015년 3월) 미국과 이란 간의 핵협상이 진행, 타결되자 이스라엘은 오바마 행정부에 대한 불만을 공공연히 표출하면서 미국과 이스라엘의 전통적인 불가분리의 인지적 동맹(cognitive alliance)에 금이 갈 정도의 불편한 관계가 노정되기도 했다.

시리아

마드리드 회담을 계기로 이스라엘과 시리아 간 회담이 워싱턴에서 처음으로 개최된 것은 1996년 12월과 이듬해 1월이었다. 안보와 기타 중요 현안을 다루

---

1) 1967년 국경을 기초로 하는 팔레스타인 국가 창설 및 이스라엘과의 외교 관계 전면 실시를 골자로 한다.

었으나 이후 3년간 회담은 중단되었다. 2000년 1월 미국의 셰퍼드타운에서 양자회담이 재개되었으나 돌파구를 찾지 못했고, 2003년 3월 제네바에서 열린 미국의 클린턴 대통령과 시리아의 아사드 대통령과의 회담에서도 협상을 이끌어내지 못했다. 그해 말 시리아는 회담 재개 가능성을 내비쳤었으나 이스라엘 측의 냉담한 반응으로 이루어지지 못했다.

2006년 7월 제2차 레바논 전쟁 이후 시리아 측에서는 재차 이스라엘과의 평화협상 재개 의사를 표명했고, 이스라엘 측에서도 이란의 핵 위협이 지속되고 있는 상황에서 이란과 시리아를 떼어놓을 필요가 있다는 명분으로 대화를 재개해야 한다는 의견을 제시한 바 있다. 그러나 미국의 부시 행정부가 시리아에게 헤즈볼라 지원과 레바논 내정 간섭 중단, 하마스 지도부 등 테러단체 지원 중단, 이라크로 들어가는 테러리스트 차단 등의 조치를 취하도록 요구하면서 시리아를 압박하는 가운데 대화는 답보 상태에 머물러 있게 되었다.

이스라엘은 2008년 5월 터키의 중재에 따라 간접 방식으로 시리아와 평화교섭을 진행했으나 그해 12월 이스라엘의 가자 침공으로 협상은 중단되었다. 2009년 1월 취임한 오바마 미국 대통령이 중동 평화 달성을 위한 시리아의 역할에 크게 기대한다고 밝히며 시리아와의 관계 개선 움직임을 보이고 있는 상황에서 이스라엘과 시리아 간의 평화협상에도 일정한 영향을 미칠 것으로 보인다. 양국 간의 핵심 사항은 이스라엘이 1967년 전쟁 당시에 점령한 골란 고원 반환 문제인데, 이스라엘 측은 조건 없는 대화를, 시리아 측은 골란 고원 반환을 전제로 한 대화를 원하고 있다.

레바논

1982년 남부 레바논에 둥지를 튼 PLO를 소탕하기 위한 이스라엘의 레바논 침공과 2006년 7월 헤즈볼라와의 대규모 제2차 레바논 전쟁은 두 지역 간의 갈등이 얼마나 심각한지를 잘 보여준다. 이스라엘은 레바논에 대해 직접적인 영향력을 행사하는 시리아 측의 보장을 전제로 레바논과의 포괄적인 합의를 추진해 왔으며, 레바논은 UN 결의안 425호에 따라 즉각적인 철군을 요구해왔다.

2004년 10월 레바논의 하리리 총리가 암살되고, 그 배후에 시리아가 있다는 의혹이 국제사회에서 팽배해지면서 시리아에 대한 압박이 가중되자 시리아는 2005년 4월 30여 년 만에 레바논에서 완전 철수했다. 이로써 UN 안전보장이사회 결의 1559호상의 외국군 철수가 이루어졌다. 뒤이어 이스라엘군도 남부 레바논에서 모두 철수했다.

그러나 2006년 7월 남부 레바논 지역을 실질적으로 장악하고 있는 헤즈볼라 무장세력이 이스라엘 군부대를 공격, 병사 두 명을 납치하면서 34일에 걸친 이스라엘의 대대적인 공습 및 지상전이 벌어졌다. UN 안전보장이사회에서는 결의 1701호가 채택되어 한국군이 참여한 UN평화군(UNIFIL)으로 하여금 남부 레바논 지역에서 헤즈볼라의 무장 해제, 휴전 관리 등의 임무를 수행하도록 했다. 그해 9월 이스라엘군은 레바논에서 전면 철수했다.

2009년 12월 헤즈볼라가 참여한 가운데 사아드 하리리(Saad Hariri) 총리가 이끄는 레바논 신정부가 출범했는데, 이스라엘 측은 제도권 정치에 진입한 헤즈볼라가 여전히 무력 증강을 꾀함으로써 남부 레바논 지역에 긴장을 자극하고 있다고 주장하면서 레바논 정부를 압박하고 있다.

2) 미국과의 관계

1948년 미국은 이스라엘이 독립선언문을 낭독한 지 7분 후에 국가로 승인한 이스라엘의 확고한 우방이다. 오랫동안 이스라엘의 안보를 확보하는 것이 미국의 대중동 외교정책의 기조가 되어왔다. 미국의 관점에서는 이스라엘-아랍국들 간 평화를 도모하는 것이 미국-이스라엘 관계의 초점이며, 미국은 UN 안전보장이사회 결의안 242호와 338호를 근간으로 이스라엘의 안보 위험을 최소화하려고 노력하고 있다.

이스라엘은 자국의 안보와 경제의 상당 부분을 미국에 의존하고 있으며, UN 등 국제 무대에서도 미국의 전적인 지지를 받고 있다. 미국은 매년 이스라엘에 군사 및 경제 원조를 제공하고 있다. 2003년 미국은 이스라엘에게 3년간 90억 달러를 원조하기로 결정했는데, 원조 명목은 이라크 전쟁에 직접 참가하지 않는 대신 이에 대비하기 위해 소요된 비용을 보전한다는 것이었다. 부시 대통령은 2008년부터 향후 10년간 300억 달러 규모의 군사지원금을 지원하기로 했으며, 2009년 취임한 오바마 대통령도 지원 결정을 준수하겠다고 약속한 바 있다.

특히 이스라엘은 미국과의 전략협력협정(1983. 11), SDI 연구·개발계획 참여(1986. 5), 방위협력에 관한 양해각서(1987. 2), 애로(Arrow) 요격미사일 공동개발에 관한 양해각서(1988. 6), 미사일방어전략 협력협정(1998. 10) 등에 의거하여 긴밀한 군사협력 관계를 유지하고 있다. 양국은 불량국가에 대한 강력한 대응 조처, 강화된 대테러전(戰) 수행 등 공동의 정책과 전략을 공유하고 있으며, 특히 이란의 핵 개발 저지 등 공동의 이해관계를 가지고 있다.

미국은 경제적으로도 이스라엘의 최대 교역국이다. 양국은 1985년 자유무역협정(FTA)을 체결하여 대부분의 상품에 대한 관세를 일찌감치 철폐했으며, 1996년 농산물 교역협정을 체결하여 자유무역협정에서 제외되었던 농산물에도 관세를 철폐했다. 2008년 양국 간 교역 규모는 약 117억 달러를 기록했다. 미국은 민항기 부품, 통신장비, 반도체, 전자부품, 컴퓨터 주변기기 등을 수출하고, 이스라엘은 다이아몬드, 약품, 통신부품, 의약기기, 전자기기, 면제품 등을 미국에 수출한다. 다만, 중동 평화에 관한 미국의 정책은 다음에 따로 논의할 것이다.

3) 러시아와의 관계

제3차 중동전쟁(6일 전쟁)을 계기로 소련은 이스라엘과 일방적인 단교 조치를 취했음에도 불구하고 양국은 UN 및 제네바 등 국제회의에서 비공식 외교 접촉을 계속해왔으며, 과학기술 분야의 협력과 의회·정당 대표단의 상호 방문 등 비정부 간 교류를 지속해왔다. 양국은 1986년 4월 영사 문제 협의를 위한 외교 접촉을 계기로 관계가 증진되기 시작했으며, 1989년 9월 교역사무소 교환 설치, 1991년 1월 총영사관 설치에 이어 1991년 10월 외교 관계를 재개했다. 특히 소련 해체 이후 구소련계 유대인 이민자들의 대량 유입으로 관계가 더욱 확대되었다.

러시아는 시리아와 이란에 수출된 자국산 무기가 헤즈볼라 등 무장단체의 손에 넘어간 것과 관련하여 이스라엘의 비판을 받고 있으나 무기 판매 정책을 고수하고 있다. 이스라엘은 러시아에서 이란으로의 핵과 미사일 기술 이전을 중단시키는 데 관심을 갖고 있다. 러시아는 과거 대중동 정책에 있어서 아랍 편향적이었으나 최근 자국의 이익을 신장시키고자 보다 균형잡힌 태도를 취해가고 있는 모습이다. 러시아는 중동 평화를 위한 4자(미국, 러시아, EU, UN)의 일원이다.

4) EU와의 관계

서유럽은 전통적으로 이스라엘에게 매우 중요한 지역으로 오랫동안 협력 관계를 유지해왔다. EU와는 자유무역협정(1975), 준회원협정(Association Agreement, 1995)을 통해 교역 및 관광 교류를 확대하고 있으며, 구소련 붕괴 이후 CIS 및 동유럽 국가들이 개혁·개방 정책을 추진함으로써 유대인 이주 제한 철폐, 대이스라엘 외교 관계 재개, 관광 및 과학·기술 교류 확대 등 동유럽과의 관계가 확대, 발전되고 있다. 2009년 1월 종료된 가자 전쟁 이후 이스라엘의 대팔레스타인 정책에 대한 유럽 회원국의 비난이 높아지고 있는 상황이다.

5) 중남미와의 관계

이스라엘은 국제적 고립에서 탈피하기 위한 전략의 일환으로, 나아가 지속적인 무역흑자를 보여온 중남미 지역에 대한 경제 진출을 강화하여 만성적인 무역적자를 개선하기 위한 목적으로 중남미와의 관계 증진에 노력 중이다. 이스라엘은 중남미 33개 국가 중 쿠바를 제외한 32개 국가와 외교 관계를 맺고 있으며, 아르헨티나 등으로부터 상당수의 유대인들이 이스라엘로 유입된 바 있다.

최근 중남미 국가들에 대한 이란의 영향력이 확대되고 있는 점을 우려한 이스라엘 정부는 그들과의 협력을 강화함으로써 이란의 영향력을 차단하는 데 부심하고 있다. 2009년 4월에는 이스라엘과 중남미 메르코수르(Mercosur)[2] 국가들과의 FTA가 발효된 바 있다.

6) 아시아와의 관계

국제사회에서 영향력이 있는 중국과 인도 등의 지지를 얻어 UN 등 국제기구에서의 입지를 강화하고 있는 이스라엘은 한국, 일본, 중국, 싱가포르 등 경제력 있는 국가들과 경제 및 통상 협력 확대를 추진한다는 기본 입장을 유지하고 있다.

한국과는 1962년도에 외교 관계를 수립했으며, 북한과는 외교 관계가 없다. 1992년에 중국과 인도, 1993년에 베트남, 캄보디아, 라오스 등과 외교 관계를 맺고, 2000년 5월에는 스리랑카와 복교(復交)했다. 최근 한국과 FTA 체결을 추진함으로써 한국을 아시아 지역 진출의 교두보로 삼고자 하고 있으며, 국제 무대에서도 상호 교환 지지에 적극적으로 임하는 등 관계 증진에 많은 관심을 보이고 있다. 한편, 인도네시아 등 동남아시아 지역 내 이슬람 국가들과의 관계 증진도 도모하고 있는데, 중동 지역 내부 강경 이슬람 세력에 맞서 온건한 이슬람 국가들과의 협력을 확대해나가고자 하는 전략의 일환으로 보인다.

7) 아프리카와의 관계

사하라 이남

이스라엘은 일찍이 가나 등 사하라 이남 지역과 긴밀한 관계를 유지해왔으나 제3, 4차 중동전쟁 및 석유파동 이후 아랍 측 입장에 동조하는 아프리카 국가들로부터 집단 단교 조치(레소토, 말라위, 스와질랜드 제외)를 당하는 등 외교

---

2) 아르헨티나 · 브라질 · 파라과이 · 우루과이 4개국의 자유무역지대로, 1995년에 설립되었다.

적 고립상태가 심화된 바 있다. 그러나 구소련 및 동구권 사회주의의 몰락과 걸프전, 중동 평화회담 진행 등으로 아랍 측의 대이스라엘 고립화 정책이 퇴색하면서 아프리카 국가들에 대한 외교망이 확대되고 있다. 중동 평화회담 이후 잠비아(1991. 12), 나이지리아(1992. 5), 베냉(1992. 7), 감비아(1992. 9), 콩고(1991. 7) 등 27개국과 수교 또는 복교하여 현재 41개국과 외교 관계를 유지하고 있다.

북아프리카

1994년 이후 북아프리카의 아랍국들 중 모로코, 모리타니아, 튀니지는 이스라엘과 외교 관계를 수립했다. 1994년 11월 모로코의 수도 라바트에 이스라엘 연락사무소를 개설하고 4개월 후 모로코 역시 이스라엘에 사무소를 개설했다. 모리타니아는 1995년 11월 바르셀로나 회의에서 스페인 외무장관이 배석한 가운데 협정을 체결하고 스페인 대사관 내에 연락사무소를 설치했으며, 이듬해 5월에는 모리타니아가 텔아비브에 연락사무소를 열었고, 튀니지도 뒤따라 텔아비브에 연락사무소를 설치했다.

이스라엘에는 북아프리카 지역에서 이주한 유대인들이 상당히 많기 때문에 이 지역 국가들과의 관계 정상화는 이스라엘에 깊은 역사적 의미를 지닌다. 정서적으로도 이 지역에 많은 애착을 가지고 있는 것이 사실이다.

2 미국의 대이스라엘 및 팔레스타인 정책

1) 대이스라엘 정책

제2차 세계대전 이후 서구 식민주의에 지배받던 중동은 미국과 소련의 냉전 체제 안으로 들어가게 된다. 지역 안보나 석유 자원 확보 차원에서 포기할 수 없는 곳이기 때문이다. 소련은 이라크, 시리아, 이집트 등의 공화정 체제의 아랍국들을 지지하고, 미국은 소련의 남하정책을 저지하면서 사우디아라비아, 요르단, 걸프 연안 등지에서 보수적인 아랍의 친미 왕정국가들을 안정시키며 석유를 확보하고자 했다.

영국의 보호하에 건국을 추진해온 이스라엘이 독립을 선포하자 미국은 즉각적으로 승인했으나, 아랍연합(이집트, 요르단, 시리아, 레바논, 이라크)은 즉시 전쟁을 선포했다. 이로써 팔레스타인 지역에서 미국과 소련의 숨겨진 대결구도가 맞부딪친 것이다. 1956년 이집트의 수에즈 운하 국유화 사건으로 일어난 제2차 중동전쟁 직후 미국의 아이젠하워 대통령은 소위 '아이젠하워 독트린'을 발표했다. 중동 지역에서의 미국의 패권에 대한 정당성을 피력하면서, 첫째로 국가의 독립을 유지하는 데 필요한 경제력 위에서 중동 각국을 돕고 협력하며, 둘째로 도움을 필요로 하는 어느 나라와도 협력하고 군사적 도움을 줄 수 있는 프로그램에 착수하며, 셋째로 국제 공산주의로부터 통제되는 어느 국가의 공격에 대해서도 국가의 존엄성과 국가의 독립을 확보하고 보호하기를 원하는 중동 각국의 요청에 호응해 미국 군대를 파견할 수 있다고 선포한 것이다. 이후 미국은 이러한 원칙을 줄곧 이스라엘에게만 적용해왔다.

1967년 댈러스 미국 국무장관은 상원의회에서 "많은 국가가 중동의 천연자원과 무역에 의존하고 있으며, 그곳에는 3대 종교의 성지가 있다. …(중략)… 만약 이 지역이 공산주의에 의해 지배된다면 용납되지 않을 것이며 이는 매우 위험한 일이 될 것이다. 그러나 그러한 위험이 눈앞에 있다"고 연설을 하면서 친미 아랍국들을 전복하려는 소련의 의도를 차단하여 군사적인 범(凡)아랍주의를 저지하려 했다. 이는 미국이 중동 문제에 적극적으로 개입하게 되는 계기가 된다. 이처럼 중동에서 '미국의 이익'은 '이스라엘의 안보'와 밀접한 관련을 가지고 있다.

카터 대통령이 이집트와 미국의 관계 개선을 위해 노력하는 동안, 소련은 이란에 대해 우호정책을 펼쳐나갔다. 1978년 미국이 베긴 이스라엘 수상과 사다트 이집트 대통령을 캠프데이비드에 초대하여 협정을 체결했으나, 소련은 중동세계가 1979년 '이란 혁명'으로 격동의 세월을 보내는 동안 아프가니스탄을 침공했다. 이제 중동은 이상주의적인 평화 외교는 사라지고 힘의 논리가 지배하는 정글이 되어갔다. 제1차 오일쇼크는 '강한 미국' 건설에 불을 지폈다.

제1차 레바논 전쟁(1982~1985), 제1차 인티파다(1987), 제1차 걸프 전쟁(1991) 등을 지나는 동안 최악의 군사적 충돌이 계속되었다. 이스라엘과 팔레스타인 간의 갈등과 분쟁이 중동 지역 나아가 세계 전체에 미치는 심각한 파장을 고려하여 일련의 평화회담 노력이 진행되었다. 그 결과는 오슬로 협정(1993)으로 나타났다. 그러나 협상을 주도했던 이츠하크 라빈 이스라엘 수상이 극우파 유대인 청년에게 암살되고(1995) 팔레스타인 무장단체가 득세하면서 평화로 가는 길은 다시 교착 상태에 빠졌다.

소련의 붕괴로 냉전체제가 종식되었으나 지구상에서 유일한 초강대국으로 부상한 미국은 지속적으로 중동 지역에서의 패권을 이어갔다. 특히 9·11 이후 미국의 국가 안보를 위협하는 모든 폭력 행위들은 '테러'로 간주하고 전 세계를 대상으로 '테러와의 전쟁'을 선포하고 아프가니스탄(2001)과 이라크(2003)를 침공하여 전쟁을 일으켰다. 팔레스타인 지역은 자살 폭탄과 이에 대한 보복으로 엄청난 민간인 희생자가 발생하는 최악의 '폭력의 세기'를 맞이하게 되었다.

2003년 부시 행정부가 제안한 중동 로드맵은 '팔레스타인인들에게는 이스라엘에 대한 무장공격을 무조건 중단할 것을 요구하고, 이스라엘에게는 2000년 9월 이전의 경계로 철군할 것'을 각각 요구하고 있으나, 이는 1967년 이후의 점령지에 대한 이스라엘의 지배권을 인정하는 것이기 때문에 처음부터 실현 가능한 요구가 아니었다. 제2차 인티파다(2000), 아라파트의 사망(2004), 제2차 레바논 전쟁(2006) 등을 겪으면서 여전히 중동의 평화는 안개 속을 헤매고 있었다.

2009년 오바마 행정부의 등장과 더불어 중동 문제가 새로운 국면을 맞이하리라 기대하게 되었다. 그러나 미국 내 유대인들의 78%의 지지를 얻으며 당선된 그는 임기 초기부터 이스라엘 편을 들기 시작했다. "이스라엘의 안보는 신성불가침이고, 협상 대상이 아니다. 미국과 이스라엘의 관계는 오늘도, 내일도, 영원히 깨질 수 없다. 이스라엘의 진정한 친구로서 진심으로 말하는 것이다. 예루살렘은 이스라엘의 수도로서 분할되지 않은 채 남아 있어야 한다. …(중략)… 미국과 이스라엘의 동맹은 공동의 이익과 민주주의라는 공동의 가치에 근거하며, 이스라엘을 위협하는 것은 곧 우리를 위협하는 것이다." 오바마는 또한 "이슬람은 미국의 적이 아니며, …(중략)… 팔레스타인인들이 견딜 수 없는 상황에 있다는 사실은 의심의 여지가 없으므로 팔레스타인인들의 긍지와 기회, 스스로 국가를 세우려는 열망에도 등을 돌리지 않겠다"고 달랬다. 그의 태도는 기존의 미국 정부의 입장에서 달라진 것이 거의 없었다. 미국의 유대인 학자 노엄 촘스키는 미국이 이스라엘을 중동 지역 감시의 전진기지로 삼고, 아랍의 석유를 자신의 우산 아래 두려는 목적을 갖고 있다면서, 오바마의 중동 정책도 그다지 별다른 것이 없다고 꼬집은 바 있다.

조정자로 자처하고 있는 미국이 친이스라엘 정책을 계속 유지하는 한 이것은 불순한 제3자의 개입이 될 것이며, 미국의 목적과 이익에 의한 정책일 뿐이라는 폄하와 비난을 면하기 어려울 것이다. 진정한 중재자로서 두 상대를 수평적 위치에서 대하며 분쟁을 해결하고 평화를 정착시키는 노력을 기대한다.

2) 대팔레스타인 및 하마스 정책

1987년 팔레스타인인들이 이스라엘의 점령 통치에 대대적인 항쟁을 벌인 이후 두 민족 간의 여러 차례 평화와 화해 시도는 30년이 더 지난 오늘까지 아무런 진전을 보지 못하고 있다. 여기에는 수시로 변하는 정치 변동이 한몫하고 있는데, 그 가운데 으뜸은 이슬람 과격파 하마스의 등장과 무관하지 않아 보인다.

하마스는 장기간 권력을 독점해온 PLO의 온건 노선과 부패, 경제의 악화, 그리고 이스라엘과 미국에 끌려다니는 협상에 대한 팔레스타인 시민들의 불만을 등에 업고 제1차 인티파다(1987)를 주도하며 급부상했다. 이는 오랫동안 주민들과 동고동락하면서 조직적으로 복지, 노동조합, 교육 등을 담당하면서 쌓아온 신뢰가 바탕이 된 것임은 두말할 필요가 없다. 하마스는 안으로는 PLO와 권력투쟁을 통해 헤게모니를 장악해나갔으며, 밖으로는 강력한 무장투쟁을 통해 팔레스타인인들을 결속시켜나갔다.

아라파트 의장의 서거(2004), 마흐무드 압바스 자치정부 수반의 등장, 제도권에 진입한 하마스의 총선 압승(2006), 하마스의 가자지구 무력 점령(2007), 가자 전쟁(2008~2009) 등 팔레스타인 사회와 정치권력 구조의 급격한 변화는 하마스와 PLO 간, 하마스와 이스라엘 간, 하마스와 미국 행정부 간의 관계에 새로운 게임의 규칙이 형성되는 계기를 마련했다.

2006년 1월 팔레스타인 총선에서 하마스가 선거에 참여하며 승리, 집권했으나 미국과 이스라엘은 하마스가 무장투쟁 노선을 포기하지 않을 뿐만 아니라 이스라엘과의 공존과 국가 승인을 거부한다는 이유로 하마스 정부를 인정하지 않고 있다. 그해 4월 미국은 하마스가 장악하고 있는 팔레스타인 자치정부와 모든 관계를 단절했다.

미국 행정부는 「베이커–해밀턴 보고서」(2006)가 이라크 전쟁 이후 중동 지역의 현안 해결을 위해 제시한 몇 가지 전략을 심도 있게 정책에 반영하려는 태도를 보인 바 있다. 이 보고서는 미국의 패권에 적대적이었던 이란, 시리아 등 주요 행위자들을 대중동 정책 추진 과정에 적극적으로 끌어들여 동참시킨다는 것과 그러기 위해서 이라크와 아프가니스탄에서 미군을 단계적으로 철수시키고, 나아가 이스라엘–팔레스타인 분쟁 해결이 포괄적인 중동 지역의 문제 해결의 열쇠라는 점을 강조하고 있다.

오바마 행정부는 친팔레스타인–친아랍–친이슬람 성향이나 그들과 네트워크를 형성하고 있는 자들을 대중동 정책팀에 합류시키고 몇몇 주요 직책에 임명하는 등 상대적으로 공정한 중재자로서 신뢰받을 수 있는 태도를 보였다. 아울러 이란, 시리아, 헤즈볼라, 하마스, 이집트 무슬림형제단 등 반미·반서구 강경세력의 한 축을 담당하고 있는 시리아와의 관계 개선에 착수했다. 그러나 미국의 우파 유대인 로비단체, 미국 의회 및 주요 언론 등으로부터 집중적인 공격을 받으면서 주춤한 상황이다.

이런 상황에서 오바마는 하마스를 팔레스타인 주민들을 대표하는 정치적 실체로 인정할 수 있을 것인가? 하마스 지도자 칼리드 마슈알(Khaled Mashal)은 '오바마 대통령의 당선을 축하하고, 미국과 대화할 용의가 있음'을 밝힌 바 있다. 이스라엘 내 여론에서도 하마스와의 직접적인 대화를 지지하는 유대인들이 늘고 있는 것(64%)도 주목할 만하다. 그러나 미국 유권자들의 친이스라엘 여론 (63%)과 워싱턴 정가의 친이스라엘 정치 환경, 유대인 로비단체 등 헤쳐나가야 할 장애물이 너무나 많다.

3 이스라엘의 대하마스 정책

지난 2006년 1월 25일 치러진 팔레스타인 총선에서 '무장조직' 하마스가 최초로 정치 제도권에 진입, 승리하여 의회 내 다수 의석—132석 가운데 74석—을 차지한 이래, 오늘날까지 중동의 정세는 미궁에 빠져 있다. 오랫동안 미국의 대중동 정책은 소위 '중동의 민주화'에 그 초점이 맞춰져 있다. 2003년 미국의 이라크 침공은 그러한 정책의 일환으로 전개된 것이었으며, 팔레스타인에서 실시된 민주적 총선 역시 미국을 중심으로 한 국제사회의 합의의 일환으로 실시된 것이었다.

그러나 막상 서구 민주적 절차에 의해 실시된 자유선거에서 하마스가 승리하자 국제사회는 크게 당황했고, 이스라엘은 딜레마에 빠졌다. 부시 행정부는 즉각 4자(미국, 러시아, EU, UN)의 지지하에 하마스에 대한 재정 압박 및 고립 전략을 통해 하마스의 정치·군사적 힘을 억제하고 정치적 성향에 대한 온건화를 꾀하고자 했다. 그럼에도 불구하고 지금까지 이-팔 문제는 해결의 실마리는 커녕, 팔레스타인 자치정부의 몰락 위기, 하마스와 파타의 내전 양상, 웨스트뱅크와 가자지구 사이의 시민 투쟁, 그리고 인도주의적 위기 상황 등 팔레스타인은 심각한 상태에 빠져 있는 실정이다.

여기서는 이스라엘의 대하마스 정책 혹은 전략—정치적 고립 정책, 재정적 압박 정책, 군사적 타격 전략—을 분석하고, 이에 대한 실효성을 따져 묻고자 한다.

정치적 고립 정책

2006년 하마스가 장악한 새로운 팔레스타인 의회(정부)가 '이스라엘을 국가로 인정하지 않고 있다(No recognition of Israel's right to exist)'는 점에서 국제사회의 일반적인 원칙을 받아들이지 않는다고 판단한 이스라엘은 하마스와 어떤 대화와 협상도 거부하고 있다. 이스라엘에게 있어서 새로운 팔레스타인은 파트너도 아니며 합법적인 통치자도 아니다. 따라서 이스라엘은 압바스 수반과만 대화 채널을 열어둔 채 하마스에 대한 고립 정책을 지속적으로 유지하고 있다.

2006년 4월 올메르트 수상대행은 "이스라엘은 적대적 권력인 팔레스타인 정부와 어떤 관련도 맺지 않을 것이다. 하마스 정부의 행정조직을 방해할 것이다. 팔레스타인 정부는 하나의 정부이며, 우두머리가 둘이 아니다. …(중략)… 하마스 관리와 만나는 어떤 외국인 방문자도 이스라엘 관리와 만날 수 없을 것이다. 이스라엘은 팔레스타인 자치정부를 통하지 않는 방식으로, 국제기구와 협력하여 팔레스타인 인민들에게 필요한 인도주의적인 지원에 협력할 것이다"라고 밝힌 바 있다.

하마스가 자신들의 강령에 여전히 이스라엘의 실체적 지위를 인정하지 않고 있으며, 자신들의 정당한 권리로서 테러를 활용하고 있는 한 지금까지 이룩해온 어떤 종류의 협상 결과에 관해 그 유효성을 인정할 수 없다는 이스라엘의 태도는 지금까지 매우 강경하다.[3] 하마스가 장악한 팔레스타인 새 의회 역시 이전의 이스라엘과 맺은 팔레스타인의 이익에 반하는 모든 협상 결과를 인정하지 않음으로써 양측의 극단적인 대립 양상은 여전히 지속되고 있다.

이러한 대립 속에서 이스라엘 정부는 테러단체와는 어떤 협상도 없다는 기본 원칙을 내세우며 하마스에 대한 거부권을 행사하고 있으며, 이스라엘은 오직 팔레스타인의 합법적인 자치정부 수반인 압바스와만 대화하겠다는 정책을 일관

---

3) 2011년 9월 18일, 2006년 6월 팔레스타인 가자지구 인근 군 초소에서 근무하다가 하마스 대원들에게 납치돼 많은 이스라엘 국민을 애타게 만들었던 샬리트 병장과 1,027명의 하마스 수감자들을 맞바꾼 일이 있었다. 이는 이스라엘과 하마스 간의 실질적인 첫 협상의 결과였다.

되게 지키고 있는 형편이다. 로드맵에 입각한 '두 국가 해결방안(two state solution)'만이 이스라엘이 선택할 수 있는 유일한 대안이라는 것이다.

이러한 상황에서 2007년 9월 이스라엘 안보회의는 "하마스는 가자지구를 점령·통제하고 그곳을 적대적 영토로 전환시킨 테러조직이다. 이 조직은 이스라엘과 이스라엘 시민들에 대해 적대적 활동을 일삼고 있으며 모든 활동의 책임은 자신들이 져야 한다"고 결의한 바 있다.

같은 해 10월 1일 UN 총회에서 이스라엘 외교장관 리브니(Livni)는 "불행하게도, 우리 지역에서, 우리는 어린이 TV 프로그램에서 자살 폭탄 공격자를 찬양하고 있는 미키마우스 인형과 피와 전투의 꿈을 노래하는 일곱 살 난 소녀의 모습을 보고 있다"고 비난하면서 "증오를 키워나가는 도구로서 민주주의를 바라보는 사람들을 응징해야 한다"고 역설했다. 이에 앞서 8월 14일 리브니 장관은 일본 외무장관 아소 타로와의 기자회견에서 "오직 성공의 가능성은 극단주의자들의 부당함을 지적하면서 동시에 온건한 방향으로 나아가도록 이중전략을 세우는 데 있다"고 밝힌 바 있다.

하마스에 대한 이스라엘의 정치적 고립 전략은 국제사회로 이어지고 있는데, 미국과 EU가 2006년 3월 집권한 팔레스타인 자치정부의 급진정당 하마스 배제 전략을 구체화하고 있다. 하마스와 온건정당 파타 사이의 균열을 틈타, 파타를 적극 지원함으로써 하마스를 고립시키겠다는 전략이다.

하마스에 대한 정치적 고립 전략은 하마스와 파타 사이의 긴장을 고조시키고 있으며, 결과적으로 팔레스타인 내부의 두 지배세력 간의 무장충돌로 이어지고 있다. 하마스가 이끄는 새 보안군이 가자지구의 거리에 배치되자 파타 세력의 보안군과 충돌이 일어났으며, 그 과정에서 가자에서 요르단 대사의 운전사가 피살되고, 팔레스타인 보안 책임자 타리크 아부 라자브(Tareq Abu Rajab)가 부상을 입고, 최고사령관 집 근처에서 폭발사고가 일어나는 등 사실상 내전에 가까운 무력충돌이 이어지고 있다.

결과적으로 하마스에 대한 정치적 고립 작전은 하마스의 세력을 약화시키기는커녕 내부적으로 더욱 복잡한 양상으로 이어지면서 팔레스타인 인민의 생존과 안보를 위협하고 있는 형편이다. 현재까지 하마스를 약화시키고 파타를 강화시켜나가려는 이스라엘의 대하마스 고립 전략은 효과가 있어 보이지 않는다. 오히려 팔레스타인이 두 세력에 의해 분리 통치된다 해도 "두 개의 팔레스타인은 이스라엘을 더 위태롭게 할 수 있다." 하마스를 완전히 고립시킬 수 있는 '마술적 강령(a magic formula)'은 없어 보인다.

재정적 압박 정책

2006년 총선 직후 이스라엘 정부의 팔레스타인 자치정부에 대한 송금 금지 결정은 팔레스타인 의회와 함께 자치정부까지 장악하려는 하마스의 정책에 대한 보이콧의 일환으로 시작되었다. 이는 하마스의 생존 능력과 합법성, 자치 의지를 시험하는 투쟁의 기능을 갖고 있다. 이러한 이스라엘의 재정 압박 정책은 팔레스타인 정부뿐만 아니라 취약하기 이를 데 없는 팔레스타인 경제적 기반 전체를 흔들어놓을 만큼 파괴적인 것이며, 새롭게 선출된 하마스 정부를 지지하는 이란에게는 아랍과 무슬림 국가들의 재정적 공백이 야기될 것이라는 우려의 반응을 끌어냈다.

'자본주의 역사상 최악의 재앙'이 될 것이라는 국제사회의 비난에도 불구하고 이스라엘은 인도주의적 위기를 피할 만큼의 경제적 고립을 위한 노력을 계속하고 있다. 이는 이란이나 무슬림형제단 등 외부로부터의 지원과 영향력을 차단함으로써 외부로부터의 재정적 지원이 테러활동 자금으로 사용되지 못하도록 예방하면서, 팔레스타인 새 정부에 대한 이스라엘의 보이콧이 자칫 국제사회의 비난과 팔레스타인에 대한 동정심으로 이어지지 않도록 하기 위한 전략으로 엿보인다.

1994년 이스라엘과 팔레스타인은 파리 의정서(Paris Protocol), 즉 '부드러운 국경(soft border)'을 통한 교역과 노동력 교환을 포함한 이스라엘이 관리하는 관세 동맹(customs union)을 체결한 바 있다. 2005년 이스라엘이 팔레스타인 측에 지급한 관세 총액은 약 7억 4천만 달러로서 팔레스타인 전체 수입의 약 2/3에 해당된다. 2006년 이스라엘의 봉쇄 정책으로 약 월 6천만 달러에 해당하는 관세 지불액[4]이 팔레스타인에 지급되지 않을 경우 몇 달 내에 팔레스타인 자치정부의 지불 능력이 상실되리라는 것은 불 보듯 뻔한 일이며, 경제 회생을 근본적으로 불가능하게 만들 가능성이 높다는 게 일반적인 관측이다. 최근 이스라엘 정부는 웨스트뱅크로부터 가자지구를 고립시키려는 정책[5]을 시행함으로써 팔레스타인 경제 붕괴의 현실화에 대한 우려를 불식시키려 하고 있다.

국제사회의 대하마스 재정 압박 정책 역시 가시화되고 있다. 2005년 여름 G-8 정상회담에서 이스라엘 군대가 철수한 이후 가자지구 발전기금으로 90억 달러를 지원하기로 결의한 바 있었으나, 2006년 1월 총선에서 하마스가 승리한 후 4자(미국, 러시아, EU, UN)는 "우리는 테러단체에 재정 지원을 하지 않고 또 하지 않을 것이다"라고 밝히면서 세 가지 조건[6]을 제시했다. 하마스는 즉각 이를 공식 거부했다.

EU 회원국들은 매년 팔레스타인 자치정부에 해오던 6억 달러의 지원을 중단하는 등 이스라엘과 미국을 비롯한 국제사회의 팔레스타인 정부에 대한 재정 지원 중단은 하마스 세력에 대한 심각한 압박 수단[7]임에도 불구하고, 결과적으로 고통받고 있는 사람들은 하마스를 지지하지도 않은 팔레스타인 인민들이다. 390만 명(가자지구와 웨스트뱅크)의 팔레스타인 인민들 80%가량이 식량 원조에 의존하고 있으며, 상당수는 약 15만 명의 저임금 노동자들의 임금에 의존하여 생계를 유지하고 있다. 임금노동자들의 절반가량이 보안요원들이며, 이들 대부분은 파타의 지지자들이다.

---

4) 팔레스타인 지역으로부터 이스라엘로 수출되는 약 10억 달러와 이스라엘에서 팔레스타인 지역으로 들어가는 약 20억 달러의 상품 수익이 만들어내는 세금. 이 금액은 팔레스타인 정부 공무원 약 14만 명에게 지불하는 급료의 절반에 해당된다.

5) 웨스트뱅크에 대한 재정 지원 재개 및 송금금지법 해제와 더불어 가자지구에 대해서는 단전 및 단수 조치를 실시함으로써 두 지역 간의 격차를 크게 벌려놓았다.

6) ① 테러 사용을 포기할 것, ② 이스라엘의 실체를 인정할 것, ③ 과거 이스라엘-팔레스타인 협상의 효력을 받아들일 것.

7) 하마스 관리가 80만 달러를 가자지구에 밀수하다 적발된 사건은 재정 압박 정책이 정부를 이끌어야 하는 하마스에게 어느 정도 심각한 타격인가를 입증해주는 근거이다.

하마스가 이끄는 팔레스타인 정부의 재정 위기와 팔레스타인의 경제불황은 즉각 임금 체불 등으로 고통받고 있는 팔레스타인 민중들의 불만으로 나타났다. 2006년 말 실시한 여론조사에서 60%의 인민들은 하마스 정부의 성과에 대해 불만족스럽다고 응답했으며, 86%의 팔레스타인인들이 하마스가 권력을 장악한 이후 생활고가 악화되었다고 했다. 61%는 조기총선을 지지하고 나섰다(조기총선이 실시될 경우, 이전의 하마스 지지자들은 여전히 하마스에 투표할 것이라는 응답이 나왔다). 이러한 갈등과 불만의 징후들은 하마스와 파타 간의 무력충돌로 점차 가시화되고 있다.

이스라엘의 가자지구에 대한 전기 · 수도 · 연료 공급 중단 및 식량 · 의약품 출하 금지 조처는 인도주의적 차원에서 즉각적인 심각한 결과를 가져올 뿐만 아니라, 그 피해가 팔레스타인 측은 물론 이스라엘 측에게도 고스란히 돌아온다는 게 문제다. 예를 들어, 이스라엘이 생산하는 농산물—내수의 약 1.5배 생산—중 잉여 분량의 절반가량(2006년 기준으로 약 10억 달러)은 가자지구와 웨스트뱅크에 수출된다. 나아가 의약품에서부터 시멘트까지 가자지구에서 필요한 대부분의 중요 상품들은 이스라엘로부터 사오는데, 연 20억 달러어치나 된다. 이처럼 가자지구와 이스라엘의 농업 및 산업 생산자와의 긴밀한 관계는 그들의 생계와 직결된 문제이다.

국제사면기구(AI)와 크리스천 에이드 등 영국 인권구호단체 8곳이 발표한 최근의 보고서에 따르면 가자지구 거주자의 80%인 110만여 명이 식량 원조에 의존해 생존하고 있다. 2006년에는 식량 원조에 의존하는 거주자 비율이 63%였다. 보고서는 "매일 12시간씩 병원 전원이 끊겨 의료 상황이 극도로 열악하다"며 "식수와 하수 시스템 등 기초 위생 시설도 붕괴 직전"이라고 밝혔다. 또 밀가루와 분유, 식용유 등 식료품 가격이 폭등하고 있다며 경제 붕괴로 실업률이 40%로 치솟았고 식량을 살 돈도, 살 수 있는 식료품도 사라졌다고 보고서는 덧붙였다.

특히, 수질오염 문제는 팔레스타인과 이스라엘—특히 가자지구와 인접해 있는 이스라엘 지역—양측에 동시에 심각한 피해를 가져다줄 수 있다. 가자의 하수 처리 시스템은 펌프 시스템을 통해 작동한다. 만약 전기 공급이 중단되면 하수는 맨홀을 통해 흘러나가게 되는데 이는 곧 거리로 흘러넘치고 들판으로 스며들게 되어 및 지하수 오염으로 이어질 가능성이 매우 높다. 가자지구 및 해안 지역의 지하수는 지중해와 연결되어 있어 지하수 오염시 돌이킬 수 없는 피해를 낳을 수 있다.

이스라엘 바르일란대학의 제럴드 스타인버그(Gerald Steinberg) 교수가 언급한 대로, "하마스에 대한 고립과 팔레스타인 경제 상황의 악화 사이의 조심스러운 균형이 과연 가능할 것인가"에 대한 우려와 더불어 "만약 송금금지법이 팔레스타인 경제를 급격히 악화시킬 경우 국제사회의 이스라엘에 대한 도덕적 비난이 거세질 것이며, 이는 곧 이스라엘과 외국 정부들 사이의 갈등이 고조될 것"으로 전망된다.

아울러 『하아레츠』 사설이 지적하고 있듯이, "팔레스타인 자치정부로부터 하마스를 분리시킴으로써 인도주의적으로 제공되고 있는 자금이 팔레스타인 인민에게 직접 전달되도록 하겠다는 전략이 얼마나 현실적인 것인지"에 대한 의구심이 들 뿐만 아니라, "민주적 절차에 의해 팔레스타인 국민들이 선출한 리더십을 국민들과 분리시키려는 노력이 얼마큼 오만하고 불가능한 전략인지" 비판을 면키 어렵다.

기본적으로 팔레스타인의 산업 기반이 대부분 이스라엘에 의존하고 있고 팔레스타인 경제의 회복이 이스라엘의 안보와 정책에 의해 좌우되고 있는 현실을 고려할 때, 이스라엘의 대하마스 재정적 압박이 정치적 고립 전략과 서로 엇박자를 내고 있다는 지적은 이스라엘의 대하마스 전략의 딜레마를 잘 보여주고 있다 하겠다.

군사적 타격 전략

하마스에 대한 이스라엘의 군사적 타격 전략은, 정치적 고립 및 경제봉쇄 정책과는 달리, 양측 간의 평화와 협상을 위한 전략이라고는 받아들이기 어렵다(이스라엘은 협상 이전에 반드시 테러리스트의 무장 해제를 전제조건을 삼고 있으며, 미국 또한 이 지역의 갈등을 단순히 '테러와의 전쟁'의 일부로 인식하고 있다). 그럼에도 불구하고 상대를 적으로 간주하고 있는 상황에서 이러한 전략은 양측 모두 꺾을 줄 모르는 근본적인 정책 중 하나이다.

2005년 가자지구에서 대규모의 군사작전이 효율적이지 못하다고 판단하고 이스라엘 군대가 철수한 이래, 하마스는 이스라엘 도시와 촌락에 3천 회 이상의 로켓포 공격을 퍼부었다. 이스라엘은 거의 2년에 걸쳐 재래식 무기 공격에 대한 방어 능력을 증대하기 위해 노력했으나 완벽한 효과를 거두지 못하고 있었다. 결국 이스라엘은 가자지구 내의 하마스의 군사거점을 다단계 소규모 군사적 타격으로 약화시키는 데 주력하게 되었다.

하마스의 로켓 공격에 맞설 기술적 대책이 없는 이스라엘 정부는 자국민 보호를 위해 아무것도 하지 않고 있다는 국민적 저항에 부딪혀 있으며, 하마스와의 휴전만이 로켓 공격을 종식시키는 유일한 대안이라는 여론도 적지 않다. 최근 여론조사에 따르면 이스라엘 국민의 64%가 하마스와의 직접적인 협상만이 가자로부터의 로켓포 공격을 중단시킬 수 있다고 응답했다. 그러나 휴전협정은 곧 하마스에게 굴복한 것이라는 인상 때문에 하마스와의 직접적인 협상은 쉽지 않아 보인다. 이집트와 같은 나라의 중재를 통한 간접적인 대화 방식도 고려해야 한다는 주장이 나오고 있다. 이러한 주장은 2008년 3월 미국의 라이스 국무장관이 중동을 순방했을 때 이집트를 이스라엘과 하마스 간의 중재자로 삼으려는 구체적인 시도로 이어진 바 있다.

그럼에도 불구하고, 주목할 만한 변화 가운데 하나는 이집트-이스라엘 국경지대의 군사적 변화를 꼽을 수 있을 것이다. 최근 가자지구 보안장벽의 붕괴와 더불어 대규모 팔레스타인 난민이 발생하고, 가자지구 이집트 국경 근처 시나이 북부에 이집트 군대가 추가 배치됨에 따라 오래전부터 시나이 반도를 비무장지대로 만들고 싶어 하던 이스라엘의 전략은 물거품이 되어가고 있다. 이스라엘로서는 시나이 반도 북부와 가자지구에 대한 이집트 정부의 미온적인 태도가 불만스럽기만 하다. 이스라엘은 이집트와의 국경 지대의 위험이 고조되면 이집트 내의 무슬림형제단 등 이슬람 원리주의 그룹을 자극하게 되고, 나아가 시나이 반도에 속속 들어오고 있는 '무장세력'의 공격으로 이어질 것이라고 예민한 반응을 보이고 있다. 2010년 무바라크의 퇴진 이후, 이집트 과도정부는 아예 가자지구와의 국경 지대를 활짝 열어젖힘으로써 이스라엘의 가자지구 봉쇄 정책에 타격을 가하고 말았다.

하마스의 반복적인 장기 휴전협상 제안은 궁극적으로 고려할 만한 가치가 있는 것으로 볼 수 있으나, 당장의 현실에 받아들일 만한 것인지는 의심스럽다. 만약 하마스가 군사적 공격과 위협—특히 텔아비브를 공격하겠다는—을 멈춘다면 이스라엘로서도 가자지구는 물론 웨스트뱅크에 대한 모든 '반테러 작전'을 멈출 용의가 있는 것으로 보인다.

2007년 11월 아나폴리스 회담 이후 압바스는 하마스 각료를 면직시키고 파타를 중심으로 한 새로운 권력을 장악함으로써 협상의 전권을 이양받은 것처럼 보이려 하고 있다. 그러나 그러한 징후는 어디에서도 찾아볼 수 없으며, 오히려 가자지구에서의 하마스의 굳건한 영향력과 지휘력은 더욱 증대되고 있는 형국이다. 오히려 대화와 협상의 실패는 곧 압바스의 실각으로 이어질 확률이 높아져만 가고 있다.

2008년과 2014년에 재개된 가자 전쟁(Gaza War)은 각각 하마스의 로켓 공격과 유대인 납치 사건을 계기로 시작되었다. 두 차례의 전쟁으로 양측이 입은 희생자는 거의 1만 명에 육박하며, 경제적 손실 또한 엄청났다. 이집트의 중재로 휴전했다.

가자지구에 대한 이스라엘의 대대적인 군사적 타격이 하마스의 로켓 공격 문제를 효과적으로 해결할 수 있기란 현실적으로 어려운 가운데, 양측의 군사적 긴장과 대립은 하마스와 이스라엘 간의 대화를 더욱 어려워지게 할 뿐 어느 쪽에도 유리하지 못하다. 미국과 유럽, 대부분의 아랍국들 역시 하마스와의 협상을 강력히 반대하고 있는 상황에서 외교적 수단이 아닌 군사적 방법을 통해서는 어느 쪽에서든 양보를 얻어내기란 여간 어렵지 않을 것이다.

결론적으로 말해서 이스라엘 대하마스 정책 혹은 전략은 정치적 고립 정책, 재정적 압박 정책, 군사적 타격 전략 등 하마스 약화 혹은 와해 전략이라 말할 수 있다. 정권의 전면에 등장한 '테러조직'을 어렵게 만듦으로써 새 정부의 정당성을 약화시키는 것이 이 전략의 목표이다. 이러한 정책은 하마스를 평화와 공존의 실용적 대화 상대라기보다는 이스라엘을 위협하는 무장세력으로 간주하고 분쇄하려는 전략으로 보기에 충분하다 하겠다. 미국을 포함한 국제사회 역시 팔레스타인에 대한 원조를 중단하고 정치적으로 보이콧을 실시하여 팔레스타인 자치정부에 힘을 실어줌으로써 하마스의 힘을 공백으로 만들기 위한 정책적 노력을 계속하고 있다.

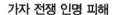

가자 전쟁 인명 피해

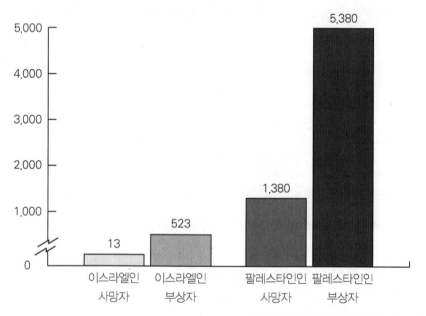

2008년 12월 21일부터 2009년 1월 18일
출처: 로이터, 팔레스타인 보건부, 예루살렘포스트)

하마스에 대한 이스라엘의 정책이 혹시라도 하마스를 와해시키거나 제거하는 데에도 실패하고 그들을 협상 파트너로 끌어내는 데도 실패한다면, 경제적 불황이 인도주의적 비난으로 이어진다면, 압바스나 이집트조차 이스라엘의 안보를 보장하지 못한다면, 나아가 로켓 공격으로부터 효과적으로 방어할 수 있는 군사적 대응조처조차 초보적 단계에 머물게 된다면, 고립 정책보다 더 나은 정책이 실현되기 전까지 이스라엘은 하마스의 로켓 공격의 공포에 떨게 될 것이다. 이스라엘 대중의 고통은 이스라엘의 대하마스 정책의 후퇴 또는 전면 재검토를 요구하게 될 것이며, 그렇게 되면 지금까지의 정책이 남긴 엄청난 비용까지 책임져야 할 것이다. 이스라엘의 하마스 고립 정책은 본래 의도와 목표와는 거의 정반대의 결과를 낳고 있다.

따라서 민주적 절차에 의해 선출된 하마스의 의회 권력과 실질적으로 가자지구를 장악하고 있는 하마스의 실체를 인정하지 않고서는 중동 문제에 대한 진전은 기대하기 어려워 보인다. 나아가 압바스를 상대로 한 대화에서 설사 협상에 진전이 있다 하더라도 하마스와 전쟁이 계속되는 한 최종 협상 타결에 이르기는 용이치 않을 것이다. 한마디로 협상 과정에서 하마스를 전적으로 배제시킨 어떤 형식의 논의도 성공을 거두기가 어렵다. 사실상 유일한 대안은 하마스와의 직접적인 대화와 협상뿐이다.

하마스가 제시한바 이스라엘이 1967년 이전의 국경으로 돌아가고, 이스라엘의 실체를 인정함과 동시에 이스라엘은 하마스를 민주적 절차에 따른 선거에 의해 구성된 합법적인 정치적 협상 상대로 인정하게 될 때, 비로소 새로운 형태의 팔레스타인 문제 해결의 실마리가 가닥을 잡아 나가게 될 것이다.

이제는 경성 권력(하드 파워)과 연성 권력(소프트 파워)을 하나로 묶는 '스마트 파워'에 기반한 외교정책을 고려해야 할 때이다. 테러와의 전쟁이 시작된 이후 테러조직에 가담하는 사람의 수가 오히려 늘었다는 사실에서 보여주는 것처럼, '맥락적 사고력(contextual intelligence)'을 바탕으로 변화하는 상황에서 전술과 목표를 연계시켜 명쾌한 전략을 만들어내는 직관적 판단 능력을 필요로 한다. 금지된 '타자'에 대한 이해 없는 해결책은 없기 때문이다.

4 이스라엘의 대헤즈볼라 정책

2006년 중동에서는 2개의 전선에서 전투가 벌어지고 있었다. 하나는 팔레스타인의 가자지구요, 다른 하나는 레바논이다. 가자지구의 전투가 '저강도 분쟁'의 성격을 띠고 있다면, 레바논 전투는 소규모 재래전으로서 '중강도 전쟁'을 거쳐 대규모 전면전 양상으로 번져나갔다.

이번 가자 전쟁의 불씨는 하마스와 헤즈볼라가 각각 이스라엘 병사를 납치한 데서 불거졌다. 2006년 6월 25일 샬리트 병장이 가자지구 남부 이스라엘군 초소에서 팔레스타인 무장세력에게 납치되었다. 28일 새벽 이스라엘 군대는 샬리트 병장 구출을 명목으로 가자지구에 대한 대대적인 군사작전을 개시했다. 2005년 9월 가자지구로부터 완전 철수한 이스라엘이 팔레스타인 자치정부의 집무실을 폭격하고 각료 여덟 명을 비롯하여 하마스 출신의 의회의원 20명을 무더기로 체포했다.

가자지구에 대한 이스라엘의 파상공격이 계속되는 와중에서, 7월 12일 레바논 접경 지대에서 친이란 이슬람 무장단체인 헤즈볼라가 두 명의 이스라엘 병사를 납치했고, 이를 구하기 위해 출동한 이스라엘 병사 여덟 명이 전사했다. 13일 새벽, 이스라엘은 즉각 레바논을 공격했다. 베이루트 국제공항 활주로에 미사일을 발사했으며, 발전소, 헤즈볼라가 운영하는 TV 방송국, 기름 저장소, 시리아와 연결 도로 등 주요 시설을 공격, 파괴했다. 헤즈볼라도 로켓포로 반격에 나서 이스라엘에 피해를 입혔다.

이번 사태가 평소에도 종종 발생하는 방식보다 약간 자극적인 사고였음에도 불구하고 이스라엘이 즉각적이고도 대규모의 공격을 개시한 것을 두고, 일부 언론에서는 이스라엘이 본의 아니게 '인질정치'의 수렁에 빠진 것으로 보고 있으나, 나름대로 치밀한 정치적인 계산을 바탕에 둔 것으로 분석된다. 사실 이스라엘에게 레바논은 미국에게 있어 베트남과 같은 우울한 기억이 있는 곳이다. 가깝게는 눈엣가시로 여겨오던 하마스와 헤즈볼라의 무장활동에 타격을 가한다는 목적도 있지만, 멀게는 이들을 원격 지원하는 시리아와 이란에 대한 견제 혹은 공격을 염두에 둔 전쟁이라고 여겨진다.

중동의 '민주화'가 부른 결과들

사우디아라비아와 쿠웨이트를 포함한 중동 여러 국가에서 유행처럼 번지는 '선거'는 미국의 부시 행정부의 '민주주의 확산' 프로그램의 일환으로 시작된 중동의 민주화 바람의 결과라 평가할 수 있을 것이다. 미국은 민주주의가 확산되면 세계의 질서를 안정시킬 수 있다는 원칙에 의해 왕정 혹은 독재권력 체제의 여러 중동 국가들에게 선거제도를 도입하도록 재촉했다. 그에 따라 여러 이슬람 조직들이 유권자들의 자유로운 선택에 의해 제도권으로 진입했다. 그것은 미국과 이스라엘이 가장 원하지 않은 결과였다. 왜냐하면 그 이슬람 조직들은 주로 서방 세계에서 '테러집단'으로 분류된 자들이기 때문이다. 이집트의 무슬림형제단은 2005년 총선에서 전체 의석의 20%(366석 중 88석)을 차지했으며, 레바논의 헤즈볼라 역시 2005년 선거에서 전체의 18%(105석 중 23석)을 득표했고, 팔레스타인의 하마스 역시 2006년 2월 총선에서 30% 의석(92석 중 40석)을 차지하여 정권을 잡았다.

'테러단체'가 어떻게 민중의 지지를 얻는가

이러한 결과는 무엇을 반영하고 있는가? 이들이 민중의 지지를 받고 있다는 사실을 단적으로 보여주고 있다. 현장에서 만나본 민중들에게 하마스나 헤즈볼라는 민중의 희망이자 미래 그 자체였다. 선거 직후 라말라—현재 팔레스타인의 행정수도인 라말라는 대체로 PLO 지지자들이 대다수를 차지하는 곳으로 하마스를 전폭적으로 지지하는 가자지구와는 사뭇 분위기가 다른 곳이다—에서 만난 팔레스타인 여고생은 "하마스는 테러리스트인가?"라고 묻자 "얼토당토않은 질문"이라며 손사래를 내저었으며, 한 택시 운전사는 "하마스는 우리의 진실을 이해한다"고 지지 이유를 밝혔다. 레바논 베이루트 남부에서 만난 한 아랍 무슬림은 "우리는 헤즈볼라가 지어준 집에서 그들이 준 빵을 먹으며, 그들이 세운 학교에서 자녀들을 교육하고, 그들이 세워준 병원에서 진료를 받고 있다"며 엄지손가락을 치켜세웠다.

헤즈볼라나 하마스의 일차적 목표는 이슬람 내부의 사회 개혁이다. 이슬람 신앙을 기반으로 제도적 인프라를 구축하여 민중들의 복지, 교육, 자선, 건강, 스포츠, 화해 운동을 전개하고, 알코올, 마약, 성매매 등 부도덕한 행동을 추방하고, 온건한 비판적 대안 그룹으로 자리매김했다. 부패한 기존 권력이 담당하지 못하는 일을 수행하는 이러한 사회 개혁 운동을 오랜 기간에 걸쳐 지속적으로 펼쳐왔다. 서구 사회에서는 '테러단체'로 지목된 이들에 대한 그들 사회 내부의 지지와 신뢰는 결코 하루아침에 쌓아진 것이 아니다(이는 곧 쉽사리 무너지지 않는다는 것을 의미하기도 한다).

한편, 이들은 이스라엘을 상대로 강력한 투쟁(지하드, '성전')을 벌여왔다. 1991년 제1차 이라크 전쟁 이후 PLO가 협상 테이블로 나아가 국제사회의 다자간 대화 및 협상에 참가하는 동안, 하마스와 헤즈볼라는 미국과 이스라엘이 주도하는 협상을 거부하고 무력투쟁을 계속해갔다. 1993년 오슬로 협정과 로드맵 등 몇몇 성공적인 협상이 진행되는 듯했으나 여러 가지 이유로 협정과 협상이 팔레스타인에게 불리하게 진행되자 "끌려다닌다"는 민중들의 불만이 거세게 터져나왔다. 결국 처음부터 이스라엘과의 협상을 거부하고 무장투쟁, 즉 지하드를 통한 팔레스타인의 해방 운동을 계속해온 하마스에 대한 민중들의 지지와 신뢰는 더욱 커져갔던 것이다.

저항운동의 이념적 · 사회적 뿌리

헤즈볼라와 하마스는 그 뿌리를 이집트의 무슬림형제단에 두고 태어났다. 이들의 기본 이념은 '이슬람주의,' 즉 이슬람 정신에 의한 사회 개혁을 목표로 삼는 것이다. 1920년대 중동-아프리카를 중심으로 한 서구 제국주의와 식민주의에 맞서 아랍 민족주의 운동이 시작되던 때 무슬림형제단은 이집트에서 탄생했다. 이 운동은 본래 '이슬람의 부흥'을 목표로 문화적 · 정치적 역량을 모아 대중적인 단계로 나아가는 것을 의미했다. 이슬람 사회의 내적 혹은 외적 도전에 맞서 집단적인 자기정체성과 통일성을 유지하는 것을 일차적인 목적으로 삼고 있었다. 그 후 이슬람 세계에 많은 영향을 끼쳤다.

레바논의 헤즈볼라("알라의 당")는 1982년 이스라엘의 레바논 침공과 더불어 남부 레바논을 거점으로 무장투쟁을 벌이면서 출발한 이슬람 시아파 무슬림 무장 저항 단체이다. 1967년 제3차 중동전쟁 이후 발생한 많은 팔레스타인 난민들이 요르단과 레바논으로 흘러 들어갔고, 따라서 팔레스타인 저항운동은 자연스럽게 이 지역을 중심으로 일어나게 되었다. 1978년과 1982년에 이스라엘은 레바논 내에서 기독교 민병대와 이슬람 간의 내전을 틈타 남부 레바논을 공격하여 사브라와 사틸라 난민촌의 양민들을 학살하고, 팔레스타인 저항 세력을 리비아로 쫓아내버렸다. 이때 이란의 혁명 수비대의 지원으로 결성된 조직이 바로 헤즈볼라인 것이다.

팔레스타인의 하마스("열정")는 1987년 제1차 인티파다("팔레스타인의 민중봉기")를 기점으로 팔레스타인인들의 봉기를 주도하면서 자생적으로 탄생한 무장단체이다. 레바논에서 리비아로 쫓겨난 PLO의 저항운동이 거의 소멸될 즈음, 1987년 12월 가자지구에서 이스라엘 군용 트럭과 아랍인 트랙터가 충돌하는 사고가 발생하여 팔레스타인 농민이 사망하자, 이에 항의하는 농민 항거가 시작되었는데 이스라엘 보안대가 시위대를 정조준하여 총격을 가함으로써 많은 희생자가 발생했다. 이스라엘에 대한 국제사회의 비난 여론을 등에 업고, 가자지구는 물론 요르단 서안 지구의 팔레스타인인들이 총궐기하면서 소위 인티파다, 즉 민중봉기가 시작되었다. 이를 기점으로 조직적인 저항운동을 주도하며 생긴 무장단체가 하마스인 것이다.

'테러리즘'의 환경들

그런 점에서 최근 중동 지역에서 일고 있는 무장투쟁, 즉 소위 '테러리즘'이 탄생하게 된 배경에는 생존권 투쟁이라는 매우 절박하고 기본적인 정치적 환경이 있다. 초기 이슬람 부흥 운동이 외부 세력의 도전으로부터 자기정체성을 찾으려는 문화 개혁 운동이었다면, 최근 급진 이슬람주의자들에 의한 지하드는 이슬람을 위협하는 외부의 세력에 맞서 싸운다는 것과 이슬람으로부터 정당성을 부여받은 무력 사용을 통한 민족 해방 운동의 성격이 강하다. 즉, 이슬람 운동은 '개혁'과 '해방'이라는 두 축 사이에서 진자운동을 거듭해왔다.

여기에 멀리는 미·소 양극 체제하에서 경쟁적으로 이루어진 소수민족 혹은 게릴라 조직에 대한 강대국들의 은밀한 지원과 무기 제공 등으로 그 세력들을 키워나간 점과, 가깝게는 9·11 사건 이후 미국의 일방적인 대중동 정책과 친이스라엘 외교, 중동 이슬람 세계에서의 미국의 군사작전 및 사우디아라비아의 미군 주둔 등 국제 환경의 변화가 중동 테러리즘의 환경을 조성했다고 말할 수 있다.

아울러 중동 이슬람 국가 내부의 모순과 정치적·경제적 실패 또한 한 요인으로 꼽지 않을 수 없다. 다시 말해서 서구의 영향으로 촉발된 중동–이슬람 국가들의 근대화 과정에서 식민지 통치의 결과로 형성된 아랍국들의 정교분리 정치체제는 현대에 이르러 정교일치라는 초기 이슬람 정신을 이어갈 수 없게 되면서 이슬람 세계 내부의 모순을 낳았으며, 결국 이는 지하드 정신을 확산시켜 과격한 행동을 일으키는 촉매제가 된 것이다.

이러한 환경에서 이슬람 운동이 이슬람 사회 건설이라는 본래적인 목표로부터 무장투쟁을 통한 민족의 독립이라는 정치적 목적을 달성하려는 것으로 방향이 크게 전환되면서, 그 이념과 실천은 각각 지역의 정치적 세력 기반을 구축하는 쪽으로 변모해갔다. 급기야 하마스와 헤즈볼라는 현실정치 참여를 선언하고, 그 결과 각각 총선거에서 지지를 얻어 많은 의석을 차지하게 되었으며, 하마스의 경우에는 선거의 승리로 정권교체를 이루어내기에 이르렀다.

제도권 진입 이후의 현안들

민주적 절차에 의한 선거 이후에도 중동에는 희망이 보이지 않았다. 우선 '중동의 민주화' 정책을 강력하게 추진해온 미국이 그동안 '불량국가'나 '악의 축'으로 규정하던 이들 '테러단체'를 합법적인 정당 혹은 정부로 인정할 수 없었기 때문이었고, 그다음으로는 이스라엘의 존재를 인정하지 않는 하마스 역시 선거 후에도 자신들의 정강을 선뜻 바꾸지 못했기 때문이었다. 서로 상대를 인정하지 않는 상태에서 대화와 협상이란 처음부터 기대하기 어려운 일이 아닐 수 없다.

하마스와 이스라엘이 힘겨루기를 하는 과정에서 팔레스타인에는 미국과 이스라엘의 정치적 압박과 경제 제제로 인해 대외원조가 끊어지고, 팔레스타인 자치정부는 공무원 월급도 주지 못하는 사태가 몇 달간 계속되었다. 결국 하마스가 택한 방식은 지금까지 종종 그래왔듯―지금까지 팔레스타인의 무장 저항단체는 아홉 차례 이스라엘 병사를 납치했다―이스라엘 병사를 납치하는 것이었다. 이스라엘 감옥에 수감된 정치범들과 맞교환하기 위한 자구책이었을지도 모르고, 팔레스타인 내부의 불만 세력을 잠재우기 위한 방편이었을지 모를 일이다. 하지만 이스라엘의 태도는 엄중하고 강경했다. 즉각 가자지구를 공격, 하마스 지도자들을 체포하고 주요 시설과 은신처들을 파괴했다. 팔레스타인은 당황하기 시작했다.

이런 와중에 남부 레바논에서 헤즈볼라가 이스라엘 병사를 납치했다는 소식이 들려왔다. 헤즈볼라와 하마스의 협력 관계에 관해서는 아직까지 알려진 바가 없다. 그러나 분명한 것은 두 단체 모두 시리아와 이란의 지원을 받고 있다는 사실이다. 2003년 이라크 전쟁 이후, 미국은 중동에서의 새로운 위협은 이란과 시리아로부터 시작된다고 내다보았다. 특히 이란은 핵무기 개발과 관련 국제사회의 감시를 받아왔다. 이스라엘은 이 기회를 놓치지 않았다. 즉각 레바논을 공격했다.

이스라엘은 군사적으로 거의 전쟁 수행 능력이 없는 레바논에 대해 대규모 육해공군 합동작전을 벌여가면서 베이루트 국제공항을 비롯한 주요 기간 시설들을 파괴했고, 이 과정에서 수백 명의 민간인들이 희생됐다. 헤즈볼라는 즉각 '전면전'을 선언하고 국경의 몇몇 도시들과 하이파 항에까지 수십 발의 로켓포를 쏘아 이스라엘 측에도 사상자가 발생했다.

이스라엘 공격에 대한 UN 안전보장이사회 제재 결의안은 10개국의 찬성에도 불구하고 미국의 거부권 행사로 부결되었다. 러시아에 모인 G8 정상들이 중동 사태에 대한 자제를 촉구했음에도 불구하고 이스라엘은 계속해서 레바논을 공격하면서 지상군을 투입했다. 코피 아난 UN 사무총장은 국제평화유지군의 남부 레바논 파견 문제를 의논했으나 미국과 이스라엘은 즉각 반대했다. 국제사회의 긴급한 중재 노력에도 불구하고, 향후 관심은 이스라엘이 시리아와 이란으로 공격을 확대할 것인가 하는 점에 쏠려 있을 정도였다.

테러 환경의 악순환 구조에서 평화 환경의 선순환 구조로

한반도보다 문제가 훨씬 복잡한 곳이 중동 지역이 아닌가 싶다. 세계에서 가장 긴장이 고조되어 있는 두 지역 문제를 해결하려는 국제사회의 노력은 참으로 힘겹고, 그 끝이 보이지 않는다. 그럼에도 불구하고 무엇보다도 중요한 것은, 테러 환경의 악순환 구조를 평화 환경의 선순환 구조로 바꾸지 않고는 두 지역의 문제를 해결하기가 어렵다는 것을 인식하는 것이다. 후쿠야마가 지적한 대로 "네오콘의 가장 큰 문제는 목적을 이루기 위해 '과도한 군사적 수단'을 동원한 것"이다. "미국은 테러와의 전쟁에서 무력 사용을 자제하는 대신 무슬림들의 마음을 움직일 수 있는 방안을 찾아야 한다"고 강조했다.

이라크 전쟁에서 경험하였듯이, 미국이 강제하는 중동의 민주화 및 근대화가 이슬람 테러리즘의 적절한 해결책은 아니다. 과격한 이슬람주의는 근대화되고 다원화된 사회로 이행되는 과정에서 수반되는 정체성 상실에서 비롯된 것이기 때문이다. 나아가 극심한 가난과 절망의 수렁은 그들로 하여금 선택의 여지를 주지 못하게 만든다. 그러니 민주화가 진행될수록 더 많은 소외와 극단주의, 테러리즘이 야기될 수밖에 없다.

종교가 신념의 문제라면 역사는 사실의 문제다. 오늘날 중동에서 벌어지고 있는 사건들은 현실을 과장함으로써 벌어진 일이며, 사실을 과장함으로써 곧 역사를 왜곡했다. 폭력은 폭력을 종식시킬 수 없다. 결국 폭력과의 전쟁은 단지 폭력을 부채질할 뿐이다. 평화는 경험의 산물이 아니다. 경험은 매우 유용하지만, 경험 자체가 평화를 낳지는 못한다. 그렇다면 평화를 낳는 것은 무엇인가?

5 최근의 동향

___

2010, 2011년 이슬람 세계에 불어닥친 '민주화' 바람은 중동 지역의 정치지형을 바꿔놓기 시작했다. 진행 중인 중동 정치 변동의 일차적인 원인은 정체성에 기반한 갈등 요소, 즉 군부 권위주의(이집트, 튀니지, 시리아), 전제적 전체주의(리비아), 왕정 권위주의(사우디, 바레인)에 대한 반발로 볼 수 있다. 여기에 양극화로 인한 경제적 불만과 삶의 질의 저하, 소셜미디어 및 네트워크의 발달 등이 민주화 운동의 촉진 요인이 되었다고 판단할 수 있다.

이러한 상황에서 이스라엘과 팔레스타인은 주변 정세의 변화가 자국에 미칠 파장에 촉각을 곤두세운 채 관망하고 있다. 특히 이스라엘의 경우 주변의 이집트와 요르단 등 지금까지 평화협정을 체결하고 비교적 평화를 유지해온 국가들의 변화를 매우 민감하게 주시할 뿐만 아니라, 아직까지 적대적 관계에 있는 시리아의 변화가 미칠 영향에 대해 전략을 숙의하고 있는 가운데, 2011년 후반기 이란의 핵 개발 기지에 대한 공격설이 무르익고 있는 상황이다.

이런 상황에서 팔레스타인 자치정부가 2011년 9월, UN으로부터 독립국가 승인을 얻기 위해 외교적인 총력전을 펼치고 있는 가운데, 이스라엘 정부는 각국의 공관에 훈령을 내려 이를 적극적으로 저지할 것을 요구했다. 국제 외교무대의 전쟁이 시작된 것이다. 이스라엘 정부는 팔레스타인이 UN을 통해 독립국가 승인을 요청하는 건 오슬로 협정 위반이라며, 이러한 노력을 계속할 경우 오슬로 협정을 무효화하겠다고 으름장을 놓고 있는 상황이다.

팔레스타인 국가 건설, 내일은 영원한 또 다른 내일?

팔레스타인 자치정부가 국가 건설을 위해 시작한 끝없는 마라톤은 고대 그리스 철학자 제논이 제기한 '제논의 역설'[8]에 비유된다. 팔레스타인 국가 건설을

___

8) 만일 '발 빠른 용사' 아킬레우스가 자신의 적수에게 100미터를 앞서 뛰도록 한다면 경주에서 이길

위한 각 단계를 통과할 때마다 목표에 다가가는 것처럼 보이지만 여전히 가야 할 거리의 절반, 즉 마지막으로 충족해야 할 조건인 최후의 양보와 승인이 남은 상태이기 때문이다.

1999년 PLO는 1993년 체결된 오슬로 협정이 명시한 대로 웨스트뱅크와 가 자지구의 일시적 자립 기간 뒤, 팔레스타인 국가 탄생을 선언할 것이라고 발표 했다. 미국과 EU는 이에 대해 압력을 가하면서, 특히 EU는 그해 3월 베를린 정 상회담에서 "이 결정을 연기한다면 팔레스타인 국가를 인정할 준비가 되었다"고 언명했다. 2002년 3월 UN 안보리는 이스라엘과 팔레스타인 두 국가가 공존하 는 지역 비전을 선언했다. 이듬해에 미국, EU, 러시아, UN은 "2005년 말 이전 에 팔레스타인 국가를 창설한다"는 내용을 골자로 하는 로드맵을 발표했다. 협 상이 중단된 뒤 미국의 조지 부시 대통령은 2007년 11월 아나폴리스 회의에서 2008년 말이면 결론이 날 것이라고 했지만, 2010년 9월 UN 총회에서 연설한 오바마 대통령은 "2011년 9월 팔레스타인이 UN에 가입할 것을 희망한다"는 소 견을 피력했다. 그러나 1년 뒤, 그는 팔레스타인 UN 가입에 거부권을 행사했다.

이러한 '지켜지지 않은 기나긴 약속들'의 행렬 속에서 최근 팔레스타인 지도 부는 어쩔 수 없이 UN과 직접 대화하러 양자회담에서 빠져나오게 되었다. 이는 곧 과거 전략이 실패했음을 안정한 것이다. 1967년 6일전쟁 이후 팔레스타인은 게릴라 무장운동과 더불어 자치정부 결성을 위한 외교적 노력을 병행해왔다. 정 치와 외교적 노력을 통해 팔레스타인의 운명을 단순히 '난민' 문제가 아닌, 한 민족의 자결권 문제로 올려놓았다. 팔레스타인 지도부는 아랍 국가들로부터 '팔 레스타인 민족의 유일한 대표'로 인정받았고, UN 옵서버 자격이 주어진 아라파 트 PLO 의장은 1974년 UN 정기총회에서 열광적인 환영을 받으며 연설했다.

이러한 진전은 늘 '테러조직'과의 대화를 거부해온 이스라엘과 미국을 곤경에 빠뜨렸다. 특히 1987년 제1차 인티파다를 계기로 현상 유지가 어려워지자 이스

수 있을까? 제논의 대답은 '이길 수 없다'이다. 발 빠른 그가 거리를 절반으로 줄이고, 그 반을 또 반으로 줄여나간다 하더라도 두 사람 간의 간격은 결코 제로가 되지 않기 때문이다.

라엘 내에서조차 타협과 협상을 요구하는 목소리가 커져갔다. 1988년 11월, 팔레스타인 국가위원회는 팔레스타인 국가 탄생을 선포하고, 1947년 11월 29일에 UN 총회에서 표결한 팔레스타인 분할안에 동의하기에 이른다. 역사를 40년 전으로 되돌려놓은 것이다.

1988년 12월 제네바에서 열린 UN 총회에서 아라파트 의장은 테러리즘을 포기하고 UN 안보리 결의안 242호를 받아들이며 이스라엘을 인정한다는 골자의 연설문을 낭독했다. 그리고 비밀리에 진행해온 오슬로 협정에 따라 1993년 9월 13일 백악관 발코니에서, 빌 클린턴 대통령의 주의 깊은 시선을 앞에 두고 이츠하크 라빈 이스라엘 수상과 아라파트 수반이 악수를 나누었다. 그 순간 경주의 또 다른 절반의 간격을 줄일 수 있었다.

이로부터 18년 뒤, 아라파트 의장과 그 후계자들이 들어선 길은 막다른 골목이었음이 밝혀졌다. 팔레스타인 주권은 웨스트뱅크와 가자지구 및 예루살렘, 심지어 A지구에서조차 확립되지 않았다. 이스라엘 정착촌은 늘어만 갔고, 팔레스타인의 자유로운 이동과 활동은 억눌렸다. 경제적 압박과 빈곤은 극단적인 선택으로 이어졌다. 급기야 2006년 1월 총선거에서 팔레스타인 사람들은 무능하고 부패한 파타당 대신 하마스를 선택했다. 공정한 선거를 통해 정권을 손에 쥔 하마스가 미국과 EU, 이스라엘로부터 따돌림을 당하는 가운데, 팔레스타인 자치정부의 수반 압바스는 여전히 안팎으로 협상을 계속 이끌었다.

제2차 인티파다와 하마스의 등장과 더불어 신자유주의의 반대시위에도 불구하고 이스라엘 국민은 네타냐후를 수상으로 다시 뽑았다. 700킬로미터가 넘는 분리장벽이 세워졌고, 유대인 정착촌 건설은 계속되었다. 이러는 사이 아랍 민주화의 바람으로 중동 지역의 정치지형이 흔들렸다. 이스라엘의 우방인 이집트의 무바라크가 축출되고, 시리아에서도 여전히 불안한 정세가 계속되고 있다. 그러나 미국의 이스라엘에 대한 지지가 지속되고, EU가 이스라엘에 부여한 무역·경제·정치적 특권을 유지·확대하는 한 주변 정세의 변화에도 불구하고 이스라엘의 국제적 고립의 여파는 미미할 것이라는 전망이 나왔다.

팔레스타인은 협상만으로는 무엇인가를 얻을 능력이 없는 데다, 아랍 국가들의 혼란스러운 상황과 맞물려 있는 상황에서 압바스가 선택할 수 있는 방안은 무엇인가? 그는 UN 총회에 자신들의 국가 지위를 묻기로 했다.[9] 이런 행위가 그간의 전략을 수정하겠다는 의미인지, 아니면 조금 개선된 상황에서 협상을 재개하기 위해서인지 아직은 분명하지 않다. 지금 당장의 상황을 보면 이스라엘과 미국의 보복 위협—미 의회의 친유대계 의원들은 "UN 총회 표결을 막지 못하면 팔레스타인에 대한 모든 지원을 끊는 법안을 통과시키겠다"고 오바마를 압박하고 있다—이 선포된 가운데 미국의 거부권 행사는 자명하다. 오바마 대통령은 핵심 우방 이스라엘 편에 서 있다. 미국의 거부권 행사가 중동 지역에서 미국이 차지하는 비중에 어느 정도 영향을 끼칠지는 미지수이다. UN 회원국인 한국 정부의 선택 또한 귀추가 주목된다.

이런 가운데 팔레스타인은 2011년 10월 31일 프랑스 파리에서 열린 유네스코 총회에서 전체 회원국 193개 중 173개국이 참석한 가운데 찬성 107표를 얻어 회원국 자격을 획득했다. 이제 팔레스타인이 교착 상태에 빠진 중동 평화협상 위기를 이겨내고 UN 정회원국 입성에 성공할 수 있을지 귀추가 주목된다.

더욱이 이번 표결에서 미국 등 14개국이 팔레스타인의 회원 가입을 반대한 것으로 확인됐다. 찬성에 비해 크게 소수인 셈이다. 더불어 팔레스타인의 UN 회원국 가입에 지대한 영향을 끼칠 UN 안보리 상임이사국의 의중도 드러났다. 이번 표결에서 상임이사국 5개국 중 중국과 프랑스, 러시아는 찬성표를 던졌다. 미국은 반대, 영국은 기권했다. 팔레스타인이 UN 회원국이 되려면 상임이사국의 거부권 없이 15개 안보리 이사국 중 최소 9개국이 승인해야 한다. 또 UN 총회에서 회원국 193개 중 2/3의 찬성표를 받아야 한다.

이미 팔레스타인은 "찬성표를 던질 안보리 이사국 최소 7개국을 확보했다"며 자신감을 내비쳤다. 하지만 미국의 거부권 행사 압박은 큰 걸림돌이 될 것이 분명하다. 평화협상 재개를 위한 이스라엘과의 관계 개선도 시급한 문제다. 미국

---

9) UN 총회에서 회원국 193개국 중 2/3의 지지를 받으면 '비회원단체'에서 '비회원국가(observer state)'로 격상되어 사실상 '국가'의 지위를 확보하게 된다. 이 경우 팔레스타인은 국제적 발언권을 얻게 되고, 국제형사재판소(ICC)에 이스라엘을 전쟁범죄로 제소할 수 있게 된다.

은 팔레스타인의 유네스코 정회원 가입 소식이 알려지자 즉각적인 성명을 통해 유감을 표했다. 미국 국무부 빅토리아 눌런드 대변인은 "유네스코의 결정은 시기상조다. 매우 유감"이라며 "내달로 예정된 유네스코에 대한 지원금 6천만 달러(약 669억 원)는 집행되지 않을 것"이라고 밝혔다. 미국은 유네스코 연간 예산의 약 22%를 부담해왔다.

더욱이 미국은 중동 평화협정이 체결되지 않는 한 팔레스타인을 정식 회원국으로 받아들이지 않겠다는 입장이다. 1990년 미국 의회에서 통과된 법률에 따르면 미국은 중동 평화협상이 타결되지 않은 상황에서 팔레스타인을 정식 회원국으로 받아들이는 모든 UN 산하 기구에 대한 지원을 중지하게 돼 있다. UN 안보리는 11월 11일 팔레스타인의 UN 가입 문제를 총회 표결에 상정할지 여부를 논의할 예정이다. 이와 관련 상임이사국 중 유일하게 미국이 거부권을 행사할 경우 아랍권의 거센 반발을 불러올 수 있다. 그럼에도 미국의 거부권 행사는 기정사실화된 상태다. 이스라엘도 이날 외무부 성명을 통해 "유네스코의 결정은 평화협상을 위한 국제사회의 노력을 거부한 것"이라고 강하게 비난했다. 양국 간의 평화협상은 이스라엘이 정착촌 건설 재개를 강행하면서 중단됐다.

읽어볼 만한 논문

박찬기, 「헤즈볼라(Hezbollah)의 형성과정에 관한 연구」, 『國際政治論叢』 48-3, 2008, 227~241쪽.

_____, 「오바마 행정부의 대중동, 헤즈볼라 정책에 관한 연구」, 『국방연구』 53-2, 2010, 105~137쪽.

유달승, 「미국의 세계전략과 중동 정책」, 『중동연구』 2-2, 2004, 3~18쪽.

장병옥, 「이스라엘-팔레스타인 분쟁과 하마스」, 『중동연구』 28-1, 2010, 153~185쪽.

최영철, 「팔레스타인 이슬람 저항운동단체 하마스」, 『한국이슬람학회논총』 12, 2002, 59~76쪽.

_____, 「하마스의 제도권 진입 과정에 관한 연구」, 『한국이슬람학회논총』 18-2, 2008, 179~210쪽.

_____, 「하마스의 제도권 진입 이후의 전략과 행태의 변화」, 『한국이슬람학회논총』 19-3, 2009, 1~27쪽.

_____ · 정상률, 「팔레스타인 국가 건설과정에서의 내적 갈등과 협력—PLO와 하마스간의 관계를 중심으로」, 『國際政治論叢』 43-4, 2003, 471~561쪽.

황병하, 「팔레스타인 이슬람 운동에서 하마스와 PLO의 관계—1993년 오슬로 협정까지의 이념적 경쟁을 중심으로」, 『한국중동학회논총』 22-1, 2001, 51~79쪽.

제6장

경제구조와
대내외
경제정책

1 유대인 경제 오디세이

유대인이 세계 경제사에 끼친 영향은 매우 크다. 유대인들이 2천 년 동안 전 세계에 흩어져 살아가면서 일상생활에서 발견한 다양한 경제적 개념과 활동을 '유대인의 경제사 오디세이'라고 할 수 있을 것이다. 서구인들이 만들어낸 유대인에 대한 이미지는 결코 우연이 아니다. 고리대금업, 무역업, 금융업(은행업, 증권 중개인), 보석상, 자본주의 등 유대인들이 창안해낸 것들은 그럴 수밖에 없었던 유대인 역사의 산물이었다.

15세기 중반 오스만 제국이 콘스탄티노플을 함락시킨 후에, 한때 인구 100만 명을 자랑하던 콘스탄티노플의 인구가 15만 명 내외로 줄어들었다. 하지만 그 11% 정도가 유대인일 정도로 이스탄불(옛 콘스탄티노플)은 유대인에게 새로운 삶의 터전이 되었다. 불충한 기독교 상인들에게 상권을 넘겨주지 않으려는 술탄이 부유한 유대인 상인들을 강제로 불러와서 관용을 베풀었기 때문이다.

특히 이슬람권에서는 불결하거나 비천한 것으로 여겨 무슬림에게 금지된 특정 부문에 유대인이 집중되었다. 가죽 세공, 포도주와 주류의 생산과 판매, 귀금속 세공, 동전 주조, 무기 제조 등이 그런 부문이다. 또한 직업상 이교도와 접촉이 불가피한 외교 부문이나 국제교역, 재무, 의학 등에 유대인의 특화가 이루어졌다.

이로써 유대인이 왜 동서교역의 핵심 인물로 떠올랐는지, 어떻게 유대 의사들이 이슬람권의 고위직과 쉽게 교류할 수 있었는지가 분명해진다. 유대인 해방이 이루어지고도 여전히 높은 관직과 외교 부문에 유대인의 진출을 막았던 기독교 국가와는 반대되는 상황이다.

기독교권에서도 집단 이주가 잦은 유대인의 특성상 이주하는 집단의 구성이나 규모가 유대인의 직업에 영향을 주었다. 특히 동부 유럽으로 이주하여 농업과 수공업에 종사하며 정착한 유대인은 다른 지역에서 다른 직업으로 살던 이들에 비해 동화를 거부한 채 정통적 관습을 고수했다.

그 대표적인 예가 1880년대 러시아에서 유대인 박해가 일어나자 많은 동부 유럽 유대인이 파리와 런던으로 이주해오면서 이 지역에 전문화된 수공업자군 (특히 의복산업)을 형성한 것이다. 서유럽으로 이주해온 유대인 수공업자의 절반 이상이 의복과 관련된 재단공과 모자공, 모피공 등이었다. 물론 동부에서도 이 업종 종사자는 거의 절반에 달했으며 파리 거주 유대 수공업자의 91%, 런던에서는 80%가 이 업종에 종사했다고 한다. 이 업종이야말로 유대인의 가장 전통적인 수공업이며 틈새 업종으로 간주되었기 때문이다.

유대인들은 수천 년간 거의 전 세계에 흩어져 살았다. 소위 디아스포라라 일컬어지는 유대인의 이산(離散)은 그 민족이 겪은 역사적 고난을 의미한다. 그러나 그 역사적 현실을 극복해나가는 유대인들의 지혜와 의지는, 이산이 곧 축복이며 약점이 곧 장점이라는 유대인의 정신세계를 구체화했다. 유럽사를 유대인의 경제 흐름을 따라 설명할 수도 있다.

17세기 초 인구 15만 명을 헤아리던 런던이 17세기 말 인구 40만 명을 넘어서는 대도시로 급부상한 것으로 알 수 있듯 경제의 중심은 암스테르담에서 런던으로 이동하고 있었다. 런던을 예로 들어 런던의 성장과 함께 전대미문의 상거래 활성화에 편승한 유대인의 증가 추세 및 경제활동을 살펴볼 수 있다. 기존의 스파라딤계 개종 유대 상인 20여 가구에서 출발한 유대인은 1650년대가 끝나갈 즈음 35여 가구로 증가했다. 유대인에게 우호적이던 네덜란드 오라녜 공 빌렘 3세가 명예혁명(1688)으로 영국에서 왕위에 오르자 암스테르담의 부유한 유대인이 대거 런던으로 이주했다. 1684년 414명이던 스파라딤 유대인이 1695년에 499명, 1700년에는 2천여 명에 이르렀다. 1693년 아슈케나짐 공동체가 세워진 후 18세기에 폴란드와 독일 등지에서 온 아슈케나짐 6천여 명이 합세했다. 18세기 중반에 벌써 만 명을 넘어섰다니 이들의 빠른 증가 추세가 놀라울 뿐이다.

지금까지 우리 사회에서 유대인에 관한 일반의 관심과 시각은 주로 '유대인은 부자' '어떻게 그들은 부자가 되었는가?' '유대인 부호에게서 배우는 부자가 되는 습관' 등이 주류를 이루고 있으며, 또한 유대인의 자녀교육과 인성교육 등 천재교육에 집중되어 있는 것이 어느 정도 사실이다. 그러나 따지고 보면 유대인의 역사는 그리 찬란하거나 자랑스럽지만은 않았다.

예를 들어, "유대인들이 뉴욕 월 가의 강자로 군림하던 1920년대 뉴욕 창녀의 절반은 유대인이었다." 유대인의 초기 미국 이민사를 언급할 때마다 등장하는 글귀다. 초창기 유대인 이민자들의 고충이 얼마나 컸는가를 말해주기도 하지만, 이는 유대인들이 그들이 속한 사회의 상층부터 하층까지 다양하게 분포되어 있음을 암시하기도 한다. 따라서 한 계층만을 지나치게 강조하거나 부각시키는 듯한 표현이나 해석은 지양해야 마땅할 것이다. 위험한 편견에 빠질 수 있기 때문이다.

역사적으로 유대인에 대한 평가는 극단적으로 엇갈리는 까닭도 여기에 있다. 한쪽에서는 역사에 위대한 공적을 쌓은 이들이라는 신화적인 평가가 있는 반면, 다른 한쪽에서는 가장 폐해를 많이 끼친 민족이라는 편견—이를 반유대주의라 부른다—이 작동하여 홀로코스트(Holocaust) 같은 비극적인 결말을 낳기도 했다. 우리가 경계해야 할 것은 유대인에 대한 지나친 찬양과 공정하지 못한 비난 그 모두다. 유대인들을 지나치게 자본주의의 화신으로만 그리는 것도, 사회주의 혹은 공산주의의 이론과 실천을 주도해낸 자들만으로도 충분하지 않을 것이다. 어떻게 유대인들은 자본주의와 공산주의를 모두 창안해냈을까?

2 이스라엘 경제구조의 특징과 현황

1948년 이스라엘 건국 이후 미국을 비롯한 서방 유대인들의 지원과 홀로코스트에 대한 독일 정부의 배상이 이스라엘 경제성장의 견인차 역할을 해왔으며, 점차 고급인력을 이용한 하이테크 산업을 기반으로 중동 지역 유일한 산업국가로 성장했다. 현재 이스라엘은 EU(1975), 미국(1985), EFTA, 메르코수르, 캐나다, 터키, 멕시코 등 미주 및 유럽 지역의 주요 국가들과 자유무역협정

(FTA)을 체결하여 아시아 경제권을 제외한 세계 주요 경제권과 긴밀한 관계를 맺고 있다.

1980년대까지는 주로 첨단농업에 의존했으나 90년대 초 이후 첨단산업 위주의 산업구조로 전화하는 데 성공하여 현재 제2의 실리콘밸리로 평가될 만큼 전자, 금속, 항공우주산업 및 컴퓨터산업이 수출산업으로서 경제성장을 주도하고 있으며 귀금속(다이아몬드) 가공수출도 큰 몫을 하고 있다. 생명공학 및 과학영농에 기초한 농업 분야에서도 국제경쟁력을 확보하고 있으며 선진 산업국가들과 과학기술 협력을 통해 고도화된 기술력과 산업구조를 보유하고 있다. 하지만 이스라엘은 대부분의 공산품을 수입에 의존하고 있으며, 인구 약 750만 명의 중소 규모의 시장으로서 중화학공업 및 제조업 분야의 발전은 미약한 편이다. 산업별 주요 지표를 보면 다음와 같다.

경제부문별 주요 지표

부문	GNP	노동력	수출	투자
산업	21.6	18	74	35
농업	2.5	1.7	3	3
건설	7.1	5	1	3
교통 및 통신	10.2	6.8	8	32
금융 및 서비스	31.1	35	24	13
공공 서비스	25.0	34	–	14

단위: %, 출처: 이스라엘중앙통계청, 2006

인근 아랍국들과의 오랜 분쟁 및 이스라엘-팔레스타인 분쟁으로 인한 국방비와 사회복지 비용의 과다 지출이 국가경제에 부담을 주고 있다. 또한 세계시장 의존도가 높아 세계경제의 변화에 큰 영향을 받는다는 약점이 있다.

건국 이래 평균 약 10% 이상의 GDP 성장률을 기록했으나, 1973년 제4차 중동전쟁 이후 약 10년간 침체 국면이 나타났으며, 1985년 경제안정화 계획의 실시로 점차 회복세에 접어들었다가 제1차 인티파다(1987)로 인하여 일시 후퇴했다. 1989년부터 시작된 구소련을 비롯한 해외 거주 유대인의 대규모 이주(2005년까지 약 110만 명 이민)로 생산과 투자가 증대되면서 1990년부터 1995년 사이에는 매년 6~7%의 실질 GDP 성장을 기록했다.

특히 1992년 노동당 집권 이후 인접 아랍국 및 팔레스타인과의 평화협정 진전과 개방정책 시행에 따른 해외 자본의 급격한 유입으로 매년 7% 이상의 고도성장을 기록하는 등 경제가 활성화되었다. 그러나 2000년 9월 제2차 인티파다가 발생하고 하이테크 경기의 부진 및 세계경기의 느린 회복세 등으로 인하여 2001년에서 2003년 사이 경제성장률이 급격히 저하되고 인플레이션과 실업률이 증가하는 등 전형적인 스태그플레이션 현상을 보였다. 2003년부터는 세계경제, 특히 미국 경제가 회복세를 보임에 따라 이스라엘의 주요 산업인 하이테크 경기가 활성화되고 수출이 증가했다. 팔레스타인과의 분쟁으로 여전히 불안한 상황에서도 관광객이 점차 증가하고, 건설 경기가 되살아나는 등 2004년에서 2007년까지는 약 5%대의 비교적 높은 경제성장을 기록했다.

2008년 중반 미국의 서브프라임 모기지 부실화로 촉발된 금융 위기가 전 세계로 확산됨에 따라 수출 지향적 구조의 이스라엘 경제성장도 둔화되어 2008년 4%, 2009년 0.7% 등 성장률 저하를 기록했다. 이스라엘은 금융시장의 문화가 상대적으로 보수적이고, 금융당국의 규제로 금융기관들이 서브프라임 모기지 및 관련 파생상품에 많이 투자하지 않아 금융 위기의 영향을 상대적으로 덜 받았으나 전반적인 세계경제의 위축으로 이스라엘의 수출산업도 타격을 입게 되었다.

이스라엘 정부의 적극적인 경기 부양 정책과 세계경제의 회복세를 바탕으로 2009년 2/4분기부터 이스라엘 경기는 회복세를 보이고 있으며, 다수의 경제 전문가들은 2010년과 2011년의 경제성장률을 3~4% 수준으로 전망하고 있다. 이스라엘 중앙은행은 경제성장률을 2010년 3.7%, 2011년 4.0%로 각각 전망하고 있다.

경제침체기였던 2000년대 초반 **실업률**이 지속적으로 높아졌으나, 2003년 말부터 경기가 회복세로 돌아서면서 2004년 10%가 넘던 실업률도 감소추세를 보여 2008년에는 6.1%를 기록했다. 그러나 세계경제 위기의 영향으로 2009년에는 다시 실업률이 상승하여 7.6%를 기록했고, 2010년과 2011년에도 실업률은 이와 비슷한 수준을 유지할 것으로 전망되고 있다.

연도별 경제성장률 추이

시기	2001	2002	2003	2004	2005	2006	2007	2008	2009
경제성장률	0.0	−0.7	1.5	5.0	5.1	5.3	5.2	4.0	0.7
실업률	9.3	10.3	10.7	10.4	9.0	8.4	7.3	6.1	7.6

단위: % / 출처: 이스라엘중앙은행

이스라엘 정부는 건국 당시부터 경제성장률이나 실업률 등 다른 경제지표보다도 물가상승률 억제에 특별한 관심을 갖고 강한 인플레이션 억제정책을 취해왔다. 건국 당시부터 대체로 사회주의적 경제를 기반으로 하고 있는바, 국민들의 습성 역시 소비자물가 지수의 변동에 민감하게 반응한다. 임금, 은행 예금, 보험금, 주택 가격, 소득세, 사회보장 등 제반 분야가 동일한 수준의 가치를 확보하기 위해 물가지수의 변동과 연동되어 있다. 이스라엘중앙은행은 **물가상승률**을 1~3% 밴드 내에서 관리한다는 정책적 목표를 견지하고 있다. 2000년대 들어 전반적으로 1~2% 수준의 낮은 물가상승률을 기록해왔으나 2007년부터 연 약 3%를 상회하는 수준을 유지하고 있다. 향후 물가상승률은 다시 2% 수준을 유지할 것으로 전망된다.

이스라엘의 대외 교역은 지속적인 증가 추세를 보여왔으나, 세계경제 침체에 따른 미국, EU 등 주요 국가의 수입 수요 감소로 2009년 수출은 전년 대비 18% 감소했다. 이스라엘은 천연자원이 매우 부족한 대신 양질의 인적 자원이 풍부하며, 대부분의 공산품을 수입에 의존하는 한편, 고부가가치 상품인 하이테크 및 방위산업 관련 상품이 수출의 상당 부분을 차지하고 있다. 전체 이스라엘 상품 수출액 중에서 하이테크 상품이 차지하는 비중은 약 40%(2009년 기준)에 이른다. 이스라엘은 전통적으로 유럽(수출 36%, 수입 6%) 및 북미 지역(수출 35%, 수입 15%)과의 교역 비중이 크며, 어어 아시아(수출 20%, 수입 21%)가 주요 교역 대상국이다.

연도별 대외 교역 추이

구분	2006	2007	2008	2009	2010(1~3월)
수출액	39,700 (8.4%)	45,915 (15.7%)	50,806 (10.6%)	42,065 (−18.0%)	12,604 (25.4%)
수입액	47,317 (6.4%)	56,105 (18.6%)	64,529 (15.0%)	46,928 (−27.3%)	13,829 (24.2%)
총교역	87,018 (7.3%)	102,021 (17.2%)	115,335 (13.1%)	88,993 (−22.8%)	26,433 (24.8%)

단위:100만 달러, 괄호 안은 증가율 / 출처: 이스라엘중앙통계청

세계경제 위기에 대응하여 이스라엘 정부는 적극적인 경기부양책을 실시했다. 금융(통화)정책에 중점을 두고 재정 정책은 적극적으로 활용하지 않았다. 이스라엘중앙은행은 이자율 감축(2008년 하반기부터 단계적으로 1%을 감축하여 2009년 현재 0.5% 수준을 유지하고 있음), 국채 매입, 외환 보유고 확대 및 세겔 평가절상 방지 등을 위해 외환시장 개입(달러 매입) 등 적극적인 금융정책을 실시함으로써 경기 회복을 유도했다.

재정 정책의 경우 이스라엘 정부는 여타 국가들과는 달리 재정지출을 늘리지는 않고 2008, 2009년 사이에 GDP 대비 정부 지출의 비율을 경제 위기 이전과 유사한 수준인 42%를 유지했다. **최근 경제 동향**을 보면 세계경제 위기의 여파로 2008년 하반기 이후 이스라엘 경제도 침체 국면에 들어섰으나, 2009년 2/4분기 이후 회복 국면에 접어들면서 2009년 4/4분기에는 4.9%의 경제성장률을 기록하면서 예상보다 일찍 경제 위기를 극복한 것으로 평가된다. 2009년 말 현재 GDP와 민간소비는 경제 위기 이전 수준을 회복한 반면, 수출입과 투자는 경제 위기 이전보다 낮은 수준에 머물러 있다.

분기별 경제성장률 추이

시기	2008년					2009년				
	1/4 분기	2/4 분기	3/4 분기	4/4 분기	전체	1/4 분기	2/4 분기	3/4 분기	4/4 분기	전체
성장률	5.8	3.7	0.7	−2.0	4.0	−2.7	1.3	3.6	4.9	0.7

이스라엘이 경제 호조세를 유지하는 비결은 튼튼한 경제 기반, 적절한 경제 정책 시행으로 설명할 수 있다. 이스라엘 금융기관들의 보수적인 경영 관행과 엄격한 금융 감독 체계, 주택 시장의 안정, 국민들의 높은 저축률, 경상수지 흑자, 정부의 재정적자 감축, 안정적인 물가 관리와 통화정책 등을 꼽을 수 있다.

이스라엘의 막대한 공공 지출 비용을 조달하려면 무거운 과세가 필연적이다. 국민은 수년 동안 세계에서 가장 높은 수준의 조세 부담을 감당해야 했다. 건국 이후 첫 10년간 세금은 GNP의 12.5% 정도였으나, 1960년대에는 그 비율이 25%에 달했고, 1970년대에는 평균 40% 미만이었던 것이 2000년에 40.3%를 기록했다. 2003년에 39.3%, 2006년에 38%로 감소하고, 2004년에는 OECD 국가 평균치인 37.4%와 거의 비슷한 수준에 와 있다. 간접세는 주로 15.5%의 부가가치세(VAT)로 구성된다. 이에 더해 자동차, 연료, 담배에는 별도의 구매세가 부과된다. 소득과 자산에 대한 직접세는 1950년대 말까지 모든 조세 수입의 25% 이하를 차지했으나, 1970년대 초에는 절반 가까이로 상승했고, 1986년에는 45%를 기록했다. 이후 39~43% 사이의 변동 폭을 보이고 있다. 한계 소득세율을 2010년까지 44%까지 줄여나갈 계획이다.

한편, 이스라엘은 좁은 영토(그중 약 60%가 사막)와 천연자원 부족으로 에너지 수요의 90% 이상을 해외에 의존하고 있다. 더구나 주변국과의 관계로 인해 안정적인 **에너지** 공급이 여의치 않은 상황에서 최소한의 경제적 · 사회적 · 환경적 비용으로 중장기적으로 에너지 공급의 질적 · 양적 안정성을 확보하는 것이 최우선 과제이다. 이스라엘은 지난 10~15년간의 빠른 경제성장으로 생활수준은 서유럽 선진국 수준에 도달했고, 이에 따른 에너지 수요가 서서히 증가하고 있는 상황에서 화석연료에 대한 의존도가 상당히 높은 실정이다.

이런 환경에서 이스라엘은 미래 에너지 시장을 선도해나가겠다는 목표를 세우고 **신재생에너지 개발**과 에너지의 합리적 이용을 위한 기술 개발에서 세계 선두를 달리고 있다. 영국의 일간지 『가디언』이 발표(2009.9)한 세계 100대 그린에너지 기업에 이스라엘 기업 8개 회사[1]가 포함되어 있으며, 미국(55개), 영국(13개), 독일(10개)에 이어 세계 4위의 수준이다. **에너지-자원-녹색성장**을 고리로 한 이스라엘의 신재생에너지 산업은 태양에너지 활용에 유리한 기후 조건(남부 네게브 사막의 무한한 태양에너지)을 최대한 이용하고 있다. 1980년부터 일정 고도의 모든 신축 건물에 태양열을 활용한 온수 공급 장치를 설치하도록 규정하여 이스라엘 가정의 약 80%가 태양열 집열 장치를 사용하여 온수를 공급받고 있다. 이는 세계 최고 수준의 설치 비율로 1가구당 연간 약 2천 KWh의 에너지를 절약하고, 약 40만 TOE(tons of oil equivalent), 연간 전체 에너지 수요(1,320만 TOE, 2005년 기준)의 3%를 절약하고 있는 셈이 된다.

최근 이스라엘 정부는 신재생에너지 관련법을 제정하려고 하면서, 각종 인센티브를 제공하는 등의 노력을 기울이고 있다. 에너지 이용 합리화를 통한 에너지 절약과 효율성 증진, 기술 개발과 정부 지원을 통해 남부 네게브에 태양에너지 발전소 건립 등을 고려 중이다.

---

1) BrightSource, SolarEdge, Tigo Energy(이상 태양에너지 분야), IQWind(풍력 분야), Better Place(전기자동차 분야), EnStorage(첨단 배터리 분야), Aqwise(수차원 관리 분야), Solel(태양에너지 분야. 2009년 독일 Siemens에 인수됨. 현재 회사명은 Siemens CSP).

3 키부츠와 모샤브

평등과 공동의 원칙을 바탕으로 하는 이스라엘의 독특한 사회 및 경제 체제인 키부츠와 모샤브 운동은 시온주의자 노동운동(Zionist Labour Movement)의 창조물이다. 다시 말해서 유대 민족 재생 운동이라 일컬을 수 있는 시온주의가 만든 하나의 독특한 이스라엘 정착 사회 구조라 볼 수 있다. 이들이 이론적으로 하나의 유토피아를 건설하려는 꿈을 실현하는 방식으로서 키부츠와 모샤브를 창립했다고 말할 수는 없다. 그러나 적어도 초기 시온주의자들이 구상한 '새로운 이스라엘', 즉 세계에 흩어진 유대 민족이 그들의 고향 땅에 정착하여 동등한 인권을 누리며 살아갈 수 있는 정의로운 사회를 건설하려는 꿈을 실천해나가는 과정에서 발생한 것이 바로 키부츠와 모샤브라 할 수 있다.

1860년 부다페스트에서 출생한 시온주의 운동의 창시자인 헤르츨은 시온주의 이념의 기초를 처음부터 신정정치(Theocracy)와 종교적 유토피아 사상에 두는 것을 경계하면서, '과거 디아스포라 유대 민족의 역사적 경험을 바탕으로 한 새로운 가능성'에 대해 더 큰 비중을 두었다. 즉, 시온주의 운동은 반유대주의라는 매우 현실적인 역사적 경험에 바탕을 둔 현실적인 정치적 운동이었다. 여기서 우리는 현대 이스라엘 사회가 처음부터 종교적 복고주의보다는 정치적 현대화에 더 비중을 두고 있었음을 보아야 할 것이다. 이러한 역사적 맥락에서 만들어진 키부츠나 모샤브는 현대 이스라엘 건설에서 정치적 · 경제적 · 문화적 · 사회적 · 안보적으로 개척자 역할을 담당했다고 말할 수 있을 것이다.

시온주의 정신에 동참하는 많은 유대인들은 1880년대부터 본격적으로 그들의 '조상들의 땅'인 팔레스타인으로 이주, 정착하기 시작했다. 정착은 주로 집단 거주 형식의 모샤브(Moshav, 'workers settlement') 방식으로 이루어졌다. 이들은 개인의 재산과 권리가 존중되되 상호 협력한다는 엘리에제르 요페(Eliezer Joffe)의 기본 아이디어를 가지고 출발했다. 이러한 원칙은 이츠하크 빌칸스키(Yizhak Vilkanski)에 의해 발전되었으며, 건국 이후에도 국가의 정책으로 받아들여져 오늘에 이른다.

이러한 제도의 발상에는 당시의 독특한 상황이 크게 적용한 것으로 알려졌다. 다시 말하면 당시 팔레스타인에 이미 정착해 살고 있는 아랍인들은 유대 민족의 이주를 매우 못마땅하게 생각했으며, 나아가 그들의 생존권이 구체적으로 침해를 당하면서 무력으로 유대인들의 정착을 방해했다. 그러므로 새 이민자들은 그들의 '생존'과 '발전'이라는 두 마리 토끼를 한꺼번에 잡기 위해 집단 거주 형태의 공동체 건설이 타당했다고 믿게 된 것이다.

최초의 키부츠는 1909년 갈릴리 호수 하구에 위치한 드가니아에서 시작되었다. 초기 이민자들은 거의 전부 이 일에 가담하여 정착하다가 점차 도시 구조를 갖춘 형태의 촌락으로 발전하기에 이르렀다. 통계적으로 보아도 1936년에 48개, 1947년에 145개, 1956년에 227개, 1976년에 245개이던 것이 1989년에는 총 270개에 이르렀다.

키부츠 운동과 모샤브 운동의 발전과 변천

키부츠나 모샤브 운동이 초기에는 정치적 성격이 강했다면 점차 경제적·사회적 성격을 띠게 된다. 다시 말하면 초기에는 이민자들의 생존적 의미가 크게 부각된 집단이는데, 점차로 이들의 경제적 발전을 위한 집단으로 변해간 것이다. 그 예로 1936년에서 1939년까지 아랍 반란(Arab rebellion) 기간 동안 모샤브는 전국적으로 확산되었으며, 키부츠는 100여 개로 그 수가 늘어났다. 그러나 이스라엘의 정치가 어느 정도 안정된 시기인 1967년 6일전쟁 이후에는 불과 30여 개의 키부츠와 20여 개의 모샤브가 늘어났을 뿐이었다.

1910년 토지개발공사(Land Development Company)가, 1914년 유대민족기금(Jewish National Fund)이 설립되면서 이들의 키부츠나 모샤브 운동의 지원이 매우 활발해졌다. 특히 제1차 세계대전 이후 대규모의 이민자들이 팔레스타인으로 이주해오면서 농업과 산업을 결합한 개척 운동이 활발해졌다. 이 일을 주도하던 인물이 슐로모 라비(Shlomo Lavi)였다.

키부츠와 모샤브의 성격과 구조

이러한 운동은 각기 다른 문화와 배경, 정치적 이념을 가지고 살아오던 유대인들이 함께 모여 시작한 공동체였기 때문에 처음부터 강력한 정신이 필요했다. 그것이 바로 인간의 가치로서의 신성한 '노동'과 '자기동일성'의 정신이었다. 이를 정립한 사람은 고든(A. D. Gordon)이었다. 그는 키부츠 운동이 결코 사회주의자의 운동이나 토라의 삶을 실현하기 위한 종교적 이상주의자들의 운동이 아님을 강조했다. 물론 1950년대 마르크스 이론을 기초로 한 하키부츠 하메우하드(Ha-Kibbutz ha-Meuhad)나, 종교인들의 연합체인 하키부츠 하다티(Ha-Kibbutz ha-Dati) 등이 만들어져, 경제적 공동체로서의 키부츠나 모샤브에 정치적 이상이나 종교적 공동체로서의 성격이 배제될 수 없음을 강조하며 때로는 정당으로 발전하기도 했으나, 이러한 활동은 점차 퇴색되었다.

키부츠 운영의 기초는 회원들의 총회이다. 총회는 직접민주주의의 형태를 띤 최고 의결 기관이며, 매주 1회씩 모인다. 공동체의 정책, 지도자 선출 등 중요 의제가 발의, 토의를 거쳐 투표로 확정한다. 이들은 각 부분별로 위원회를 두고 재정, 생산, 교육, 문화, 회원들의 개인 문제 상담 등의 일을 분담하게 된다. 선출된 임원들의 임기는 대체로 1~2년이다.

전국의 키부츠나 모샤브는 단일 조합(federation)을 두어 전체를 묶는 힘을 가진 집단으로 실력을 행사한다. 그들은 재정 대여, 기술 보급, 판로 개척 등의 정책들을 지원하며, 때때로 정치적인 압력단체로서의 역할을 하기도 한다.

키부츠 운동과 모샤브 운동의 공통점과 차이점

두 운동은 기본적으로 몇 가지의 공통점을 가지고 있다. (1) 대부분 초기 이민자들로 구성된 집단이라는 점. (2) 팔레스타인유대기구(Jewish Agency of Palestine)의 지원을 받고 있다는 점. (3) 유대민족기금(Jewish National Fund)으로부터 정착지의 땅을 대여받고 있다는 점. (4) 케렌 하예소드(Keren Hayesod)가 자립을 위한 지원금을 대여하고 있다는 점. (5) 내적 기구를 통하여 독립적으로 운영되고 있다는 점. (6) 모든 회원(남녀노소)이 동등한 권리와 의무를 지니고 있다는 점. (7) 협동의 원칙을 지키고 있다는 점.

차이점으로는 다음의 사항들을 열거할 수 있다.

키부츠와 모샤브의 차이점 비교

항목	모샤브	키부츠
사회 형태	개인 협동 사회	집단 협동사회
땅	구획된 자기 경작지	전체를 단위로 한 땅
노동	일 내용은 각자의 산업에 따라 시간을 정하여 실시	전체의 조직에 의해 정해진 일을 정해진 기간 동안 실시
사유재산	인정됨	원칙적으로 인정 안 됨
상호부조제도	상호부조기금이 마련되어 조약에 의해 집행	자동적으로 처리
경제 균형	개인의 산업에 따라 빈부의 차이가 있을 수 있으나 상호의 이익을 위하여 협조	완전한 경제 균등
공동체 출입	재산을 가지고 들어오지 않아도, 일하면 재산을 분배받음	원칙적으로 사유재산은 포기해야 함
주택	개인 소유. 가족 단위로 생활	집단 소유, 어린이 숙소 별개
일상생활	가족 단위	공동체 전체가 공동으로 식사하며, 집단으로 생활
재산	개인 분배	사유재산 불인정

키부츠 운동과 모샤브 운동의 장래와 그 전망

현재 이스라엘의 전체 생산 가운데 키부츠와 모샤브가 담당하는 비율은 약 25%이며, 고급 인력—정치인(20명의 크네세트 의원), 법률인, 학자, 의사 등—의 약 15~20%는 키부츠나 모샤브 출신인 것으로 알려져 있다. 전체 인구 비율로 볼 때 키부츠(2.7%)와 모샤브(3.4%)의 평균 인구 비례보다 월등히 많은 두뇌가 배출된 셈이다. 이는 단적으로 이들의 생활 속에서 다져진 공동체 의식이나 일에 대한 확고한 신념 등의 결과로 분석된다.

그럼에도 불구하고 이들은 시대의 변화에 따른 많은 진통을 겪고 있다. (1) 산업구조의 변화 : 초기의 키부츠나 모샤브의 산업은 주로 농업에 의존하고 있었으나 점차 2차, 3차 산업에로의 전환을 서두르고 있다. (2) 젊은 노동력의 이주 현상 : 젊은이들이 농촌을 떠나는 현상은 매우 심각한 상황이어서 점차 키부츠와 모샤브의 인구가 줄어들고 있는 편이다. 이를 막기 위해 오래전부터 시행해온 도시 젊은이와의 교류는 그 실효를 거두고 있다. (3) 어린이 교육 : 전통적으로 키부츠의 경우 부모와 자녀들이 분리되어 생활하고 교육해왔는데, 이는 어린이들의 독립심을 발달시키는 데는 크게 기여하고 있으나 정서의 발달에는 부정적이라는 연구가 나오면서 점차 부모와 더불어 살아가는 가족 중심적 형태로 변형해가고 있다. (4) 경제적 어려움 : 세계적으로 농업이 하향산업으로서 기울어지면서 이들의 경제 사정은 매우 어려워지고 있다. 그러나 이들은 노동집약적인 생산이나 특약작물의 생산, 유전공학을 이용한 생산 등을 통하여 이를 극복해가고 있다. (5) 러시아 이민자 수용 문제 : 지난 1990년에서 1995년 사이 약 100만 명의 구소련 유대인 이민자들은 대부분 키부츠나 모샤브로 이주했다. 일부는 이념적으로 동의하지 않으나 정착을 위해 선택한 자들도 있다. 이들이 전통적인 키부츠의 생활방식의 변화를 요구하고 있어 갈등을 빚고 있으나 점차 해소되고 있다.

이러한 변화에 대한 키부츠와 모샤브의 장래는 전통적인 형태와 이념의 공동체를 고수하느냐, 아니면 새로운 시대에 맞는 옷을 새로 입느냐 하는 문제로 요약될 수 있다. 이 문제는 어느 시대에나 있던 문제이긴 하나 이들에게 있어서 매우 중요한 문제가 아닐 수 없다.

이스라엘은 그들이 겪어온 수천 년간의 삶의 경험을 바탕으로 하여 독립 과정에서 독특한 집단 공동체를 만들었다. 이것이 바로 키부츠와 모샤브이다. 시대의 요청이 달라지면서 그들은 이러한 본래의 뼈대를 지키면서도 변형, 적응해 나갔으며, 앞으로의 변화에도 그럴 것이다. 이들의 초기 이상은 '흩어진 유대 민족이 고향에 돌아와 동등한 권한을 가지고 골고루 잘 사는 사회를 건설하는 것'

이었다. 그러나 변화하는 환경에 적응하는 과정에서 본래의 신념과 가치에서 크게 벗어나는 길로 향하고 있는 것은 아닌지 우려된다.

4 팔레스타인 경제구조의 특징과 현황

기본적으로 팔레스타인의 경제구조는 이스라엘과 밀접하게 연동되어 있다. 실질적으로 부존자원이 전무하고, 사회간접자본 대부분을 이스라엘에 의존하고 있는 상황이라 이스라엘에 종속된 경제구조 속에서 팔레스타인 경제를 이해해야 한다. 지금까지 팔레스타인 자치정부의 경제활동은 오슬로 협정 발효 이후 1994년 이스라엘과 팔레스타인 자치정부 간에 체결된 파리 경제의정서에 준하여 이루어졌다. 경제의정서는 체결되었지만 자치정부의 주된 수입원은 주로 국제 원조 및 웨스트뱅크와 가자지구로 이동하는 상품의 관세 수입 등이다.

국제사회에서 팔레스타인 경제 지원은 크게 세 가지 목표에 의해 진행되고 있다. 첫째, 자치정부 운용을 실질적으로 추진할 수 있는 자금과 기술의 지원이다. 둘째, 상하수도와 쓰레기 처리 시스템 정비, 난민 캠프 내 주택의 보수 등과 연관되는 긴급 원조가 있다. 셋째, 장래 경제발전 기반 조성에 투입되는 지원이다. 대부분 5~10년에 걸친 장기적 교육시설 및 금융제도 개편, 도로 항만 조성 및 국가 통신 기간망 확충 등 국가 운용에 필수적인 사회간접자본 구축에 사용되는 원조라 할 수 있다.

팔레스타인 자치정부는 매년 공여국 회의를 통해 재정을 조달하고 있다. 민간부문 외국인 투자는 거의 찾아볼 수 없고 일부 해외 거주 팔레스타인 디아스포라에 의한 투자가 일정 부분 이루어지고 있긴 하지만 정치적 상황의 불안정성으로 인해 지속되지 못하는 실정이다. 국제사회는 팔레스타인 평화와 안정, 팔레스타인 주민들의 삶의 질 향상을 권고하고 있으나 여전히 정치적인 난제들이 복잡하게 얽혀 있어 실질적인 지원이 효율적으로 이루어지지 못하고 있다.

웨스트뱅크(5,800㎢)와 가자지구(365㎢)를 중심으로 하는 팔레스타인의 경제 규모는 2005년 현재 수출 3.45억 달러, 수입 15.9억 달러의 매우 작은 시장이다. 국민총생산(2004)은 43억 달러, 1인당 GNP(2004)는 약 1,268 달러이다. 해외원조 수혜액(2005)은 약 10.5억 달러이다. 주로 미국(3.5억 달러), EU(2.5억 유로), 일본(1억 달러) 등에 의존하고 있다.

1968년에서 1980년까지 평균 7%의 경제성장률을 유지해왔다. 1970년에서 1991년 사이 평균수명이 56세에서 66세로 늘어났으며, 유아 사망률도 1천 명당 95명에서 42명으로 줄었다. 전기 공급률 역시 30%에서 85%로 상승했으며, 안전한 수돗물 공급 또한 15%에서 90%로 증가했다. 냉장고 보급률은 11%에서 85%로, 세탁기 보급률은 23%에서 61%로 각각 늘었다.

그러나 1990년대 들어 웨스트뱅크와 가자지구의 경제 상황은 나빠지기 시작했다. 1994년 이스라엘과 팔레스타인 간에 체결된 파리 경제협약으로 이 지역의 경제활동이 사실상 고립되면서 악화된 것이다. 1992년에서 1996년 사이 가자지구와 웨스트뱅크의 총 GDP가 36.1% 감소했다. 이스라엘이 안보상의 이유로 이 지역을 고립시켰고, 부패한 팔레스타인 자치정부는 이 지역의 경제발전을 위한 프로그램을 갖고 있지 못했다. 노동과 상품 간의 경제 고리가 완전히 망가지면서, 기초 생필품이나 의약품조차 구하기 어려운 실정에 빠졌다.

경제 하강으로 인한 최악의 상황은 만성적인 실업이었다. 1980년대 평균 실업률이 5% 내외이던 것이 1990년대 들어 20%로 급증했다. 1997년 하마스가 권력을 잡은 이후 이스라엘은 사실상 이 지역에 대한 경제적 봉쇄에 들어갔다. 특히 가자지구의 경제 사정은 극에 달했다. 1999년 가자지구와 웨스트뱅크 간의 일부 통행이 재개되었으나, 경제를 회복시킬 만한 경제활동을 수행할 만큼은 되지 못했다.

2005년 23%이던 실업률은 2006년 들어 50%로 늘어났다. 이스라엘의 봉쇄 조처로 85%의 공장이 문을 닫았고, 20% 정도만 가동되었다. 가자지구는 하루 평균 100만 달러의 손해를 입었다. 이스라엘 측 역시 하루 200만 달러의 손해를 입었다. 웨스트뱅크의 액면가 GDP는 4,007,000달러로서 이스라엘의

161,822,000달러의 1/400 정도이며, 1인당 GDP 역시 팔레스타인(1,036달러)은 이스라엘(22,563달러)의 1/22밖에 안 된다.

지난 30여 년간 이스라엘은 팔레스타인 노동자들이 이스라엘 지역에 들어와 일하는 것을 허락해왔다. 이들은 주로 건설, 농업, 청소 용역 등 블루칼라 일용직 노동자들로 살아왔다. 매일 아침 들어와 저녁에는 반드시 이스라엘 지역을 나가야만 했다. 인티파다 이후 자살 폭탄 사건이 자주 발생하자 팔레스타인인들의 출입을 철저하게 제한하고, 이들 값싼 노동력은 태국이나 루마니아 등지에서 온 이주 노동자들로 대체했다. 폭력, 통금, 예측 불가능한 폐쇄 등의 조처가 팔레스타인의 경제 발전에 가장 큰 장애임은 세계은행도 밝힌 바 있다. 세계은행은 2007년 웨스트뱅크의 경제성장률 예측을 −0.6%로 잡았다.

팔레스타인의 주요 경제지표

GDP	129억 5천만 달러(2009)
GDP 성장률	8%(2009)
1인당 국민소득	2,900 달러(2008)
분야별 GDP	농업 5%, 산업 14%, 서비스 81% (2008)
인플레이션	9.9%(2009)
최저생계 인구	46%(2007)
노동인구	872,000명(2006)
직업별 노동인구	농업 12%, 산업 23%, 서비스 65%(2008)
실업률	16.5%(2010)
주요 산업	시멘트, 채석, 섬유, 비누, 올리브나무 조각 기념품, 식품
기업용이도(Ease of Doing Business Index)	세계 135위
수출	5억 2,900만 달러(2008)
주요 수출품목	올리브, 과일, 야채, 석회석, 선인장, 꽃, 섬유

수입	30억 7,720만 달러(2008)
주요 수입품목	식품, 소비재, 건축자재
총 매출액	10억 8,700만 달러(2010)
총 지출액	31억 달러(2008)

출처: http://en.wikipedia.org/wiki/Economy_of_the_Palestinian_territories

가자지구의 경제 상황은 더욱 열악해서, 국경이 폐쇄되면서 빵 등 식료품조차 부족해졌다. 2006년 선거에서 대승을 거둔 하마스의 거점일 뿐만 아니라, 팔레스타인 자치정부를 사실상 무력화하자 이스라엘은 이 지역을 사실상 봉쇄했으며, 팔레스타인 자치정부는 공무원들과 학교 교사들의 임금 지불을 거부했다. 한 달 평균 약 6~7천만 달러의 현금이 사라진 것이다. 선거 직후 팔레스타인 증권시장은 20%가 하락했고, 지역 은행은 잔고가 바닥이 났다. 이스라엘 정부는 팔레스타인 자치정부에 부과된 세금 5,500만 달러를 면제해줄 정도였다. 미국과 EU가 긴급 지원에 나서 팔레스타인 은행의 도산을 막았다.

2007년 웨스트뱅크의 경제는 차츰 나아져갔다. 경제성장률이 4~5%로 돌아섰고, 실업률도 3%대로 떨어졌다. 임금도 20%가량 올랐으며, 무역은 35%가량 증가했다. 베들레헴의 관광 수입도 이전의 두 배로 늘었으며, 여리고 관광객 수도 50% 증가했다. 평균 수명은 73.4세로 요르단(72.5세)이나 터키(71.8세)를 넘어 세계 77위를 기록했다. IMF는 2009년 웨스트뱅크의 경제성장률을 7%로 예상했다. 2008년 자동차 판매 대수도 2007년에 비해 두 배로 늘었다. 라말라 북쪽 라와비에 카타르의 지원과 투자로 팔레스타인 최초의 계획도시를 건설하기 시작했다. 국제 비즈니스도 약간의 이익을 내기 시작했다. 2008년 초에는 베들레헴에 소기업센터의 문을 열었다. 독일이 지원했다. 여기에서는 팔레스타인과 이스라엘이 합작한 벤처기업의 상품 '평화 올리브기름'을 판매한다. 또한, 팔레스타인 산업을 이끌고 있는 채석사업 역시 활발하게 진행 중이며, 현재 웨스트뱅크 내에 약 650개의 채석장이 가동 중이다.

2009년 팔레스타인 지역 경제 활성화를 위한 노력을 지속하고 있는 가운데 영국의 토니 블레어와 케이트 데이턴이 기부하여 세운 기업이 경제와 평화 번영을 지속가능하게 하는 데 힘을 보태고 있다. 이스라엘(길보아)과 팔레스타인(제닌)이 협력하는 기업도 수익을 내고 있으며, 2009년에는 두 지역(길보아와 제닌)을 오가는 여행상품도 개발하여 시행 중이다. 두 지역은 공동 비즈니스 존을 만들고, 두 지역의 문화적 유산을 상호 존중하는 가운데 아랍어와 히브리어를 서로 가르치는 언어 센터도 열 작정이다.

2009년의 경제성장률은 약 8%에 달했다. 여행자들도 늘어나 2008년 100만 명, 2009년 1,500만 명이 베들레헴을 찾았다. 신종 차량 수입이 44%나 늘었고, 새 쇼핑몰이 제닌과 나블루스에 문을 열었다. 팔레스타인 투자 컨퍼런스가 열리면서 외국인 투자도 점차 늘어나고 있는 추세다.

외국 원조는 웨스트뱅크와 가자지구의 경제를 지탱하는 또 한 축이다. 2008년 18억 달러의 해외원조가 있었다. 이는 팔레스타인 전체 GDP의 약 30%에 해당되며, 1인당 연 484달러에 해당된다. 이로 인해 팔레스타인의 절반가량이 필수적인 수혜를 입고 있다. 자치정부는 이 돈으로 약 14만 명의 고용자들에게 임금을 지불하고 있다. 2010년 아랍국들은 팔레스타인 자치정부에게 주는 원조를 삭감했다. 2010년 기준 5억 8,350만 달러의 원조를 받았는데, 이는 전체 원조액의 약 22%에 해당된다. EU와 미국이 가장 큰 원조를 보내고 있다.

한국과 팔레스타인 사이에는 실질적 교역 관계가 진행되고 있다기보다는 사실상 한국 정부의 대(對)개발도상국 개발경험 전수 및 무상원조 사업을 중심으로 경제 교류가 이루어지고 있다. 한국은 2005년 6월 일반대표부 관계를 시작하여 같은 해 8월 라말라에 대표사무실을 설치했다. 한국의 팔레스타인 지원 실적은 1994년에서 2005년까지 총 1,079만 달러이며, 2006년부터 2008년 사이에는 600만 달러를 무상원조했다. 같은 해 11월 우리 외교관의 팔레스타인 관료 접촉 허용과 더불어 1996년 8월부터는 팔레스타인 자치정부 발급 여권을 인정하고 동 여권상 비자 발급을 허용하고 있다. 한편 팔레스타인은 1966년 4월 평양에 PLO 사무소를 개설, 유지하고 있으며, 아라파트 의장의 평양 방문은 1970년대 이래 약 6회에 걸쳐 이루어졌다.

5 맺음말

———

   팔레스타인 경제는 한마디로 '원조경제'다. 팔레스타인에서 생산되어 팔아먹을 수 있는 물건이라야 고작 지천에 널린 올리브나무에서 딴 열매가 전부라 해도 과언이 아니다(그마저 수출이 금지되어 팔 수도 없는 실정이다). 학교와 병원 등 팔레스타인 전역에 펄럭이는 난민구호사업기구나 UN개발계획, 적신월사 그리고 그 외 수많은 NGO의 깃발에서 보듯이 해외 원조는 팔레스타인인들의 가장 중요한 생활 기반이다.

   요르단 서안과 가자지구에서만 난민 170만 명 이상이 난민구호사업기구에서 제공하는 식량과 교육, 의료 서비스의 도움을 받고 있으며, 난민이 아닌 팔레스타인인들도 공공기관이나 외국의 정부 및 비정부기구에서 일하며 월급을 받는 식이다. 오슬로 협정이 체결된 직후인 1994년 초부터 하마스가 집권한 2006년 말까지, 팔레스타인에 풀린 해외원조는 무려 80억 달러에 이른다. 이 돈은 대부분 "이스라엘의 존립을 인정하며 대화를 통한 평화협상에 임한다"는 내용을 골자로 한 오슬로 협정에 서명한 PLO를 통해 들어왔다. 그나마 하마스가 지배하기 시작한 이후 해외원조는 대폭 축소되거나 끊긴 상태다.

   하마스의 경우 아랍−이슬람 국가(이란과 사우디아라비아 등)나 사회의 이슬람 단체들로부터 지원을 받는다. 2006년 총선 이후 하마스가 집권하자 미국과 EU 등 서방 세계는 팔레스타인 원조를 중단하거나 심지어 금융 제재까지 가했다. 2007년 압바스 수반은 "팔레스타인 개발 지원을 위해 2010년까지 56억 달러를 원조해달라"고 요청했고, 미국과 EU는 2008년에 각각 6억 5천만 달러, 5억 5천만 달러를 제공해주겠다고 약속했다. 이처럼 원조는 팔레스타인의 생존 조건이자 언제든지 목 죄어 끊을 수 있는 숨통이나 마찬가지다.

   2010년 현재 이스라엘의 GDP(2,350억 달러)는 팔레스타인(130억 달러)의 18배에 달하며, 1인당 국민소득은 10.6배(이스라엘 31,000달러 ; 팔레스타인 2,900달러)나 차이가 난다. 두 지역 간의 경제적 불평등은 정치적 불균형과 맞물려 상보적 관계는 깨지고, 지배와 종속의 구조로 바뀌면서 정상적인 관계 회복에 치명적인 걸림돌이 되는 것은 잘 알려진 사실이다.

최근 그동안 안보 최우선주의의 이스라엘 사회에서 깊숙이 감추어졌던 사회적 문제가 최근 '천막 항의 야영'이라는 새로운 시민 저항으로 드러나게 되었다. 2011년 7월부터 시작된 이들의 시위는 공공장소에 천막을 치고 야영하는 방식으로 이어지고 있는데, "국민은 사회정의를 원한다"고 외치며 주말마다 거리를 행진하고 있다. 주택 문제로 시작된 이슈는 노동시장은 점점 더 힘들어지고, 사회복지 예산은 삭감되고, 공공 서비스는 악화되고 있는 것과 무관하지 않다.

이스라엘의 국내총생산이 산업화된 초강대국에 버금감에도 불구하고 사회·경제적 평가에서 서유럽에 한참 못 미친다는 사실은 2010년 5월 OECD(경제협력개발기구)에 가입으로 드러났다. 빈부격차는 미국과 비슷하고, 대부분의 유럽 국가들보다 훨씬 심각하다. 빈곤율은 19.9%에 달해 미국보다 심하고, 프랑스(7.2%)의 무려 세 배 가까이 된다. OECD에 따르면 이스라엘의 생활비는 프랑스, 영국, 캐나다, 네덜란드만큼 비싼 반면, 최저임금은 프랑스의 절반에도 못 미친다. 2008년 임금노동자의 41%가 법적 최저임금보다 적게 받았고, 이들 중 3/4(74.4%)는 한 달에 1,400유로 이하를 임금으로 받았다. 게다가 노동력의 10%가 임시직(비정규직)이며, 그중 절반은 공공 분야에서 일하고 있다. 노조 가입률은 1970년대 85%에서 2000년 45%로 급속히 떨어졌다. 현재는 약 20~30% 수준으로 추정된다. 높은 평균수명(79.8세)과 뛰어난 첨단의학이 있지만 치료에 접근할 수 없는 불평등이 생활 조건 악화와 연계되어 있어 인구의 1/3이 치과치료를 받지 못하고 있는 실정이다.

촉발을 일으킨 주택 분야는 눈에 띌 정도로 사회적으로 퇴보했다. 이 분야의 공공 정책은 항상 불공평했다. 사회보장 주택이나 특혜 융자를 거의 받지 못한 스파라딤 이민자들은 협소하고 값싼 주거지(서민주택)로 내몰린 반면, 아슈케나짐에게는 좋은 곳에 위치한 주택을 살 수 있도록 특혜 대출을 해주었다. 1980년대까지만 해도 적어도 사회보장 주택이 존재했다. 그러나 지난 30년간 정부는 단 한 채도 짓지 않았다. 대부분의 주택 자금은 점령지 내에 건설된 정착촌에 쏟아부었다. 그곳에는 우파 종교적 유대인들이 주로 이주하면서 세금 감면 등 정부로부터 톡톡한 혜택을 보고 있다. '일하지 않으면서 아이를 많이 낳는 사람들이 누리는 특권들'에 반대하는 목소리가 커져가는 것은 이를 두고 하는 것이다. 이처럼 수십 년간 문제들이 차곡차곡 쌓인 끝에 최근 전세 대란으로 아파트 임대료가 11~20%까지 급상승했다.

그럼에도 불구하고 문제의 심각성은 "국민은 사회정의를 원한다"라고 외치는 때조차, 여기서 말하는 '국민'에 모든 사람을 포함시킨 것은 아니라는 점이다. "국가에 만연한 거대한 사회적 불평등을 끝장내야 한다"고 주장하지만, 실상은 일부 잃어버린 자신의 특권을 되찾기 위해 투쟁하고 일부 시민들만이 이 시위에 참여하고 있다는 사실에서 문제의 본질을 볼 수 있다. 이스라엘 내에서 '시민'으로 거주하는 이스라엘-팔레스타인인들이나, 에티오피아로부터 이민 와서 하층민의 지위를 벗어나지 못한 채 살아가는 이들의, 이들을 위한 목소리는 전혀 들리지 않는다. 거리에 나선 중산층 유대인들의 '이기적인 저항 혹은 아우성'에서는 이들 계층들에 대한 심각한 차별에는 대한 관심이 전혀 없는 듯하다. 이들이 외치는 사회정의란 무엇인가?

팔레스타인 경제는 이스라엘 경제의 한 부분에 불과하다. 팔레스타인 경제는 점령자의 화폐를 사용하기 때문에 당연히 이스라엘 통화정책에 종속되어 있다. 팔레스타인 GDP의 절반은 이스라엘에서 건너온 자산과 서비스에 의존하고 있다. 팔레스타인의 수입과 수출은 이스라엘을 경유하는데, 이스라엘 정부는 팔레스타인 자치정부에 돌려주겠다는 약속(늘 지켜지지 않는다)을 하고 무역 거래에 일반관세를 매기고 있다. 웨스트뱅크에 거주하는 팔레스타인 노동력의 14%가 이스라엘이나 이스라엘 정착촌에서 일한다. 팔레스타인 경제는 개발도상국 경제와 비슷한 수준이다.

읽어볼 만한 책과 논문

심의섭, 「인티파타 2000이 이스라엘과 팔레스타인의 경제에 미치는 영향」, 『한국중동학회논총』 24-2, 2004, 93~120쪽.

이성수, 「팔레스타인-이스라엘 경제구조에 관한 연구」, 『아시아지역연구』 1, 1998, 292~316쪽.

장　건, 「팔레스타인의 세계화와 경제발전」, 『중동연구』 22-1, 2003, 79~102쪽.

최영순, 『성서 이후의 유대인』, 매일경제신문사, 2005.

홍미정·서정환, 『울지 마, 팔레스타인』, 시대의창, 2011.

제7장

교육, 과학, 문화, 언론

1 이스라엘

1) 언어와 교육

히브리어는 이스라엘의 국어다. AD 200년경부터 사실상 구어(口語)로서는 일상생활에서 거의 사용되지 않았으나 기도서, 철학, 문학에서는 성스러운 언어로서 계속 사용되었다. 현대 히브리어의 아버지라 일컬어지는 엘리에제르 벤예후다(1858~1922)는 히브리어를 살아 있는 생활언어로 부활시키는 데 선도적인 역할을 담당했으며, 이로써 현대 히브리어는 19세기 말 시온주의 운동의 중요한 정신적 토대가 되었다. 그는 1881년 팔레스타인으로 이주하여 가정과 학교에서 히브리어 사용을 선도하고 새로운 어휘들을 만들고 히브리어 정기간행물도 창간(1884)했다. 히브리어위원회를 공동으로 설립(1890)하고, 1910년부터 사망 때까지, 사후에는 그의 미망인과 아들에 의해 완성된 『고대 및 현대 히브리어 대사전』(총 17권)을 편집했다. 영국의 위임통치 기간 동안 히브리어는 아랍어와 영어와 더불어 공용어였으며, 유대인 공동 및 교육기관에서 공식적으로 사용되었다.

이스라엘의 교육은 귀중한 유산이다. 교육은 과거 세대들의 전통에 이어 여전히 필수적인 가치로 존재하며 미래에 대한 해답으로 인식되고 있다. 이스라엘의 교육 시스템은, 현대 이스라엘 사회의 역사와 구성이 그러하듯이, 어린 세대들이 다양한 인종, 종교, 문화, 정치적 배경을 가진 사람들이 함께 살아가는 민주적이고 다원론적인 사회의 책임 있는 구성원이 될 수 있도록 가르치는 것을 목표로 한다. GDP 대비 교육에 투자하는 재정은 늘 8~10%를 유지하고 있다.

기본적으로 이스라엘의 교육열은 매우 높다. 전 교육과정에 걸쳐 학교는 학생들이 정해진 답을 찾고 암기하기보다는 호기심을 갖고 질문하도록 장려하고, 기존의 주장이나 이론을 그대로 수용하기보다는 이에 의문을 제기하고 반박함으로써 새로운 주장이나 이론을 정립하도록 독려하는 등 창의성 및 토론식 교육

엘리에제르 벤예후다(1857~1922)

러시아령 벨로루시 태생의 유대인으로, 후에 이스라엘로 이주했다. 히브리어 부활의 최대 공로자로서, 사멸한 고대 언어였던 히브리어를 현대적 일상언어로 탈바꿈시켰다. 그는 이스라엘에서 히브리어가 현대적으로 부활됨으로써 이산한 유대인들이 현지에 동화하는 것을 막고 유대 사회를 결집시킬 수 있다고 생각했다.

벤예후다는 새 이스라엘에서 히브리어가 민중의 입말로 실용적으로 쓰일 수 있겠다는 믿음을 갖게 되었다. 파리에서 알제리의 알제로 건너간 뒤에 알제리 유대인들과 오직 히브리어로만 대화를 나누기도 했다. 이 과정에서 그는 모든 일상 커뮤니케이션을 포함한 실용언어로서 히브리어의 가능성과 실용성을 실험하고 확신하게 되었다. 파리와 알제에 있던 동안에 그는 갖가지 출판물을 통해 자신의 의견을 전개했고, 유대인 사회로부터 다양한 반응들을 이끌어냈다. 그리고 자기 신념을 실현시키기 위해 팔레스타인 이주를 마음먹는다.

1881년 당시 오스만 터키령이던 팔레스타인으로 이주한 벤예후다는 이디시어를 비롯한 이주민들의 다른 유대어들로부터 영향을 받지 않고 히브리어를 되살릴 방법을 모색한다. 예후다의 아이디어를 이루어줄 상대는 아들 벤시온 벤예후다였다. 예후다는 아들의 유년기를 통틀어 다른 언어와의 접촉을 철저히 금지했으며, 오직 히브리어로만 말을 가르쳤다. 심지어 부인이 어린 아들에게 무심코 러시아어 자장가를 불렀다고 호되게 질책했을 정도다. 이런 철저함에 힘입어 그 아들은 디아스포라 이후 2천 년 만에 처음으로 히브리어를 모어로 하는 사람이 되었다.

총 16권에 이르는 히브리어 대사전 발간 작업을 의욕적으로 추진했다. 히브리어위원회가 설립되었고, 이는 1953년 이스라엘 정부에 의해 히브리어 아카데미로 이어져 오늘에 이른다. 예후다의 죽음 뒤에 그와 위원회의 작업을 모은 『고대 및 현대 히브리어 대사전』이 발간되었다.

에 주안점을 두고 있다. 국민의 독서열 역시 매우 높다.

이스라엘 교육은 매우 이른 나이에 시작된다. 취학 전 교육은 어린이들의 사회화와 언어 발달에 역점을 둔다. 취학 전 5세 아동의 **유치원 교육**은 무료이며 의무 사항이다. 언어와 숫자 개념을 포함하는 기초능력을 지도하여 인지 및 창의적 능력을 기르고 사회적 능력을 촉진하는 것을 목표로 한다. 2~4세 아동의 경우에도 대부분 유치원 교육을 받고 있어 조기교육에 많은 시설 및 열정을 투자하고 있다. 조기교육은 언어 발달과 놀이 집단을 통한 사회 교육에 치중하고 있으며, 지방자치단체가 운영하는 유치원, 사립유치원, 지방자치단체와 여성단체가 공동으로 운영하는 일종의 일일센터 유치원 등이 있다.

이스라엘은 사회·문화적 다양성을 가지고 있어 학교의 종류도 일반 국공립학교, 국립종교학교, 사립학교, 특수영재학교, 정통파 유대교 학교(예시바), 아랍계 학교, 드루즈계 학교 등으로 나뉜다. 2009년 현재 초중고교가 4,059개, 학급 수는 56,754개, 교직원 수는 120,888명이며, 초중고교 학생 수는 국공립 640,180명, 국립 종교 201,094명, 사립 218,665명, 정통파 유대학교 46,747명 등이다.

6세에 취학하여 18세까지 의무 무상교육을 받는다. 초등학교(6년), 중학교(3년), 고등학교(3년) 등 총 12년으로 구분된다. 초등학교를 마친 학생 중 약 9%는 기숙학교에 입학한다. **교육과정**은 이스라엘 정부(교육부)가 지정하는 의무교육 과정이지만, 각 학교에는 학생들의 필요 및 지역사회의 요구 등에 따라 교육부가 허락하는 범위 내에서 교과과정 선택의 자유가 허용되어 있다. 교과목은 히브리어, 영어 및 제2외국어, 성서, 문학, 수학, 역사, 지리, 과학(생물, 화학, 물리), 예체능 등 다양하며, 학교별로 교과목에 다소 차이가 있다. 예컨대 종교학교에는 성서, 미슈나와 탈무드 등 종교 관련 과목들이 집중 편성되어 있다.

위 학교 중 어느 곳에도 다니지 않는 청소년들은 견습과정법에 따라 승인된 직업학교에서 한 가지 직종에 대한 교육을 받아야 한다. 견습 프로그램은 산업통상노동부가 직업 네트워크에 가입된 학교에 제공하는 것으로, 3~4년 과정으로 이루어진다. 2년간 교실에서 수업을 받은 뒤 1~2년간은 일주일에 3일은 공부하고 나머지 날에는 학생들이 선택한 직업에 종사하도록 되어 있다. 직업 분야는 미용, 요리부터 기계 정비, 워드프로세싱까지 다양하다.

그러나 점차 계층별 교육차가 크며, 그 격차가 더욱 벌어지고 있다. 이는 주로 사회·경제적 배경과 종교·민족적 배경, 학교별 특성 때문인 것으로 알려져 있다. 현재 '새로운 지평(Ofek Hadach)'이라 일컫는 교육 개혁을 추진하고 있다. 이 프로그램은 2007년 9월 유리 타미르(Yuli Tamir) 당시 교육부장관이 시작했으며, 2013년 9월까지 교육 개혁 과제를 이행하도록 하고 있다. 교사의 급여 인상 및 근무 환경 개선, 교육 환경 개선을 통한 교육의 질 제고가 개혁의 핵심 골자인데, 구체적인 개혁 목표로는 교사의 지위, 전문가로서의 자긍심 제고, 교사의 급여 인상, 개별 학생들에게 동등한 학습 기회 제공, 학생들의 학업성취도 향상, 교육의 중요성 강조, 학교 환경 개선 및 학교 폭력 종식 등이 총망라되어 있다.

이스라엘의 **고등교육**은 경제 및 사회 발전에 중추적인 역할을 한다. 현재 총 8개의 대학과 수십 개의 칼리지(여기서는 박사학위를 수여할 수 없다)들이 있다. 건국 이전에 문을 연 하이파 테크니온(1924)은 공학자와 건축가를 양성하기 시작했으며, 예루살렘히브리대학교는 해외의 유대인 학생과 학자들을 끌어오기 위해 1925년에 설립했다. 1948년 독립 당시 두 학교의 재학생 수는 총 1,600명 정도였다. 그 외에도 고등교육을 담당하는 대학교로는 바이츠만 연구소(1934), 바르일란대학교(1955), 텔아비브대학교(1956), 하이파대학교(1963), 벤구리온대학교(1967) 등 종합대학들(전체 대학생의 약 38%)과 여러 단과대학들(41%), 개방대학(21%) 등이 있다. 현황은 아래와 같다.

이스라엘의 대학교 현황

기관	인터넷 도메인	설립일	학생수 (연도)	세계 대학 랭킹 (WebOMetric, SJTU, THES 3개 기관 평가)
Hebrew University of Jerusalem (HUJI)	huji.ac.il	1918	22,600 (2003)	131, 64, 77
Technion–Israel Institute of Technology (IIT)	technion.ac.il	1912	13,000 (2005)	101, 102, 194
Weizmann Institute of Science (WIS)	weizmann.ac.il	1949	700 (2006)	346, 102, N/A

기관	인터넷 도메인	설립일	학생수 (연도)	세계 대학 랭킹 (WebOMetric, SJTU, THES 3개 기관 평가)
Bar–Ilan University (BIU)	biu.ac.il	1955	33,917 (2010)	570, 305, N/A
Tel Aviv University (TAU)	tau.ac.il	1956	29,000 (2005)	266, 102, 114
University of Haifa (HU)	haifa.ac.il	1963	13,000 (2005)	510, 402, N/A
Ben–Gurion University of the Negev (BGU)	bgu.ac.il	1969	19,000 (2010)	448, 203, N/A
Open University of Israel (OPENU)	openu.ac.il	1974	39,000 (2005)	1893, N/A, N/A

출처: http://en.wikipedia.org/wiki/List_of_Israeli_universities_and_colleges

이스라엘 청년들은 고등학교를 졸업하면 남자 3년, 여자 2년씩 의무적으로 군에 복무하는데, 군복무를 마친 뒤 21세가 넘어서 대학에서 학업을 시작하는 경우가 많다. 현대 20~24세의 인구 중 약 50%가량이 중등 후 교육기관이나 고등교육기관에 재학 중이다. 1960년대 초반까지는 주로 지식을 습득하는 것이 목적이었다면, 점차 커리어 중심으로 변화하여 광범위한 전문 과정을 이수하고 있다.

예루살렘히브리대학(Hebrew University of Jerusalem)은 이스라엘에서 가장 오래된 대학이다. 이 대학은 이스라엘 수상 네 명을 배출했다. 유대교 철학자 게르숌 숄렘, 신고전학파 경제학자 파틴킨, 인지심리학자이자 경제학자인 대니얼 카너먼, 그리고 노벨 경제학상 수상자인 로버트 아우만 등 세계적으로 인정받는 교수들이 학생들을 가르치고 있다. 교내 도서관은 세계에서 가장 방대한 유대인 연구자료를 소장하고 있다. 예루살렘히브리대학은 매년 세계 100대 대학교에 랭크되며, 이스라엘에서는 최고의 대학으로 손꼽히고 있다.

예루살렘히브리대학은 팔레스타인에 유대 민족국가를 건설하려는 민족주의 운동의 발상지이다. 1884년 호베베이 시온 카토비츠 회의에서 알베르트 아인슈타인에 의해 처음 히브리대학 설립이 제안되었다. 당시 제네바대학의 물리학 교수였던 하임 바이츠만을 비롯하여 철학자 마르틴 부버, 심리학자 지그문트 프로이트, 헤이윌 및 유다 마그네스 등이 동참했다. 1918년 7월 24일 히브리대학의 초석이 놓였고, 1923년에 알베르트 아인슈타인이 상대성이론을 처음으로 강의했다. 1925년 4월 1일 히브리대학 마운트스코푸스(Mt. Scopus) 캠퍼스가 완성되었다. 개관식에는 많은 유대인 학자들과 유명인사들, 외무장관 아서 제임스 밸푸어, 바이카운트 알렌비 장군, 외교관 허버트 새뮤얼 등 영국의 고위인사들이 참석했다. 초창기에는 주로 유대학, 화학, 미생물학이 개설되었으며, 1949년 5월 메디컬스쿨을, 1949년 11월 법과대학을, 1952년 농업연구소를 각각 설립했다.

히브리대학의 설립 목표와 방향은 두 가지였다. 첫째는 유대인의 전통을 묶어 연구하고 발전, 계승시키고자 인문과학을 일으키는 것이고, 둘째는 이 땅에 새로 들어오는 사람들에게 유익이 되는 기초과학과 의학을 발전시키는 것이었다. 인문학은 유다 마그네스가 지휘했고, 자연과학과 의학 분야는 바이츠만과 아인슈타인에 의해 계승되었다. 기초과학 중심으로 아직 히브리대학교에는 공과대학이 없다.

아랍-이스라엘 전쟁(1948) 중 아랍인들은 예루살렘 북동쪽에 위치한 히브리대학을 지속적으로 공격했다. 1948년에 아랍인들은 하다사 의학연구소를 공격했고, 스코푸스 캠퍼스는 예루살렘의 유대인 지역과 완전 차단되었다. 1949년 요르단 정부가 휴전 조약을 파기하고 이스라엘인들이 스코푸스 캠퍼스에 접근하는 것을 거절하자 히브리대학은 기바트 람(Givat Ram)에 새로운 캠퍼스를 만들었다. 기바트 람 캠퍼스는 1953년 완공되었는데 그 이전까지 학생들은 예루살렘 주변의 40개의 건물에 흩어져 수업을 들어야 했다. 레하비아에 있는 프란체스코 수도회 소유 성지 테라 상타[1] 빌딩도 학생들의 수업을 위해서 사용되었다.

---

1) "우리들은 십 년 전 테라상타대학에서 만났다. …(중략)… 그 당시는 아직 히브리대학의 강의를 테라 상타에서 받을 때였다." 아모스 오즈의 소설 『나의 미카엘』(1968) 첫 장에 나오는 장면이다.

기바트 람에는 경제학 및 사회과학부(1952~1953), 경영학 및 아시아—아프리카학(1962)이 신설되었고, 이어 법과대학(1963)이 설립되었다. 예루살렘의 남서쪽 에인 케렘 근처에 하다사(Hadassah Ein Kerem) 메디컬센터와 메디컬 사이언스 캠퍼스(1961)가 지어졌다. 1967년 6월 5~10일의 아랍과 이스라엘 간의 제3차 중동전쟁인 6일전쟁 후에 히브리대학은 스코푸스 캠퍼스로 돌아갈 수 있었다. 1981년 새로운 스코푸스 캠퍼스가 완성되었고, 스코푸스 캠퍼스는 다시 히브리대학의 중심이 되었다.

대학 출판사인 마그네스 사(Magnes Press)가 있고, 국립도서관에는 약 300만여 권의 장서가 보관되어 있다. 대학생 수는 독립 당시 1천 명이던 것이, 1958년 5천여 명으로, 1970년에는 1만 5천여 명으로, 오늘날에는 2만 3천여 명으로 꾸준히 늘고 있다. 대학의 재정은 정부와 유대 기금에서 약 2/3을 담당하며, 나머지는 기부금과 등록금으로 충당하고 있다. 총장은 정부가 임명하며 임기는 4년이다. 여러 명의 노벨상 수상자를 배출했다.

바이츠만 연구소는 물리, 화학, 수학, 생명과학 분야에서 세계적인 수준을 자랑하는 기초과학 연구소로서 대학원 과정으로 구성된다. 역시 여러 명의 노벨상 수상자를 배출했다. **텔아비브대학교**는 텔아비브 시장 하임 레바논(Haim Levanon)이 주창하여 1953년 총 24명의 학생으로 시작한 학교로서 오늘날 학생 수 3만 명에 이르는, 이스라엘에서 가장 빨리 성장한 최대의 대학 중 하나이다. 사회과학이 대체로 강하다. **바르일란대학교**는 텔아비브 근처 라마트간에 위치하며, 유대교의 정신으로 설립된 종교적 색채의 대학교이다. 졸업생이 약 10만 명에 이른다. 네게브에 위치한 **벤구리온대학교**는 이스라엘 국토의 약 60%나 되는 네게브의 개발을 목적으로 이스라엘의 첫 번째 수상 벤구리온의 비전에 영감을 받아 1969년에 설립되었다. 캠퍼스가 브엘세바와 에인보켁 등에 분산되어 있다. 바이오테크 연구소와 야콥 블라우스타인 사막연구소가 유명하다.

2) 과학 · 기술

이스라엘은 국가경쟁력을 높이기 위하여 과학과 기술 정책을 강화하고 있다. 우수한 과학자들을 중심으로 최고의 연구 거점을 확보하고, 과학 분야 전반에 걸쳐 높은 투자와 성과를 내고 있다. GDP 대비 과학기술 연구 종사 인력, 연구개발 투자액 비율은 세계 최상위권에 속한다.

유대국가 창설에 기여한 이들 가운데에는 많은 과학자들이 있었는데, 이들은 단지 고향에 돌아와 사는 것에 그치지 않고 정신적 · 문화적 · 과학적으로 탁월한 수준에 오른 국가를 꿈꾸었다. 질병이 만연한 당시의 땅을 개척한 이들은 과학적 탐구와 기술 발전에 노력을 기울였다. 농업 연구의 시작은 미크베이스라엘 학교가 창설(1870)되면서 시작되었다. 1921년에 세워진 텔아비브 농업시험장은 후에 농업연구소(ARO)가 되었다. 의학 및 공중보건 연구는 제1차 세계대전에 앞서 히브리 보건소가 설립되면서 시작되었다. 1920년대 중반 예루살렘히브리 대학교에 미생물연구소와 생화학과, 세균학과, 위생학과가 설립되어 이 분야 연구에 큰 힘이 실렸다. 이러한 연구들이 기반이 된 하다사 메디컬센터는 세계적으로도 그 수준을 인정받고 있다.

산업 연구는 1930년대 사해연구소가 처음으로 세워지면서 앞장섰다. 기초과학 및 기술 분야는 하이파테크니온(1924), 히브리대학교(1925), 바이츠만과학연구소(1949)로 이름을 바꾼 다니엘 시에프 연구센터(1934) 등이 건국 이전부터 이미 주도하고 있었다.

이스라엘이 보유한 대규모 우수 인력은 1990년 이후 구소련에서 이주한 수십만 명의 고도로 훈련된 과학자, 공학자, 기술자들이 가세하면서 극적으로 상승했다. 이들을 기반으로 시작된 벤처 열기는 세계를 놀라게 하기도 했다. 이스라엘의 연구개발(R&D)은 주로 일곱 개의 종합대학, 수십 개의 정부 및 공공 연구기관, 수백 개의 민간 및 군사 기업체에서 실시되고 있다. 의료센터와 전기통신, 전력 생산, 수자원 관리 등의 분야에서는 여러 공공 기업체가 연구를 수행하고 있다. 이스라엘 대학의 과학 논문들은 전 세계 SCI급 논문의 1%가량을 차지하며, 이들 연구개발 비용은 주로 정부와 공공 단체들이 지원한다.

특히 생명공학 분야에서 선진 기반 시설을 발전시켜왔는데, 성장 호르몬, 바이러스 감염 억제에 효과적인 단백질군인 인터페론 생산 방법을 개발했다. 다발성 경화증 치료에 효과가 있는 의약품 코팍손도 기초적 연구에서 산업용 생산에 이르기까지 전 과정에 걸쳐 이스라엘에서 개발되었다. 유전공학은 기타 미생물학 관련 제품들과 함께 단일 클론 항체를 기반으로 한 광범위한 진단 키트를 생산 가능케 했다. 컴퓨터 단층촬영(CT) 스캐너, 자기공명 화상법(MRI) 시스템, 초음파 스캐너, 핵의학 카메라, 수술용 레이저 등 진단 및 치료용의 정교한 의료기기들이 개발되어 세계시장에서 각광받고 있다. 그 외에도 액체 폴리머, 양성 및 악성 전립선 비대증을 감소시키는 장치, 보툴리누스를 이용한 사시 교정, 내복 가능한 캡슐에 넣어 위장 질환 진단에 사용되는 초미니 카메라 등이 개발되었다.

기타 산업 부문, 전자공학, 광학 및 전기광학·레이저, 컴퓨터 기반 설비, 로봇공학, 핵공학, 항공 및 우주공학, 에너지 분야 등에서 탁월한 연구 성과들을 보유하고 있다. 특히 농업 연구개발의 경우 농민과 연구자들 간의 협력으로 시행되는데, 연구결과는 곧바로 현장 실험과 서비스를 통해 신속히 전달된다. 이스라엘 젖소의 평균 우유 생산량은 세계 최고이다. 볼카니 연구소가 수행한 과학적 품종 개량과 유전자 검사를 통해 젖소 두당 평균 산유량이 1970년대 6,300리터에서 현재 1만 리터 이상으로 증가했다. 부족한 물과 거친 땅, 제한된 노동력을 최적으로 활용함으로써 농업 방식에 혁신적인 변화를 가져왔는데, 물의 흐름을 식물의 뿌리 쪽에 곧장 향하게 하는 점적식 기법과 같은 컴퓨터 제어형 관개 시스템이 대표적이다. 최근 남쪽 네게브 지방의 사막에 무진장 확보된 태양열을 이용한 대체에너지 생산에도 투자를 아끼지 않고 있다.

3) 현대 히브리 문학

현대 이스라엘 문학을 논하려면 우선 그것이 '유대 문학'인가 아니면 '히브리 문학'인가부터 논해야 할 것이다. '유대 문학'이란 '유대인에 의해 써진 모든 문학'으로 정의할 수 있다. 그렇다면 유대인이 영어나 다른 언어로 쓴 작품도 유대 문학인가? 사울 벨로나 넬리 샤흐는 어디에 속하는가? 이디시어나 라디노어로 쓴 작품은 무엇인가? 프란츠 카프카는 유대 작가인가? 주제가 반드시 유대인을 다룬 작품이거나 '유대성(Jewishness)'을 내포해야 하는가? 그렇다면 안톤 샤마스 같이 아랍-이스라엘인의 작품은 무엇인가? 정의하기 까다롭다 하더라도 유대 문학이라 함은 충실한 유대인의 역사의식에 의해 규정될 수 있을 텐데, 알터(Robert Alter)의 제안대로 '유대적이라 인식될 만한 문학 전통'을 지닌 작품들로 규정할 수 있을 것이다.

유대 문학에 있어 '이산(exiles)'은 매우 중요한 개념이다. 긴 세월 동안 외국 땅에서 떠돌아다니며, 낯선 땅에서 웃기도 하고 두려움에 떨기도 하던 이중적인 유대인의 자기경험이 문학 세계에 고스란히 반영된다. 다시 말해서 서로 다른 다양한 시간과 공간에서 살아온 유대인의 이산과 포로 생활은 '유대 문학의 기억의 뼈와 피'인 셈이다. 디아스포라 생활의 이중문화, 이중국민, 이중언어 등이 팔레스타인에 들어와 유대국가를 건설하고 살면서 생산해낸 작품들 속에 고스란히 유산으로 남게 되었다. 그런 의미에서 다언어적 배경을 가지고 탄생한 각각의 유대 문학이 '단일한 실재'로서 통일성을 갖출 수는 없었다. 단 미론(Dan Miron)은 "18세기 말, 19세기 초에는 하나의 민족문화의 파편이 존재하지도 않았으며, 오늘날 통일된 유대 문학 같은 것은 없다"고 잘라 말할 정도다.

하스칼라 시대의 히브리 문학

현대 히브리 문학사의 시작은 하스칼라, 즉 계몽주의 시작과 더불어 왔다고 볼 수 있다. 물론 중세에도 히브리어는 기도할 때나 몇몇 종교 출판물 등에서 사용되었다. 10세기 말 아랍어가 지배하던 이베리아 반도에서도 히브리어 저작물들은 생산되었다. 11~14세기 안달루시아 지방의 이슬람 전성시대에는 제법 많은 히브리어로 된 시와 작품들이 나왔다. 이런 전통은 르네상스 여명기에 이탈리아에서도 계속되었다. 14세기 로마의 임마누엘은 히브리어로 외설스런

시를 썼는데, 동시대의 이탈리아 방식으로 성서를 해석하고 풍자했다.

계몽주의의 시작과 함께 18세기 후반부터 서유럽의 유대인들은 게토에서 점차 벗어나 현대 유럽 사회 속으로 들어가기 시작했다. 유대인 지식인들은 히브리어를 새로운 유대 문화 창조를 위한 도구로 받아들였으며, 다른 사람들의 문화를 계몽된 사람들의 진보적 차원 속으로 가지고 들어갔다. 그들은 히브리어로 봄을 노래하고, 교육 개혁을 위한 논문을 쓰고, 풍자적인 글을 썼으며, 현대 문화와 그들의 과거 사이에 새로운 관계를 정립하느라 골몰했으며, 그 과정에서 수많은 변화들을 경험하게 되었다. 히브리어로 '계몽'을 '하스칼라'라 하는데, 하스칼라의 제안자를 마스킬(maskil, 복수형 마스킬림)이라 부르고 그들에게 이해의 도움을 청했다.

그러나 폭넓게 진행된 변화로 전통도 빠르게 사라졌다. 전통적인 유대 교육 제도가 빠르게 축소되고, 히브리어 역시 동화의 과정을 겪었다. 1783년 최초의 히브리어 잡지인 『Ha-Measef』가 독일에서 발행되었다. 이 잡지는 1797년까지 총 120권 발간되었다. 1830년대 히브리 문학의 중심지는 독일에서 갈리시아 지방—당시 오스트리아헝가리 제국의 동쪽 끝에 자리 잡은 도시—으로 옮겨갔다. 갈리시아는 유대인들이 모여 살며 전통이 강하게 유지되던 지방이었다. 그 후 폴란드와 러시아로 확산되었다.

새로운 히브리 문학 운동은 결코 대규모 운동이 아니었다. 유대인의 지적 활동이 비교적 자유롭던 몇몇 대도시—빈, 렘베르크, 바르샤바, 빌라, 오데사 등—를 중심으로 펼쳐졌다. 몇몇 히브리어 문학 잡지가 발행되고, 그 지면에서 교육, 문화, 사회 개혁 등 유대인과 관련된 여러 주제들이 다루어졌다. 문학적인 관심보다는 역사적인 요구들이 주로 취급되었다. 소설의 경우 스타일이나 담화 형식이 매우 초보적이며 서툰 수준에 머물러 있었다.

세속적 의미에서 히브리 문학은 계몽주의(하스칼라) 시대 독일에서 발흥했다. 한 집단의 사회적·문화적·정치적 조건들을 변화시킬 수 있는 활동의 한 분야로서 히브리 문학이 자리 잡게 된 것이 바로 이때였다. 볼테르와 레싱이 제창한 세계주의와 이성은 유럽사의 꿈으로, 새로운 민족주의의 여명으로 평가된다. 유럽 낭만주의의 파도가 지나가고 하스칼라 작가들은 전원시를 썼으며, 열정적인 삶을 노래했다. 그러나 문학이나 정치에 있어서 보다 영향력 있는 주제들은 마스킬림을 넘어서는 것들이었다. 그것은 다름 아닌 유럽을 휩쓸고 지나가게 될 반유대주의라는 망령이었다.

1881년 서구에서의 반유대주의가 과학적인 교리로, 공식적인 교서로 발표되었다. 비스마르크의 독일에서 유대인의 제한과 추방에 관한 공식적인 칙령이 나왔다. 멘델의 「열차를 탄 셈과 야벳」은 이런 상황을 잘 반영한다. 1881년 차르 알렉산드르 2세가 암살되고 뒤를 이어 알렉산드르 3세가 즉위한 후 유대인 살해 계획이 추진된다는 소문이 일기 시작했다. "1/3은 죽고, 1/3은 개종하고, 나머지 1/3은 떠나게 될 것이다." 알렉산드르의 측근인 파베도노스체프가 한 말이다. 이런 상황에서 하스칼라 작가들의 세계주의에 대한 열망은 더 이상 유지될 수 없었으며, 유대 민족과 관련한 새로운 질문이 제기되었는데, 이것이 바로 초기 시온주의(proto-Zionism)의 일종으로 정치적 민족주의의 형태를 띠고 나타났다.

이 시기에 등장한 몇몇 히브리 문학들은 매우 성숙한 것이었다. 1880년 멘델 모케르 세포림의 작품이 히브리 산문의 새로운 예술적 지평을 열었다면, 1890년 초 하임 비알릭의 시와 사울 체르니코프스키의 시는 현대 히브리 시의 백미로 꼽힌다. 이러한 히브리 문학의 르네상스는 러시아 혁명 때까지 계속되었다. 물론 이들의 작품이 독립적인 것이거나 새로운 방식을 창안한 것들이 아니라, 단지 유럽 문학의 방식을 모방하거나 미진한 상태로 나온 것들이었다.

근본적인 문제는 언어였다. 이들 현대문학 작품에서는 고대 및 중세 히브리어가 그대로 차용되었다. 성서 문학이나 랍비 문학의 어휘들, 문장의 구조나 구문 역시 거기로부터 나온 것들이었다. 현대적인 어휘의 발전이 미진한 상태에서 새로운 느낌이나 개념이 여전히 중세적 언어를 통해 표현되었던 것은 어쩔 수 없는 한계였다. 산문의 경우 성서 히브리어 스타일을 모방함으로써 오히려 디아스포라 현실 속에서 매우 고상하고 매우 기품이 있으며 매우 높은 문화적 신망을 얻을 수 있었다. 그러나 '오래된 언어'는 새로운 인물의 성격이나 상황 묘사 등에 있어서 부족한 어휘와 문장 구조 때문에 '새 소설'을 쓰기에는 매우 방해가

되고 부적절한 수단이었던 것은 분명하다. 1860년대 하스칼라의 마지막 세대의 경우, 고대 및 중세 히브리어들이 마구 뒤섞여 작품의 성격을 불완전하게 만들어버렸다. 다만 하임 비알릭의 시는 고대 히브리어가 작품의 현대성과 매우 잘 어울려 독특한 맛을 낸다는 평가를 받았다.

하스칼라 시대의 작품들의 주제 역시 계몽주의 시대의 특징을 반영한다. 계몽주의로 야기된 유대 전통 사상의 세속화 과정은 자신들의 전통을 새로운 문명에 동화시키고 모방함으로써 변형시켰다. 그 과정에서 히브리 문학의 주제나 형식도 크게 바뀌었다. 문학의 주제는 주로 전통과 변화, 포로 생활과 귀향, 거룩한 것과 세속적인 것 사이의 대립과 갈등 속에서 두 전통과 '두 고향'을 결합시키려는 예술적 조화를 찾는 것이 하나의 중요한 과제로 여겼다.

19세기 말부터 본격화된 시온주의 운동과 더불어 히브리어가 점차 유대인들 개인 간의 의사소통 수단으로 자리 잡아가면서 작가들 사이의 새로운 의식 변화는 실험적인 문학 형태를 이끌어나갔다. 1920년대까지만 해도 전통적인 방식으로 써왔던 시의 경우, 20세기 초부터 러시아의 우리 니산 그네신(Uri Nissan Gnessin) 같은 이에 의해 새로운 독백 형식으로 나타나 실험적인 시도가 시작되기도 했다. 또, 팔레스타인으로 이주해와 자파에서 작품을 쓴 슈무엘 요세프 아그논(S. Y. Agnon, 1888~1970)은 상징주의, 인상주의적 환상, 동기를 통한 구조, 의식의 흐름 등 새로운 형식의 가능성에 이미 도달해 있었다. 아그논은 1966년 노벨문학상을 수상했다.

시온주의자들의 문학 활동은 1890년대 시온주의의 여명기와 1940~50년대 시온주의 발흥기로 나누어 논할 수 있다. 여명기에는 아하드 하암(Ahad Ha'am)이 있었는데, 그는 당시 유대 철학, 영적 시온주의의 이념, 문학 교사로 활동하면서 시온주의 운동 이론을 착상시키는 데 문학을 사용한 최초의 사람이었다. 그는 모국어로서의 히브리어를 매우 중요하게 여긴 작가로서 히브리어에 뿌리를 둔 문학만이 민족의 심미적 가치를 활성화시킬 수 있다고 보았다. 에레츠 이스라엘(이스라엘 땅)에서 히브리어를 모국어로 하는 작가들이 쓴 유대 작품이 없이는 민족도 없음을 강조했다. 그는 '유대 사상을 목적으로 한 히브리 문학'을 강조했다.

적어도 20세기 초 모든 유럽의 히브리어 작가들이 시온주의자는 아니었다 하더라도, 시온주의 운동은 히브리어주의자들 사이에서 강력한 지지를 받았다. 팔레스타인이 더 이상 '꿈이나 이상'이 아닌 현실이라 인식하게 됨으로써 몇몇 작가들이 새로운 정착 생활을 위해 팔레스타인으로 이주하기도 했다. 하임 브레너(1881~1921), 아그논, 바라시 등이 그들이었다. 제1차 세계대전과 러시아 혁명은 히브리 작가들을 서유럽의 여러 나라들과 미국 등으로 이주하게 했고, 그곳에서 히브리 문학을 퍼뜨렸다. 1917년 밸푸어 선언은 결정적으로 히브리 문학의 중심을 팔레스타인으로 옮겨놓았다.

현실을 포착하려고 시도한 브레너는 작품에서 히브리어 구어의 랍비식 어투와 중세풍의 형식을 선호했으며, 새로운 관용어를 만들고 극적인 구문론을 차용하여 생생한 회화적 효과를 냈다. 그의 작품의 중심에는 자신이 태어난 유럽 국가와는 전혀 다른 메마르고 거친 땅에서 터전을 마련하려는 개척자들의 육체적 투쟁과 그보다 더 힘든 유대인으로서의 자기정체성을 찾기 위한 노력에 대해 작가가 느끼는 동질감이 자리 잡고 있다.

팔마흐 세대와 히브리 문학

1940년대, 아직 유대국가가 세워지기 전에 히브리어를 모국어로 하여 태어난 이스라엘 제1세대 작가들이 활동하기 시작했다. 많은 산문 작가들은 새로운 회화체 히브리어를 섞어 작품 활동을 해나갔으며, 다양한 수사적 기법을 동원한 문학적 효과를 극대화해나갔다. 그들은 전통적인 히브리어 자료들을 불완전하게나마 알고 있었으며, 종종 잘못 모방하는 실수를 저지르기도 했으나, 히브리어를 '모국어'처럼 자유롭게 사용하지 못했던 이전 세대의 이민자 작가들과는 차원이 달랐다. 어떤 작가는 이주해온 곳의 방언을 작품에 섞어 사용함으로써 작품의 특성을 살리려 했다.

여기서 유대 문학과 히브리 문학 사이의 차이가 분명해진다. 유대 문학이란 히브리어뿐만 아니라 다른 여러 언어들로도 씌어져왔다. 디아스포라의 삶 속에서 자신들의 생각이나 일상을 표현하려면 어쩔 수 없는 현실이었다. 히브리어는 기도와 내적 유대 공동체의 언어로서 여러 세대에 걸쳐 사용되긴 했지만, 민족 의식을 하나로 묶고 삶을 통일시키지는 못했다. 그러나 팔레스타인에 모여 새로운 국가를 건설한 이들에게 이제 히브리어는 단순한 언어가 아니었다. 이때 현대 히브리 문학은 새로운 공동체로서의 히브리 민족의 의식을 표현한 문학이어야 했다.

아직까지 이스라엘 내의 히브리 문학을 모두 묶어 일반화하기에는 이르다. 이스라엘이 처한 주변 현실이 불안정했을 뿐만 아니라, 과거의 전통에서도 완전히 벗어나지 못한 상태였다. 많은 작가들이 이스라엘의 삶의 실제—키부츠의 삶, 아랍과의 투쟁, 새로운 삶의 질과 변화, 전통과의 갈등 등—의 문제들을 직접 다루기 시작했다.

이들 '팔마흐 세대'라 불리는 작가들—이즈하르, 아하론 메게드, 다비드 샤하르, 예후다 아미하이, 여호수아(A. B. Yehoshua), 아말리아 카하나 카르몬, 아모스 오즈(Amos Oz), 야콥 샤브타이, 슐라미트 하레벤, 오를리 카스텔바움, 예후디트 카치르, 다비드 그로스만 등—은 오래된 것과 새것, 전통과 변화 사이를 연결하는 교량을 짓는 일을 시도하듯 작품을 썼다. 새로 만들어진 국가나 그 속에 사는 새 민족의 정체성이 과거의 것들과 어떻게 연결되어 있고 어떻게 끊어져 있는지를 탐구했다고 할 수 있다. 그런 상황에 놓여 있는 주인공들을 통한 인간으로서의 보편적인 삶과 정체성을 보려 했던 것이다. 그런 의미에서 히브리 문학은 곧 인간을 바라보는 하나의 독특한 시각인 셈이다.

아울러 이들 작가들은 이스라엘의 독립, 히브리어의 부활, 경제적 풍요 등 자신들이 꿈꾸어오던 일들이 점차 현실로 다가옴에 따라 미래에 대한 희망을 가짐과 동시에, 현실 앞에 닥친 문제들, 즉 전쟁, 보복과 테러, 아랍-팔레스타인인들과의 대립과 갈등 등 끊임없는 생존의 위협으로 점철된 시대를 살아가면서, 꿈과 현실 사이의 간격을 문학의 주제로 삼았다. 특히 아모스 오즈는 민족의 실존에 감추어진 꿈과 현실 사이의 정서적 심연을 끊임없이 탐구하면서 적극적으로 현실에 참여함으로써 자신의 이상을 작품에서, 또 현실에서 구현하고자 했다.

아모스 오즈(Amos Oz)

현대 이스라엘 작가 아모스 오즈는 1939년 예루살렘에서 러시아 출신의 예후다 아리에 클라우스너의 아들로 태어났다. 그는 15세 때(1957) 키부츠 훌다에 들어가 회원이 되었다. 예루살렘히브리대학교에서 히브리 문학과 철학을 전공한 후, 영국 옥스퍼드대학에서 문학 석사학위를 취득했다. 1975년 닐리와 결혼하여 2남 1녀를 둔 아버지로서 오즈는 고등학교 교사를 거쳐 현재 이스라엘 남쪽 브엘세바에 소재한 벤구리온대학교 히브리 문학교수이다. 1986년 이래 그는 키부츠를 떠나 예루살렘의 정치적 흥분 상태가 싫어 남쪽 사막 네게브 지역의 아라드에 거주하고 있다.

1965년 『재칼의 울음소리』를 시작으로 30여 권의 책을 출간한 바 있는 오즈는 1968년 그의 나이 29세 때 발표한 『나의 미카엘』로 일약 대작가의 반열에 들어선다. 이 작품은 2000년 독일 베르텔스만사가 지정한 20세기 세계 100대 문학작품에 포함된 바 있다.

히브리 문학사에서 오즈는 팔마흐 세대에 속한다. 히브리어를 모국어로 사용할 줄 아는 첫 번째 세대의 작가들을 부르는 말이다. 하스칼라 세대로 불리는 오즈 이전 세대의 작가들은 대부분 타 문화권에서 태어나 유대인의 정체성을 찾아 이스라엘로 귀향한 자들로서 작가로서의 삶과 문학 세계에서 팔마흐 세대와 구별된다. 1966년 노벨문학상을 수상한 아그논이나 비알릭, 브레너 등이 앞세대 작가라면, 오즈를 포함하여 샤브타이, 벤네르, 카하나 카르몬, 여호수아 등은 뒷세대에 속한다.

오즈는 자신의 작품 세계에 큰 영향을 끼친 작가로 하스칼라 세대 유대인 작가들뿐만 아니라 러시아의 톨스토이와 도스토예프스키를 꼽는다. 그의 작품의 무대와 배경은 늘 이스라엘의 현실에 바탕을 두고 있지만, 주제는 언제나 인간 혹은 인류의 보편적 가치를 향하고 있다. 다시 말해서 오즈는 격변하는 세계의 흐름 속에서 인간 개인의 실존과 내면을 탐구함으로써 다시 시대의 모습을 드러내고자 한다.

그런 의미에서 오즈의 작품 세계는 한마디로 '현실과 꿈의 이중주'라 요약할 수 있을까? 그는 "별에 도달할 수 없다 하더라도 시선은 늘 별을 응시하라"고 말한다. 오즈의 화두는 그래서 통합, 공존, 타협 등에 초점이 맞추어져 있다. 비극적인 갈등과 대립 속에서도 오즈는 통합과 공존, 타협의 방식을 통해 극복할 수 있다는 꿈을 꾸는 작가라 할 수 있다. 그래서 그는 이스라엘과 팔레스타인의 현실에 깊숙이 관여하고 있다.

1970년대 '샬롬악샵'이라는 평화단체를 결성하여 반전·반핵 평화운동을 지속적으로 전개해온 그는 "모든 전쟁은 악하며, 모든 점령은 부도덕하다"고 선언하고, 개인의 삶과 자유를 침해하는 그 누구의 어떤 행위라도 비난받아야 마땅하다고 주장한다. 그는 "폭력을 사용하는 것보다 더 나쁜 것은 폭력에 굴복하는 것이다"라고 말한다.

아주 오래전부터 노벨문학상 수상 후보자 명단에 오르내리고 있는 아모스 오즈의 우리말 번역 작품으로는 『나의 미카엘』(1998), 『블랙박스』(2004), 『여자를 안다는 것』(2006), 『물결을 스치며 바람을 스치며』(2007), 『삶과 죽음의 시』(2010), 『사랑과 어둠의 이야기』(2015) 등이 있다.

홀로코스트의 비극적인 경험을 다룬 작가(아펠펠트, 그로스만, 여호수아 케나즈, 알렉산더 세네드, 요나트 세네드, 나바 세엘 등)의 작품들에서부터 아랍인의 경험을 다룬 작가들(아랍계 기독교인 작가 안톤 샤마스, 아랍–이스라엘인 언론인 작가 사예드 카슈아), 의도적으로 현대사회와 단절된 생활을 하는 초정통파 유대인의 세계를 다룬 작가(요슬 비르슈타인), 예루살렘 하레딤들의 삶의 방식을 다룬 작가(하임 베르), 세속적 이념들이 붕괴되고 종교적 근본주의가 힘을 얻는 시기에 살아가는 비신앙인들의 존재를 다루고 있는 작가(이츠하크 오르파즈 아우에르바크), 아랍 국가 출신의 소외된 새 이민자들의 삶을 다룬 작가(사미 미카엘, 알베르트 수이사, 단 베나야 세리), 민족주의적 삶의 요구 속에서 민주주의의 가치와 정당성에 의문을 품고 사는 사람들을 다룬 작가(이츠하크 벤네르, 카니우크, 그로스만, 아모스 오즈), 전통과 변화가 충돌하는 사회 속에서 여성들의 삶을 그린 여성 작가들(아말리아 카하나 카르몬, 한나 바트샤하르, 슐라미트 하레벤, 슐라미트 라피드, 루스 알모그, 사비온 리브레히트, 바티야 구르 등), 그리고 유대인의 경험과 현실에 기댄 작품을 거부하고 비현실적이고 특이한 성격을 반영하는 젊은 세대 작가들(예후디트 카치르, 에트가르 케레트, 오를리 카스텔–블룸, 가디 타웁, 이리트 리노르, 미라 마겐) 등 히브리 문학의 근간을 차지하고 있는 베스트셀러 작가들의 스펙트럼은 하나같이 넓고 크다.

한편, **히브리 시문학의 전통**은 성서의 시편으로부터 현대 시에 이르기까지 그 역사가 매우 깊다. 종교적·민족적 주제를 포괄하고 있는 과거의 시는 현대 시에서 두드러지게 나타나는 개인적 경험이라는 주제와는 차이가 크다. 전통 시에서 벗어나기 시작한 것은, 히브리 산문 문학과 마찬가지로, 하스칼라 시대부터라 할 수 있다. 시온주의 운동에 고무된 시인들이 고전적인 시 형식을 벗어나 새로운 형식의 시를 처음으로 쓰기 시작했는데, 그 선구자들로는 하임 나흐만 비알릭(1873~1934)과 사울 체르니코프스키(1875~1943)를 꼽지 않을 수 없다.

유대 민족의 문예부흥에 대한 자신의 애착을 반영하고 동유럽에서의 유대인의 삶의 가능성을 부정하는 비알릭의 시에는 유대 역사에서 그 전통을 면면히 이어온 긴 서사시와 자연과 사랑을 다룬 순수 서정시가 모두 포함된다. 종종 '국민시인' '히브리 르네상스 시인'으로 불리는 비알릭은 성서나 탈무드 등 고전문학의 영향을 바탕으로 새로운 시어(詩語)들을 만들어내며 풍부하고 현대적인 어법의 히브리어에 고전적인 맛을 입혀 자유자재로 구사했다. 어린이들을 위한 시를 써서 아직까지 그의 시는 학교에서 암송되고 있다.

서정시와 극적 서사시, 연가, 풍자시를 쓴 체르니코프스키는 자연과 미에 대한 고양된 의식뿐 아니라 개인적 긍지와 위엄의 기상을 주입함으로써 유대 사회를 교정하고자 했다. 랍비 히브리어에 대한 호감을 표현한 그의 언어 감각은 성서의 영향과 새로 등장한 대화 양식을 통합한 비알릭의 언어와는 전혀 달랐다. 두 사람은 고전 시문학을 현대적 장르로 변천시켜낸 히브리 시문학의 거장들이다.

팔마흐 세대의 히브리 시인들로는 아브라함 슐론스키, 나탄 알터만, 레아 골드버그, 우리 즈비 그린버그 등을 꼽을 수 있다. 하스칼라 세대와는 달리 건국을 전후로 해서 태어난 이들은 현대 히브리어를 모국어로 해서 태어난 첫 번째 세대의 시인들이었다. 슐론스키는 자신의 작품과 다수의 고전 시(특히 러시아 시) 번역 작업에서 혁신적인 언어와 풍부한 심상을 잘 드러내고 활용한 시인이다. 정치적 논평으로 주목받는 알터만의 작품은 유대 사회의 모든 발전 단계와 함께했으며, 풍부한 히브리어 어휘와 다양한 시적 형식, 음조와 운, 수사와 은유를 특징으로 한다. 골드버그는 도시, 자연, 사랑을 추구하는 인간의 접촉과 배려를 노래하고 있으며, 서정성의 스펙트럼을 확장했다는 평가를 받고 있는 시인이다. 강렬한 심상과 힘있는 문체를 사용하여 절망과 분노의 시를 쓴 그린버그는 민족주의적 주제와 홀로코스트의 여파를 다루고 있다. 이들 하스칼라 시인들은 일상 언어의 리듬을 시에 도입하고, 옛 관용어를 되살리고, 새로운 관용어를 만들어냈다. 고대 히브리어에 새로운 탄력과 풍요로움을 부여한 것이다.

이스라엘 문학에서 **아동문학**을 빼놓을 수는 없을 것이다. 1960년대 후반부터 히브리 아동문학은 아이들의 세계를 폭넓게 그리기 시작했는데, 죽음, 이혼, 홀부모 가정, 장애, 사춘기, 정체성 등 아동기 청소년들이 겪는 다양한 주제를 다루고 있다. 동시에 아동들의 상상력과 이야기들을 소재로 다룬 아동문학은 순수한 환상과 오락, 상상력을 제공했다. 아동문학 작가로는 다비드 그로스만, 에트가르 케레트 등이 인기를 끌고 있다. 이스라엘의 아동문학은 전 세계, 특히 유대인의 자녀교육에 각별한 관심을 가진 한국에서 번역 출판되고 있다.

이렇듯 하나의 유대 문학, 하나의 히브리 문학은 존재하지 않는다. 유대 민족사의 특성상 단일한 민족문화유산이 따로 존재하는 것이 아니며, 또 유대 문화를 이해하는 방법 역시 하나가 아니기 때문이다. 다만 현대 히브리 문학은 민족문학의 수호자로서, 인류의 보편적인 주제를 히브리어로, 유대인의 독특한 시각에서 찾고 표현해왔다.

4) 문화예술

다수의 이민자가 포함된 이스라엘에서 전통과 혁신을 융합하고 이스라엘만의 독특한 문화예술의 진로를 모색하기 위한 노력은 여러 분야에 걸쳐 다양하게 이루어지고 있다. 연극, 연예 오락, 영화, 음악, 무용, 시각예술 등은 물론 박물관과 고고학은 모든 국민의 취미라 할 정도로 대중적이다.

히브리 **연극**은 1917년 모스크바에서 '하비마(무대)'라는 히브리 극단이 창단되며 최초로 시작되었다. 러시아의 감독 콘스탄틴 스타니슬라브스키의 지도하에 배우 한나 로비나(1892~1980)가 소속되었는데, 그 후 그녀는 '히브리극의 영부인'이라는 칭호를 받았다. 1931년에 하비마 극단은 텔아비브에 둥지를 틀었다. 이스라엘 연극은 고전, 토착성과 외래성, 실험과 전통 등 서로 다른 요소들로 이루어져 있으며, 다양한 배경을 가진 극작가와 배우, 감독, 제작자들이 이를 혼합하여 이스라엘만의 고유한 특징을 지닌 연극을 창조해내고 있다. 유명 극작가로는 하녹 레빈, 여호수아 소볼, 에프라임 키숀 등이 있으며, 세계적인 여러 페스티벌에 참가하여 좋은 반응을 얻고 있다. 대형 전문 극단들로는 하비마 극단(텔아비브), 카메리 극단(텔아비브), 하이파 시립극단(하이파), 브엘세바 극단, 아랍 극단, 게세르 극단, 어린이 청소년 극단 등이 활발하게 활동 중에 있으며, 악고 페스티벌, 어린이 연극 페스티벌 등을 개최하고 있다.

대중 오락은 텔레비전과 라디오가 주요 통로로 이용되고 있지만, 코미디언과 가수, 음악과 밴드 등이 펼치는 라이브 공연도 전국 각지에서 정기적으로 열리고 있다. 아릭 아인슈타인, 슐로모 아르치, 마티 카스피, 리타, 다나 인터내셔널, 코린 알랄, 예후디트 라비츠 등은 유명한 연예 오락의 대표들이다. 1998년 다나 인터내셔널은 성전환 가수로 유로비전 송 콘테스트에서 우승하면서 세계적인 스타가 되었다. 그녀의 노래 〈디바〉는 유명하다. 최근 인기를 끄는 공연으로는 지중해 뮤지컬 장르가 있다. 이는 주로 아랍과 그리스 지역의 영향을 받아 탄생한 장르로서 보아즈 샤라비, 예후디 폴리케르, 사리트 하다드, 오페르 레비 등 유명 가수들이 공연한다. 엘리 야츠판과 아디 아슈케나지와 같은 새로운 세대의 단독 연기 코미디언들도 상당한 팬 층을 거느리고 있다.

이스라엘의 영화 산업은 1950년대에 시작되었다. 〈24번 언덕은 대답하지 않는다〉와 〈그들은 열 명이었다〉 등과 같은 최초의 작품들은 주로 영웅들의 이야기였다. 그 후 홀로코스트 생존자들의 이야기를 다룬 영화 〈아비야의 여름〉(길마 알마고르 감독)이나, 새 이민자들의 힘겨운 삶을 그린 〈슈후르〉(슈무엘 하스파리 감독)나 〈레몬을 곁들인 커피〉(레오니드 고리베츠 감독) 등이 나왔으며, 이스라엘의 사회현실을 다루거나 아랍-팔레스타인인들과의 갈등을 다룬

〈장벽을 넘어〉(우리 바르바슈 감독) 등이 있다. 1980년대 시온주의자 가족에 관한 이야기를 그린 〈부러진 날개〉가 니르 베르그만 영화제에서 수상하는 등 국제무대에서 인정받기 시작했다. 2007년 베를린 영화제에서 감독상을 수상한 〈풋노트〉(요세프 세다르 감독)는 제1차 레바논 전쟁을 다루었고, 선댄스 영화제에서 월드시네마 극영화 부문에서 최고상을 수상한 〈달콤한 진흙〉(드로르 사울 감독), 트리베카 영화제에서 외국영화최우수상을 받은 〈나의 아버지, 나의 주인〉(다비드 볼라크 감독)은 휴가를 떠난 정통파 유대인 가족 이야기를 담고 있다. 칸 영화제에서 여우주연상을 받은 한나 라슬로는 이스라엘 최고로 평가받고 있는 아모스 기타이 감독의 영화 〈자유지대〉에서 열연을 했다.

2009년에 이르러서는 〈너는 전혀 사랑하지 않을 거야〉(하임 아바칸 감독)가 근본주의자 동성애 문제를, 〈시온과 그의 동생〉(무숀 살모나 감독)은 에티오피아 이민 문제를 둘러싼 비극을 다루고 있다. 2010년에 프랑스에서 개봉된 〈레바논〉은 레바논 전쟁에 대한 충격적인 모습을 탱크에서 촬영하여 필름에 담은 것으로 베니스 영화제에서 황금사자상을 받았으며, 〈아자미〉는 유대인과 아랍인이 함께 살아가는 자파 거리를 경찰관의 관점에서 바라본 연대기이다. 1년에 약 20여 편을 제작하는 이스라엘 영화가 세계 영화제에서 주목을 받는 이유는 자국의 사회문제에 지속적인 질문을 던지기 때문이다. 이와 함께 상업적인 성공도 적지 않게 거두고 있다.

이스라엘 영화를 견인해온 아모스 기타이 감독은 1970, 1980년대 레바논 전쟁 영화 〈전원일기〉로 10년간 파리에서 망명 생활을 해야 했다. 그는 "조국에 제공할 수 있는 최상의 서비스는 강렬하고도 비판적인 영화를 만드는 것"이라고 강조한다. 그는 자신의 영화 〈카도쉬〉에서 아랍인 배우에게 유대교 근본주의자 랍비 역을 맡기기도 했다. 아모스 기타이를 본보기로 삼고 있는 유대인 감독들의 작품 가운데에는 부조리한 상황을 휴머니즘을 통해 처리한 작품인 〈레몬트리〉(에란 리클리스 감독)가 있다. 일상생활에서 군대가 차지하는 비중을 다룬 〈특별한 청년 시절〉(달리아 하게르 감독), 매춘을 다룬 〈나의 보물〉(케렌 예다야 감독), 가족의 붕괴를 다룬 영화 〈7일〉(로니트 & 슐로미 엘카베츠 감독),

그리고 정통파 종교인의 삶과 성을 다룬 〈카도쉬〉(아모스 기타이 감독) 등 이스라엘 영화는 사회에 대해 자기성찰을 시도하면서 비판적인 내용을 담은 다양한 주제로 그 영역을 넓혀가고 있다.

이 모든 영화의 제작은 이스라엘의 적극적인 제작 시스템 없이는 불가능했을 것이다. 현재 이스라엘에는 17개 영화학교가 있으며, 2001년부터는 이스라엘 필름 펀드(IFF)라는 지원기금이 운영되고 있다. 기금은 매년 최소 1,200만 유로씩 지원된다. 외국 영화사의 투자비가 150만 유로 이상이고 이스라엘인이 감독을 맡으면 13%에 달하는 세금이 감면된다. 2002년 프랑스와 협정이 체결된 후 공동 제작한 영화 중 〈가라, 체험하라, 변하라〉(라두 미하일레아누 감독, 2005)와 〈팡파르의 방문〉(에란 코릴린 감독, 2007)은 50만 명 이상의 관객을 동원했다.

예루살렘 시네마테크에서 펼쳐지는 예루살렘필름페스티벌은 이스라엘 최대의 영화 축제로서 오랜 전통을 가지고 있다. 예루살렘히브리대학 내에 위치한 스필버그 필름 아카브는 유대인들의 생활과 더불어 유대교를 주제로 한 영화 관련 자료를 전 세계에서 가장 많이 보유하고 있는 곳이다.

이스라엘의 **음악** 수준은 매우 높다. 폴란드 태생의 바이올리니스트 브로니슬라프 후베르만의 주도로 1936년에 창단된 팔레스타인 필하모닉 오케스트라(현 이스라엘 필하모닉 오케스트라의 전신)는 텔아비브에서 토스카니니의 지휘로 첫 연주회를 가진 바 있다. 오늘날 이스라엘의 음악은 1990년대 초반 구소련에서 100만 명이 넘는 유대인들이 대거 유입되면서 일대 전환을 맞았다. 이민자들 중에는 연주자, 가수, 음악 교사 등 전문 음악인들이 대거 섞여 있었기 때문이었다. 새로운 심포니 오케스트라와 체임버 오케스트라, 소규모의 앙상블이 창단되고, 학교 및 지역 센터의 음악 교육에 새로운 바람을 불어넣었다. 이스라엘이 개최하는 음악 행사로는 국제 하프 콘테스트, 루빈스타인 피아노 경연대회, 엔게브 키부츠 음악 페스티벌, 에일라트 홍해 재즈 페스티벌 등이 있다.

현대음악은 매우 다양하고 대담하다. 힙합 밴드 하다그 나하시는 음악을 이용해 정치적 냉소를 표현했다. 가장 유명한 히트곡인 〈시라트 하스티커(영어로는 스티커 송)〉는 유명한 이스라엘 소설가 다비드 그로스만과 함께 가사 작업을 해서 더 유명하다. 그 가사는 자동차에 붙이고 다니는 광고 스티커에서 볼 수 있는 슬로건들을 합쳐 만든 것이다. 대립되는 정치 슬로건들을 나란히 배치함으로써 아이러니하며 부조리한 이스라엘의 현실을 꼬집어 폭발적인 반응을 얻었다.

춤과 무용은 성서 시대부터 공동체적·종교적 삶에서 기쁨과 슬픔을 표현하는 도구로 사용되어왔다. 초기 정착민들과 함께해온 민속무용과 전문 안무가들이 창작하고 훈련된 무용수가 공연하는 예술무용이 있다. 민속무용의 경우 1940년대 이래 여러 지역의 전통과 혼합된 형태로 발전해왔다. 아랍 민속춤 데브카로부터 모로코, 예멘 등 유대인의 전통무용에 이르기까지 다양한 특징의 민속춤 장르를 망라하고 있다. 1988년부터 국제민속무용페스티벌이 중부 갈릴리의 도시 카르미엘에서 매년 열리고 있다.

예술무용을 이끌고 있는 이스라엘 발레단은 예술감독 베르타 암폴스키와 힐렐 마르크만이 지도하여 발전시켰다. 키부츠 현대무용단은 예후디트 아르논이 1970년에 창단하여 이스라엘 최고의 아무추어 무용단이 되었다. 1964년에 마사 그레이엄과 밧세바 드 로스차일드 남작 부인이 창단한 밧세바 무용단은 이스라엘 문화의 국제 사절단이며, 한국에서도 공연한 바 있다. 세계적인 안무가이자 기획가인 인발 핀토가 이끄는 인발핀토 무용단은 창작무용 공연으로 유수 무용상을 수상한 바 있다.

시각예술은 20세기 초부터 창조적으로 발전해온 분야이다. 1905년에 세워진 베찰렐 아카데미는 가장 유명하다. 불가리아 출신의 보리스 샤츠(1867~1932)는 시온주의자로서 팔레스타인에 이주해와 시온주의 총회의 의결에 따라 베찰렐 미술공예 아카데미를 세웠다. 1910년 이 학교에는 모두 32개의 학과와 500개의 학생 소모임, 그리고 유대 사회 전반에 작품들에 대한 예술 시장이 형성되었다. 아카데미가 지향하는 예술은 '미래에 대한 유토피아적 비전과 연결된 과거에 대한 낭만화'였다. 이 시기 슈무엘 하르젠버그(1865~1908), 에프라임 릴리엔(1874~1925), 아벨 판(1883~1963) 등이 화가로서 활동했다.

1921년 예루살렘 구도시 다윗 성채에서 열린 최초의 대규모 미술 전시회는 대부분 베찰렐 출신 화가들의 작품으로 채워졌다. 그러나 베찰렐 학파의 시대착오적이고 민족적·동양적인 내러티브 기법은 얼마 못 가서 젊은 화가들의 도전에 직면하게 된다. 새로운 작가들은 '유대 미술' 대신 '히브리 미술'이라는 이름의 새 화풍을 찾기 시작했다. 밝고 생생한 원색으로 풍경을 묘사했고, 작품의 소재를 중동 환경의 일상적 현실에서 찾았다. 새로운 화풍은 이스라엘 팔디, 시오나 타게르, 핀하스 라트비노프스키, 나훔 구트만, 르우벤 루빈 등이 이끌었다. 1920년대 중반 대다수의 일류 화가들이 보다 역동적인 도시 텔아비브로 대거 이주하면서 텔아비브는 이스라엘 미술의 새로운 중심지가 되었다.

1930년대 이스라엘의 화풍은 프랑스 표현주의 화가들의 영향으로 주제는 여전히 국내의 풍광과 이미지였으나 감정이 충만한 신비주의적인 현실을 그렸다. 모세 카스텔, 메나헴 세미, 아리에 아로크 등이 이 시대 대표적인 화가들이었다. 나치의 공포로부터 도망쳐온 이주 화가들—티코, 레오폴트, 크라카우어, 헤르만 스트루크, 모데카이 아르돈, 야코브 스타인하르트 등—이 합세하면서 독일 표현주의가 처음으로 들어왔다. 이들은 예루살렘의 풍경과 주변을 둘러싼 구릉지에 대한 주관적 해석에 크게 주력했다.

제2차 세계대전과 홀로코스트는 이스라엘의 화단을 바꾸어놓았다. 홀로코스트 외상후증후군에 시달리던 모세 카스텔, 이츠하크 단치거, 아하론 카하나 등 일부 화가들은 '가나안이즘(Canaanism)'을 그림에 도입했다. 고대 신화와 이교도적 주제를 부활시켜 이스라엘 땅 원거주민들과의 동질성을 구현하고, '새로운 히브리 민족'을 창조하려 한 것이다. 이스라엘 독립 이후 이스라엘 화단은 서정주의적 풍경화가—요세프 자리츠키, 아비그도르 스타이마츠키, 에즈겔 스트레이크만 등—와 기하학주의에서 형식주의까지 아우르는 양식화된 추상주의 화가들—다다이즘의 창시자 중 한 명인 마르셀 안코 등—로 나뉘었다.

1950년대 후반에 결성된 '10인의 모임'은, 미술계의 팔마흐 세대로서, 보편주의적 경향에 반대하며 이스라엘의 풍경을 중심으로 한 미술을 주로 그렸으며, 제2세대 미술가들(라피 라비, 아비바 우리, 우리 리프쉬츠, 레아 니켈 등)에게

가나안이즘(Canaanism)

'가나안이즘'은 1939년에 시작된 문화·이념 운동으로 팔레스타인의 유대인들 사이에서 1940대 절정을 이룬다. 이스라엘 예술, 문학, 정치사상 등에 큰 영향을 끼쳤다. 이 운동의 본래 명칭은 '젊은 히브리인 연맹'으로 유럽의 극우 혁명주의자 시온주의에 뿌리를 두고 있다. 회원 대부분이 이르군이나 레히의 회원들이었다. '가나안'은 히브리어를 사용하는 고대 문명 중 하나였다. 이들은 고대 히브리 문명을 재건하고, 자신들을 그 뿌리와 연결시키려 했다. 한편으로 아랍인들을 향해 군사 행동을 감행하면서도 다른 한편으로 중동의 아랍인들을 끌어안고 찬란했던 고대 문명으로 돌아가려 했다.

1943년 유대-팔레스타인 시인 요나단 라토쉬(Yonatan Ratosh)는 「젊은 히브리인에게 보내는 편지」에서 첫 번째 선언문을 발표했다. 그는 젊은 유대인들에게 낡은 종교인 유대교로부터 자신을 절연시키고,

큰 영향을 끼쳤다. 1970년대에는 리얼리즘을 바탕으로 한 미학이 아닌 관념의 회화(래리 아브람손, 모세 게르슈니 등)를, 1980~1990년대에는 다양한 재료와 기법으로 이스라엘 관념을 추구했다. 핀하스 코헨-간, 데가니트 베레시트, 가비 클라스메르, 즈비 게바, 즈비 골드스타인, 다비드 레엡 등이 이 그룹에 속한다.

조각미술은 소수의 조각가들이 오랜 기간에 걸친 노력의 결과 뿌리를 내렸다. 아브라함 멜니코프(텔하이에 있는 거대한 사자 석상으로 유명)와 제에브 벤즈비가 큐비즘을 도입했으나, 모세 지페르, 아하론 프리베르, 바티야 리샨스키로 대표되는 학구적인 조각 유파가 건국 이전에 이 분야를 주도했다. 1940년대 말 '가나안이즘'이 미술가들에게 영향을 주었는데, 특히 이츠하크 단치거(I. Danziger, 1916~1977)가 대표자였다. 적색 누비아 사암으로 조각한 이방인 대수렵가 님로드의 형상은 중동의 조각과 인간의 육체에 대한 현대적 개념 사이의 통합을 창조하려는 시도인 반면, 그의 양(羊) 조각을 구성하는 형태들은 사막의 돌과 수로, 베두인족의 천막을 닮았다.

유대교와 히브리 민족의 자기정체성과 관계를 끊으라고 요구하면서, '기름진 초승달'만이 진정 이 민족의 고향이라고 천명했다. 이들은 유대인들이 건설해야 할 나라는 유대교에 뿌리를 둔 유대국가나 유대인의 이스라엘이 아니라, 가나안 땅과 히브리어에 기반을 둔 히브리 국가여야 한다고 주장했다. 다시 말해서 그들이 주장하는 이스라엘은 유대교의 이스라엘이 아닌, 고대 근동의 문화에 기반을 둔 가나안이었다. 한마디로 범셈족연합(Pan-Semitic Union of Middle Eastern State)을 제창한 것이었다.

가나안이즘은 정치적으로 큰 영향력을 갖지 못했다. 그러나 그들의 영향은 문학, 예술 등 지적 세계에 영향을 끼쳤다. 이츠하크 단치거의 조각 작품 〈님로드(Nimrod)〉는 이들의 시각 표상이었다. 소설가 베냐민 탐무즈, 아모스 케난 등이 합류했다. 많은 비판에도 불구하고, 팔레스타인에 새로 정착한 이들이 디아스포라의 문화와 관습으로부터 벗어나 새로운 사상과 세계를 꿈꾸었다는 점에서 가나안이즘은 조명받아야 할 것이다.

이스라엘 조각은 전반적으로 프랑스 학파와 표현주의의 영향을 많이 받았고, 광범위한 재료를 사용하여 동시대의 사회적·정치적 현실에 대한 자신들의 태도를 표현한 설치물과 환경 조각들을 제작했다. 이갈 투마르킨의 작품은 기하학적이고 조형적인 추상 형태를 통해 전쟁에 대한 항의를 표현하고 있으며, 기하학적인 미니멀리즘을 추구하는 사조는 메나세 카디슈만의 작품에서 잘 드러난다. 투마르킨, 카라반, 코소 엘룰, 이슬엘 하다니 등 대표적인 작가들은 국제적인 인지도가 높다.

단치거, 〈님로드 Nimrod〉(1939),
이스라엘박물관

사진예술의 경우 개인의 삶과 죽음, 예술과 환상에 대한 질문 등 개인적 영역과 국가적·정치적 영역으로 나눌 수 있다. 19세기 중반의 초기에는 주로 성지와 관련한 작품들이 많았다. 1880년부터 사진작가들은 팔레스타인 땅 내 유대 사회의 발전을 기록하기 시작했다. 땅을 개간하고 도시와 마을을 건설하는 개척자들의 모습을 담아 시온주의 운동을 촉진시키는 데 활용했다. 팀 기달, 다비드 루빙게르, 베르너 브라운, 보리스 카르미, 제브 라도반, 다비드 해리스, 미카 바르 등이 이 시대의 사진예술을 주도한 이들이다. '기록'으로서의 사진과 '예술'로서의 사진 사이의 보이지 않는 경계를 가로지르는 인물사진은 앨리사 우르박이 집중했고, 자연을 주로 담은 작가로는 네일 폴베르그, 도론 호르비츠, 사이 기노트 등이 활약했다. 이후 항공사진 작가로는 두비 탈과 모니 하라마티 등이 유명하다. 사진갤러리로는 에인 하로드 키부츠에 있는 미슈칸 레오마누트 사진 비엔날레와 텔 하이에 위치한 사진 박물관이 있다.

순수예술로서의 사진에 유력한 작가로는 아디 네스(Adi Nes, 1966~)가 있다. 1990년대 작품 〈군인들〉이 일대 파란을 일으켰다. 이 연작 시리즈는 동성애적이고 양면적이며 통찰로 가득한 맥락 속에서 민족적 정체성, 특히 이스라엘 남성의 정체성에 대한 물음을 탐색했다. 성서의 인물을 데려와 고통스러운 현대적 배경(노숙자, 극빈자 등) 속에서 그들의 이야기를 재창조한 그의 작품 〈성서 이야기〉는 이스라엘 사회가 사회주의적 가치에서 현대 자본주의적 삶의 방식으로 전환된 모습을 다루고 있다. 최근 그의 작품 〈무제〉(최후의 만찬)가 소더비 예술품 경매에서 26만 4천 달러에 판매된 일은 이스라엘의 사진예술에 대한 세계적 인식의 전환점이 되고 있다.

한편, 이스라엘 내에는 약 200여 개의 박물관이 있는데, 대도시와 소도시, 키부츠와 고

아디 네스, 〈무제 Untitled〉(1999)

고학 발굴지 등에 크고 작은 박물관들이 흩어져 있다. 고고학, 민족학, 지역사, 고대 및 현대 예술 등 다양한 전시품을 전시하고 있다. 가장 대표적인 것으로는 1956년에 설립하고 창립 45주년에 맞춰 새로 단장한 **예루살렘 이스라엘 박물관**이 있다. 이곳은 고고 · 역사학 박물관과 미술품 박물관, 조각정원 및 사해사본 박물관 등으로 나누어져 있으며 워크숍 등 다양한 교육 프로그램도 운영하고 있다. **텔아비브 미술관**(1932)은 고대 및 현대 미술작품들이 소장되어 있다. 헬레나 루빈스타인 현대미술 파빌리온도 이곳의 후원으로 세워졌다. **미슈칸 레오마낫**('예술의전당,' 1934)은 북부 에인 하로드 키부츠에 있는 최초의 농촌 박물관이자 최초의 키부츠 미술관이다. 미술, 조각 등 방대한 소장품을 자랑하고 있다. **하이파 박물관**(1949)은 지중해 유역의 고고학 발굴 유물들을 전시하고 있는 고고학 박물관이다. 고대미술과 현대미술이 잘 어우러져 있다. 라마트 아비브에 소재한 **에레츠 이스라엘 박물관**(1953)은 지역 고고학, 인류학, 역사 유물들과 더불어 유리공예품, 도자기, 주화, 동전 등을 전시하고 있는 파빌리온과 천문관을 갖추고 있다. 예루살렘 소재 **마에르 이슬람 미술 연구소**(1974)은 스페인에서 인도에 이르는 이슬람 예술을 아우르는 도기, 직물, 보석, 의례 용품 등을 소장하고 있으며, 특별 전시회를 개최한다. 텔아비브의 텔아비브대학 내에 위치한 **디아스포라 박물관**(1978)은 디아스포라 유대 공동체의 역사를 추적하고 있다. **예루살렘 역사박물관**(1988)은 예루살렘 구도시 다윗 성채 안에 위치하고 있는데, 가나안 시대로부터 현대에 이르기까지 예루살렘의 도시 역사를 한눈에 알아볼 수 있도록 구성되어 있다. 빼놓을 수 없는 박물관으로는 **야드바솀**(Yad Vashem)이 있다. 홀로코스트 기념관이라 일컫는 이곳은 홀로코스트로 희생된 600만 유대인들의 기억을 영원히 보존하는 일에 전념하고 있다. 모셰 사프디가 디자인하여 2005년 새로 지은 건물로 이전한 이곳에는 희생자들의 이름 전당, 홀로코스트 미술 박물관, 전시 파빌리온, 기록 보관소, 어린이 기념 파빌리온, 공동체의 계곡 등이 있으며, 방문자들은 홀로코스트에 대하여 정서적 · 지적 경험을 함께할 수 있다.

5) 미디어와 여론

이스라엘이 언론과 매체에 민감한 까닭은 전 세계가 중동 문제, 특히 이스라엘에 대한 이슈를 어떻게 취급하고 있는가 하는 것이 매우 중요하기 때문이다. 특히, 시시각각 속보를 청취하고 방송을 시청하고 일간지를 구독하는 것이 대다수 이스라엘 사람들의 일상이다.

이스라엘의 언론 자유에 대한 공약은 모든 통신 매체에 적용되며, 안보 관련 문제는 군의 검열을 받아야 한다. 히브리어로 된 여러 일간지들이 발행되고 있으며, 러시아어와 프랑스어판 신문 네 종류와 두 종류의 영자신문이 있다. 『예루살렘 포스트 *Jerusalem Post*』는 『팔레스타인 포스트 *Palestine Post*』가 그 전신이며, 『인터내셔널 헤럴드 트리뷴 *International Herald Tribune*』과 협력하여 발행하는 『하아레츠 *Haaretz*』 영문판이 있다. 그리고 지역 신문, 정당 기관지, 기관별 신문 등과 함께 1천 종이 넘는 정기간행물이 있으며, 대부분 인터넷판을 보유하고 있다.

'콜 이스라엘'(이스라엘의 소리)은 여덟 개의 라디오 네트워크를 운영하고 있는데, 오락과 대중음악으로부터 학술강연, 토론회, 고전음악에 이르는 다양한 프로그램을 17개 언어로 제공하고 있다. 어린이에서 노년층, 새 이민자에서 토박이까지 다양한 청취자들을 대상으로 한다. 이스라엘 방위군(IDF)이 운영하는 '갈레이 짜할'과 '갈갈리츠'는 군인들과 관련한 방송뿐 아니라, 뉴스와 음악 등 24시간 방송하고 있다. 비상사태에는 중요한 역할을 담당한다.

TV 방송은 1966년에 시작되었다. 1986년에 추가된 채널을 포함하여 두 개의 국영 채널에서 히브리어, 아랍어, 영어로 된 정보, 뉴스, 교육, 오락 프로그램을 내보내고 있다. 1994년에 개국한 한 지방 상업 채널은 세 개의 민영 제작사로 분리되어 있으며, 여기에는 러시아어 방송 채널(2002)과 이스라엘 대중음악 채널(2003)이 포함되어 있다. 매일 특정 시간대에는 교육 프로그램이 할당되어 있다. 컬러 TV 방송은 1980년에 시작했으며, 2000년 이래 매달 시청료로 운영 재정을 충당하는 케이블 TV도 다수 지역에서 수신 가능하다. 케이블 TV는 수십 개의 미국, 유럽, 아시아, 중동 방송을 시청할 수 있게 해준다. 이스라엘의 독자적인 케이블 채널들은 스포츠, 어린이 프로그램, 영화, 다큐멘터리 등을 제공한다.

콜 이스라엘과 국영 TV 채널은 이스라엘방송협회(IBA)의 후원으로 운영되고 있다. 협회는 방송을 다양한 관점에서 제공할 책임을 갖고 있는 독립적인 정부 서비스로 규정하는 IBA법(1965년 제정)에 지배를 받는다. IBA의 운영 책임은 3년 임기로 정부가 지명하는 집행위원회와 5년 임기의 집행위원장에게 있다. 재정은 광고와 공공 서비스, 소비자가 지불하는 연간 회비로 충당된다.

2 팔레스타인

1) 교육

팔레스타인 지역(가자지구와 웨스트뱅크)의 교육은 기본적으로 팔레스타인 자치정부의 교육부장관에 의해 운영된다. 10~24세의 약 60%가 기초교육을 받고 있으며, 이들의 글자 해독률은 98.2%로, 국민 전체의 글자 해독률 99.8%에 거의 육박하고 있다. 국어는 아랍어이다.

학교는 남학교(37%), 여학교(35%), 남녀공학(29%)으로 나뉜다. 기초 단계인 10학년까지는 의무교육이다. 고등학교의 교육기간은 2년이다. 11개의 대학(사립 10개, 공립 1개)과 11개의 기술대학(팔레스타인 자치정부에서 운영하는 4개, UNRWA에서 운영하는 2개, 그리고 1개의 사립)이 있으며 모두 4년제로 운영된다. 그리고 19개의 커뮤니티칼리지(팔레스타인 자치정부 1개, 공립 9개, UN-RWA 2개, 사립 7개)가 있으며 2년 과정이다.

첫 번째 난민촌 학교는 1949년 적십자사가 세웠다. 1959/60년에는 UNRWA가 세운 최초의 6년제 초등학교가 문을 열었다. 본격적인 UNRWA의 교육사업은 1967년 이래 지금까지 계속되고 있다. 1994년 자치정부 내에 교육부가 설치됨에 따라 초중등 교육과 고등교육의 행정을 담당한다. 교육부에는 모두 22개의 국을 두고 각각 커리큘럼, 텍스트북, 교수법, 교육 규정 등을 나누어 관장하고 있다.

팔레스타인의 교육 재정은 전체 정부예산의 17.9%(2003)를 차지하며, 나머지는 기금과 국제사회의 지원으로 충당한다. 학교 재정은 일부 등록금으로 충당한다. 교육개발 5개년 계획(2000~2005)을 세워 교육의 접근성 제고, 교육의 질적 개선, 공식·비공식 교육 개발, 기획·행정·재정의 관리 능력 향상, 교육 시스템을 통한 인간 개발 등 5대 사업을 충실히 수행한 바 있다. 나아가 교육개발 전략계획(2008~2012)을 수립하고 취학 아동의 접근성 증대, 교육과 학습의 질적 향상, 재정 및 행정력 강화, 고등교육의 단계적 개혁 등을 골자로 한 개혁안을 진행 중에 있다.

유치원 교육은 4~6세 아동을 대상으로 실시한다. 2004/5년 현재 898개의 유치원이 운영되고 있으며, 전체 아동의 약 30%가량이 유치원 교육을 받고 있다. 유치원 교육은 남녀 아동들에게 평등하게 제공된다. **초등교육**(1~6학년)은 2005/6년 현재 총 383,748명이 수혜받고 있으며, 이는 전체 어린이의 80.4%에 해당된다. 이 중 62%는 자치정부가 세운 학교에 다니고 있다. 29%는 UNRWA가 세운 학교에 다니며, 나머지 9%는 사립학교에 다닌다. **중등교육**은 569,873명의 학생들(전체의 95.7%)에게 제공되고 있으며, 전체의 70%가량이 자치정부가 세운 학교에서 교육을 받고 있다. 나머지는 UNRWA가 세운 학교(25%)와 사립학교(5%)에서 각각 교육을 받는다. 9학년부터는 시험을 치르며, 성적에 따라 상급학교 진학이 결정된다.

2년 과정의 **고등학교**에서는 진학과 직업 교육으로 나누어 각각에 맞는 프로그램에 따라 교육을 실시하고 있다. 2005/6년 현재 약 118,868명의 학생들이 교육을 받고 있으며, 이는 전체의 97.5%에 해당된다. **고등교육(대학)**의 경우 학사(4년)와 석사(2년) 과정이 있다. 2005년 웨스트뱅크와 가자지구에 모두 10개의 대학교, 13개의 칼리지, 19개의 커뮤니티칼리지 등이 있다. 대부분 1967년 이스라엘 점령 이후에 설립되었다. 공립의 경우 등록금은 없으며, 자치정부가 지원하는 예산으로 운영된다. 고등교육기관에 등록된 학생수는 138,139명 (2004/5)으로 이들 중 55%가 대학교에 다닌다. 이 중 여학생의 비율은 전체의 절반이다. 사회과학, 교육학, 인문학, 예술 분야의 학생들이 과학기술 분야의 학생들에 비해 상대적으로 많다. 유네스코는 "대학에 몇몇 분야는 아예 학과가 없어 발전에 어려움이 따른다"고 했다. EU나 미국의 대학들과 협력 프로그램을 운영하여 교육의 기회와 질을 높이고자 하는 노력을 경주하고 있으나, 이들 지역이 봉쇄되어 있어 교류가 원활치 않은 것이 사실이다.

2) 팔레스타인 저항문학

팔레스타인 문학은 아랍 문학의 한 지류라 할 수 있다. 팔레스타인 문학 담론은 팔레스타인의 비극적 현대사의 소용돌이 그 한복판에 위치해 있다. 전통적으로 시문학의 우위 속에서 현대소설은 뒤늦게 그 뒤를 잇고 있다. 팔레스타인의 두드러진 참여문학의 성향은 현대 아랍 문학과 그 특성을 공유하는 아랍 문학의 일부이다.

팔레스타인인들이 생산해내는 문학, 그것이 바로 팔레스타인 문학이다. 팔레스타인 산문 문학을 이끈 세 명의 작가로는 자브라 이브라힘 자브라(1919~ 1994), 이밀 하비비(1921~1996), 가산 카나파니(1936~1972) 등이 거론되는데, 이들의 삶의 궤적과 문학을 통해 우리는 팔레스타인 문학 담론의 특성을 쉽게 유추할 수 있을 것이다.

먼저, **바브라 이브라힘 자브라**는 예루살렘 명문가 출신으로 영국에서 수학했다. 이스라엘의 독립과 함께 팔레스타인인들이 쫓겨나자 그는 이라크의 바그다드에 정착하여 시인, 소설가, 평론가로 활약하면서 서구문학과 이론을 아랍 세계에 소개하는 데 진력했다. 이에 비해 **이밀 하비비**는 노동자 출신으로 제1차 중동전쟁 당시 대부분의 지식인들이 고향을 떠난 상황에서 팔레스타인 땅에 그대로 남아 이스라엘의 기층민으로 전락한 팔레스타인 사람들의 삶을 아랍의 전통적인 장르인 풍자소설의 틀 속에서 성공적으로 형상화했다. 그리고 팔레스타인 산문 문학을 구호에서 예술로 끌어올렸다는 평가는 받는 **가산 카나파니**는 쿠웨이트와 베이루트를 전전하며 작품 활동과 민족 해방 투쟁을 병행하다가 이스라엘 측에 암살당했다.

이들의 뒤를 이어 팔레스타인 소설 담론의 대표성을 갖는 작가로는 점령지인 나불루스 출신으로 현재 요르단의 수도 암만에 거주하는 여성 작가 **사하르 칼리파**(1942~)를 꼽을 수 있다. 『우리는 더 이상 너희들의 노예가 아니다』(1974), 『가시 선인장』(1975), 『해바라기』(1980), 『어느 실재하지 않는 여인의 회고록』(1986), 『바붓 사하』(1990), 『유산』(1997), 『형상, 성상, 구약』(2002), 『뜨거운 봄』(2004) 등 수많은 소설을 통하여 그는 이제 팔레스타인을 대표하는 소설가만이 아니라, 마흐무드 다르위시를 잇는 노벨문학상 후보로 거론되는 작가이다. 2006년에는 아랍 세계에서 권위 있는 문학상인 나기브 마흐푸즈(1988년도 노벨문학상을 수상한 이집트 작가) 문학상을 수상했다.

『가시 선인장』의 한국어 번역본 출간을 기념하여 민족문학작가회의의 초청으로 2006년도에 한국을 방문하기도 한 그의 작품 세계는 기존의 팔레스타인 민족문학의 범주에서 한 걸음 더 나아간 탈식민주의 페미니즘 문학으로 요약된다. 한국 방문시 팔레스타인 문학의 기조가 무엇이냐는 질문에 한마디로 "좌절"이라고 말한 바 있다. "1967년 6일전쟁 이후 이스라엘에 무력으로 점령당하고 1987년의 인티파다마저 지도부의 분열로 인해 내부적 실패를 겪은 뒤 좌절을 벗어날 길은 없었다"면서 "정치와 관계가 없어 보이는 일상, 사랑 이야기에조차 좌절이 숨어 있다"고 말했다.

팔레스타인의 여성 시인이며 평론가인 **살마 카드라 자이유시**는 이른바 피지배문학(deterritorialized literature)의 특성으로 정치적 긴급성, 집단적 가치, 민족적 정체성을 거론하는데, 그의 팔레스타인 문학이야말로 바로 이러한 피지배 문학의 특징을 고스란히 보여주고 있다. 그의 팔레스타인 문학 담론은 민족 해방이데올로기가 서사에 강하게 개입함으로써 때로는 심각한 미학적 균열을 초래하는, 어떤 의미에서는 상당히 불행한 문학이라고 할 수 있다.

1987년 제1차 인티파다는 팔레스타인 문학에 크게 영향을 끼쳤다. 1989년

10월 예루살렘에서 열린 팔레스타인작가연맹은 "문학은 인티파다에 봉사해야 한다. 모든 문학작품은 인티파다—저항의 도구다"라고 선언한 바 있다. 팔레스타인의 대시인 **파드와 투칸**(1917~2003)은 '돌의 전쟁'으로 불리는 인티파다에 대해 이렇게 쓰고 있다.

> 매일 매시간 죽음의 현실을 살고 있는 시민들, 유년을 빼앗긴 아이들, 자신의 미래를 찾으려는 젊은이들이 탱크로 무장한 이스라엘 군인에 대항한다. …(중략)… 이들의 무기는 돌과 조국애와 저항에 대한 불굴의 의지가 전부이다. …(중략)… 인티파다는 팔레스타인 역사에서 그리고 아랍과 이스라엘 간의 투쟁에서 가장 중요한 사건이다. 오로지 이스라엘의 점령으로부터 벗어남으로써, 팔레스타인 사람이 당하는 억압과 불평으로부터 풀려나 자유와 인간적 존엄을 회복하는 것이 목표이다.

1990년 제2차 인티파다는 피를 불렀다. 팔레스타인인들이 무장하기 시작한 것이다. 돌의 저항에서 칼이나 총의 투쟁으로 바뀌었다. 인티파다(봉기)가 알-싸우라(혁명)가 되었다. 이러한 변화 속에서 인티파다 문학은 인티파다 상황이 낳은 문학적 결과물로서 기본적으로 민족문학, 저항문학, 민중문학, 상황문학, 피지배문학, 목적문학 등으로 규정될 수 있는 팔레스타인 문학의 연장선상에 있지만, 민족적·역사적 사건에 대하여 직접적이면서도 명백한 반응을 즉각적으로 보이는 것 또한 팔레스타인 인티파다 문학의 중요 성향이라고 볼 수 있다. 감옥이나 수용소에서 겪은 개인적 경험을 텍스트화해보려는 욕구 때문에 비전문가들의 참여도 상당히 많은 편이다. 그런 점에서 인티파다 문학에는 슬로건이나 스테레오타이프로 가득 차거나 개인적·민족적 고통과 열망에 대한 역사적 기록이라는 점에서 미학적 성과는 미미할 수밖에 없다.

아랍인은 시와 더불어 역사를 살아온 사람들이라고 할 만큼, 인간이 말을 가진 동물이라면 아랍인은 시를 가진 동물이라고 할 만큼, 모든 지식인은 시인이라고 과장할 수 있을 만큼, 시문학에 대한 아랍인들의 자긍심과 애착은 남다르다. 아랍-팔레스타인인들의 민족적 일체감과 정체성을 보여주는 데에서도 역시 시는 매우 효과적인 장르이다.

1988년 팔레스타인 작가 · 언론인 협회에서 발간한 시집 『고무줄 새총』은 열세 명 시인들의 작품이 실린 최초의 인티파다 시집인데, 아랍어의 가장 큰 언어적 특징인 어휘의 풍요로움과 장모음 및 이중모음에서 기인하는 음악성과 전통적 노래시의 다양한 율격과 각운의 사용에 힘입어 쉽게 기억되고 노래로 이어져 저항의 강력한 무기가 되고 있다. 시인들은 인티파다에 자발적으로 나서는 팔레스타인 어린이들과 젊은이들을 영웅적 · 혁명적으로 묘사하고, 민중들을 격려한다. 아쓰아드 알 아쓰아드의 시 「광풍」은 인티파다를 통하여 민족국가 건립의 첫걸음을 확인하면서 이렇게 노래한다.

> 모두 광풍으로 쓸어버려라
> 민족이여, 그대 드높은 외침에 깃발을 달아라
> 돌과 고무새총
> 강철 같은 의지로

마지드 아부 구쉬의 「십자가 위에서」는 다음과 같다.

> 지상엔
> 인티파다
> 사람들 손에는
> 돌멩이들
> 감옥에 있는 우리 아버지
> 평화
> 무덤에 있는 우리 아버지
> 평화

이처럼 팔레스타인 인티파다 문학은 혁명적 발화(發話)의 기능과 역할을 적극적으로 수행하고 있는 민족의 문제로서의 민족문학이라 할 수 있다. "문학은 문학사의 문제라기보다는 민족의 문제이다" 라고 말한 프라하의 유대인 작가 프란츠 카프가의 명제가 팔레스타인 인티파다 문학에 그대로 적용되고 있다는 사실은 참으로 역사적 아이러니가 아닐 수 없다.

『고무줄 새총』 이후 1988년부터 1990년 사이에 『상승의 계절』 『너의 노래를 완성하라』 『맨발의 환희』 『젊은이의 꿈』 『영광이 그대들 앞에 절할지니』 『꿈』 『나의 조국이여 그대의 눈에 내 삶을 바치고』 『새벽과 장대를』 『그대 대지에 입 맞추고 휴식했다』 『새로운 사랑에 관한 시편들』 등 헤아릴 수 없이 많은 인티파다 시집들이 쏟아져나왔다. 또, 모든 문예지와 잡지들은 인티파다의 자발성과 당위성, 지속성 등을 시적으로 형상화했다. 여기에는 '돌을 든 아이들'과 저항하다 목숨을 잃은 다양한 계층의 '순교자들'에 대한 애도와 슬픔과 함께 구세주나 성인이 된 그들로 인해 일체감을 이루어내는 정신이 담겨 있다. 들뢰즈와 가타리가 거론한 "소수집단의 비좁은 문학적 공간은 모든 개인적인 문제가 정치에 직접 연결될 수밖에 없고 개인적인 문제와 정치적인 문제의 경계는 좁아진다"는 명제가 여기에 해당된다 할 수 있을 것이다. 들뢰즈가 말하는 '정체성'은 팔레스타인 인티파다 시에서는 오히려 '정치적 긴급성'으로 나타난다.

그러나 대단히 예외적으로, '문제'와 '예술'의 아름다운 화해를 우리는 **마흐무드 다르위시**(1942~)에게서 만날 수 있다. 다르위시에게 정체성 문제는 가장 중요한 주제이다. 그는 "보라, 변방이 전진하고 중심이 후퇴한다. 동양이 반드시 동양도 아니며, 서양이 반드시 서양도 아니다. 정체성은 여러 가지로서 성채나 참호가 아니기 때문이다"(「아몬드 꽃처럼, 아니 더 멀리」 중에서)라 말한다. 아울러 다르위시는 자신의 시세계의 모든 것은 '유랑'이라고 말하고 있다.

> 내가 써온 모든 것은 유랑의 시라고 말할 수 있다. 나는 유랑 가운데 태어났다. 유랑은 대단히 넓고 상대적인 개념이다. 우정에서의 유랑, 가족으로부터의 유랑, 사랑에서의 유랑, 당신 내부에서의 유랑이 있을 수 있다. 내 모든 시들은 바로 유랑과 나그네 됨의 표현이다. …(중략)… 결국 우리는 모두가 유랑하는 사람들이다. 나나 정복자나 우리는 둘 다 유랑으로부터 고통을 겪는다. 그는 나를 통하여 유랑을 겪고 나는 그의 유랑의 희생자이다. 이 아름다운 지구에 살고 있는 우리 모두는, 모두가 이웃이며 또한 유랑자들이고,

우리 모두는 똑같은 인간적 몫을 공유한다. 우리를 결합시키는 것은 이 유랑의 스토리를 말해야 할 필요성이다.

그의 시「유랑을 빼면 나는 누구인가?」는 팔레스타인으로서의 정체성 못지않게 중요한 시인의 문학 세계의 의미의 원천으로 다음과 같이 말한다.

> 나는 무엇을 할 것인가? 유랑이,
> 그리고 물속을 응시하는 긴 밤이
> 없다면 나는 무엇을 할 것인가?
>
> ……
>
> 우리는 무엇을 할 것인가 …… 유랑이,
> 그리고 물속을 응시하는 긴 밤이
> 없다면 우리는 무엇을 할 것인가?
>
> ……
>
> 그리고 우리는 무엇을 할 것인가?
> 무엇을
> 우리는 할 것인가
> 유랑이
> 없
> 다면?

다르위시의 전 생애에 걸친 모든 작품들의 통일된 주제는 향토를 상실하고 디아스포라에 던져진 팔레스타인 사람들의 질곡과 이에 따른 민족적 저항이라 할 수 있다. 초기에는 시인 자신의 경험을 소재로 해서, 이행기에는 팔레스타인 민족공동체의 집단적 기억을 통해서, 그리고 성숙기에는 탈시간화와 탈공간화를 바탕으로 고통받는 모든 인간의 보편적 상황으로서 팔레스타인을 메타포

화합으로써 독보적인 예술성을 갖춘 민족시에서 한 걸음 더 나이가 유토피아를 찾아 유랑하는 모든 인류의 노래로 자신의 시를 승화시켰다.

다르위시의 시는, 마치 카프카의 작품 속에 유대인이라는 단어가 한 번도 언급되지 않는 것처럼, 팔레스타인의 고통, 즉 다르위시 자신이 처해 있는 역사적 상황은 오직 시적 형상을 통해만 구체화되고 있다. 카프카가 맺고 있는 현실과의 연관성은 직접적으로나 개인적으로 해명되지 않는다. 왜냐하면 카프카의 작품 속에서는 경험적 현실이 존재하지 않기 때문이다. 그래서 다르위시의 시는 다른 팔레스타인 저항문학에서처럼 정치적 목소리, 즉 억압된 민족적 양심이 생경한 언어로 직접 노출되지 않는지도 모르겠다(2000년 이스라엘 의회에서는 이스라엘의 고등학교 학생들이 다르위시의 글을 읽어도 되는지 여부를 둘러싸고 논쟁이 벌어졌던 적이 있었다).

같은 팔레스타인 태생으로 유명한 『오리엔탈리즘』을 쓴 에드워드 사이드는 마흐무드 다르위시를 예이츠나 월콧, 또는 긴즈버그에 비견될 만한 시인으로 평가했다. 다르위시는 로투스 상(1968), 레닌 평화상(1983), 란난 재단이 수여하는 문화자유상(2001) 등을 수상하기도 했다. 아랍-이슬람 문화, 서양 문화, 나아가 히브리 문화를 흡수하고 그것들을 인류의 것으로 융화시키면서, 낭만주의로부터 모더니즘, 포스트모더니즘까지 광범위한 스펙트럼을 가진, 거의 50년 가까운 다르위시의 시 세계는 팔레스타인인들의 목소리이자 동시에 유랑 속에 찢겨진 보편적인 인간 영혼의 울림이리라.

3) 미디어와 여론

팔레스타인 신문과 뉴스 미디어(국내외)는 그리 큰 영향력이 없는 것이 현실이다. 독자적인 미디어로서의 활동의 역사도 짧을 뿐만 아니라, 열악한 사정은 언론의 발달을 촉진시키지 못했다. 이전에는 이스라엘 정부의 감시와 통제를 받았으며, 자치정부의 재정 상태는 언론의 프로그램 개발을 위축시킨다. 위성방송이 들어오면서 주변의 아랍국 방송에 의존하는 상황이다.

팔레스타인의 주요 언론 미디어 현황

구분	지역	매체명	언어	비고
라디오 방송	국내	Voice of Palestine	아랍어	
	해외	Palestine FM	영어	
인터넷 뉴스 미디어	국내	Jerusalem Media and Communication Centre	영어	
	해외	1st Headlines	영어	
		Al Bawaba	영어, 아랍어	
		Big News Network	영어	
		EIN News	영어	
		Index Mundi Gaza Strip	영어	
		Index Mundi West Bank	영어	
		News Now Israel Palestine	영어	
		One World	영어	
		Palestine Post	영어	
		Yahoo Gaza Strip	영어	
		Yahoo Israel Palestine	영어	
		Zawya	프랑스어	
잡지	해외	Al Hadaf	아랍어	
		Al Hourriah	아랍어	
신문	국내	Al Ayyam	아랍어	
		Al Hayat Al Jadedah	아랍어	
		Al Quds	아랍어	
	해외	Al Quds Al Arabi	아랍어	
연합 뉴스	국내	Ma'an News Agency	아랍어, 영어, 히브리어	
		Ramattan	아랍어, 영어	
		WAFA	아랍어, 영어, 프랑스어	

구분	지역	매체명	언어	비고
지역 신문 및 방송	Gaza City	Felesteen	아랍어	가자지구 – 가자
	Bethlehem	Bethlehem News	영어	웨스트뱅크 – 베들레헴
	Jerusalem	Al Hayat Al Jadedah	아랍어	웨스트뱅크 – 예루살렘
		Al Manar	아랍어	
		Al Quds	아랍어	
지역 라디오 방송	Ramallah	Al Ayyam	아랍어	
		Palestine Times	영어	

출처: http://www.aby znewslinks.com/pales.htm

4) 예술과 박물관

팔레스타인 현대 예술은 오랫동안 전통적인 기독교와 이슬람 예술에 그 뿌리를 박고 있다. 1948년 '나크바(Nakba, 재앙)' 이후 팔레스타인 예술에서 민족주의적인 색채가 현저하게 강하게 나타난다. 주제는 자신들의 정체성과 빼앗긴 땅에 관한 것들이 주종을 이룬다.

역사적으로 팔레스타인 예술에서 '공간'은 주제를 구성하는 가장 중요한 요소이다. 역사적인 자신들의 고향으로부터 멀어져 근접하기 어려워진 현실은 팔레스타인 예술을 움직이는 원동력이다. 예컨대 1948년 이후 10년간의 예술작품들에는 작가들의 출생지와 고향이 매우 표상적이거나 추상적으로 묘사된 경우가 매우 많다. 고향이 방랑 혹은 난민 생활 속에서 어떻게 형상화되고 있는지를 잘 드러내는 것이라 할 수 있을 것이다.

1948년 이전 팔레스타인 예술의 중심지는 예루살렘이었으며, 작품들은 주로 영적이며 문화적인 요소를 많이 담고 있었다. 그러나 고향에서 추방된 이후 새로운 정체성이 지배하게 되면서 예루살렘은 더 이상 팔레스타인 예술의 구심점이 아니었다. 고향으로부터 멀어진 공간의 기억이 새로운 중심 주제가 된 것이다. 비록 이스라엘에서 태어나 살며 활동하고 있는 예술가들조차 조상들로부터 물려받아 살았던 공간에 대한 또렷한 문화적 기억은 추상화될 수밖에 없었다.

　19세기 초 종교예술에서부터 오늘날에 이르기까지 팔레스타인 예술의 특징 가운데 다른 하나는 정치적 저항의 아이디어에 초점이 맞춰져 있다는 것이다. 시온주의자 그룹에 의해 해체되기 시작한 팔레스타인의 아랍-이슬람 정체성은 예술 자체의 주제를 저항의 형식에 맞추도록 만들었다. 그것은 터키나 영국의 식민지 지배를 받았을 때도 마찬가지였다. 초기 작가 니콜라스 사이그(Nicolas Saig, 1863~1942)의 작품은 팔레스타인 예술의 정치적 차원을 잘 보여주었다. 동시대 많은 작가들이 여전히 종교예술에 머물러 있을 때, 사이그는 눈에 띄는 정치적 저항미술을 보여주었다. 그의 작품 〈예루살렘 성문의 칼리파 오마르〉(c. 1920)는 기독교인과 유대인이 평화롭게 머물고 있는 예루살렘을 내려다보는 칼리파 오마르에 대한 대중적인 종교적 전설을 상세하게 보여주고 있다. 그러나 자세히 들여다보면 영국 식민지의 분리정책으로 무슬림과 기독교인 아랍 사이에 존재했던 보이지 않는 틈과 마찰을 엿볼 수 있다. 1948년 이후 정치는 팔레스타인 예술에서 보다 노골적으로 나타난다. 이스마일 샴무트(Ismail Shammout), 나지 알-알리(Naji al-Ali), 무스타파 알-할라즈(Mustafa al-Hallaj), 바울 귀라고시안(Paul Guiragossian) 등은 학살, 난민 등 나크바의 고통스러운 기억들을 직접 작품에 토해냈다. 소피아 할라비(Sophia Halaby), 이브라힘 간남

나지 알-알리의 작품

(Ibrahim Ghanam, 율리아나 세라핌(Juliana Seraphim) 등은 팔레스타인인들의 문화 전통, 자연지리, 어린 시절의 기억 등을 포함한 자신들의 정체성 문제를 보다 잘 드러내주었다.

　팔레스타인의 '귀향권' 같은 정치적 이슈를 열쇠나 문 같은 상징적 기호로 표현한 예술가들도 있다. 정치만화가 나지 알-알리(Naji al-Ali, 1936~1987, http://www.najialali.com/index.

html 참고)가 대표적이다. 선인장 나무를 쫓겨난 팔레스타인 민족의 정치적 상징으로 승화시켰다. 선인장(Cactus Tree)은 본래 이스라엘 유대인들이 자신들의 민족적 상징으로 형상화한 토착식물이다. 그러나 팔레스타인인들은 그것을 민족 추방의 화신으로 보았다. 유대인과 팔레스타인 예술가들은 공히 선인장을 이 지역의 예술적 상징으로 포착했다. 19세기 말~20세기 초 초기 사진에서 선인장은 팔레스타인 지역의 풍경에서 평화롭게 살아가는 이웃들 간의 담장으로 드러나고 있었다. 여름철이 되면 선인장 열매를 따서 이웃들과 나누어 먹는 것 또한 일상적인 풍경이었다. 1920년대 가시가 달린 이 나무는 유럽에서 온 유대인 이주자들에게 낯선 이국적인 나무였으나, 점차 이스라엘인의 강인한 자기정체성을 상징하는 나무로 통합되었다. 니콜라스 사이그는 선인장을 가장 대표적인 쾌락의 세속적 상징으로 구현해냈다. 이제 선인장은 팔레스타인의 도전과 저항의 상징물이 되었다. 아심 아부 샤크라(Asim Abu Shaqra) 역시 선인장을 팔레스타인의 '수무드(sumud)', 즉 억압과 압제에도 저항하는 불굴의 의지를 나타내고, 쫓겨난 고향과 팔레스타인인들을 연결시켜주는 은유로 상징화했다.

이스라엘 내에서 활동하는 주요 예술가들로는 아베드 압디(Abed Abdi), 아흘람 시블리(Ahlam Shibli), 사미 부크하리(Sami Bukhari), 레이다 아돈(Reida Adon), 아스라프 파와크리(Ashraf Fawakhry), 아흘람 요마흐(Ahlam Jomah), 주마나 에밀 압부드(Jumana Emil Abboud), 아니사 아슈카르(Snisa Ashkar) 등이 있다. 이들 대부분의 작가들은 1967년 이후에 태어나 이스라엘 시민권을 갖고 이스라엘 예술학교에서 공부한 자들이다. 팔레스타인으로서 이스라엘 시민권을 가진 이들의 자기정체성이 예술작품에 자주 등장한다. '이스라엘에 있는 아랍인'으로서 동시에 '팔레스타인 아랍인'에 속하는 이들은 단순하게 '아랍-이스라엘인(Israeli Arabs)' 혹은 '이스라엘의 아랍인(the Arabs in Israel)'으로 불리는 이들이 아닌 것이다. 이들은 아랍-팔레스타인 문화 과목조차 개설되지 않은 이스라엘 예술학교에서 히브리어와 아랍어를 섞어가며 공부하는 소수자로서 새로운 문화와 예술 실험을 진행하고 있다.

레바논이나 요르단 등 팔레스타인 난민촌이나 아랍 세계에서 활동하며 주

무스타파 알-할라즈, 〈신, 악마, 인간으로서의 자화상
Self-Portrait as God, the Devil, and Man〉(1994~2002)

목받는 팔레스타인 출신 작가로는 무스타파 알-할라즈(Mustafa Al-Hallaj, 1938~2002)를 꼽을 수 있다. '시리아에서 가장 유명한 예술가,' '현대 아랍 그래픽 예술의 아이콘'이라고 평가받는 그는 이스라엘에서 태어나 2002년 시리아의 자택에서 화재로 사망할 때까지 수많은 작품들을 남겼다. 2005년 'Made in Palestine'이라는 제목의 미국 순회 전시회에서 큰 호응을 받은 바 있다. 그의 작품은 가나안의 전설, 민속, 전래동화 등에 영감을 얻은 것으로 11세기부터 인티파다까지 팔레스타인 민중들의 천 년의 삶을 114미터짜리 화폭에 담아 전시하기도 했다. 10년에 걸쳐 완성한 〈신, 악마, 인간으로서의 자화상〉 역시 유명하다.

미술관으로는 팔레스타인 예술궁전 알-호아쉬(Al Hoash, http://www.alhoashgallery.org/)가 2005년 동예루살렘에서 문을 열어 소피에 할라비, 하산 후라니, 베라 타마리, 슐레이만 만수르(Sliman Mansour) 등의 작품을 전시하고 있다. 그 외에도 라말라 등에 크고 작은 화랑들이 문을 열고 젊은 팔레스타인 작가들의 작품들을 꾸준히 전시하고 있다. 또한, 사진이나 비디오 다큐멘터리 등을 통해 팔레스타인인들의 실상과 현실을 예술로서 알리는 활동 또한 활발하다.

3 요약

───

최근 이스라엘은 네 명의 노벨화학상 수상자를 배출하며 과학강국의 입지를 굳히고 있다. 인구는 한국의 16%, 국토 면적은 한반도의 10%에 불과하지만 과학기술 분야에서는 세계 최고 수준이라 할 수 있다. 이스라엘은 '실리콘 와디'로 불리며, 국가 전체가 과학기술 거점 역할을 한다고 해도 과언이 아니다. 이스라엘은 건국 이후 노벨화학상 이외에도 평화상 세 명, 경제학상 두 명, 문학상 한 명 등 모두 열 명의 노벨상 수상자를 배출했다. 인구 대비 가장 많은 노벨상을 탔다.

이스라엘이 과학기술 분야에서 두각을 보인 비결은 우수한 인적 자원과 정부의 과학기술 육성 정책을 꼽을 수 있다. 이스라엘 정부는 1959년 제정된 자본투자강화법에 따라 한때 신규 연구개발(R&D) 설비 비용의 38%까지 지원해주었다. 또, 군수산업 축소로 첨단무기 개발 인력들이 민간 기업으로 이전하며 하이테크 산업 성장의 밑거름이 되었다. 모사드 등 이스라엘 정보기관들은 해외 첨단기술을 입수해 기업 등에 제공하는 데 앞장서기도 한다. 인구 1만 명당 과학기술자는 140명으로 미국(83명)을 크게 앞선다. DGP 대비 R&D 비중도 4.68%(세계 1위)로, 한국(3.37%), 일본(3.44%), 미국(2.68%)보다 높다. 미국 나스닥 시장에 상장된 이스라엘 기업은 64개로 미국, 중국(156개)에 이어 세 번째로 많다. 매년 500개 이상의 벤처기업이 설립되며, 우수한 인적 자원 등에 힘입어 세계적 기업들이 앞다퉈 이스라엘에 R&D 센터를 설립했다. 마이크로소프트(MS)의 해외 첫 R&D 센터와 인텔, 모토로라, 시스코, DEC 등 주요 정보기술(IT) 기업의 해외 R&D 및 디자인 거점이 이스라엘에 있다.

이스라엘의 엘리트 교육기관도 인재 양성에 앞장서고 있다. 북부 하이파 테크니온 공대는 노벨화학상 수상자를 세 명이나 배출했으며, 나스닥에 상장된 이스라엘 기업 임원의 80%도 이곳 출신이다. 그러나 과학기술은 '국가의 기밀'이자 철저하게 '국적성'을 띤다. 그래서 자국의 이익에 철저하게 봉사한다.

과학의 국적성과 예술의 초국적성

상대적으로 예술이 갖는 '초국적성(超國籍性)'은 팔레스타인과 이스라엘 사이의 평화와 상생을 위한 노력의 일환으로 이어져 이 지역의 평화 정착을 위해 기여하고 있다. 각종 음악회, 예술 공연, 전시회 등을 통해 이 지역의 상처를 치유하고, 화해와 협력으로 나아갈 수 있도록 힘을 보태고 있다.

2011년 5월, 이스라엘 국적의 세계적 지휘자 다니엘 바렌보임이 가자지구에서 유럽 연주자들과 함께 평화연주회를 개최한 바 있다. 그동안 가자지구에서 다양한 연주 및 음악교육 프로그램이 진행되기도 했으나 국제적으로 명성이 높은 음악가들이 연주회를 여는 것은 UN 중동평화특별조정기구(UNSCO)의 지원으로 열린 이 음악회가 처음이었다. 바렌보임은 "가자지구 시민사회에 대한 연대와 우의의 표시로 이번 연주회를 준비했다"고 밝히면서 "정치적 의미는 전혀 없다"고 강조했다. 바렌보임의 지휘로 연주회에 참여하는 음악가는 25명으로 '가자를 위한 오케스트라'라는 이름을 붙였다. 이들은 베를린 필 등 유럽의 저명한 다섯 개 단체에 속해 있다. 이스라엘 정부는 법에 따라 이스라엘 국적을 지닌 사람이 팔레스타인 지구에 들어가는 것을 막고 있기 때문에 바렌보임 등은 라파 국경 검문소를 통해 입국했다. 바렌보임은 현재 베를린에 거주하고 있으며 아르헨티나, 이스라엘, 스페인 등의 시민권 외에 팔레스타인 명예시민증을 동시에 갖고 있다. 그는 그동안 이스라엘과 팔레스타인의 평화를 주장해왔다.

바렌보임은 2005년 8월에도 긴장이 흐르던 땅 웨스트뱅크 라말라에 모차르트의 오보에, 클라리넷, 바순, 호른을 위한 협주교향곡과 베토벤의 교향곡 5번 〈운명〉을 연주한 바 있다. '정치적' 지휘자이자 유대인인 그가 이스라엘과 팔레스타인의 화합을 꿈꾸며 팔레스타인 출신 학자 에드워드 사이드와 의기투합하여 1999년 이집트·이란·이스라엘·요르단·레바논·팔레스타인·시리아 등 중동 지역 다국적 연주자로 구성된 서동시집(West-Eastern Divan) 오케스트라를 창단했다. 악장(樂長)도 이스라엘과 아랍 국적을 가진 두 명을 둬 서로에게 맞추는 경험을 하도록 했다. 이스라엘 강경파들은 그를 '반(反)유대주의자'라 비난했지만 그는 "사람들이 더 이상 두려움과 공포 속에서 살지 않아도 된다는 것이 중요하다"고 말할 뿐이다.

1967년 제3차 중동전쟁(6일전쟁) 당시 마지막 민항기로 이스라엘에 입국해 매일 밤 텔아비브와 하이파에서 연주회를 열 정도로 애국 청년이었던 그가 팔레스타인 편에 서게 된 것은 전쟁에 이긴 이스라엘이 '박해받는 소수'에서 '핍박하는 다수'로 변했다고 판단하면서부터다. 그는 말한다. "유대인은 스페인에서, 러시아에서 그리고 나치에게 학살당했다. 그런 민족이 관용을 베풀기란 쉽지 않은 일이다. 하지만 한 나라가 섬으로 존재할 수는 없다. 자기 나라의 존립을 위해서라도 이웃을 돌아보는 관용은 반드시 필요하다." 또, 그는 강조한다. "음악은 사람을 하나로 묶어줄 뿐 아니라 상대의 영혼을 감동시키는 힘이 있다."

그는 '예술은 부서진 행복의 약속'임을, '경험의 이미지를 기억'하며 '모순되는 것을 통합하고 비동일적인 것의 공존'을 가능케 하는, '부재와 결핍, 균열과 모순의 삶의 현실을 화해와 협력, 나아가 해방으로 이끄는 가능성의 현실로 변화'시키는 예술의 힘을 믿는다. 재앙과 고통이 편재해 있는 이 지역에서 예술이 '삶의 회색화'를 '삶의 녹색화'로 바꾸는 추진력이 되기를 기대한다.

읽어볼 만한 책과 논문

송경숙, 「팔레스타인 민족시인 마흐무드 다르위시 연구」, 『아랍어와 아랍 문학』 1, 1997, 120~142쪽.

_____, 「현대 아랍 시에 나타난 팔레스타인 문제」, 『지중해지역연구』 1, 1999, 153~181쪽.

_____, 「인티파다와 팔레스타인 문학」, 『한국중동학회논총』 22-1, 2001, 205~224쪽.

_____, 「이스라엘 점령하의 팔레스타인 인티파다 시 연구」, 『외국문학』 15, 2003, 151~174쪽.

_____, 『팔레스타인 문학의 이해』, 한국외국어대학교 출판부, 2005.

최창모, 「S. Y. 아그논의 문학과 언어체계」, 『외국문학』 50, 1997, 74~105쪽.

_____, 「한 우산을 둘이 함께 쓸 줄 아는 타협과 공존과 통합의 작가 아모스 오즈」, 『세계의 문학』 89, 1998, 268~278쪽.

_____, 「아모스 오즈의 서술구조—『여자를 안다는 것』을 중심으로」, 『한국중동학회논총』 23-1, 2002, 211~234쪽.

_____, 『아그논—기적을 꿈꾸는 언어의 마술사』, 건국대학교 출판부, 1995.

수아드 아미리 등, 오수연 역, 『팔레스타인의 눈물 : 문학으로 읽는 아시아 문제』, 아시아, 2006.

제8장

한국과
이스라엘 ·
팔레스타인

/ 한국의 대중동 정책—회고와 전망

중동 지역은, 21세기에도 여전히, 세계의 화약고이다. 세계 석유 공급량의 1/3을 대고 있으며, 아직 캐내지 않은 석유 매장량의 62%가 그 지역에 묻혀 있다. 석유가 앞으로 50년이면 고갈될 것으로 본다면, 이 지역의 석유 자원을 현실적으로 지배하기 위한 이해당사자들 간의 경쟁은 더욱 치열해질 전망이다.

한국인들은 한반도의 평화와 안정을 중요하게 생각하면서도, 중동 평화는 먼 남의 나라 이야기로 받아들이는 경향이 있다. 세계화 시대에 한국과 중동은 그리 먼 사이가 아니다. 통신과 교통, 인터넷의 발달은 물론 신자유주의의 물결 아래 세계의 거리가 좁아지고 있을 뿐만 아니라, 중동 지역의 불안정이 한국에 치명적일 수 있기 때문이다. 한국이 1년 동안 쓰는 석유의 약 85%는 중동에서 들여온다. 한국 경제는 중동산 석유 없이는 독자적으로 운영될 수 없다고 해도 과언이 아니다.

지정학으로 조망할 때 중동 지역은 동서로 유라시아와 아프리카를 잇는 교차로 역할을 하고 있다. 남북으로 중동은 대륙과 인도양을 연결하는 중간 지대가 된다. 더불어 중동 지역은 과거 나일강을 중심으로 한 이집트 문명과 유프라테스, 티그리스강이 발원한 메소포타미아 문명의 발상지를 품고 있다. 이는 단순히 문명 발상지라는 과거시제의 역사적 흔적만을 의미하지 않는다. 중동은 이 지역을 면면히 관통하고 내려온 지중해 중심의 제국들의 패권사를 갈무리한다. 고대 수메르와 아시리아 문명, 이집트와 바빌로니아 문명을 필두로 페르시아, 그리스, 로마 제국의 명멸을 목도했다. 이러한 문명사적, 문화적 풍요로움이 남긴 유산은 중동 지역 도처에 남아 21세기 현대인에게 과거의 행적을 투사시키고 있다.

3대 유일신 종교 역시 중동에서 태동했다. 중동은 유대교, 기독교, 이슬람교의 발상지이다. 21세기 지구 시공간을 살아가는 약 1천만의 유대교인과, 20억 기독교인, 그리고 15억 무슬림들이 소중히 간직하는 종교 정신의 연원이 바로 중동인 것이다. 따라서 수천 년의 역사적 연원과 그 유산이 빛바랜 채 남아 있음과 동시에, 상당수 현대인의 의식과 무의식 속에 이 지역의 흔적과 문화적 유산이 일정 부분 침착되어 작동하고 있다고 해도 과언이 아니다.

더불어 국제 정치의 장에서 중동 지역이 갖는 중요성은 아무리 강조해도 지나치지 않다. 외신 보도의 상당 부분은 중동-이슬람권에서 나온 뉴스로 채워지고 있다. 고질적인 사회갈등(protracted social conflict) 양상을 나타내고 있는 팔레스타인-이스라엘 문제, 이라크의 전황 및 이란의 부상 등은 국제 정치의 상수이자 변수로 작동한다. 다양한 정치적 이슈가 혼재되어 있는 중동은 소위 평화 담론의 핵심 지역이라 할 수 있을 것이다. 즉 체질적인 불안정성(inherent quality of instability) 요인을 내포하고 있는 지역이기에 이 지역의 불안정성이 심화될 경우 국제 정치 질서가 요동친다. 따라서 중동 지역에서 현재시제로 진행되는 분쟁에 대한 국제사회의 관심과 지원은 국제평화를 위해 필수적인 요소이다.

20세기 이후 국제 경제를 지탱하고 있는 석유와 가스 등 소위 탄화수소계(hydrocarbon) 에너지원의 주요 공급처로서 중동이 갖는 중요성은 이미 각인되어 있다. 걸프 연안을 중심으로 하는 석유와 천연가스 생산지는 국제사회 에너지 자원 시장의 핵심 공급자이다. 최근 고유가 기조로 인해 형성된 국부 펀드(sovereign wealth fund)를 비롯한 이슬람 오일머니는 불경기로 인해 고심하는 세계시장에 중요한 동력 역할을 할 것으로 기대하고 있다. 한편 걸프 산유국들은 이러한 고유가 수익을 지속가능한 생산 기반 시설 확충에 집중 투입하고 있다. 이는 새로운 건설, 플랜트, 도시 구축, 정유 등 대규모의 국가 발주 프로젝트가 이어지고 있음을 의미한다.

전술한 대로 중동에는 국제 정치 무대에서 볼 때 '역사 문화적 전범', '정치적 핵심 분쟁 지역' 그리고 '경제적 동력 제공자(자원, 재원)'라는 역할이 혼재되어 있다. 따라서 중동을 조망할 때 단순히 석유로만 치환해서 단순화하거나, 아니면 끝 간 데 없는 분쟁의 이미지들만 연결되는 것은 결코 바람직하지 않다. 중동은 다양한 얼굴과 고유성을 간직한 지역이며, 동시에 그 중요성은 세계 여타 지역에 비해 결코 떨어지지 않는다. 그렇기에 중동에 대한 정제되고 계획된 접근 전략은 필수적이라 할 수 있다.

한국의 대중동 외교의 궤적은 굴곡이 있는 편이었다. 국제 정치 상황에 따라 중동 지역과의 양자 관계와 산업 진출 여부 및 규모가 요동쳤다. 시대별 한국의 대중동 외교정책을 살펴보면 초기 단계(건국 이후~1950년대), 외교의 발아·태동기(1960년대), 경제외교의 성장기(1970년대), 성숙기(1980년대), 침체기(1990년대), 강화기(2000년대 이후) 등으로 나눌 수 있다. 시대별 한국의 대중동 외교정책을 요약하면 아래와 같다.

초기 단계(건국 이후~1950년대)

건국 이후 대중동 외교는 사실상 전무했다고 해도 과언이 아니다. 당시 광복과 건국, 그리고 6·25전쟁을 겪으면서 우리 외교는 혼란과 전쟁 후유증을 극복하고 군사 원조 확보 및 국가 방위 체제를 강화하기 위해 대미·대UN 외교에 집중했다. 중동 국가와의 접촉은 주로 UN 총회에서 한국 문제를 토의하는 안건 대처에 한정되었으며 경제적 측면에서도 중동 국가와의 교류는 거의 없었다.

발아·태동기(1960년대)

대내적으로 60년대 초반 정치 변동을 다양하게 겪으면서 국가 전략 논의가 심화되었으며 실리 추구 및 외교 다변화 노선이 모색되었다. 특히 제3공화국 정부는 군부 집권 이미지를 탈색하고 국제사회에서의 정통성을 확보하기 위해 적극적 대외정책을 구사했다. 이는 대중동 정책과도 연결되어 이 시기 사실상 중동 각국에 대한 접근과 교섭이 활발하게 이루어지기 시작한다.

이는 대외적으로 동서 진영 간 데탕트 분위기가 감지되고, 아프리카 지역을 중심으로 하는 신생 독립국이 대거 탄생하면서 새로운 외교 환경에 신속하게 조응해야 한다는 인식에서 출발한 것이다. 1961년 12월 이집트와의 영사 관계 수립을 시작으로 이스라엘(1962. 10), 요르단(1962. 7), 모로코(1962. 9), 사우디아라비아(1962. 10), 이란(1962. 10), 모리타니아(1963. 7) 및 튀니지(1969. 3)와 수교하는 등 60년대는 중동 국가와의 외교 관계가 활발하게 수립되는 시기였다. 정치적으로는 이러한 활발한 외교망 확대를 보여주었으나, 경제적으로는 아직 활발한 한·중동 양자 관계가 관측되지 않던 시기였다.

경제외교의 성장기(1970년대)

한국 정부는 1973년 6월 23일 남북한 평화통일 외교 선언 발표에 따라 할슈타인 원칙을 포기했다. 당시 국제 정치 환경은 미—소간 데탕트가 심화되면서 냉전 구도에 변화가 도래하는 시점이었다. 한국의 비동맹 외교 필요성이 강조되면서 대중동 외교에 새로운 노선이 착근되었다. 적극적인 대중동, 특히 대아랍 외교에 나선 것이다. 1970년 8월 최규하 외무장관은 대외 성명을 통해 중동 분쟁의 평화적 해결과 UN 안전보장이사회 결의안 242호(1967. 11) 준수를 촉구하는 등 국제사회의 중동 평화 노력에 동참하기 시작했다. 특히 1973년 12월 4개항의 친아랍 정책 설명서를 발표하며 본격적인 대아랍 우호 관계 구축에 나섰으며, 1970년대 후반에 이르러서는 수단, 리비아 등 북한 단독 수교 국가와도 외교 관계를 수립하며 본격적인 대중동 외교 확장을 추진했다.

특히 주목할 만한 부분은 대중동 경제 교류 확대가 이 시기부터 가시화되었다는 점이다. 1973년 12월 삼환기업이 사우디아라비아의 도로·건설공사에 참여한 것을 기점으로 한국 기업들의 중동 진출이 가시화되었다. 이후 중동—아랍 지도자들의 방한 초청 사업, 정부 고위 경제사절단의 중동 파견이 병행되었고, 특히 사우디, 카타르, 바레인, 쿠웨이트 등 산유국 내에 상주 공관을 설치하여 본격적인 경제 교류 인프라를 구축했다. 이러한 경제 관계 확대와 더불어 중동 5개국(이란, 사우디, 요르단, 모로코, 수단)과 문화 협정을 체결하여 문화 교류 협력의 교두보를 마련한 것도 이 시기이다.

성숙기(1980년대)

1980년대는 대미 안보 협력 체제를 강화하면서 동시에 제3세계와의 관계도 강화함으로써 안정적 자원 확보 시스템을 구축하고 외교 다변화를 통해 대북 우위 달성을 시도했던 시기였다. 이러한 정치외교적 측면에서 중동은 한층 더 중요한 지역으로 부상했으며, 경제적 측면에서도 안정적 석유 공급원 및 건설 시장 확보를 위해 적극적 친아랍 정책을 추진했다.

1980년 5월 극도의 혼란스러운 정국에서도 최규하 대통령은 사우디아라비아 및 쿠웨이트를 방문, 최초의 중동 정상 외교를 펼치는 등 대아랍 외교는 가일층 격상된다. 특히 1981년 11월 노신영 외무장관은 장관 메시지를 통해 팔레스타인의 자결권을 포함한 합법적 권리, PLO의 유일 대표성 및 이스라엘군의 점령지 철수를 촉구하는 한국 정부의 입장을 표명했다. 이는 아랍 친화적 외교 노선을 구체적으로 천명한 것이라 할 수 있다.

그러나 1980년대 후반에 이르면서 유가 하락 등 3저 기조로 인해 중동에 대한 경제적 관심이 점차 하락하기 시작했다. 여기에 중동 내부의 경기 침체가 겹치고, 산유국의 산업 자국화 정책이 가시화되면서 대중동 관심이 현격하게 저하되기 시작했다. 여기에 1979년부터 중국이 개혁 개방에 나서고 새로운 시장으로 급부상함에 따라 한국 외교의 관심은 중동권에서 급속히 이탈하게 된다.

상대적 침체기(1990년대)

1990년대 들어 국제 유가는 낮은 수준으로 유지됨에 따라 석유의 안정적 공급을 의심하지 않는 분위기가 퍼지면서 대중동 자원 외교의 긴장도 역시 떨어지게 되었다. 더욱이 건설 수요가 중국과 동남아 등으로 빠르게 이전되기 시작하면서 중동 전역에 대한 관심도 점차 낮아지게 된다. 여기에 걸프전 발발에 따른 중동 내 우리 건설업체의 철수, 1997년 금융 위기 등 돌발 변수들이 발생하면서 중동에 대한 외교적 관심도 일시적으로 후퇴하는 침체기를 맞게 된다.

중동 지역 외교의 강화기(2000년대)

활황을 보였던 동남아 건설 시장이 1997년 금융 위기로 인해 침체에 빠지게 되었고, 2000년 이후 유가가 점차 고유가 기조로 들어서게 되면서 중동에 대한 관심이 다시 살아났다. 이에 한국 정부는 2000년대 들어 1990년대 유명무실화되었던 중동 산유국들과의 공동위원회, 정책협의회 등 양자 협력 채널을 다시 활성화하기 위해 노력하기 시작한다.

동시에 중동 관련 다자 협력체에도 적극적으로 관여하기 시작하여 팔레스타인에 대한 무상원조를 확대하고, 중동 평화 다자회의 사업 지원을 위한 중동담수화연구소 설립에 참여했다. 동시에 팔레스타인 사막화 방지 작업에도 동참하는 등 중동 지역의 평화와 번영을 위한 제반 프로젝트에 관심과 열정을 기울이기 시작했다.

1980년 이래 중단되었던 정상 외교도 재개되었다. 2006년 3월 이집트 · 나이지리아 · 알제리 3개국 방문, 2006년 5월 노무현 대통령이의 정상 최초 아랍 에미리트 방문, 그리고 2007년에는 사우디 · 쿠웨이트 · 카타르에서 정상 외교가 활발하게 펼쳐졌다. 특히 사우디 정상 방문시 '21세기 한 · 중동 미래 협력 구상'이 천명되어 향후 '한국 · GCC 자유무역협정 체결,' '중동의 탈석유 산업화 노력 지원,' '한 · 중동 간 문화 교류 확대' 및 '한 · 중동 협력포럼 강화' 등이 발표되는 등 강력한 대중동 외교 노선이 제시되었다. 특히 대아랍 외교를 강화하고 항구적인 교류 협력 플랫폼을 구축하는 차원에서 '한 · 아랍 소사이어티(Korea—Arab Society)'가 의욕적으로 결성되어 향후 대아랍 외교의 한 축을 담당할 계획이다.

한편 대중동 평화 재건 외교에도 동참하여 2004년 7월 자이툰 부대가 이라크 북부 아르빌에 파병되어 민사 지원과 평화 재건 임무를 수행했으며, 현재도 레바논 남부 리타니강 유역에 동명부대가 UN 평화유지군의 일원으로 파병되어 현지 치안 유지 임무를 수행하고 있다. 이명박 정부 출범 이후 대중동 외교는 성숙한 세계국가(글로벌 코리아)를 구현하는 전략의 일환인 '글로벌 네트워크 외교'의 주요 축으로 자리 잡았다.

한국 대중동 정책의 비전과 미래를 위해 우리는 무엇을 할 것인가? 먼저, 인식론적 변화가 요구되며, 일관성 있는 정책 기조를 유지하고, 시회 · 문화 분야의 협력과 전문가 양성 프로그램을 강화하고, 고위급 인사 교류를 확대 하는 등의 전략이 요구된다. 부문별로 살펴보면 다음과 같다.

인식론적 변화

여전히 중동, 이슬람 지역은 우리 국민의 인식론 지형에서는 생경한 곳으로 분류되는 경향이 강하다. 미디어와 인터넷의 발달에도 불구하고 중동과 이슬람 문화는 소위 서구 세속주의 문화와는 거리가 있으며, 동아시아 전통 속에서도 매우 화합이 어려운 문화적 특수성을 갖는 것으로 인식되는 경우가 많다.

특히 9 · 11 이후 테러와의 전쟁 논리가 세계에 편만하게 확산되면서 이슬람 권의 호전성 이미지가 덧대어져 중동 지역에 대한 인식에서 일반화의 오류가 자주 발견된다. 사람들은 일반적으로 자신들과 '다른' 인식과 문화적 배경을 가진 이들을 경원하는 경우가 많으며, 어떻게 해서든 자신들과 유사한 인식을 갖도록 강요하는 경우가 발생하기도 한다. 이는 명백한 동규화(homogeneity)의 오류이다. 다름을 인정하고 그 다름의 다양성을 바탕으로 교류와 협력을 통해 자신이 더 풍성해지는 문명 교류의 이점을 획득할 수 있다는 확신이 필요한 시점이다.

현대 원리주의 또는 전통주의 이슬람이 가진 편향된 이미지를 탈색하고, 이슬람 본원의 평화 이미지를 제고해야 한다. 중동-아랍 지역, 페르시아 지역이 가진 문화, 문명의 깊이와 넓이에 대한 이해와 인정을 제고할 수 있는 인식론적 변화가 필요하다. 이를 위한 다양한 교류 프로그램, 문명 컨퍼런스, 종교간 대화 프로젝트 등에 우리도 적극적으로 나서서 구체적인 현안 논의와 방법론 모색에 동참해야 한다.

일관성

대중동 외교는 태동, 발아, 성장, 성숙, 침체 그리고 재부흥기를 거치며 전개되어왔다. 우리 경제적 이해관계의 민감도가 저하되기 시작하면 마치 간조시 해안선처럼 중동 외교의 중요성이 잊히고 약화된다는 것이 안타깝다. 중동을 자원 에너지의 공급처로만 생각해서 고유가일 때는 관심이 높아지고, 저유가일 때는 별무관심으로 돌아오는 것은 중요한 네트워크를 해체시키는 결과를 낳는다.

사실상 중동 지역의 정치체제는 왕정, 공화정을 막론하고 주요 엘리트들에 의하여 장기간 통치되는 권위주의 형태이다. 정권의 교체나 파워 엘리트의 변화를 찾아보기가 거의 힘든 정치적 정태 지역이라 할 수 있다. 이러한 상황에서 중동 국가의 주요 각료나 핵심 인사들은 십수 년 이상씩 같은 지위에서 동일한 직책 임무를 수행한다. 따라서 지속적인 네트워크 개발, 유지를 통해 일관성을 갖고 중동과의 교류 협력을 유지해야 한다. 현지 주요 인사와의 네트워크를 상설화하고, 문화 교류의 빈도와 수준을 높이면서 자주 왕래할 수 있는 프로그램과 인프라를 구축해야 한다. 이러한 측면에서 '한·아랍 소사이어티'의 역할에 기대가 크다.

문화 협력 확대

중동을 경제적 이익의 제공 지역으로만 인식하지 말아야 한다. 한국인의 '중동' 이미지는 석유와 사막, 그리고 건설 시장으로 국한되는데, 이러한 도식적인 이미지를 탈피하여 다양한 교류 협력 채널을 구축해야 한다. 중동-아랍 인사들은 친구를 선호한다. 비즈니스 파트너의 신분과 지위보다는 친구로서의 신뢰를 획득하는 것이 장기적으로 볼 때 절대적으로 유리하다.

따라서 중동의 석유와 건설 시장 수주에만 관심을 보이는 것은 현명하지 못하다. 장기적 문화 협력과 교류를 바탕으로 한 친선·우호 관계를 바탕으로 구체적인 이익 교류를 추구하는 것이 바람직하다. 호흡을 길게 가져가는 외교가 중동에서는 필수적인 것이다. 이를 위해 교육 강화 프로그램을 확대하고, 이슬람에 대한 관심과 이해도 증진, 한류(韓流) 등 한국의 문화적 매력 요인 전파 및 스포츠 교류 등 다양한 프로그램 개발을 통해 중동 내 한국의 이미지 고양을 지속적으로 시도해야 한다.

맞춤형 전문가 양성

전문가가 절대적으로 부족하다. 단순히 중동 혹은 이슬람 전문가의 배출이 시급하다는 의미가 아니라, 중동 내 다양한 국가, 문화, 부족 및 종파 등을 전문적으로 추적 연구하는 인력이 거의 전무하다는 의미이다. 중동은 단일언어, 단일종교, 단일민족으로 구성된 것처럼 보이지만, 실제로는 매우 복잡다기한 다양성에 기반한 사회이다. 따라서 이러한 다양성의 각 부분을 전문적으로 연구하고 탐색하는 전문가 네트워크가 필요하다.

걸프 지역과 마그레브, 그리고 레반트 지역의 역사 문화적 습성은 각각 상이하다. 걸프 지역 안에서도 사우디아라비아와 이란의 체제, 종파, 신앙, 정치적 배경 등을 완연히 다르다. 이스라엘은 아랍국과는 완전히 구별되며, 레바논 역시 독특한 모자이크 민주주의를 구현하고 있다. 따라서 아랍 또는 중동으로 일반화되는 전문가 풀 구축은 이제는 무의미하며, 특정 국가와 부족을 탐구하는 세부적 지원책이 필요한 시점이 도래한 것이다. 단순히 국가별 전문가뿐 아니라, 이슬람 성법(샤리아), 이슬람 금융, 아랍어-히브리어, 아랍 문화 및 예술 전문가들을 양성, 발굴하고 이들 네트워크 풀을 구축하여 외교적 자산으로 이끌어내는 방안을 모색해야 할 것이다.

고위급 인사 교류

엘리트의 교체나 순환이 이루어지지 않는 좀처럼 중동-아랍국에서는 여타 서방 국가들과는 달리 한번 구축된 인맥은 상당 기간 지속된다. 또한 아랍의 정치문화상 중요한 정책 결정이 핵심 지도인사들의 혜안과 경험에 의해 이루어지는 경우가 많고, 이들 인사들은 비공식적 네트워크를 신뢰하는 경향이 강하다. 따라서 향후 중동 내 주요 인사와의 고위급 인사 교류를 지속적으로 확대할 필요가 있는 것이다.

아랍 인사들은 한번 구축된 우호적 인맥을 깨뜨리는 경우가 거의 없다. 이들은 신뢰와 의리를 중요한 덕목으로 여기기에 한 번이라도 더 많이 만나고, 더 많이 이야기 나누는 대면 외교는 매우 중요한 수단이 된다. 공식적인 외교 채널을 통한 교섭이나 협상도 중요하지만, 주요 의사 결정을 앞두고 한 번이라도 만나 포옹한 인연이 있을 경우 한층 더 가깝고 친근하게 인식될 것이다. 이러한 인맥 구축과 관리는 대중동 외교의 성패를 좌우하는 필요조건이라 해도 과언이 아니다.

이상에서 한국의 대중동 외교를 시대 순으로 간략히 정리하고 몇 가지 앞으로 대중동 외교에 있어 고려해야 할 사항을 탐색해보았다. 한국 외교의 지평이 넓어져서 한반도 주변 4강과 강대국 중심의 패러다임에만 함몰되지 않고, 국제

사회가 주시하는 중동 지역에서도 활발하고 적극적으로 외교 활동이 이루어져야 하는 시점이 이미 도래했다. 이제 우리는 세계 각처에 우리의 병력을 파견하고, 공적개발원조(ODA)를 확대하는 등 국제사회에서 중견 국가의 역할과 소임을 충실하게 담당하고 있다. 중동-아랍 지역은 국제사회의 핵심 관심 지역이자, 실질적으로 매우 중요한 곳이므로 향후 전략적 사고에 바탕을 둔 정제되고 차분한 외교 전략 투사가 필요하다.

그동안 보여주었던 일부 아쉬운 점을 극복하고, 새로운 관심과 열정을 가지고 중동 지역 접근법을 모색함으로써 중동이 우리의 가까운 이웃이자 협력 파트너로서 자리 잡을 수 있는 구체적 방안을 구체적으로 구상·추진해나가기를 기대한다.

2 외교 관계

대한민국과 이스라엘의 외교 관계 수립은 1962년 4월 10일 처음으로 체결되었다. 1964년 8월 주한이스라엘상주대사관이 개설되고, 1969년 9월 초대 대사로 호람(Horam)이 부임했다. 1969년 4월 유재흥 주이스라엘대사(로마 상주)가 신임장을 제정받았다. 이후 양국 대사 명단을 정리하면 아래와 같다.

한국-이스라엘 역대 외교관 명단

일시	한국 측	이스라엘 측	비고
1962. 4. 10			외교 관계 수립
1964. 9		호람(Horam) 초대 대사 부임	

일시	한국 측	이스라엘 측	비고
1969. 4	유재흥 초대 대사 (로마 상주)		
1978. 2			이스라엘 정부, 주한이스라엘대사관 폐쇄 결정 통보
1992. 1			주한이스라엘상주대사관 (대사대리급) 재개
1992. 11		아셀 나임(Asher Naim) 주한이스라엘상주대사	
1993. 12	주이스라엘대사관 개설 박동순 초대 상주대사 부임(1994.3)		
1995. 9		아리에 아라지 (Arie Arazi) 주한이스라엘상주대사	
1997. 4	정의용 제2대 대사		
1998. 5	이창호 제3대 대사		
2000. 8	이태식 제4대 대사		
2001. 10		우지 마노르(Uzi Manor) 주한이스라엘상주대사	
2002. 4	유명환 제5대 대사		
2004. 5	박경탁 제6대 대사		
2005. 8		이갈 카스피(Yigal Caspi) 주한이스라엘상주대사	
2006. 5	신각수 제7대 대사		
2008. 12	마영삼 제8대 대사		
2009. 10		투비아 이스라엘리 (Tuvia Israeli) 주한이스라엘상주대사	
2011. 8	김일수 제9대 대사		
2013. 8		우리 구트만 (Uri Gutman) 주한이스라엘상주대사	

일시	한국 측	이스라엘 측	비고
2014. 10	이건태 제10대 대사		

팔레스타인과는 2005년 6월 일반대표부 관계를 시작하여 같은 해 8월 라말라에 대표사무실을 설치했다.

3 통상 · 투자 현황

이스라엘과의 외교 관계 수립(1962) 이후 양국 간의 교역이 꾸준히 확대되다가 2008년 하반기 본격화된 세계경제 위기의 여파로 양국 간의 교역 규모가 급감했다. 2010년 이후 다시 증가하는 추세를 보이고 있다. 한국에게 이스라엘은 중동 지역에서 아랍에미리트, 사우디아라비아, 이란, 카타르 및 이집트에 이어 여섯 번째 교역 대상국이다. 양국 교역액 증가 추이는 다음과 같다.

양국 교역액 증가 추이(단위:100만 달러, 대한민국 기준)

구분	2004	2005	2006	2007	2008	2009	2010.1~2
수출 **(증가율)**	851 (47.3%)	849 (−0.2%)	746 (−12.2%)	970 (30%)	1,010 (4.2%)	726 (−28.2%)	132 (45.4%)
수입 **(증가율)**	477 (50.1%)	504 (5.6%)	341 (7.6%)	736 (35.9%)	895 (21.5%)	691 (−22.8%)	161 (11.0%)
총 **교역액**	1,328	1,353	1,087	1,706	1,905	1,417	293

교역 구조

한국의 대이스라엘 주요 수출 품목은 자동차, 휴대전화기, 평면TV 등 주로 완제품들이며, 이들 상품에 대한 이스라엘 내 인지도가 상승하고 있어 미국, 일본, EU 등의 동종 제품들과 대등하게 경쟁하고 있다. 이스라엘로부터 들여오는 수입품은 주로 반도체 등 하이테크 제품으로 완성품이 아닌 부품인바, 국내에서 이를 활용하여 완제품을 제조하여 재수출하고 있다.

이처럼 양국 간의 무역은 상호보완적인 것으로 평가할 수 있다. 비록 이스라엘은 시장규모가 작아 제조업 발달이 미약하나 세계적인 경쟁력을 가진 하이테크 산업이 발달해 있는바, 한국의 건실한 제조업 기반 및 마케팅 능력과 이스라엘의 창의성 및 발달된 하이테크 기술을 결합, 세계시장 진출을 도모할 여지가 크다.

한국–이스라엘 주요 수출입 품목(2009년 기준)

순위	수출			수입		
	품목명	금액	비중	품목명	금액	비중
1	승용차	182	25%	집적회로 반도체	317	46%
2	합성수지	72	10%	항공기 부품	21	3%
3	무선전화기	62	8.5%	의약품	21	3%
4	칼라TV	54	7.4%	기타 정밀 화학원료	19	2.7%
5	냉장고	27	3.7%	알루니늄괴 등	14	2.0%
	전체	726	100%	**전체**	691	100%

단위: MTI 4단위, 100만 달러, %

투자 현황

공식 통계에 따르면 우리의 대이스라엘 투자는 총 20건 2,800만 달러 수준이며, 이스라엘의 대한국 투자는 총 61건 3,800만 달러로 그리 크지 않은 수준이다. 대표적인 투자 사례로, 삼성전자가 휴대전화의 카메라 등에 사용되는 CMOS 이미지 센서를 개발한 이스라엘의 트랜스칩(TransChip)사를 2007년 11월 3천만 달러(언론에는 7천만 달러로 보도됨)에 인수, 삼성반도체 이스라엘연구소로 개편하여 운용 중에 있다.

이스라엘 진출 한국 기업 현황

개소 연도	업체명	비고
2013	포항산업과학연구원	원천기술 발굴, 정보 수집
2010	대우인력개발	건설 프로젝트 수행
2008	대한항공	
2008	Global Tech	지식경제부 산하 KORIL 창구역 및 기술 헌팅 수행
2008	삼성전자 영업지점	현지 대리점 지원 및 본사 창구역 수행
2007	LG전자 영업지점	현지 대리점 지원 및 본사 창구역 수행
2007	삼성반도체이스라엘 연구소 (STRI)	무선 및 보안솔루션 R&D
2001	삼성통신연구소(SIRC)	휴대전화 등 통신 분야 R&D
1999	LG Technology Israel(LGTI)	기술 헌팅 수행
1994	KOTRA	

현대 · 기아차, 쌍용자동차 등은 현지 법인 또는 지사가 없으며, 대리점만 운용

　이스라엘의 이스카(Iscar)사는 1998년 대한중석을 2,500억 원에 인수하여 대구텍을 설립했으며, 2009년 3월에는 대구텍 생산 시설 확장을 위해 8,300만 달러를 투자하기로 결정했다. 이 투자 사례는 자금이 제3국을 통하여 투입되었거나 현지에 조달된 경우이므로 정부의 외국인 직접투자 통계에는 잡히지 않았다.

프로젝트 수행 실적

기업명	수행 연도	세부 내용
경동건설	2012~진행 중	이스라엘의 길보아 양수발전소 토목공사 수주
대우인터내셔널	2011~2013	Rotem OPC 440MW 발전소 건설 수주
두산중공업	2010~2011	이스라엘 전력공사 탈황설비 건설 프로젝트 수주
대한전선	2009	이스라엘 전력공사 161KV 전력 케이블 입찰 수주
두산중공업	2003	350MW MDA 발전소 2호기 보수작업
두산중공업	2003	Gezer 프로젝트:발전소 보수 작업
현대중공업	1997~1998	Ashkelon 발전소 석탄 수송 인프라 건설

출처: KOTRA, 2014

한편, 양국 정부는 2009년 5월 제4차 한·이스라엘 공동위원회에서 **한·이스라엘 FTA** 공동 연구를 개시하기로 합의했으며, 2010년 5월 현재 한국의 대외경제정책연구원(KIEP)과 이스라엘의 산업통상노동부가 공동 연구를 진행 중에 있다. 양국 정부는 공동 연구 결과를 바탕으로 FTA 추진을 위한 국내 절차(한국의 경우는 공청회, 대외경제정책장관회의 등)를 거친 후 FTA 체결을 위한 정부 간 협상 개시 여부를 결정할 예정이다. 양국의 무역 의존적 경제구조 및 양국 간 상호 보완적 무역구조를 감안할 때 양국 간의 FTA 체결은 자동차, 전자제품 등을 중심으로 교역이 상당한 수준으로 확대될 것으로 예상된다.

이스라엘과의 주요 협약

협정	서명일	발효일
과학기술협력협정	1994. 11	1995. 9. 22
항공협정	1994. 12	1997. 7. 22
문화협력협정	1994. 12	1995. 7. 18
사증면제각서	1995. 2	1995. 5. 24

협정	서명일	발효일
세관협력협정	1996. 9	1997. 4. 16
이중과세방지협정	1997. 3	1997. 12. 13
농업협력 양해각서	1997. 8	1997. 12. 21
전기통신 및 우편협력 양해각서	1997. 8	1998. 1. 19
민간산업기술협력협정	1998. 11	1999. 12. 17
투자보장협정	1999. 2	2003. 6. 19
경제협력협정	2000. 9	2001. 8. 1
해운협정	2004. 8. 31	2005. 2. 27
관광협정	2005. 11	2006. 7. 13
청소년 교류 협력 약정	2002. 4. 24	2002. 4. 24

4 팔레스타인에 대한 무상원조

한국의 팔레스타인 무상원조(ODA) 사업은 1994년부터 시작했다. 오슬로 평화회담이 진행되어 중동 지역에 평화 정착이 가시화되면서 국제사회의 요청에 따라 참여하게 되었다. 초기 실적은 미미한 수준이었으나, 경제 규모 대비 국격이 높아짐에 따라 이에 걸맞은 예산이 늘어나면서 점차 지원이 확대되었다. 제2차 인티파다(2000)로 정국이 불안해지면서 지원이 주춤하다가, 국제사회의 팔레스타인 지원 특별협력회의가 작동하던 2004년에 급격히 늘었다. 2008년 KOICA 사무소가 팔레스타인에 개설되면서 두 배 이상 원조액(연 약 700만 달러 규모)이 늘어나고 팔레스타인에 대한 지원이 가속화되었다. 주로 교육, 의료, 보건, 거버넌스, 인프라 구축, 인적 교류 사업 등에 투자되고 있다.

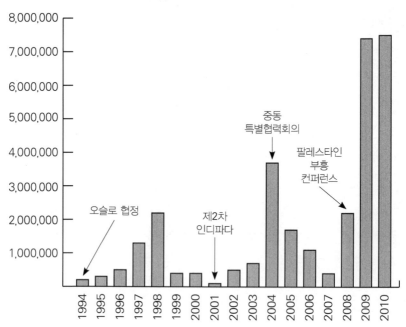

대한민국의 팔레스타인에 대한 무상원조 추이

사업형태별 지원 실적(1991~2011년)		
프로젝트	총 9건	1,329만 달러
물자 지원	총 25건	567만 달러
긴급 지원(응급의약품)	총 4건	299만 달러
국내 초청 연수	총 263명	138만 달러
민간 단체 지원	총 3건	25만 달러

최근 실적(2011년도 사업 실적)

지원프로그램	사업유형	사업명	사업비 (만 달러)
교육(IT 및 직업훈련 포함) 시설 확충 및 교과과정 향상 프로그램	프로젝트	* 팔레스타인 라말라 테크노파크내 ICT직업훈련센터(2011~2013/500만 달러)	460
		* 팔레스타인 쿠프르니마 기술고등학교 건립사업(2010~2012/370만 달러)	1,200
		* 팔레스타인 헤브론학교 및 청소년센터 건립사업(2009~2011/600만 달러)	987
보건소 건립을 통한 의료 서비스 접근 향상 프로그램	프로젝트	* 팔레스타인 제닌 지역 기초보건 의료 서비스 강화사업(2009~2011/300만 달러)	1,303
지역개발 및 공공 서비스 향상	국별연수	* 팔레스타인 지역개발	104
		* 팔레스타인 공공 서비스 개혁	104
합계			4,158

5 여행자 및 한인동포

양국 간의 여행 및 방문자 수는 꾸준히 늘고 있다. 한국에서 이스라엘을 방문하는 자들의 숫자는 전체 아시아인 방문자 수에 거의 절반을 차지하며, 대부분은 성지 순례자들이며, 이스라엘에서 한국을 방문하는 이들 역시 여행을 주목적으로 하고 있다. 한국인의 이스라엘 방문객 수가 훨씬 높다. 최근 양국 간의 방문자 수는 다음와 같다.

한국-이스라엘 방문자 수

	2007	2008	2012	2013
한국 국민의 이스라엘 방문	33,900명	37,500명	32,700명	30,900명
이스라엘 국민의 한국 방문	6,757명	7,095명	1,020명	815명

출처: 서울출입국관리사무소 및 이스라엘 통계청, 한국관광공사

한편, 이스라엘에 거주하는 한인 동포는 2010년 4월 현재 총 601명으로 집계된다. 일반 체류자 및 유학생이 주류를 이룬다.

이스라엘 거주 한인 수(2010년 4월 현재)

구분	예루살렘	텔아비브	하이파 및 브엘세바	키부츠	팔레스타인 지역
일반체류자	234	99	72	50	14
유학생	80	26	8		
영주권자	1	4	5		
시민권자	2	3	3		
총	317명	132명	88명	50명	14명

출처: 주이스라엘한국대사관

한인 단체로는 한인회(1985), 한글학교(1987.7), 한국문화원(2006), 이스라엘한인교회(1979), 예루살렘한인교회(1996), 예루살렘중앙교회(2000), 텔아비브자파교회(2007), 예루살렘학회(1992) 등이 있으며, 평통자문위원으로 3인의 한인이 활동하고 있다.

6 한국 사회의 유대인 이미지

유대인에 대한 한국인의 인식은, 아직까지 공식적인 조사 연구 결과가 발표된 바 없으나, 대체로 이중적이다. 한편에서는 '유대인은 천재'라는 긍정적인 인식에 따른 신화적인 존경심을 갖고 있는 반면, 다른 한편에서는 '유대인은 돈과 권력의 노예' '유대인은 너무 잘난 척한다'라는 맥락에서 시작된 반유대적 정서가 강하다. 전자가 비교적 일부 집단으로부터 보다 초기에 형성된 유대인 이미지라면, 후자는 비교적 최근에 젊은 층을 중심으로 대중적으로 퍼지기 시작했다고 볼 수 있을 것이다.

유대인에 대한 서로 상이한 두 입장 사이에서 발견되는 공통점은 한국 사회가 유대인을 직접적으로 마주하거나 경험할 기회가 거의 없이도 이러한 의식이 자리 잡게 되었다는 점이다. 물론 유대인이 없는 사회에서도 그들에 대한 우호적인 태도나 반감이 생겨날 수 있다. 그런 현상은 역사적으로 몇몇 나라에서도 발견된다. 하지만 한국 사회에서 일어나고 있는 유대인에 대한 긍정적이면서 동시에 부정적인 양면적·이중적인 이미지는 그러한 인식이 자리 잡게 된 역사적 과정과 환경이 특이할 뿐만 아니라, 그 인식이 뿌리를 내리거나 변화해나가는 시간적 간격이 매우 짧고 빠르다는 점에서 그 유례를 살펴보기 어렵다. 한마디로 말해서 엊그제까지만 해도 스스로 '한국인은 제2의 유대인이다'라고 서슴없이 말하던 한국인들이 이제는 더 이상 '세계를 움직이는 자는 유대인이다'라는 말을 유대인에 대한 칭찬으로 이해하지 않는 상황이 되었다.

여기서 우리는 한국인의 유대인에 대한 이중적인 인식과 태도가 자리하게 된 역사적 과정을 살펴볼 필요가 있다. 한국인은 유대인을 누구라고 인식하고 있었는가? 어제의 인식과 오늘의 태도는 어떻게 다른가? 언제, 왜 그러한 변화는 시작되었나? 근대화 과정에서 직접적으로 차용하기 시작한 유대인 이미지의 '정치화', 교육 열풍을 발판으로 한 유대인 자녀교육의 '상업화', 민주화 과정에서 일기 시작한 반미주의와 결합된 반유대주의적 태도, 그리고 최근 이원복 교수의 만화 『먼나라 이웃나라』(미국인편)로 불거져 최초로 발생한 반유대주의 사태에 이르기까지 유대인에 관한 한국인의 인식 변화 과정을 개괄적으로 살펴보고자 한다.

유대인 이미지의 '정치화'

19세기 말~20세기 초, 근대 한국사에서 등장한 유대인들—에른스트 야콥 오페르트(Ernest Jacob Oppert), 알렉산더 피터스(Alexander A. Pieters), 야콥 쉬프(Jacob H. Schiff) 등—이 전혀 없었던 것은 아니나, 그들의 개별적인 활동이나 역할이 당시 한국 사회에 중대한 영향을 끼쳤음에도 불구하고, 유대인에 대한 이미지를 한국 사회에 형성시킬 만큼은 아니었다. 또한, 한국 근대사의 여명기에 유대인에 대해 논술한 한국 지식인들—윤치호, 김윤경, 김우현, 육영만, 최남선 등—의 다양한 목소리와 서로 다른 시각은 개화기 한국 사회의 근대화 과정에서 자신들이 처한 역사적·정치적·문화적·종교적 상황과 결코 분리될 수 없는 것이었다. 또, 한국전쟁(1950~1953) 기간 동안 참전한 미군 부대 내의 유대인 병사를 위해 하임 포톡(Haim Potok) 같은 유명한 유대인 군목(Jewish Chaplain)—현재까지 한국에 주둔한 미군 부대 내에 유대인 군목(랍비)이 활동 중이다.—이 활동했으나, 한국인과 한국 사회에 유대인을 알릴 수 있는 충분한 기회로 활용된 바는 없다.

우리나라에서 유대인에 대한 긍정적인 이미지가 본격적으로 뿌리를 내린 것은, 개화 초기부터 해방 전까지 히브리 성서를 통해 유대 민족의 해방을 가르치던 기독교 교회의 영향이 적지 않았음에도 불구하고, 1960년대 초 군부 독재 시절 유대인의 특정한 이미지, 즉 이스라엘 국민의 민족애, 애국심 및 공동체 의식 등을 한민족의 자긍심을 계몽하고 고취시킬 목적으로 지나치게 '정치화(政治化)'한 데서 일차적인 원인을 찾을 수 있다. 특히 1960~70년대 개발 독재 시절 "일하면서 싸우고, 싸우면서 일하자"는 구호를 내세워 부국강병 정책을 이끌던 박정희 정권이 애국심을 고양시켜 국민을 하나로 통합하기 위한 명목으로 이스라엘 국민의 장점들을 일방적으로 찬양하는 글을 초·중등학교 교과서에 실어 사실상 한국이 따라갈 모범으로 제시했으며, 실천적인 민족 번영의 시책의 하나로 일으킨 새마을운동의 모델로서 이스라엘의 키부츠 운동 등을 소개한 것에서 받은 영향이 크다 하겠다.

공교롭게도 대표적인 반유대주의 시각에서 유대인 음모론을 펼치고 있는 『시온의 장로 의정서 Protocols of Elders of Zion』가 한국어로 번역 · 출판된 시기 역시 1960년대 초반이었는데, 한국 사회에서는 이 책조차 반유대주의적인 감정을 고취시키기기보다는 오히려 유대인이야말로 '세계 정복의 꿈'을 가진 우수한 민족으로 평가하는 계기로 작용할 정도였다. 그것은 앞서 언급한 대로 당시 정부의 유대인에 대한 긍정적 이미지의 '정치화' 전략이 한국 사회 구성원들에게 훨씬 더 설득력이 있었기 때문으로 판단된다.

아울러 히틀러의 『나의 투쟁』 초역(抄譯)이 청년 시절의 박정희에게도 애독되고, 한국에서는 이 책이 '반유대주의적 문서'라기보다는 극우 세력이 적극 권장하는 '자수성가(自手成家), 초지일관(初志一貫), 멸사봉공(滅私奉公)의 반공투쟁(反共鬪爭)'의 교과서처럼 읽혔다. 이를 '인생의 교훈'으로 삼는 보수 인사들 중 일부가 '유대인의 세계 제패, 언론 장악' 같은 히틀러의 이야기를 사실로 받아들인 것 같기도 하지만, '같은 약소민족인 유대인의 성공'이 또 한편으로 '우리 성공의 청사진'으로 보이기도 했다. 즉, 히틀러가 '유대인 권력'을 경쟁자로 인식한 반면, 한국 우파는 이스라엘의 군사주의나 전국 요새화 분위기, 미국 시오니즘 단체의 '민족적 대동단결'을 오히려 일종의 '모델'로 인식하고 있었던 것이다.

당시 이스라엘과의 실질적인 정치 · 외교적 관계는 1962년 국교 수교로 이어졌으나, 개발에 필요한 석유 자원을 중동−아랍국들로부터 수입해오던 한국 정부로서는 이스라엘과의 대사관 설치 등 민감한 사안에 관해서는 미온적이었다. 그러나 1964년 6월 박정희 대통령은 대통령 비밀 특사로 강기천 장군(당시 합참 전략정보국장)을 이스라엘에 파견하여, 국가관과 민족관이 투철한 지도자급 인물들을 두루 만나고, 키부츠 등 공동 방위 촌락과 주요 군사 시설, 녹화 사업 현장을 돌아보게 했다. 국민 통일과 경제 발전과 국토 방위를 국가 목표로 삼고 있는 이스라엘로부터 큰 감동을 받고 돌아온 강기천 장군은 박정희 대통령에게 방문 결과를 소상히 보고했다. 이렇게 이스라엘에 대한 관심은 수면 아래에서 커져만 가고 있었다.

여기에 군인 출신인 박정희 대통령 스스로 '6일전쟁의 신화,' 즉 1967년 6일 전쟁 당시 미국에 유학하던 유대인 학생들이 대거 귀국, 국방의 의무를 자발적으로 수행한 반면, 이집트 등 아랍권 유학생들은 연락처를 옮겨가며 군 징집을 회피한 사례를 들어 거대한 아랍국들에 맞서 전쟁에서 승리를 거둔 '작은 거인' 유대인들의 성공 신화를 자주 언급했다. 이러한 박정희 대통령의 직접적인 유대인 혹은 이스라엘 찬양 발언은 1976년 이스라엘의 엔테베 공항 습격 작전 성공을 기화로 절정에 달했다.

이처럼 애국애족하는 유대인 이미지는 교과서에서도 반영된다. 당시 우리나라 중학교 3학년 도덕 교과서에서 "IV. 민족의 통일과 한국의 미래"라는 대단원에서 논의하고 있는 통일교육 내용 중 민족공동체의 번영과 통일 국가의 실현 등의 주제를 다루면서 통일 이후 우리가 기대하는 우리나라의 모습과 미래 사회에 바람직한 한국인상을 제시하고 있는데, 여기서 민족공동체의 요소 중 혈연이 갖고 있는 중요성을 인식시키고 민족의식이라는 주관적 요소도 객관적 요소 못지않게 중요함을 설명하면서 화교나 유대인들의 예를 들고 있다.

해방 이후 1970년대 제4차 교육과정까지 통일 교육이 반공론에 근거했다면, 1980년대 후반에는 통일·안보 교육으로 변했고, 1990년대 통일 환경이 변화하는 상황에서 통일·안보 교육은 통일 교육으로 개칭되었다. 이러한 일련의 교과 방향과 내용의 변화에도 불구하고, 유대인과 이스라엘과 유대인에 대한 언급은 지속적으로 한민족 공영체 형성을 위해 중요한 민족교육 학습 사례로 유지되어왔다.

한편, 1970년 4월 박정희 대통령에 의해 제창·출범한 새마을운동은—처음부터 사상이나 이념이 정립된 후에 사업이 수행된 것이 아니라 농촌 지역사회 개발 사업을 추진, 실천해나가는 과정에서 필요했기 때문에 나중에 그 이론이 정립된 것으로 보는 것이 일반적인 견해이다—이스라엘 키부츠 운동으로부터 그 이론과 실천을 학습해왔다. 새마을운동의 초석은 당시 청와대 대통령비서실

초대 새마을 담당관으로 발탁된 류태영에 의해 주도적으로 전개되는데, 그는 이스라엘에서 농촌사회학을 공부한 자로서 키부츠 생활을 몸소 체험한 젊은 농촌운동가였다. 또, 새마을운동의 이론적 기초를 놓았던 유달영 박사는 이 운동의 원리를 사막을 옥토로 개간한 이스라엘의 키부츠 운동에서 원용한 것으로 알려져 있다. 이들에게서 이스라엘의 농촌운동을 학습한 박정희 대통령은 강력한 리더십을 바탕으로 '한강의 기적'을 이끌어나갔다. '개발 독재자'로도 불리는 박정희는 자신의 권력 기반을 다져나가면서 자신이 꿈꾸던 '잘사는 나라'를 만드는 데 있어서 강한 민족애와 단결력을 기초로 한 이스라엘의 키부츠 운동보다 더 적합한 모델을 찾을 수 없었던 것이다.

특히 그는 군 출신으로서 중동-아랍국들과의 몇 차례 전쟁을 승리로 이끌면서 민족 재건과 부흥 운동을 성공적으로 일으켜 세워나가고 있는 '작지만 강한' 이스라엘을 매우 이상적이며 역동적인 모델로 인식하게 된다. "한국인은 제2의 유대인이다"라는 말을 자랑스럽게 여기던 때가 바로 이쯤이었다. 박정희 대통령은 독재 정권을 유지하기 위한 방편으로 반공주의를 천명하고, 1969년 닉슨 독트린 발표와 1971년 주한 미 7사단의 일방적 철수로 자주 국방을 결심하게 되는데, 급기야 남한 정부 스스로 핵 개발 프로그램을 비밀리에 추진하면서 이를 억제하려는 미국과의 외교적 마찰을 빚는다. 이때 독일-스위스계 유대인 브로커인 사울 아이젠버그(Saul Eisenberg, 1921~1997) 씨가 막후에서 박정희 대통령을 도와 긴밀히 역할을 수행한 것은 잘 알려져 있는 사실이다. 이처럼 공적·사적 관계 속에서 박정희가 맺은 유대인과의 인연은 한국 사회에 뿌리내린 긍정적인 유대인 이미지와 결코 무관하지 않다 하겠다.

유대인 이미지의 '상업화'

1960, 1970년대 개발 독재 시절에 만들어진 이스라엘과 유대인에 대한 이미지의 '정치화' 과정은 고도 경제성장과 더불어 불어닥친 한국 사회의 뜨거운 교육열풍과 한국 교회의 부흥과 성장으로 이어지면서 유대인의 우수성이 그들의 교육과 신앙에서 비롯된 것이라는 주장이 설득력을 가짐에 따라 점차 '상업화'

우리나라에서 출판된 유대인과 관련된 책들

박미영, 『유태인 부모는 이렇게 가르친다』, 생각하는 백성, 1995.

류태영, 『천재를 만드는 유태인 가정교육법』, 국민일보사, 2001.

루스 실로, 권혁철 역, 『유태인의 천재교육』, 나라원, 2001.

이혜진, 『유대인들은 왜 부자가 되었나』, 문공사, 2002.

육동인, 『유대인처럼 성공하라』, 아카넷, 2004.

후지다 덴, 지방훈 역, 『유태인식 돈벌이』, 범우사, 2004.

문미화 · 민병훈, 『세계를 주름잡는 유태인 경제 교육의 비밀』, 달과소, 2005.

성준용 · 위정범, 『경제를 살리려면 유태인 같은 장사꾼이 돼라』, 현문미디어, 2005.

마빈 토케이어, 『CEO를 위한 유태인의 70가지 지혜』, 한국방송출판, 2005.

김이랑 편, 『탈무드—유태인의 지혜를 담은 인생 최고의 선물』, 시간과공간사, 2006.

유안진, 『위인과 천재는 어머니가 만든다—유태인의 가정교육』, 도서출판 다시, 2006.

이영희, 『유대인의 밥상머리 자녀교육—총명하고 현명한 아이로 키우는 유대 엄마들
　　　의 교육 비밀』, 규장문화사, 2006.

해나갔다.

　유대인은 왜 우수한가? 어떻게 노벨상 수상자 중 유대인이 그렇게 많은가? 어째서 전 세계의 각 분야에서 두각을 나타내는 자들 가운데 상당수는 유대인들인가? 유대인 교육의 비결은 무엇인가? 하는 꼬리에 꼬리를 무는 질문과 이에 대한 답변은 한국 사회에서 유대인의 이미지를 '상업화'시켜나가는 데 크게 기여했다.

　먼저, '유대인의 교육'을 '성공 비결'로 선전해 유대인들을 '성공 모델'로 상정하는 서적들이 봇물 터지듯이 쉼 없이 쏟아져나오고 있으며, 방방 곳곳에서는 유대인의 교육과 부자 되는 법에 관련된 강좌가 활발하게 펼쳐지고 있다. 특히 2001, 2002년에 EBS가 기획 시리즈 〈류태영이 말하는 탈무드의 지혜〉를 52회나 공중파를 통해 방영함으로써 한국 사회에서 유대인 이미지의 '상업화'가 얼

조미현, 『유태인 엄마의 특별한 자녀교육법』, 책이있는마을, 2006.

현용수, 『유대인 아버지의 4차원 영재교육』, 동아일보사, 2006.

미야자키 마사히로, 최은미 역, 『세계의 경제를 움직이는 유태인 상술 화교 상술』, 시간과공간사, 2006.

지에다오, 남혜선 역, 『유태인 부자들의 5천년의 지혜』, 간디서원, 2006.

홍영재, 『닛다 임신법—천재를 낳는 유태인의 계획임신』, 넥스컴미디어, 2007.

에란 카츠, 박미영 역, 『천재가 된 제롬—부와 성공을 얻는 유태인 지능의 비결』, 황금가지, 2007.

고재학, 『부모라면 유대인처럼』, 예담, 2010.

문서영, 『아이를 변화시키는 유태인 부모의 대화법』, 책읽는달, 2011.

홍익희, 『유대인 이야기』, 행성B잎새, 2013.

_____, 『유대인 창의성의 비밀』, 행성B잎새, 2013.

윤종록, 『후츠파로 일어서라』, 하우, 2014.

전성수 · 양동일, 『질문하는 공부법, 하브루타』, 라이온스북, 2014.

이학승 · 박경란, 『유대인의 진짜 공부법』, 형설라이프, 2015 등.

마나 폭넓게 확산되고 체계적으로 작동했는가를 단적으로 보여주었다.

곳곳의 방송, 출판, 강좌 등으로 이어진 각계각층의 유대인 열풍은 정부의 제도권 교육정책에도 고스란히 반영되어 우리나라 교육의 미래와 복잡한 교육 현실 문제 해결을 이스라엘 교육으로부터 찾으려는 시도와 노력으로 이어졌다. 2004년 안병영 교육인적자원부 장관 시절 교육부가 과학 영재를 포함한 각 분야의 영재교육을 위한 새로운 큰 틀을 마련하면서 한국의 영재교육에 큰 이정표를 마련했는데, 이때 장관이 직접 이스라엘을 방문하여 영재교육 시설들을 돌아보고, 한국교육개발원(KEDI)을 통해 영재학교 설립을 위한 모델로서 이스라엘 정책을 벤치마킹한 사실은 잘 알려져 있다.

여기에는 군 복무 과정에서의 다양한 경력이나 훈련에 대해 국가나 대학이 공인해주는 방안도 포함되어 있는데, 2004년 12월 안병영 교육인적자원부 장관과

윤광웅 국방부 장관이 군(軍) 인적 자원 개발을 위한 민·관·군 협약식을 갖고 군인적자원개발추진기획단 구성 등에 관한 협약서에 서명했다. 추진기획단은 제대 군인이 교육·훈련 내용을 진학이나 구직을 위해 제출하면 대학·사회에서 공식 인정해주는 미국의 '군 경력·교육인증서(VMET)' 제도나 군에서 핵심 IT 인력을 양성하는 이스라엘 사례 등을 벤치마킹할 예정이라고 밝혔다.

영재교육을 담당하는 수십 명의 일선 중·고등학교 교사들이 정기적으로 이스라엘 연수를 통해 영재교육 이론 연구와 현장답사를 실시했으며, 수시로 이스라엘 교육 전문가를 국내로 초청하여 영재교육 국제 심포지엄을 열고, 이스라엘의 교육 현황, 영재교육 발전 모형과 사례, 문제 해결을 위한 창의성과 지능의 통합, 영재 담당 교사의 전문성 신장 방안 등을 연구·발표했다. 나아가 과외 열풍과 함께 번영하기 시작한 사설학원의 이름에서조차 이스라엘 영재교육 기관의 이름—예를 들어 바이츠만 영재교육원 등—을 도용하면서 학생들을 모집하는 일까지 벌어지곤 했다.

또, 기독교인들의 '성지 순례'와 이스라엘 내에서 치러지는 각종 대규모의 종교집회로 이어지면서 여행자들의 수가 급증한 것도 유대인 이미지의 '상업화'와 무관하지 않다. 이스라엘을 찾는 한국인의 숫자는 1997년 이후 IMF 사태로 주춤한 것을 제외하고는 계속 증가한 것으로 나타나며, 절정기에 이르러서는 한해 이스라엘의 방문객이 거의 3만 명에 다다를 정도였다. 1988년 이래 성지 순례자의 통계 숫자 추이는 다음의 표와 같다.

연도별 한국인 성지 순례자 분포

1988년	2,217명	1998년	5,317명
1990년	3,820명	2000년	17,304명
1992년	8,296명	2002년	9,508명
1994년	13,122명	2004년	19,602명
1996년	28,527명	2006년	28,008명

| 2011년 | 31,794명 | 2013년 | 30,900명 |
| 2012년 | 32,700명 | 2014년(1~10월) | 20,648명 |

출처: 이스라엘 관광성 및 한국관광공사

한국 기독교인의 성지 순례는 단순한 방문 여행에 머물지 않고, 수천 명이 참가하는 대규모 집회로 이어져 '이스라엘 회복 운동'이라 칭하는 '예루살렘 예수 대행진' '예루살렘 평화 대행진' 등 종교·정치적인 행사로 치러지면서 국민적인 우려를 낳기도 했다. 2004년 김선일 씨 납치 사망 사고와 2006년 용태영 기자의 납치 사건 직후, 이스라엘(예루살렘)과 팔레스타인(베들레헴) 지역을 오가며 평화 행진 형식으로 '친이스라엘 성격의 집회'를 진행하려는 이들이 '이슬람 국가들이 이 행사에 큰 거부감을 보이고 있다'며 안전상의 이유를 들어 중단시키려는 정부 측의 입장과 대립하는 일까지 벌어진 바 있다.

반미감정과 반유대주의

1980년대 민주화 과정에서 불거진 반미감정이 9·11 사건(2001) 이후 급속도로 퍼져나간 이슬람에 대한 동정적인 이해, 친이슬람 서적들의 출판, 여중생 사망 사건, 노무현 정부의 대미(對美) 자주 외교 선언 등으로 이어지는 일련의 변화 과정을 통해 심화되어갔다. 결정적으로 미국의 이라크 침공(2003)으로 펼쳐진 미국의 일방적인 패권주의와 관련해서 젊은 층을 중심으로 새로운 형태의 반미주의가 확산되었다. 이에 따라 중동 문제에 대한 미국의 입장이 언제나 이스라엘 편향적이라는 인식이 수면 위로 떠오르면서 반유대주의적인 발언과 행동이 인터넷과 시민운동을 통해 확산되었다. 여기에 이스라엘의 레바논 침공(2006)과 관련해서 이스라엘-팔레스타인 갈등의 문제에 대한 한국인의 팔레스타인에 대한 동정적인 시각이 가세하면서 반유대적 감정은 더욱 견고하게 대중적으로 뿌리를 내려갔다.

1973년 제1차 오일 쇼크와 1979년 제2차 오일 쇼크로 중동의 아랍 산유국에 대한 중요성이 급속도로 커지면서 한국 정부의 대중동 외교 노선은 친아랍으로 급선회했다. 아랍국들의 보이콧으로 급기야 이스라엘 정부는 1978년 한국 주재 이스라엘대사관을 철수하고 외교 단절을 선언하기에 이른다. 이스라엘과의 냉랭한 관계는 1992년 양국의 외교 관계가 재개되기까지 지속되며, 그 기간 민간 단체인 '한·이 친선협회'가 사실상 양국 간의 외교적 역할을 담당하며 명맥을 유지했다. 건국대학교에 히브리학과가 신설되면서 양국 간의 학문적인 교류의 물꼬를 트게 된 것도 바로 이때였다(1991).

사실상 '반미의 무풍지대'였던 한반도에 반미의 열풍이 불어닥친 것은 마르크스주의가 학생운동의 주류를 형성했던 1980년대 중·후반 민족해방(NL) 주사파가 학생운동의 주류를 확고히 하면서 반미운동이 학생운동의 근본적 목표로 부상하면서부터였다. 미국은 19세기부터 한반도를 식민지로 만들려고 작정한 나라라는 역사 인식으로부터 한반도의 분단 책임이 미국에 있다는 시각이 주류를 이루었다.

이러한 이념적인 패러다임의 변화와 인식에는 1980년 5월 광주에서 일어난 광주 민주화운동이 결정적으로 작용했다. 1970년대 유신 독재정부를 비호하던 미국이 1979년 10·26과 12·12 이후 등장한 신군부 세력의 광주 진압과 학살을 묵인하면서 '독재 정권의 조력자' 미국은 군부 독재 세력과 함께 청산의 대상으로 인식하게 된 것이다. 386세대[1]가 주축을 이룬 반미주의는 1981년 2월 레이건 미국 대통령의 초청으로 이루어진 전두환 대통령의 미국 방문을 계기로 한국의 독재 정부를 지지하는 미국의 외교정책에 대한 반발과 함께 불이 붙고, 급기야 1982년 3월 부산 미 문화원 방화 사건이 발생하기에 이른다. 이 사건은 한국에서 발생한 최초의 반미 행동이자 반미운동의 상징으로 자리매김하기에 이른다.

2001년 9·11 사태는 국제사회는 물론 한국 사회에까지도 저변에 확산되어

---

1) 프랑스의 68세대처럼, 1960년대 출생한 자들로서 1980년대에 거리에서 반독재에 대항하여 투쟁한 30, 40대 시민들을 통칭하는 말로 사용된다.

있는 반미주의 감정을 바탕으로 이슬람에 대한 동정적인 이해에 물꼬를 트는 계기가 되었다. 왜 무슬림 극단주의자는 미국을 혐오하는가? 뉴욕의 공격 배후에는 누가 있는가? 과연 문명 충돌이 시작된 것인가? 하는 질문들이 꼬리에 꼬리를 물고 이어지면서 중동-이슬람을 소개하는 책, 논설, 강연 등이 봇물을 이루었다. 이러한 변화는 단적으로 그동안 한국 사회에서 출판된 중동-이슬람 관련 서적의 증가폭에서 알 수 있다.

연도별 중동-이슬람 관련 출판 현황

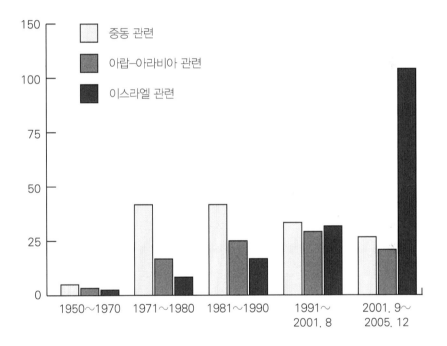

위의 도표에서 보는 대로, 2001년 9월 이후 출판된 이슬람 관련 서적(총 69권)이 1951년 이래 지난 50년간 출판된 것들(총 67권)과 맞먹는 양에 이르렀으며, 이는 같은 기간 중동 관련 서적(2001년 이전 150권, 이후 17권)이나 아랍-아라비아 관련 서적(2001년 이전 92권, 이후 14권)의 비율에 비해서 월등히 높은 편이다. 특히 9·11 직전에 친이슬람 학자들이 묶어낸 『이슬람 : 이슬람 문명 올바

로 이해하기』(2001)는 현재까지 약 20만 부 이상 팔려 나갔다. 이러한 변화는 한국인들의 이슬람에 대한 부정적 인식이 동정적·우호적 태도로 바뀌어나가는 데 크게 기여한 것은 두말할 필요가 없다. 그것은 곧 자연스럽게 '미국의 영원한 우방'인 이스라엘 혹은 유대인에 대한 부정적 이미지의 증가로 이어졌다.

아랍-이슬람에 대한 우호적인 이해를 바탕으로, 끊임없이 계속되고 있는 이스라엘과 팔레스타인의 갈등과 대립, 특히 인티파다는 한국인에게 이스라엘/유대인의 이미지를 더욱 부정적으로 보게 만드는 이유로 작용한다. 특히 국내 언론기관의 중동 문제에 대한 보도 태도가 이러한 이미지 제고에 큰 몫을 차지하는 것은 두말할 필요가 없다. 중동 문제가 전 세계에 반유대주의를 확산시키고 있다는 사실은 공통적인 현상이다.

한편, 2003년 12월 대통령 선거에서 보수 후보를 꺾고 극적으로 역전 당선된 노무현은 소위 N-세대라 일컬어지는 20~30대 젊은 개혁층 유권자들의 지지에 힘입고 있는데, 그는 선거 캠페인 기간 중에 발생한 미선·효순 양의 미군 장갑차에 의한 사망 사건으로 반미주의 운동이 정점에 다다랐을 때, 미국과의 불평등 조약의 대명사로 여겨지던 SOFA(The Status of Forces Agreement) 개정을 공약으로 내세우는 등 미국과의 공정하고 평등한 관계 개선을 위해 발 빠르게 앞장서 나갔다. 선거 과정이나 당선 이후에 반유대적인 감정이 쟁점으로 언급된 바 없으나, 한국인들의 미국에 대한 인식 변화는 2003년 미국의 이라크 침공, 이스라엘-팔레스타인 분쟁에 관한 미국의 정책, 2006년 이스라엘의 레바논 침공 등 일련의 중동 지역과 관련한 미국의 외교정책에 대한 불신과 반대 운동으로 이어졌다.

앨빈 로젠펠트(Alvin H. Rosenfeld)는 자신의 책 『Anti-Americanism and Anti-Semitism: A New Frontier of Bigotry』(2003)에서 "반유대주의와 반미주의 사이에는 분명히 구조적 유사성이 있다"고 언급한 바 있다. 이는 분명 최근의 국제사회에서 EU 등 미국에 대한 비판적 인식이 자리한 나라에서는 공통적으로 발견되는 현상이다. "세계를 움직이는 게 미국이라면, 미국을 움직이는 자는 유대인이다"라는 상식적 표현에 미국과 유대인의 관계에 대한 인식이 잘 드러난다. 로젠펠트의 말대로 "미국에 대한 증오심이 증대되는 것만큼 유대인에 대한 새로운 형태의 미움은 증대될 것이며, 그 반대 역시 가능하다."

이원복의『먼나라 이웃나라』와 반유대주의 논쟁

미국 혹은 미국인에 대한 한국인의 인식 속에서 유대인의 언급이 급기야 반유주의 논쟁으로까지 이어진 최초의 사례는 이원복 교수의『먼나라 이웃 나라』(미국인편, 2004)로부터다. 발단은 시몬비젠탈센터(The Simon Wiesenthal Center)가 이 책 "8. 유대인을 알아야 미국이 보인다—미국을 움직이는 막강한 세력, 유대인"(219~249쪽)에 등장하는 유대인에 대한 묘사가 '반유대주의적'이라면서 시정을 요구하면서 시작되었다.

책이 출간된 지 3년이 넘은 2007년 2월 8일, 미국의 시몬비젠탈센터 부의장 랍비 아브라함 쿠퍼(Rabbi Abraham Cooper)는 이원복 교수의『먼나라 이웃 나라』가 "『Der Sturmer』와『시온의 장로 의정서』에서 발견되는 것처럼 고전적인 나치 선전을 되풀이하고 있으며 유대인이 언론과 돈을 지배하고 있으며, 유대인이 전쟁으로부터 이익을 얻고, 9·11테러가 '돈과 언론을 무기로 미국을 자신의 뜻대로 움직이는 유대인 때문'이라는 등 다양한 유대인 음모 이론을 재순환시키고 있다"면서 시정을 요구하는 글을 자신들의 웹사이트에 띄웠다.

이어, 쿠퍼 의장은 이 책을 출판한 김영사(박은주 사장)에 보낸 2월 7일자 서한에서 "당신의 매우 성공적인 책이 고전적 증오와 위험천만한 반유대주의적 풍자와 주제로 가득 차 있음을 최근에 발견하고 충격을 받았다"면서 "우리는 김영사에게 이 책에서 보여주고 있는 역사적 반유대주의, 폭력, 증오와 대량학살에 대한 명예훼손에 관하여 재고해줄 것을 촉구한다"고 밝혔다. 아울러 그는 "유대인과 우리 종교와 가치에 대한 사실들을 한국의 젊은 독자들에게 제공해줄 것을 정중하게 제안한다"고 언급하고 있다.

시몬비젠탈센터가 구체적으로 문제를 제기한 부분들로는 "억척스럽고 부지런하기로 둘째가라면 서러워할 한국인들이 미국에 건너가 그 특유의 근면함과 승부근성으로 많은 성공을 거두지만 마지막에 가서 번번이 부딪히는 것은 바로 유대인이라는 장벽이지"(220쪽), "한마디로 미국의 언론은 유대인의 것이며 유대인의 소리, 그 자체라고 해도 지나친 말이 아니지"(242쪽), "미국이 저렇게 온 세계에서 욕을 먹어가면서 이스라엘을 전적으로 감싸고 도는 (것은) …(중략)… 바로 미국을 움직이는 실세가 유대인이기 때문이야"(247쪽)라는 부분과 "아랍 테러 세력이 이를 갈며 미국을 미워하는 이유도, 뉴욕 세계무역센터를 자살 공격으로 무너뜨린 것도, 바로 WASP들 뒤에서 돈과 언론을 무기로 미국을 자신의 뜻대로 움직이는 유대인 때문이지. '그 유대인의 총본부가 뉴욕이라 테러 공격의 목표가 된 거다!'"(247쪽)라는 부분이다.

이원복 교수, 『먼나라 이웃나라』(미국인편, 247쪽)

2월 15일, 이원복 교수는 미주 한인단체인 한미연합회(KAC)에 이메일을 보내 "나는 반인종차별주의자이며, 나의 저작물 내용이 유대인들의 마음을 아프게 했다면 깊은 사과를 드린다"고 말하면서 "지적한 부분에 대해 시정조치를 하겠다"고 약속했다. 아울러 그는 "이번의 일로 한인과 유대인 간의 우의와 협력에 부담이 되지 않을 것을 진심으로 바란다"고 말했다.

한편, 2월 27일 LA 코리아타운 내 윌셔 유대인 회당에서 유대인과 한인 관계자들은 모임을 갖고 『먼나라 이웃나라』 문제로 야기된 불필요한 갈등을 없애고 친밀한 이웃으로 발전해나가자는 데 뜻을 같이했다. 한미연합회, 한미재단 등 각계 한인 대표들도 이번 논란에 대해 유감을 표하고 앞으로 다양한 행사를 통해 서로를 이해하는 기회로 삼자고 답한 것으로 보도되었다.

급기야 3월 15일 시몬비젠탈센터의 아브라함 쿠퍼 부회장 등 일행 세 명이 이 책을 출간한 김영사를 직접 방문하여 박은주 대표와 저자 이원복 교수를 만나 현재 유통되고 있는 책을 회수 · 폐기할 것을 요구했으며, 이에 『먼나라 이웃나라』(미국인편)을 폐기 처분하고, "문제가 된 부분을 수정하겠다"는 약속을 받아내기에 이르렀다. 보도에 따르면 이 단체는 유대인에 대한 비난을 반박하는 내용을 담은 『거짓말을 파헤치다 *Dismantling the Big*』(시몬비젠탈센터 발간)의 한국어판도 내줄 것을 요청했다.[2]

　이번 사건에 대한 네티즌들의 반응들을 보자. "사실을 사실대로 말한 건데, 너무 민감하게 반응한다. 이런 것도 말 못 하고 비판 못 한다면 민주국가 아니지"(저스티스, 2007. 2. 15), "누구나 다 아는 사실을 단지 책으로 냈다고 바로 경보 보내네?……"(tgtg, 2007. 2. 15), "맞는 말 쓴 건데 이게 왜 비하하는 말?……아무튼 유대인들 정말 입김이 세, 미국에서"(daum 관리자, 2007. 2. 16), "그냥 일반적인 풍자에 불과한데…… 유대인의 힘이 막강하긴 하네. 남의 나라 책까지 내용을 바꾸라 하니……"(일반인, 2007. 3. 16) 등 상식적으로 납득하기 어렵다는 반응부터 "2천 년 전 자기가 살던 땅이라고 그동안 살던 팔레스타인인들 내쫓고 죽이는 자들이 유대인 아닌가? 하늘의 벌을 받아야 할 사악한 무리들이다. 역시 돈이구만. 유대인의 돈이 바로 힘이야"(고성들, 2007. 2. 17), "저게 비하냐? 비판이지. 남의 일 간섭 못해서 안달난 유대인들아. 히틀러가 왜 대량 살상으로 씨를 말리려 들었는지 이해가 간다"(cirEnoW, 2007. 2. 18), "아니 땐 굴뚝에 연기는 절대 나지 않아…… 지구의 쓰레기~ 이스라엘 유대인…… 뭐 바이러스 같은 존재……"(-0-ㅈ, 2007. 2. 18)라는 우려할 만큼 극단적인 반유대

---

2) 　사실 시몬비젠탈센터는 1995년 일본의 문예춘추사에서 펴내던 시사 교양 월간지 『마르코 폴로』를 폐간시킨 전력이 있다. 당시 일본의 한 신경의학자가 이 잡지에 기고한 글에서 나치 정권이 유대인을 대량학살한 것은 사실이지만 아우슈비츠를 비롯한 강제수용소의 악명 높은 가스실은 부풀려진 허구일 수도 있다는 내용을 썼다. 25만 명의 독자들이 읽는 이 잡지는 즉각 유대인 단체들로부터 항의를 받았고, 이스라엘 정부도 주일대사관을 통해 공식적으로 문제를 제기했다. 『마르코 폴로』 편집주간은 유대인들의 주장을 대변하는 반박 기사를 싣겠다는 제안을 했으나 거절당했으며, 실력 행사에 나선 유대 단체들은 굵직한 광고주들을 움직였다. 카르티에, 폴크스바겐, 미쓰비시, 필립 모리스 등의 기업들이 광고를 취소했다. 결국 이 사태는 편집주간의 할복자살로 끝이 났다. 시몬비젠탈센터의 랍비 쿠퍼와 문예춘추사 다나카 사장이 공동회견을 열고, 『마르코 폴로』를 폐간하고 편집진을 전원 직위 해제한다는 발표를 했다.

주의적인 표현까지 등장한다.

사실 우리를 당혹스럽게 하는 것은, 이 사건이 한국 사회에서 불거진 '최초의 반유대주의 사건'이라는 사실뿐 아니라, 불과 얼마 전까지만 해도 유대인에 대한 '이런 식의 묘사들'은 대부분 한국 사회에서는 유대인에 대한 긍정적인 평가로 해석되어왔다는 사실 때문이다. 이미 앞서 3장에서 언급한 유대인에 관한 수많은 출판물들에서 유대인의 수월성과 글로벌 파워에 대한 묘사가 유대인의 이미지를 긍정적으로 부각시키는 데 사용되고 있다. 그럼에도 불구하고 이원복 교수의 책에서 보여준 유대인에 대한 '유사한' 묘사가 시몬비젠탈센터에 의해 '반유주의적'이라고 평가된 것은 이제 한국 사회에서 동일한 유대인 이미지가 해석상의 시각 차이로 인해 양면성을 띠게 되었다는 점에서 무척 새롭다. 한마디로 말해서 오늘날 한국 사회에서 유대인 이미지는 더 이상 단일하거나 획일적이지 않으며, 매우 양면적인 동시에 상반된 감정을 드러내고 있다.

결론적으로 말해서 유대인에 대한 한국인의 태도는 결코 균일하지 않다. 지난 수십 년 사이 유대인에 대한 한국인의 인식은 빠른 속도로 변하고 있다. 불과 100년 전만 해도 유대인이 누구인지 관심조차 갖지 않았던 한국 사회에서, 지금까지 유대인에 대한 직접적인 접촉 기회조차 거의 없었던 한국인들이 갖는 유대인에 대한 '이중적' 혹은 '양면적'인 이미지는 다른 여러 나라들과 비교해볼 때 매우 특이한 현상이다.

사실 무엇이, 어디까지가 반유대주의냐 하는 논쟁을 뒤로하고서라도, 한국 사회에서 반유대주의는 아직 그 용어조차 생소한 것이 사실이다. 그만큼 유대인에 대한 긍정적인 이미지는 오랫동안 한국인의 머릿속에 자리해왔다. 그런 의미에서 아직까지 한국 사회에서는 '홀로코스트에 대한 부인', '피에 대한 모욕', '예수를 죽인 자들이 져야 할 책임', '음모론', '인종주의적인 차별' 등 고전적인 의미에서의 반유대주의 양상은 거의 나타나지 않는 편이다. 일부 네티즌들에게서 종종 발견되는 이스라엘/유대인에 대한 '악플(악의적인 리플)'조차 그들에 대한 뿌리 깊은 반유대주의적 감정에서 비롯된 것이라기보다는 익명성이 보장된 웹상에서 수시로 등장하는 하나의 '메타포'로 이해할 수 있는 여지는 얼마든지 있다.

그럼에도 불구하고 앞으로 한국 사회에서는 점진적으로 유대인에 대한 부정적 이미지나 반유대주의적인 태도가 고양되어 어떤 형태로든지 구체화하여 '적절한 사회적 온도와 문화적 습도를 갖춘 정치적 토양과 만나면' 그 모습을 드러낼 가능성을 배제할 수 없다. 왜냐하면 그것은 전 지구적으로 확산되고 있는 반미주의와 더불어 이스라엘−팔레스타인 분쟁에 대한 한국인들의 반이스라엘 정서와 직결된 것이기 때문이다. 아직까지 반유대주의라는 용어조차 생소한 지구상에서 거의 유일한 '반유대주의 청정지대'인 한국에서조차 유대인에 대한 혐오와 반유대주의는 확산될 조짐을 보이고 있다. 지금이 바로 그 경계를 넘는 문턱인 것 같다.

7 한국 언론의 이−팔 갈등에 대한 사설 분석

한국 언론의 대중동 문제에 대한 시각은 사건 보도 등 여러 가지 요소로 분석할 수 있으나 특히 사설은 추이를 알 수 있는 중요한 자료가 된다. 2003년 이래 중동 지역에서 발생한 사건들에 대해 주요 일간지—조선일보, 동아일보, 경향신문, 한겨레신문 등—에 실린 사설들의 빈도수, 주제, 세부 주제 등을 비교·분석해보았다.

우선 사설의 숫자를 분기별로 조사하면 다음과 같다.

중동 문제에 관한 4대 일간지의 사설 빈도수

구분	2003년																총계
분기	1/4분기				2/4분기				3/4분기				4/4분기				
월	1	2	3	계	4	5	6	계	7	8	9	계	10	11	12	계	
빈도	3	6	46	55	16	3	1	20	2	0	15	17	30	23	17	70	162

구분	2004년																총계
분기	1/4분기				2/4분기				3/4분기				4/4분기				
월	1	2	3	계	4	5	6	계	7	8	9	계	10	11	12	계	
빈도	3	8	10	21	14	12	37	63	3	2	4	9	9	12	5	26	119

구분	2005년																총계
분기	1/4분기				2/4분기				3/4분기				4/4분기				
월	1	2	3	계	4	5	6	계	7	8	9	계	10	11	12	계	
빈도	5	2	1	8	0	1	3	4	4	2	3	9	1	6	2	9	30

구분	2006년												총계
분기	1/4분기				2/4분기				3/4분기				
월	1	2	3	계	4	5	6	계	7	8	9	계	
빈도	3	2	2	7	0	4	1	5	8	4	0	12	24

2003년 3월 이라크 전쟁이 발발하자 중동 사태와 관련한 사설은 무려 46개나 실렸다. 그러나 전쟁이 끝나자 그 수는 급격히 감소한다. 2004년 2/4분기에 한국군의 이라크 파병이 논의되는 과정에서 다시 그 수가 급격히 증가했다. 특히 그해 6월 김선일 사건은 관심을 증폭시켰다.

사설의 주제는 철저하게 국가 이익과 관련한 것들이 주를 이루고 있다. 총 330개의 중동 관련 사설 중 209개(63.3%)가 한국의 대중동 정책에 관한 것이며, 미국의 대중동 정책에 관련된 것이 86개(26.0%), 그리고 아랍–이스라엘 갈등이 16개(4.8%)로 그 뒤를 잇고 있다. 절대 다수가 이라크 전쟁과 관련된 것들이었다. 특히 한국군의 이라크 파병에 관해서는 보수 신문과 진보 신문 간의 시각 차이가 두드러지게 나타난다.

사설의 주제와 그 빈도수

주제	주요 신문				
	조선	동아	경향	한겨레	**총 합**
한국의 대중동 정책	45	52	38	74	209(63.3%)
미국의 대중동 정책	11	13	19	43	86(26.0%)
이스라엘–아랍 갈등	–	1	6	9	16(4.8%)
기타	3	3	3	10	19(5.7%)
합계	59	69	66	136	330(100%)

이스라엘–팔레스타인 갈등에 관한 신문 사설은 중동 일반에 대한 그것들보다 빈도수가 매우 낮다. 그만큼 한국 사회는 자국의 이해와 직접적인 관련이 없는 중동 문제에 관해서는 큰 관심이 없다고 볼 수 있다. 그러한 경향은 보수 신문일수록 두드러지게 나타난다. 심지어 2006년 이스라엘의 레바논 침공에 관해서는 한겨레신문을 제외하고는 단 한 차례도 사설이 나오지 않았다. 이스라엘–팔레스타인 이슈에 관한 사설의 제목은 다음 표와 같다.

이–팔 이슈에 관한 각 신문 사설의 제목

신문	날짜	제목
조선일보	–	–
동아일보	2004. 11. 11	아라파트 영전(靈前)에 중동 평화를
경향신문	2004. 11. 11	아라파트 사망과 중동 평화의 장래
	2005. 1. 10	압바스 당선, 기대되는 중동 평화협상
	2006. 1. 27	팔레스타인 '하마스의 충격'과 중동의 미래
	2006. 7. 4	방향 잘못 잡은 이스라엘식 정의
	2006. 7. 17	미국의 이스라엘 감싸기 지나치다
	2006. 7. 26	UN 감시단까지 살상한 이스라엘의 폭격

신문	날짜	제목
한겨레신문	2004. 3. 25	중동 평화 위협하는 이스라엘 강경노선
	2004. 11. 6	아라파트 이후의 중동
	2004. 11.12	아라파트 죽음, 중동 평화 어찌될까
	2005. 1. 11	압바스의 당선에 거는 기대
	2006. 1. 28	하마스의 승리와 중동 평화
	2006. 3. 16	증오와 독선이 빚어낸 기자 납치
	2006. 7. 5	이스라엘, '제3의 인타파다'를 부르려는가
	2006. 7. 14	고삐 풀린 이스라엘의 위험한 무력시위

여기서 보듯이 아라파트의 죽음(4회), 압바스의 등장(2회), 선거에서 승리한 하마스(2회), 이스라엘의 강경 정책 및 미국의 이스라엘 감싸기(6회), 기자 납치 (1회) 등 이슈에 따라 그 제목이 다양하다. 특히 보수 신문(동아일보)의 경우 아라파트의 죽음을 애도하는 등의 관례적인 사설만 싣고 있을 뿐, 이스라엘-팔레스타인 갈등의 문제에 관한 자신들의 견해는 전혀 피력하지 않는 특성을 보인다. '아라파트의 죽음'에 관한 사설의 경우 보수 신문이 "팔레스타인의 독립투쟁과 평화 노력을 상징하는 인물"로서 "30여 년간 무장투쟁 방식의 해방운동을 주도"했고, "이스라엘과의 협상 시기에는 평화의 전도자로 나서 노벨평화상까지 받았다"고 칭송하면서도 "투쟁에도 불구하고 완전 독립을 얻지 못한 약소민족 팔레스타인인들의 비극적 운명을 다시 생각하게 한다"고 쓰고 있는 데 비해, 진보 신문에서는 "그의 죽음이 중동 평화의 장래에 미칠 영향"(경향신문)을 강조하면서 그의 죽음으로 인한 "권력 공백을 틈타 이스라엘 쪽이 공세를 강화할 가능성도 우려된다"(한겨레신문)고 쓰고 있다. 2주간에 걸쳐 두 개의 사설을 실은 한겨레신문은 중동 평화의 "최대 걸림돌은 이스라엘이 주장하듯이 '팔레스타인의 테러'라기보다는 대(大)이스라엘을 꿈꾸는 강경파"이며 "그런 이스라엘을 일방적으로 지원하는 미국의 중동 정책이 근본적으로 바뀌지 않으면 안 된다"고 강조하고 있다. 경향신문 역시 아라파트의 죽음을 다루는 사설에서 "촘스키는

그래서 미국 · 이스라엘 · 팔레스타인의 관계를 '숙명의 트라이앵글'로 지칭하고 이 가운데 미국과 이스라엘을 거부주의로 규정"하면서 "피해자에서 팔레스타인에 대한 가해자로 변신한 이스라엘의 거부주의"를 더욱 우려하고 있다.

팔레스타인의 새로운 지도자 압바스의 등장(2회)에 대한 사설은 진보 신문에서만 다루고 있는데, 압바스를 '온건파'(경향신문) 혹은 '실용주의자'(한겨레신문)로 보고 있으며, "민주적인 선거 절차에 따라 순조롭게 당선됨으로써 2000년 9월 제2차 인티파다 이후 중단되었던 중동 평화 과정의 재출범에 대한 기대가 높아졌"으며, "압바스의 당선으로 중동 평화에는 일단 청신호가 켜졌다"(경향신문)고 보았다. 압바스의 온건한 성향을 강조한 경향신문은 압바스를 아라파트와 구별하여 "무장투쟁으로 팔레스타인을 해방시키는 것은 불가능하며, 그 이유는 힘의 균형이 우리 편이 아니기 때문이라는 것"임을 강조한 압바스의 반테러 평화론을 두둔하고 있는 데 비해, 한겨레신문은 "(팔레스타인) 보안군과 무장세력을 장악해 자치정부를 실질적으로 뒷받침하도록 해야 한다. 그래야 이스라엘과의 평화협상에 힘이 실릴 수 있다"고 보면서 국제사회(미국과 유럽연합 등)가 압바스를 적극 지지함으로써 "이번이 이스라엘–팔레스타인 분쟁을 해결할 마지막 기회라는 각오로 이 문제에 전념해"줄 것을 요청했다. 아울러 압바스가 "부패로 얼룩진 자치정부를 개혁해 깨끗하게 효율적으로 만드는 것도 중요하다"고 강조했다. 두 신문 간의 시각 차가 느껴진다.

2006년 1월 총선에서 압승한 '무장단체 하마스'의 등장(2회)은 하나의 '충격'(경향신문)이었다. 한겨레신문은 사설에서 하마스의 승리가 "집권 파타당의 부패와 무능력뿐만 아니라 이스라엘과 미국의 강경 정책에도 큰 불만을 갖고 있음을 뜻한다"고 보면서, 하마스의 승리는 곧 "미국의 이라크 침공 이후 뚜렷해진 중동 지역 내 이슬람주의의 정치세력 부상이라는 큰 흐름과 맥락을 같이한다"고 분석하고 있다. 또한 "이 지역에 서구식 민주주의를 이식한다는 조시 부시 미국 행정부의 공격적 대외정책도 다시 시험대에 올랐다"고 지적하고 있다. 경향신문의 사설에서는 하마스의 승리의 원인에 대한 분석은 빠진 채, "1987년 결성된 하마스는 오슬로 평화협정을 거부하고 '이스라엘 파괴'를 강령으로 내

세워 무장투쟁을 계속해온 단체"라고 설명하면서 "정치는 현실인 만큼 하마스의 노선 변화 가능성"에 초점을 맞추고 있다. 또한 "국제사회도 이번 총선이 … (중략)… 합법적 민주선거인 만큼 하마스의 정치적 실체를 부정할 명분이 없다"고 지적하면서도 "하마스는 서방 세계에 자폭을 일삼는 테러단체, 팔레스타인인들에게는 무능과 부패의 파타당을 대신할 희망으로 떠오르고 있다. 하지만 이러한 양면성을 계속 고집하는 한 정치단체로서 하마스의 입지는 위축될 수밖에 없다"고 보았다. 한겨레신문이 하마스가 "현실성 있는 평화 대안을 갖고 당당하게" 나아가줄 것을 요구하고 있는 데 비해, 경향신문은 "양손에 민주적 선거와 무기를 쥔 두 개의 얼굴을 언제까지 유지할지 심각한 입장 정리가 필요하다"며 선택을 주문하고 있다. 진보 진영의 두 신문의 미세한 입장 차가 느껴지는 대목이다.

이스라엘-팔레스타인 갈등에 대한 이스라엘의 강경 정책 및 미국의 이스라엘 감싸기(6회)와 관련한 비판적인 사설은 진보 신문에서 가장 자주, 가장 강한 논조로 등장하는 이슈이다. 팔레스타인 지역과 레바논에 대한 이스라엘의 공격이 공세적으로 개시된 2006년 7월에 5회나 등장한다. 2004년 3월 25일 한 차례 실린 한겨레신문의 '중동 평화 위협하는 이스라엘 강경노선'이라는 제목의 사설은 하마스 지도자 셰이크 아흐메드 야신에 대한 이스라엘의 '표적 살해'에 대한 것이다. 한겨레신문은 "야신의 살해를 지시한 아리엘 샤론 이스라엘 수상은 1993년 체결된 중동 평화협정(오슬로 협정)을 깨는 데도 핵심적인 구실을 한 바 있"으며 "2000년 9월 예루살렘의 이슬람 사원을 기습적으로 방문해 팔레스타인의 민중봉기를 유도했다. 팔레스타인 자치 지역인 요르단강 서안을 고립시키기 위해 최근 분리장벽을 치기 시작한 것도 그"라며 "힘을 앞세운 샤론 정부의 강경노선"을 거세게 비난하면서 야신의 살해가 "테러를 세계로 확산시키는 계기가 될 수도 있"음을 우려하고 있다.

팔레스타인 무장세력의 이스라엘 군인 납치 사건을 계기로 불거진 이스라엘의 팔레스타인 지역에 대한 강도 높은 군사작전에 관하여 경향신문은 '방향 잘못 잡은 이스라엘식 정의'라는 제목의 사설에서 "이스라엘인은 이러한 세계인의 바람을 저버렸다"면서 팔레스타인 지역 곳곳에 대한 전투기 및 탱크 공격을 '전면적 침공 작전'으로 규정하고, 이는 "문제 해결을 위한 방향을 잘못 잡고 있"는 것이며 "팔레스타인 문제에 진절머리 치고 있는 세계인의 마음을 이스라엘 정부는 놓치고 있는 것"이라고 비난하고 있다. 한겨레신문은 "충돌이 격화한 건 군사적 해결을 앞세운 이스라엘의 강경책 탓이 크다"고 전제하고, "병사 구출과 전혀 상관없는 발전소와 도로를 파괴해 전기와 물, 식량 공급이 끊긴 팔레스타인 주민들이 큰 고통을 겪고 있다"며 "일방적이고 비인도적인 군사 행동은 국제사회의 이해와 지지를 받을 수 없다"고 비판하고 있다. "더욱 수치스러운 것은 서방과 국제사회의 '침묵의 카르텔'"이라면서 "이스라엘은 명분 없는 군사 공격을 중단하고 평화적 문제 해결에 나서야 한다"고 충고한다.

한편, 납치된 자국 병사를 구출한다는 명분으로 레바논을 침공한 이스라엘의 무력시위에 대하여 한겨레신문은 "일차적 책임은 이스라엘 병사들을 살해하고 납치한 팔레스타인 무장단체와 헤즈볼라에 있다"면서도 "그러나 그를 빌미로 팔레스타인과 레바논 민간인들에게까지 포탄을 퍼붓고 압도적인 무력을 동원해 베이루트 국제공항·도로 등 민간 시설에 무차별 폭격을 하는 이스라엘의 행위는 결코 정당화될 수 없다"고 주장하고 있다. 경향신문 역시 "헤즈볼라의 행위는 지탄받아 마땅하다"고 전제하면서 "그렇지만 이스라엘의 보복 정도는 명백히 '균형의 원칙'을 위반한 것"이라 비판하고 있다. 경향신문은 "이스라엘의 공습으로 레바논 남부지역에서 평화유지 활동을 하던 UN 감시단원 네 명이 사망"한 사실을 언급하면서 "국제적 비난에 봉착한 이스라엘은 발뺌에 급급한 모습"이라며 "국제적 여론은 안중에 없는 듯한 이스라엘의 태도"를 비난하고 "이 사건의 진상을 철저히 규명"할 것을 촉구하고 있다. 이러한 이스라엘의 강경책 배후에 대해 "미국은 그동안 UN 안전보장이사회에서 이스라엘을 비난하는 결의안이 나올 때마다 거부권을 행사하는 등 이스라엘을 감싸왔다"면서 "미국은 이번 사태의 시작부터 이스라엘 편에 서 있었다"는 말로 미국을 지목하고 있다. 따라서 "미국은 지금이라도 영향력 행사를 통해 이스라엘의 군사 행동을 중단시켜 최악의 상황은 막아야 한다"고 주장하고 있다.

한마디로 말해서 두 신문은 이스라엘의 지나친 무력 사용을 비난하면서 미국의 일방적인 이스라엘 편들기와 더불어 국제사회의 '침묵의 카르텔'을 이스라엘-팔레스타인 문제의 핵심으로 꼽고 있다. 해결책으로는 "평화의 로드맵에 따라"(경향신문) "이스라엘은 상대를 인정하고 팔레스타인 국가 창설을 지원함으로써 안보와 평화를 얻는 길을 택해야"(한겨레신문)할 것임을 거듭 강조하고 있다.

한편, 2006년 3월 KBS 용태영 기자가 팔레스타인 무장세력에 의해 가자지구에서 납치되었다가 풀려난 사건이 발생했는데, 이에 대해 한겨레신문만이 사설을 싣고 있다. 사설은 "취재 목적으로 체류 중인 언론인을 납치하는 것은 어떤 경우에도 용납될 수 없는 반인도적 폭력 행위"이며 "팔레스타인 사람의 목소리를 지구촌에 전하려는 기자를 납치한 것은 어리석은 행위이기도 하다"면서 "이번 일의 직접적 배경이 된 이스라엘의 무모한 '국가 테러'도 비난받아 마땅하다"고 비판하고 있다. "어떤 경우든 '내가 힘이 세니 마음대로 하겠다'는 강자의 독선"이라고 싸잡아 비난했다. 아울러 "우리 중동 외교도 재점검할 필요가 있다. …… 이제 중동 평화 정책을 위한 노력에도 적극 동참할 방법을 모색해야 한다"면서 보다 적극적인 대중동 외교 노력을 촉구하고 있다.

결론적으로 말해서 중동 문제를 바라보는 한국의 주요 신문의 사설은 이를 독립된 국제사회의 이슈로 여기기보다는 국가 내의 정치적 이해관계의 빛 아래에서 취급하는 경향이 크다 하겠다. 보수 신문이든 진보 신문이든 간에 국가의 이익과 직결되는 중동 문제, 예컨대 '한국군의 이라크 파병' 등에 관해서는 자주 사설을 통해 자신들의 입장을 표명하고 있는 데 비해 '이스라엘-팔레스타인 갈등'과 같이 국익과 직접적인 관련이 적은 이슈에 관해서는 언급이 드물다.

흥미로운 사실은 미국의 대중동 정책과 관련한 사설이 비교적 자주 등장하는데, 그것은 한국과 미국의 관계를 바라보는 시각에 따라 보수 신문과 진보 신문 간의 시각 차가 뚜렷하게 대비된다. 그것은 한국 내에서 미국을 전통적인 동맹관계의 틀에서 보려는 보수 집단과 국제질서와 동북아 질서의 변화에 따라 새로운 틀에서 이해하려는 진보 세력 간의 시각 차에서 기인한 것으로 보인다.

이스라엘-팔레스타인 갈등에 대한 사설의 빈도수는 중동 문제 일반에 대한 것에 비해 상대적으로 빈약할 뿐만 아니라 보수 신문의 경우에는 거의 이 문제를 다루지 않고 있다. 이는 대체로 이스라엘–팔레스타인 갈등 문제를 국익과 직결된 문제로 보지 않기 때문인 것으로 분석된다. 보수 신문이 일방적으로 이스라엘을, 진보 신문이 일방적으로 팔레스타인을 지지한다고는 볼 수 없으나, 진보 신문의 경우 이스라엘에 대해 좀 더 비판적인 논조를 견지하고 있다. 힘을 바탕으로 한 이스라엘의 지나친 '명분 없는' 무력 사용이 이스라엘–팔레스타인 갈등의 주요 원인이라는 점을 분명히 한다. 그러나 팔레스타인의 자살 테러 등 같은 방식의 대응 역시 중동의 평화를 해치는 것으로 보고 있다. 결국 외교적인 노력에 의한 평화적인 방법을 갈등의 해법으로 보는 데는 이견이 없는 것으로 보인다.

또한, 진보 신문의 사설에서는 이스라엘에 대한 미국의 일방적인 편들기가 중동 갈등의 핵심이라고 보고 있다. 한 사설은 하마스나 헤즈볼라의 등장을 중동 지역 내 이슬람주의 정치세력의 부상이라는 맥락에서 이해하고, 이 지역에 서구식 민주주의를 이식한다는 미국 행정부의 '공격적 대외정책'이 시험대에 오른 사실을 강조하면서도, 이왕에 정치세력화한 그들 역시도 현실성 있는 평화 대안을 갖고 당당히 나와 '땅과 평화의 교환'이라는 오슬로 평화협정의 정신을 유지해나갈 것을 요구하고 있다는 점에서 이 신문 역시 중동 평화를 지지하는 입장은 분명하다.

한국의 주요 신문에서 다루는 중동 문제에 대한 보도 태도는 물론 사설의 논조는 중동 문제를 바라보는 한국 국민들의 시각과 태도 및 여론을 형성하는 데 있어서 중요한 영향을 끼치는 것으로 보인다. 앞으로 구체적으로 신문의 보도와 사설의 논조가 여론에 어떠한 영향을 끼치는가에 관한 분석적인 연구가 요청된다.

8 한국과 이-팔 관계 증진을 위한 정책 제안

---

1) 평화 체제 구축 관련 정무 교류 확대

원칙적으로 이스라엘-팔레스타인 평화협상은 미국과 러시아, UN(국제연합)과 EU(유럽연합)이 참여하는 4자 중재 외교의 형식으로 이루어지고 있다. 여기에 사우디아라비아 등 인근 아랍 주요 국가들이 힘을 실어주는 형태로 진행된다. 두 개의 초강대국과 두 개의 초국가기구가 함께하는 협상 논의가 강대국과 국제사회의 이해관계와 맞물려 진전과 답보, 후퇴와 위기를 거듭하고 있다.

이러한 상황에서 한국과 이스라엘-팔레스타인 간의 정무 관계의 방안을 찾아내는 것은 쉬운 일은 아니다. 결국 두 지역 간의 공동 관심사를 찾아 그 주제를 매개로 양자 관계를 심화시키고 이해를 증진할 수 있는 프로그램이 필요하다 하겠다.

이러한 맥락에서 한반도와 이스라엘-팔레스타인이 공유하는 가장 중요한 의제는 역시 평화 구축이라 할 수 있을 것이다. 만연한 국제 갈등과 지역 분쟁 구조가 상존하는 안보 환경을 극복하고, 항구적인 평화 체제를 구축해야 한다는 당위성과 공감대는 두 지역에서 공히 찾을 수 있는 접점이라 할 수 있기 때문이다. 결국 이러한 '평화에 대한 희구'를 주제로 향후 정무 교류 방안을 모색해볼 수 있을 것이다. 이를 위해 다음과 같은 구체적인 프로그램을 추진해나가는 것이 바람직 할 것으로 사료된다.

첫째, 한국과 이스라엘-팔레스타인 간의 **정기적인 '이스라엘-팔레스타인 평화 포럼' 개최를 추진**할 것을 제안한다. 한국은 분단국가로서 남북 문제 해결 과정에서 얻은 특유한 경험과 개도국 출신으로 민주주의의 정치체제를 구축하고 경제를 성장시킨 중견국가(middle power state)라는 점에서 이스라엘-팔레스타인의 분쟁과 갈등, 평화협상과 독립 과정에 노하우를 공유할 수 있을 것이다. 아울러 장기적 관점에서 두 지역을 엮는 경제, 사회, 문화, 종교적 이슈 등 포괄적인 분야를 망라한 정기적인 평화 포럼을 통해 세계평화와 안녕에 기여할 수 있는 방안을 모색함으로써 한국의 평화 외교의 지평을 확대하는 방안을 적극 모색해볼 필요가 있다.

둘째, **고위급 대면 외교의 확대 및 주요 인사 교류 활성화**를 제안한다. 정치 제도화의 수준이 다른 서구에 비해 낮은 편이고 왕정이든 공화정이든 권위주의를 바탕으로 운용되는 중동 지역과 외교 관계를 맺는 데는 공식적이고 제도에 기반을 둔 고전적인 외교라인 구축에만 의존할 수 없다. 상대국 최고 책임자를 직접 만나서 대화하며 신뢰를 쌓아나가는 과정이 반드시 필요하다는 것이 중동 외교의 핵심이다.

이스라엘의 경우 어느 국가보다 인적 네트워크와 신뢰를 중시하는 유대인의 오래된 관습을 이해할 필요가 있으며, 특히 미국 내에 영향력을 행사하는 유대 기구들과의 협력 관계도 더욱 발전시켜나갈 필요가 있다. 팔레스타인의 경우 역시 독립 이전의 단계부터 정치, 경제, 사회, 종교 등 각 분야의 차세대 지도자들과의 교류 협력이 무엇보다도 중요하다. 필요할 경우 압바스 수반이 이끄는 파타 정부뿐만 아니라 차세대 정치집단의 핵심으로 부상하고 있는 하마스 지도자들과의 전략적인 인적 네트워크를 구성할 필요가 있다. 팔레스타인 독립 이후 '국가 대 국가'의 양자 관계가 구축될 시점에서 유용한 틀이 될 수 있기 때문이다.

셋째, **국제사회의 이스라엘-팔레스타인 평화 노력에 적극적으로 동참**할 것을 제안한다. 한국의 외교 역량은 이제 글로벌 차원에서 펼쳐지고 있다. 전후 재건 그룹 참여를 위한 이라크 및 아프가니스탄 파병, 레바논 PKO 파병 등 실질적인 글로벌 외교전에 뛰어든 지 오래다. 이러한 차원에서 팔레스타인 평화 구축 관련 4자 외교를 적극 지원하고 중동 평화 외교의 일원으로 역할을 수임하는 것이 바람직하다고 판단된다. 무엇보다 UN 사무총장을 배출한 우리로서는 현재 UN이 관심을 기울이는 '팔레스타인 평화 구축' 프로젝트를 적극 지원함으로써 외교 및 협력 효과를 극대화할 수 있을 것으로 전망한다.

2) 공동 번영을 위한 경제 교류 협력 방안

한국의 경제 발전 과정에서 겪었던 경험이 발전 도상 국가들에게 가장 공유하고 싶은 노하우임은 잘 알려진 사실이다. 국가경제 운용 관련 지식과 경험을 공유할 수 있는 정책적 프로그램을 패키지로 하여 중동-아프리카 지역의 미래 경제를 위해 전수할 수 있다면, 그래서 그 지역 실정에 알맞은 방법을 찾아 실행해나가도록 협력할 수 있게 된다면 우리가 국제사회의 번영과 발전에 기여하는 바가 매우 크고 의미 있을 것이다.

먼저, **공동 번영을 위한 상시적인 경제 관계 인프라 확보**가 시급하다. 주이스라엘 상주공관의 경우 통상 외교 전문가를 확대·파견하여 항구적인 경제 교류를 위한 교두보를 확보해둘 필요가 있다. 앞서 언급한바, 유대인과의 경제적 교류에는 신뢰를 바탕으로 한 인적 네트워크가 무엇보다도 중요하다. 팔레스타인의 경우 현재 한국의 상주대표부만 라말라에 설치되어 있고, 실제로 한국 외교관이 라말라에 상근하지는 않는다. 텔아비브에서 라말라까지 업무를 위해 오가기가 일이 쉽지 않을 뿐만 아니라, 두 지역 사이의 정치적 이해관계에 따라 업무의 연속성이 침해받을 수 있는 우려까지 겹쳐 있다. 관계 증진이 상징적 차원에서만 머물지 않고 실질적으로 교류 협력을 추진하기 위해서는 취약한 근무 조건을 시급히 개선할 필요가 있다 하겠다.

팔레스타인 지역의 경우 아직까지 경제 기반이 취약하고 교역량이 미미한 수준에 머물러 있으나 **잠재적인 성장과 교역 증대를 고려한 '민간경제공동위원회'를 설립**할 필요가 있다. 팔레스타인 독립 이후에는 정부가 관할하는 공식적인 경제공동위원회로 승격·발전시킬 수 있도록 준비 단계 차원에서 지속적인 경제 교류 협력을 위한 양자 간의 기틀을 마련한다는 점에서 유의미한 정책 대안이 될 수 있을 것이다. 필요한 경우 팔레스타인 국가 건설 프로젝트를 전담하는 태스크포스 팀을 결성하여 중장기적 청사진을 작성·마련하고, 초기 단계부터 적재적소의 조언과 관여, 참여와 지원을 제공할 수 있는 인프라를 구축할 것을 검토할 것을 제안한다.

둘째, **SOC 구축 지원**이 요구된다. 이스라엘의 경우 한국의 자동차 및 전자 제품이 주요 수출품인 반면, 건설 및 사회간접자본의 진출이 미약한 편이다. 이스라엘은 주로 미국 및 유럽 국가들과 관계를 맺고 있기 때문이다. 하지만 이스라엘 내 사회간접자본 투자가 큰 폭으로 증가하고 있는 실정에서 볼 때, 시장 개척이라는 차원에서라도 적극적인 진출이 요구된다 하겠다. 특히 최근 주택 문제로 사회 불안이 야기된 상황에서 정책 변화에 따른 주택 건설 시장 진출을 노려볼 만하다. 아울러 사막 개발 프로젝트의 일환으로 사막 지하수 개발에 열을 올리고 있는 마당에 이 분야의 진출도 고려해볼 만하다.

팔레스타인의 경우 재정 안정성이 담보되지 않는 상황에서 현실적으로 교역 규모를 확대하거나 투자를 시행할 만한 요소를 찾기는 힘들다. 그러나 장기적인 측면에서 독립국가 건설 과정에서 소요되는 인프라 구축 분야에 진출할 수 있는 기반을 조성할 필요는 절실하다. 지금으로서는 세계은행 등 국제기구 및 공여국 원조에 의한 한정적 개발 정책을 수행하고 있고, 공항과 항만 등 주요 기반 시설 개발 프로젝트는 안보를 이유로 이스라엘에 의해 전적으로 통제되고 있는바, 팔레스타인 자치정부가 독자적으로 사업을 발주할 여력 및 여건이 부재한 상황이다. 따라서 향후 국내 · 외 정세의 변화를 예측하고 대비하기 위한 장기적인 SOC 사업 프로젝트를 검토해나가는 것이 바람직할 것으로 사료된다. 예컨대 독립 이후 웨스트뱅크와 가자지구 양축을 중심으로 시행될 사회 기간 시설(고속도로 건설 등) 확충 및 도시 현대화 프로젝트, 전기 · 전화 · 통신 등 국가 통신 기간망 건설사업, 가자지구의 항만 건설 사업 및 담수화 프로젝트 등 유망 분야에 대한 사전 조사 및 정지 작업에 체계적으로 대비할 필요가 있다.

셋째, **임해공업단지 구축 지원 사업**을 대비할 필요가 있다. 지중해에 연하고 있는 가자지구는 현재 높은 인구밀도와 쉼 없는 분쟁으로 말미암아 극빈 상태를 탈피하지 못하고 있으며, 따라서 국가 건설시 많은 초기 투자가 필요한 지역이다. 현재 미국 USAID와 세계은행의 원조로 가자공업지구(Gaza Industrial Estate, GIE)가 운용 중이며, 여기서 경공업 제품 생산을 시도하고 있으나 정세 불안과 시스템 미비로 큰 성과를 거두지 못하고 있다.

가자공업지구와 유사한 공단 건설을 적극적으로 추진하여 낙후된 가자지구를 한국의 중소기업 이전 전략으로 삼을 수 있도록 유도하고, 장기적으로 이 지역이 중동 및 북아프리카 지역 공략 거점으로 설정될 수 있는지 타당성 조사를 할 필요가 있다. 이스라엘과의 안보 상황이 호전될 경우, 이 지역은 이집트와 이스라엘 모두를 시장으로 확보할 수 있는 지리적 이점이 있다. 지중해를 통한 유럽 시장 진출도 가능하다.

이스라엘의 경우 사해 재생 프로젝트를 추진 중에 있으며, 수자원 확보를 위한 담수화 사업에 막대한 재정을 쏟아붓고 있다. 아울러 해군력 증강 사업 및 해양 진출을 위한 선박 수주 등 우리나라가 강점으로 하고 있는 여러 분야와 교류 협력 사업의 가능성이 매우 높다.

넷째, **IT 및 통신 인프라 구축 사업**의 필요성이 크다. 한국 산업의 최대 강점인 IT 분야의 우수성은 이미 널리 알려져 있다. 이미 이 분야의 이스라엘 기술과 한국 산업이 결합하여 세계적인 경쟁력을 확보한바, 팔레스타인 지역까지 그 역량을 확대할 필요가 있다. 첨단기술과 지식 산업을 구축하기 위해 인재를 발굴·육성하고, 팔레스타인 발전의 성장 동력으로 삼아 지역 발전에 기여할 수 있는 가능성이 크다 하겠다.

다섯째, **거대 농업 단지(메가팜) 건설 지원 사업**을 검토할 필요가 있다. 이스라엘의 '녹색 혁명'은 세계적으로도 유명하다. 잘 갖춰진 관개시설과 햇빛, 생명공학 기술을 이용한 사막 농업을 두고 일컫는 말이다. 걸프 지역에서 시도 중인 거대 농장 건설 프로젝트 역시 식량 안보 문제를 포함하여 미래 산업으로서의 중요성은 갈수록 커지고 있는 실정이다. 팔레스타인 지역의 산업으로서의 농업의 미래와 가능성은 매우 크다. 팔레스타인 지역의 전통적인 농업 방식을 개량하고 선진 농법을 통해 빠른 시간 내에 발전할 수 있도록 지원하고 준비할 필요가 있다.

여섯째, 관광 산업 투자의 필요성이 크다. 사실상 이스라엘-팔레스타인 내에서 가장 빠른 시간 내에 수익 창출이 가능한 부문은 관광 산업이다. 이스라엘의 경우 GDP의 20% 이상이, 팔레스타인의 경우 역시 약 15.2%가 관광 산업에서 창출되고 있다. 인티파다 이후 크게 위축된 것이 사실이나, 정세 안정에 대한 확신이 있을 경우, 직접 수익을 끌어올릴 수 있는 가능성은 언제든지 열려 있는 분야이기도 하다. 팔레스타인 영토 내에는 기독교의 성지들이 즐비하다. 팔레스타인 지역 내의 숙박업 역시 유망한 분야 중 하나이다. 인천-텔아비브 간 직항로가 개설된 상황에서 한국관광공사의 해외 투자 프로젝트의 일환으로 아웃바운드 관광투자 개념을 적용시켜볼 필요가 있다.

3) 교육 · 문화 교류 협력 방안

유구한 역사와 문화유산을 지닌 두 지역과의 관계를 정치 · 경제적 차원을 넘어 발전시켜야 할 필요가 있다. 먼저, 1962년에 수교한 이스라엘과의 외교 역사는 매우 짧지만 양국 간의 이해의 정서적 폭은 그 이상으로 크고 넓다. 그러나 수많은 협정과 교류에도 불구하고 피부에 와 닿는 교류 · 협력은 미약한 편이다. 오늘날 공공 외교(public diplomacy)라 불리는 차원에서 문화적 상호 이해가 없는 경제교역만으로는 자칫 불균형을 초래하기 쉽다. 아직까지 이스라엘이나 유대인에 대해 혹은 한국과 한국인에 대해 이해하고 있는 정보의 적합성과 인식의 정도는 양측 모두 매우 피상적이거나 표피적인 것이 사실이다. 팔레스타인에 대한 인식 역시 그 정도 수준에서 크게 벗어나지 못했다. 분쟁과 원조에만 지나치게 초점이 맞춰져 있는 것도 안타까운 현실이다.

"21세기는 문화의 세기"라는 명제도 있지만, 문화란 단순히 인류가 만들어낸 가시적 유물론적 유산뿐만 아니라 불가시적인 정신세계를 포함한다. 서로가 공유할 수 있는 문화자산은 무한하고 그 효과 역시 매우 크다. 두 지역 사이에서 공유할 수 있는 문화 및 교육 자산들을 정책화하는 방안을 적극 검토할 필요가 있다.

우선, **대학 간의 인적 교류 · 협력 및 연구소 육성을 강화**해나갈 필요가 절실하다. 1975년 이래 한국-이스라엘 대학 간의 교류는 자매결연을 통해 시작되었으나, 그 규모나 폭은 미미한 편이다. 두 지역 전문가들의 숫자가 부족한 탓도 있으나, 더욱 활발한 상호간의 인적 교류 및 학문적 논의가 확대될 필요가 있다. 대학 차원의 전공학과 설치는 물론 국비 장학생 교환의 경우 꾸준히 이어지고 있으나, 지원과 그 숫자가 미미하여 영향을 줄 정도에 이르지는 못했다. 장학금 수혜 범위를 확대할 필요가 있다. 두 지역에 거주하는 국민들의 교육열을 고려할 때 영재교육, 창의성 교육, 유아 교육 분야의 교류 확대도 꾀할 필요가 있다. 고고학 공동 발굴조사 프로그램 도입 및 연구소 육성 등도 그 대상에 포함된다. 중동 지역 인력 배양의 경우 그 목표를 '국내용에서 국제용으로' 바꾸고, 커리큘럼 등 각종 시스템을 수정해나가야 할 것이다.

둘째, **민간 단체 활성화 방안**을 강구할 것을 제안한다. 한 · 이 친선협회(1972), 한 · 이 상공회의소(1995), 한 · 이 여성협회(1998) 등이 활발하게 활동하며 양국 간의 우호 증진을 위해 중요한 공공 외교의 역할을 담당하고 있다. 필요한 경우, 팔레스타인 측과의 공공 외교 확대 차원에서 여러 기구들을 설립하여 민간 차원의 교류 확대를 증진시킬 필요가 매우 크다 하겠다. 특히 2008년 5월에 설립된 '한 · 아랍 소사이어티'는 중동 22개국과의 네트워크 구축을 완성한 단체이다. 인적 네트워크 구축, 자원 외교 등 경제 협력은 물론 문화 교류 등을 목표로 하고 있는바, 그 활동이 주목된다.

셋째, **출판 문화의 육성**이 절실하다. 양 지역 간의 장기적인 문화 교류 증진을 위해 균형 잡힌 출판 문화의 육성은 가장 좋은 방안이 될 수 있을 것이다. 특히 양 지역에서 출간되고 있는 일반 및 전문 분야의 우량 서적에 대한 출판 정보 교환 및 번역 지원 사업이야말로 국민 간의 우호 증진의 밑거름이 될 것이다. 최근 대중소설 및 시, 어린이 교육 교재 등 다양한 분야의 번역 및 출판이 개별적으로 이루어지고 있으나, 보다 체계적인 아카브(archive) 구축 등 지원 대책 마련이 기대된다.

넷째, 세계적으로 일어나고 있는 **한류의 활성화**가 요구된다. 한류를 단순히 케이팝(K-Pop) 등 대중음악 분야에 한정지을 것이 아니라, 각종 공연예술, 영화 및 전시회 등으로 확대해나감으로써 모처럼 얻은 기회를 활용할 필요가 크다. 필요한 경우 두 지역에 상설 전시관 및 공연장 건립 등을 검토할 것을 제안한다. 정부 차원의 한국문화원 설치도 충분히 고려해볼 만한 일이다.

다섯째, **공공 외교 및 NGO 활동 확대 지원**이 요구된다. 공공 외교와 비정부 기구의 중요성은 더 이상 강조할 필요가 없다. 양 지역 간의 역사적 · 정치적 상황을 고려할 때 다양한 분야의 NGO들 간의 교류와 협력, 소통과 이해를 통한 관계 증진은 정부 차원의 노력만큼이나 중요하고 그 효과 역시 무시할 수 없을 만큼 크다 할 수 있을 것이다.

결론적으로 양 지역 간의 실질적인 교류 협력이 이루어지려면 중 · 장기적인 기틀을 마련하는 것이 매우 필요하다. 그때그때 국익에 치우쳐 급변하는 중동 정세에 빠르게 대처하지 못할 경우 입게 될 물적 · 정서적 손해를 따져볼 때 보다 미래지향적인 안목이 각별히 요구된다. 아울러 정치 외교 및 경제 교류 협력을 최우선시하는 정책 기저 역시 문화적 큰 틀에서 인식을 전환할 필요성이 크다. 디지털 시대의 변화에 발맞춰 상호 소통 가능한 언어(한국어 · 영어 · 아랍어 · 히브리어)로 구축된 데이터베이스나 아카브 설립도 절실하게 요구되는 바이다.

읽어볼 만한 논문

최창모, 「한국 근대사에 나타난 유대인·유대인 이미지 연구」, 『한국중동학회논총』
    29-1, 2008, 93~113쪽.

_____, 「한국 사회의 유대인 이미지 변천사 소고」, 『한국이슬람학회논총』 18-1,
    2008, 113~138쪽.

_____, 「한국 근대지식인의 유대인 이해」, 『한국중동학회논총』 30-3, 2010, 71~100
    쪽.

결론

"인간이 동등하지 않다면 서로를 이해할 수 없으며, 차이가 없다면 자신을 이해시키기 위해 말이나 행위가 필요 없을 것이다."

독일의 유대인 철학자 한나 아렌트의 말이다.

'같다'는 것은 모든 인간이 천부적으로 평등하는 의미요, 이는 상호 '이해'의 필수 조건이 된다. 동시에 '다르다'는 것은 '소통'의 당위성을 전제한다. 같기 때문에 이해할 수 있고, 다르기 때문에 대화할 필요가 있다. 둘은 모순 같지만 서로 맞물려 있다. '같음'을 인정하지 않고 '다름' 또한 존중하지 않으면 세상은 온통 '차별'뿐이라는 사실을 각성시킨다. 즉, 동질성이 평등의 기초라면, 이질성은 자유의 조건이다. 자유가 없다면 평등이 깨지고, 거기에는 불균형과 두려움과 인종차별이 있을 뿐이다.

그런데 우리는 왜 서로를 이해하지 못하는가? 우리는 왜 소통하지 못하는가?

인간의 어떤 행위가 실재성을 갖고, 관계망 내에서 어떤 의미를 갖는다는 사실을 우리가 의식할 수 있게 해주는 것이 '상대성'이다. 그런 관계가 맥락을 이루기 때문에 행위에 의미를 부여하는 것이다. 삶에 의미가 없다면 인간의 존엄성·인간의 인격성·개인의 신성성 등에 대한 담론들은 공허한 관념에 불과할 것이다. 따라서 의미 있는 삶이란 혼자만의 삶, 개인의 삶이 아니다. 타인이 없이는 어느 누구도 존재할 수 없다. 개인이란 개념은 추상적이다. 그런 의미에서 인간의 권리는 보편적이지 않다. 인격체는 개체가 아니다. 인격체는 나와 타자로 이루어지는 관계망이다. 어쩌면 타자 없이 어떻게 나로서 존재할 수 있는가? 타자를 통해 나 자신을 발견하고, 그 타자가 없다면 나는 존재하지 않는다.

세계는 주체와 객체, 생명과 사물, 인간과 자연, 과거와 현재, 현재와 미래, 지금 여기와 어제 저곳, 정신과 육체, 뿌리와 가지, 부분과 전체, 안과 밖, 시작과 끝, 표층과 심층이 서로 어울리는 동료·동무적이고 상호·상보적인 관계로 이루어져 있다. 관계의 공동체 속에서 삶의 근본적 공존성이 입증된다. 공존의 이 상호 의존적 세계에서 폭력과 강제 없이 살 수 있는 자유의 가능성이 자리한다.

동시에 모든 정치·경제 이론, 계급과 인종 간 차이, 여성의 권리와 남성의 권리 간 인위적 경계가 없는 지점이란 없다. 경계는 필수적인 인류학적 상수이다. 질서는 곧 경계다. 경계가 무너지면 질서는 교란되고 만다. (그래서 경계가 사라지면 새로운 경계를 짓게 되지만) 질서가 교란되면 균형은 무너진다. 기울 어짐은 균형이 깨질 때 발생한다. 깨어진 균형, 즉 불균형은 삶을 건전한 상태로 두지 않는다. 남녀 간, 개인 간, 사회 간, 국가 간 평화와 조화가 이루어지기 위해 반드시 인간·사회·국가끼리의 피상적 균등화가 필요한 것은 아니다. 남녀 간, 개인 간 평화와 조화가 이루어지기 위해 개인 간 특성을 제거해야 하는 것은 아니다. 사회나 국가도 마찬가지다.

현재 우리가 고찰하고 해결해야 할 문제는 어떻게 자기 자신이 되면서 타인과 화합할 수 있느냐, 어떻게 다른 인간들과 심오한 교류를 하면서 자신의 고유한 특성을 유지할 수 있느냐이다. 이는 대중과 개인, 진정한 민주주의와 진정한 개인주의, 그리고 남자와 여자, '나와 너'가 아무 적대감이나 반대 감정 없이 만날 수 있는 방법인 것으로 보인다. 관건은 서로 용서하는 것이 아니라 서로 이해하는 것이다. 스탈 부인(Madame de Staël)이 자주 인용하는 "모든 것을 이해하는 것은 모든 것을 용서하는 것"이라는 말은 내게 감동을 준 적이 없다. 이 문구는 고해성사의 느낌이 든다. 타인을 용서하는 것은 바리새인 같은 우월성 개념을 연상시킨다. 이웃은 이해하는 것만으로 충분하지 않을까. 그렇다면 '상대 녀석'을 나와 동등한 인간으로 대하는 것만으로 이해는 시작된다.

여성의 자유와 남성의 자유 사이에 깊은 연관성이 자리하듯이, 한 인간과 집단의 자유와 해방을 위해서 다른 쪽의 그것을 침해하거나 제약하는 것은 결단코 옳지 않다. 불행하게도 문제의 비극은 인간관계의 편협함 속에서 시작된다. 잔인하고 야만적인 편견, 그것은 나의 삶과 타자의 존재 사이에서 자기 합리화를 위해 빚어지는 결과에 불과하다. 수많은 진보가 이런 모순에 부딪히는 것은 해방이 의미하는 바를 제대로 이해하지 못해서다. 진보란 스스로 외부의 압박에서 자유로워짐으로써 모든 것을 이루었다고 생각한다. 그러나 윤리·사회적 관습·개인의 삶과 성장에 훨씬 위험한 내부적 압박은 그대로 방치해두었다.

20세기 후반 지성사의 흐름은 주체의 파괴, 광기적 역사에 대한 반성 등 근대적 이성의 모순에 천착하고 있다. 근대성의 비판은 주체의 타자성과 탈경계성에 대한 몰두, 인간과 세계의 해체, 주체와 역사의 무력화로 다시 요약된다. 20세기의 역사적 경험에서 우리가 발견한 것은 타자와의 교류 없이는 폭력의 역사를 피하기 어렵다는 것이다. 즉, 반성되지 않는다면 정신은 이성적이기 어렵다. 반성이 없을 때 사고는 이성적일 수 없다. 비이성성이란 거짓과 오류를 의미한다. 반성이 중단될 때 사유는 자족적인 것이 된다. '자족적'이란 '폐쇄적'이란 말과 동의어이다. 폐쇄성은 사유의 자멸을 뜻한다. 대상에 의한 주체의 지배는 바로 여기에서 연유한다.

대상에 지배될 때 주체와 대상의 관계가 호혜적이고 평등할 수는 없다. 불평등한 조건 아래에서 주체나 대상이 자유로울 수는 없다. 자유가 없는 평화는 평화가 아니듯이, 평등하지 않은 자유는 자유가 아니다. 결국 불평등과 억압의 관계는 반성의 부재로부터 생겨나는 것이다. 대상을 전체 관계 속에서 파악하지 못할 때, 또 파악하려 하지 않을 때 관계의 균형은, 그것이 개인과 개인의 관계이든, 인간과 자연의 관계이든, 사회와 사회 혹은 국가와 국가의 관계이든, 깨지기 시작한다. 반성력의 균형을 잃을 때 사고는 합리적이길 멈추는 것이다. 여기에서는 일방적인 것, 아도르노식으로 말하자면 '사고의 동일성' 또는 '동일화하는 사고'가 강제되기 때문이다. 이질성을 불허하는 동일성의 원리, 즉 대상을 획일화하려는 지배의 담론이 곧 이데올로기이다(인류학자 레비스트로스는 50년 전에 발표한 『슬픈 열대』에서 서양문명의 '단일문화'에서 비롯되는 파괴적 압력을 고발한 바 있다. 한나 아렌트 역시 본래 다원적인 인간관계를 획일화하고 절대화한 것이 전체주의라 하지 않았던가!). 이데올로기는 타자성의 영역을 의도적으로 배제하거나 은폐시킨다. 폭력에 저항할 수 없는데 자유롭고 평등한 삶은 어떻게 가능할 것이며, 우애 넘치는 새로운 공동체의 비전은 어떻게 실천될 수 있을 것인가.

그렇다면 대상 고찰(관찰)과 주체 고찰(반성)을 추동하는 원리는 무엇인가?

같기 때문에 평등할 수 있고, 동시에 다르기 때문에 이해와 소통이 필요하다는 사실을 깨닫는 것이다. "우리는 그저 다 같은 인간일 뿐"이라는 평범한 사실을 수용하는 것이다. 동시에 사람이란 서로 다르게 생각하고 느끼며 생활한다는 것을 인정하는 것이다. '동질적 문화', '동질적 사고', '동질적 체제'는 존재하지 않을 뿐만 아니라, 동질적 문화의 시대는 끝났다고 선언하는 것이다. 다만 '같고도 다름,' '동일성의 비동일성'을 철저하게 의식하는 것이다. "우리에 대해 우리도 모르는 걸 너는 알고 있고, 너에 대해 네가 모르는 걸 우리는 알고 있다"고 말하는 것이다. 그러면서도 이런 다름 사이에 어떤 동질성이 있으며, 이런 동질성으로 어우러진 삶의 복합적 이질성에 대해서도 주목하는 것이다. 화해란 적과 하는 것이지 친구와 하는 것이 아님을 인정하는 것이다. 이는 비동일성과 이질성을 상승적으로 포용하고자 하는 의지이다. 진리와 기상, 모순과 조화는 이반되는 것이 아니라 서로 관계하면서도 상승적으로 작동하기 때문이다. 결국 관찰(대상 고찰)이란 낯선 것의 수렴을 통해 화해에 도달하고자 하는 이성적 움직임이며, 반성(주체 고찰)이란 서로 다른 것들 사이의 경쟁과 자극, 대화와 소통을 통해 보다 생산적이고 조화로운 상태—역동적 균형을 지향한다. 여기에는 이질성의 존재와 개별적 고유성이 공존한다. 개별적인 것들의 환원될 수 없는 고유한 차이에 우선 주목하면서 사물의 공통성이나 동질성을 추구한다. 모든 갈등은 상이성에 관련되지만, 공존의 기초는 불일치성에 자리하기 때문이다.

오늘날 '혼혈의 세계' 또는 '혼성화의 시대'라 불리는 21세기는 늘 '단순 복잡성' 혹은 '명료한 애매성,' '같고도 다름' 속에 있다. 현실의 이런 모순된 성격은 통일적·일의적으로 파악되기 어렵다. 이질성만큼이나 동질성도 함께 있다. 일의적으로 보이는 가운데 사실은 이질적이고 균열적인 배후를 내포한다. 통일적 의미체계란 인위적 강제와 배제의 산물이다. '단순 복잡성,' '명료한 애매성,' '같고도 다름'이란 단순/명료/같기 때문에 '통일적'이고, 복잡/애매/다르기 때문에 '균열적'이라는 이분법적 판단을 거부한 채, 오히려 복잡/애매/다르기 때문에 대화와 소통이 필요하고 단순/명료/같기 때문에 이해와 평등이 가능한 심미적 합리성 또는 예술적 미메시스(mimesis)의 준거가 되는 것이다. 어떤 의미에서 모순은 삶을 이루고 또한 추동시키는 세계의 실재인 것이다. 모순의 배제 또는 배제된 모순은 우리의 욕구이지, 사실의 성격을 나타내지 않는다. 그러므로 모순에 대한 고려 없이 화해를 말할 수 없는 것처럼, 균열을 포용하지 않고는 현실에 대한 바른 이해도 마련되기 어렵다.

미래를 향해 힘차게 걸음을 내디딜 때 구원은 온다. 모순이나 균열에 적극적이어야 하고, 동일성의 사고에 저항함과 동시에 비동일성의 의식을 극대화할 필요가 있다. 균열의 의식 속에서 균열을 포용하면서 주체는 비동일성을 자각하고 구제하며, 그러는 한 주체의 운동은 자유의 가능성으로 나아간다. 우리에게 필요한 것은 낡은 전통과 구시대 관행을 던져버리고 앞으로 나가는 것이다. 역사는 모든 시대에 피압제자들이 지배자에게서 진정으로 해방된 것은 그들 스스로의 노력, 즉 저항에 의한 것이었음을 말한다. 인간은 스스로 '자유로워질' 능력이 있을 때 자유가 주어진다. 피압제자들에게는 내부 개혁, 곧 편견과 전통, 관습의 무거운 짐을 벗어버리는 것이 백번 중요하고, 사람의 모든 영역에서 동등한 권리 요구가 정당하지만, 동시에 적대적 이원론, 즉 적대하는 두 개의 세상을 형성한다는 이원론적 관념에서 벗어나야 한다.

그런 관점에서 하나의 입장과 관점만을 허용하는 배타적 근본주의는, 그것이 이슬람 근본주의든 기독교 근본주의든 유대교 근본주의든지 일부 서구 정치 때문에 어느 정도 기승을 부리게 되었다손 치더라도, 절대적인 의미에서 반현대적이다. 반개방적이고 반자유적이고 반탐구적이라는 점에서 근본주의는 반현대적이다. 근본주의는 미리 정해진 하나의 견해만을 절대적으로 추종함으로써 그 밖의 가능성과 여지를 헤아리지 않는다. 현실을 이분법적으로 나누면서 상대의 어떤 차이나 뉘앙스도 고려하지 않는다. 자기 아닌 모든 것을 적이나 악으로 간주할 때 스스로도 적과 악이 된다. 그래서 자유라는 이름으로 자유를 제약하는 모순적 민주주의를 낳기도 한다. 근본주의적 성향은 주체의 자유와 자율 능력에 대한 근대 이후의 모든 계몽적 사고를 흔들어버린다. 근본주의는 삶과 현실에 대한 바른 이해를 가로막는 가장 위험한 요소이다. 그것은 합리적 현실 참여와 정치적 개입 그리고 이 모든 것을 위한 판단을 쉼 없이 왜곡하고 위협하기 때문이다.

세 유일신 종교의 요람이었고, 온 인류의 평화와 우애, 개방과 사랑의 요람으로 여겨졌던 중동 지역이 이제는 전쟁과 증오, 파괴와 반계몽적 행위의 무덤이 되어버렸다는 사실이 말해주는 것은 무엇인가? 이런 모순을 어떻게 설명해야 할까? 자신 속에서 타자를 보고, 타자 속에서 타자와 더불어 자신을 사는 것, 이것이 삶의 해방을 위한 추동력이 아닐까? 모든 사람이 같은 방식으로 완전히 다르게 존재할 수도 있고, 다른 방식으로 완전히 같게 존재할 수도 있는 공존적 화해의 지구 공간, 그것은 유토피아일까?

참고문헌

김주리 · 남궁곤, 「미국 중동 정책에서 의회의 역할―중동 평화촉진법(1993) 제정 과정을 중심으로」, 『韓國政治外交史論叢』 29-2, 2008.

박찬기, 「헤즈볼라(Hezbollah)의 형성 과정에 관한 연구」, 『國際政治論叢』 48-3, 2008.

_____, 「오바마 행정부의 대중동, 헤즈볼라 정책에 관한 연구」, 『국방연구』 53-2, 2010.

_____ 외, 『헤즈볼라, 하마스, 무슬림형제단 및 마흐디 민병대:중동 이슬람 과격단체의 형성 과정』, 명진C&I, 2009.

송경숙, 「팔레스타인 민족시인 마흐무드 다르위시 연구」, 『아랍어와 아랍 문학』 1, 1997.

_____, 「현대 아랍 시에 나타난 팔레스타인 문제」, 『지중해지역연구』 1, 1999.

_____, 「인티파다와 팔레스타인 문학」, 『한국중동학회논총』 22-1, 2001.

_____, 「이스라엘 점령하의 팔레스타인 인티파다 시 연구」, 『외국문학』 15, 2003.

_____, 『팔레스타인 문학의 이해』, 한국외국어대학교 출판부, 2005.

심의섭, 「인티파타 2000이 이스라엘과 팔레스타인의 경제에 미치는 영향」, 『한국중동학회논총』 24-2, 2004.

오은경, 「베일로 재현된 무슬림들의 욕망―무슬림 여성들의 베일 착용에 대한 정신분석적 고찰」, 『한국이슬람학회 논총』 16-2, 2006.

유달승, 「미국의 세계전략과 중동 정책」, 『중동연구』 2-2, 2004.

유왕종, 「이슬람의 할례에 관한 연구」, 『중동연구』 25-1, 2006.

이강근, 『이스라엘 정치사』, 예영커뮤니케이션, 2008.

이성수, 「팔레스타인-이스라엘 경제구조에 관한 연구」, 『아시아지역연구』 1, 1998.

이희수, 「이슬람 사회의 통과의례—아랍 문화권을 중심으로」, 『비교문화연구』 2, 2005

인남식, 『팔레스타인 문제에 대한 한국의 정책방향』, 대외경제정책연구원, 2007.

장   건, 「팔레스타인의 세계화와 경제발전」, 『중동연구』 22-1, 2003

장병옥, 「이스라엘-팔레스타인 분쟁과 하마스」, 『중동연구』 28-1, 2010

최영순, 『성서 이후의 유대인』, 매일경제신문사, 2005.

최영철, 「팔레스타인 이슬람 저항운동단체 하마스」, 『한국이슬람학회논총』 12, 2002.

_____, 「정치 발전과 이슬람 : 이스라엘 아랍인 섹터의 사례연구」, 『한국이슬람학회논총』 14-1, 2004.

_____, 「하마스의 제도권 진입 과정에 관한 연구」, 『한국이슬람학회논총』 18-2, 2008.

_____, 「아랍계 이스라엘 의회의원의 민족적 정체성 : 아즈미 비샤라(Azmi Bishara) 의원 사건에 대한 이스라엘 대법원 판례분석을 중심으로」, 『연례학술대회논문집』, 한국중동학회, 2009.

_____, 「하마스의 제도권 진입 이후의 전략과 행태의 변화」, 『한국이슬람학회논총』 19-3, 2009.

_____, 「아랍계 이스라엘 의회의원의 민족적 정체성」, 『이스라엘 연구』 2-1, 2010.

_____ · 정상률, 「팔레스타인 국가 건설과정에서의 내적 갈등과 협력—PLO와 하마스간의 관계를 중심으로」, 『國際政治論叢』 43-4, 2003.

최창모, 「S. Y. 아그논의 문학과 언어체계」, 『외국문학』 50, 1997.

_____, 「한 우산을 둘이 함께 쓸 줄 아는 타협과 공존과 통합의 작가 아모스 오즈」, 『세계의 문학』 89, 1998.

_____, 「아모스 오즈의 서술구조—『여자를 안다는 것』을 중심으로」, 『한국중동학회논총』 23-1, 2002.

_____, 「세계 유대인 네트워크와 반유대주의」, 『디아스포라연구』 1-1, 2007.

_____, 「한국 근대사에 나타난 유대인 · 유대인 이미지 연구」, 『한국중동학회논총』 29-1, 2008.

_____,「한국 사회의 유대인 이미지 변천사 소고」,『한국이슬람학회논총』18-1, 2008.

_____,「한국 근대지식인의 유대인 이해」,『한국중동학회논총』30-3, 2010.

_____,「이스라엘-팔레스타인지도 제작과 지명 바꾸기/지우기 연구」,『한국중동학회논총』35-3, 2015.

_____,『아그논—기적을 꿈꾸는 언어의 마술사』, 건국대학교 출판부, 1995.

_____,『금기의 수수께끼』, 한길사, 2004.

_____,『기억과 편견 : 반유대주의의 뿌리를 찾아서』, 책세상, 2004.

_____,『예루살렘』, 살림출판사, 2004.

_____,『이스라엘사』, 개정판, 대한교과서(주), 2005.

_____ 편,『유월절 기도문』, 보이스사, 2000.

_____ · 최영철 · 이원삼 · 김종도,『유대교와 이슬람, 금기에서 법으로』, 한울아카데미, 2008.

황병하,「팔레스타인 이슬람 운동에서 하마스와 PLO의 관계—1993년 오슬로 협정까지의 이념적 경쟁을 중심으로」,『한국중동학회논총』22-1, 2001.

홍미정,「아랍 지역의 팔레스타인 난민」,『지중해지역연구』10-1, 2008.

_____,『팔레스타인 땅, 이스라엘 정착촌』, 서경, 2004.

_____ · 서정환,『울지마, 팔레스타인』, 시대의 창, 2011.

홍순남,「아라파트 이후 중동 평화와 미국의 대중동 정책—레스타인 민중봉기와 중동 평화협상」,『한국이슬람학회논총』15-1, 2005.

노먼 솔로몬, 최창모 역,『유대교란 무엇인가 Judaism』, 동문선, 1999.

데이빗 C. 그로스, 장병길 역,『1001 Q&A—유대인을 알고 싶다 1001 Questions and Answers About Judaism』, 도서출판 살렘, 1997.

미하엘 브레너, 강경아 역,『다윗의 방패 : 시온주의의 역사 Geschichte des Zionismus』, 코기토, 2005.

볼프강 벤츠, 윤용선 역,『유대인 이미지의 역사』, 푸른역사, 2005.

브라이언 랭커스터, 문정희 역,『유대교 입문 The Elements of Judaism』, 김영사, 1999.

수아드 아미리 등, 오수연 역,『팔레스타인의 눈물 : 문학으로 읽는 아시아 문제』, 아시아, 2006.

일란 파페, 유강은 역, 『팔레스타인 현대사 : 하나의 땅, 두 민족』, 후마니타스, 2009.

칼 에를리히, 최창모 역, 『유대교 : 유랑민족의 지팡이 *Understanding Judaism*』, 유토피아, 2008.

필 마셜, 이정구 역, 『인티파다 : 시온주의, 미국과 팔레스타인 저항』, 책갈피, 2001.

찾아보기

인명 찾아보기

작품명, 매체명, 도서명 찾아보기

단체명, 기관명 찾아보기

용어 찾아보기

중동의 미래,
이스라엘과 팔레스타인

최창모

Tomorrow of Middle East
Israle and Palestine

세계 문화 총서 2